Sabiduría invernal

Perlas de sabiduría de 17 maravillosos personajes

LUIS J. RAMÓN

Sabiduría invernal

Primera edición, 2023
Cuidado editorial: Paloma Sánchez de la Barquera
Diseño de cubierta y maquetación de interiores: Verónica Leal
Impreso en E.E.U.U.A.A.

A mis tíos: Chuy y Tere,
Miguel y Marielena, Pedro y Raúl,
y a mi suegro Don Ramón Zablah,
quienes se nos adelantaron
y hubieran sido todos ellos unos personajes
que nos habrían deleitado
al compartirnos sus vidas.

Contenido

Introducción

Es preferible que el ser humano esté completamente lleno de sabiduría, pero, si no lo está, es bueno también que atienda a los que hablan con moderación. Al hombre, por sabio que sea, no debe causarle ninguna vergüenza aprender de otros siempre más.

Sófocles, "Antígona"

Nada hay tan hermoso y legítimo como actuar bien y debidamente como hombre, ni ciencia tan ardua como saber vivir esta vida bien y naturalmente; y de nuestras enfermedades, la más salvaje es depreciar nuestro ser.

Michel de Montaigne, "Ensayos completos"

Este libro es una mirada en torno a diecisiete maravillosos, estimulantes, divertidos, inspiradores y deliciosos personajes quienes, al contarnos su vida, nos regalan perlas y paisajes de eterna sabiduría.

Todos somos, en buena medida, como nuestros padres. De hecho, somos una combinación genética exacta del cincuenta por ciento de nuestro padre y la otra mitad de nuestra madre. Pero no solo compartimos sus genes y aspectos biológicos, sino también todo el bagaje cultural y geográfico que vivimos y vivieron ellos en el seno de nuestras respectivas familias. Somos, entonces, una parte de ellos y una parte de nuestros abuelos. Nuestros padres son como son por nuestros abuelos y bisabuelos, y así sucesivamente. Por eso, desde hace tiempo considero que una buena manera de seguir conociendo a mis amigos es a través de conocer mejor a sus padres.

Como primera idea, intenté juntar a los padres de mis amigos del dominó para que se conocieran, o reconocieran, y para que compartieran con nosotros algunas de sus experiencias; más, debido a la pandemia, no fue posible llevar esto a cabo. Ante este escenario, decidí tener un encuentro individual con cada uno de ellos.

Me fascinó cómo cada uno, sin querer y en función de mis preguntas, fue narrando su vida mientras yo iba detectando ciertas experiencias y aprendizajes, así que decidí ampliar el círculo de entrevistas a algunas de las personas que, directa o indirectamente, habían influido en mí.

Incluí a mis tíos quienes, además de platicarme sus vivencias, me hicieron comprender mejor a mis abuelos y a mis papás. Integré también a clientes, proveedores y socios del trabajo, personas que han sido ejemplo de lecciones de negocio y que, con el paso del tiempo, la actividad mercantil que nos unió se convirtió en amistad. Y agregué a algunos otros que por diversas razones se han cruzado en mi camino y que se transformaron en mentores de vida. El resultado de esos encuentros, para mí inolvidables, es este primer volumen de entrevistas y reflexiones que he titulado *Sabiduría invernal*.

El adjetivo *invernal* forma parte de la vida a las estaciones y yo lo atribuyo a la "estación" en la que viven mis entrevistados. Quise, además, que la selección de estos personajes fuera amplia y que cubriera un extenso espectro. Si bien, todos los entrevistados tienen en común ser mayores de sesenta y cinco años —que fue el primer requisito que me impuse—, entre ellos hay hombres, mujeres y parejas. Aunque en su mayoría son mexicanos, en general proceden de prácticamente todos los continentes: hay europeos, africanos y del subcontinente indio. Los hay casados, viudos y también algunos que decidieron romper el lazo matrimonial. Vienen de todos los estratos sociales y económicos, y, mientras unos cuentan con altos grados de estudios y cultura, otros viven de acuerdo con los aprendizajes de la vida rural.

Después de cada entrevista, quise dar forma a una especie de legado del personaje, consistente en aquello que aprendí durante nuestro encuentro y en mis repasos de las grabaciones y de mis apuntes. Esas conclusiones se hallan concentradas en las secciones tituladas "Ojeada a ...", las cuales son totalmente subjetivas y representan mi apreciación muy personal.

Conforme avancé con las entrevistas, decidí dejar hablar cada vez más a los personajes, con el fin de que aprendiéramos más viéndolos vivir. De esta forma, cada lector puede ver a cada protagonista desde su propia óptica y bajo su luz particular, por lo que seguramente encontrará perlas que tal vez yo no supe apreciar.

Me recreé escuchando nuevamente, una y otra vez, cada entrevista; saboreé cada frase ingeniosa, cada portento de sabiduría incluido en ella. Disfruté transcribiendo cada una, puliendo y redactando versión tras versión hasta llegar a la definitiva. Sentí un gran placer al ir avanzando en cada fase, como si estuviese en una carrera en que la adrenalina iba subiendo, haciéndome cada vez más alegre. Pero gocé aún más cuando se las entregué personalmente a sus protagonistas y vi en sus rostros una señal de agradecimiento, de sorpresa —no recordaban haberse abierto tanto conmigo—, de remembranza de todas esas experiencias de satisfacción por hallar en esas líneas el resultado de una vida bien vivida. Todos ellos, como la cita inicial de Montaigne, son ejemplos de ese buen vivir.

Estas entrevistas celebran diferentes vivencias como la instalación de una nueva planta industrial, la recuperación de una enfermedad, el éxito de los hijos, el viaje con los amigos, el triunfo deportivo; también recrean experiencias desgarradoras, tales como la muerte de un hijo, o de varios, la separación de la pareja y la pérdida de un amigo. Como dice el dicho: "En la viña del Señor no hay desperdicio". Por ello, todas estas conversaciones nos ofrecen algo muy importante que aprender.

A lo largo de las décadas, he notado que muchas veces estamos confundidos, pues creemos necesitar más información, más conocimiento, y es por eso que abundan los canales como CNN o las redes como Twitter. Pero lo que realmente necesitamos es sabiduría. La diferencia entre conocimiento y sabiduría es de tipo, no solo de grado. Mayor conocimiento no necesariamente se traduce en mayor sabiduría, e incluso, de hecho, puede hacernos menos sabios. Por lo que hay una gran diferencia: la información es un mero revoltijo de datos; el conocimiento es también un revoltijo, aunque más organizado. La sabiduría, por su parte, es la que desenreda esos conocimientos, les da sentido y, lo que resulta crucial, nos orienta para usarlos de la mejor manera.

El conocimiento es algo que poseemos; la sabiduría es algo que hacemos. Esta última se trata de una habilidad y, como toda habilidad, se puede aprender. Pasamos la vida esperando recoger algunas pizcas de sabiduría aquí y allá. Confundimos lo urgente por lo importante, lo trivial con lo reflexivo, lo popular con lo bueno. Sí se puede aprender, la pregunta debería ser: "¿En dónde la enseñan?".

¿Dónde se encuentra la sabiduría? es el título de una obra de Harold Bloom, el famoso profesor de humanidades y literatura de la Universidad de Yale. Con un estilo refinado y un tanto complicado de leer, nos lleva a encontrarla en los libros sapienciales. Desde los antiguos libros de los hebreos y los griegos hasta Freud, pasando, desde luego, por Cervantes y Shakespeare, por Montaigne y Bacon, y por Goethe y Nietzsche.

Sin dejar a estos portentos de la literatura universal, intento poner mi granito de arena para que a través de la lectura de las vidas de estos maravillosos, estimulantes, divertidos, inspiradores y deliciosos personajes (que además son contemporáneos y cercanos a nosotros) encontremos en *Sabiduría invernal* decenas de las perlas de vida, que solo la experiencia puede ofrecer, y que nos ayuden a aprender esta habilidad.

Confío en que, al igual que yo y quienes me han ayudado con las primeras lecturas y correcciones, disfrutes, goces y aprendas de este libro, que te sea útil, te transforme, te provoque alguna sonrisa o alguna lágrima, te incite a cambiar o confirmar tus opiniones, te invite a conversar o a agradecer a tus propios mentores, pero, sobre todo, a enriquecer tu corazón.

Don Jesús Cavazos Fernández

Un caballero feliz
El amigo del café

21 de abril de 2021

Siendo Chuy el hermano que escogí en vida, me pareció natural que fuera su papá el primer entrevistado para verter sus enseñanzas en este proyecto. Además, el tío Chuy es un verdadero personaje, de esos que no se hacen en serie, sino que son escasos, y es por demás interesante.

El Monterrey de la década de los cuarenta lo vio nacer en el seno de una familia de industriales dedicados a la manufactura de artículos de plástico como peines, cepillos, juguetes y otros enseres del estilo. Este tipo de negocio y su mercado eran afines a los tradicionales negocios de las comunidades árabe y judía, por lo que toda su vida el tío Chuy convivió con amigos tanto palestinos, como libaneses y hebreos. Además, es amigo de muchos. Tiene varios grupos para tomar el café por la mañana y un grupo más para la tomada por la tarde, en el bohemio club "La Cartuja", del cual es fundador y socio honorario.

Está casado desde hace más de cincuenta y cinco años con la tía María Teresa Flores, una mujer bondadosa y con valores muy fuertes, quien padece desde hace poco más de quince años de Alzheimer.

Ambos están comprometidos con sus hijos y son promotores de la familia. Tienen cuatro hijos y cuatro nietos; yo soy padrino de Natalia, su primera nieta e hija de mis compadres Chuy y Fabiola.

El tío Chuy me citó en el Vips de Gómez Morín y ya me esperaba puntual a la hora acordada. Saluda de manera efusiva a más de una mesa vecina, incluso a algunos de quienes, me confiesa, no se acuerda muy bien. A la mesera que sí conoce le ordena unos huevos sin tortilla e iniciamos una deliciosa, interesante y enriquecedora plática.

No hablamos del COVID, pero sí menciona que de sus amigos íntimos del café, tres de ellos no han salido ni de su recamará.

—Para mí eso es una desgracia, pues la vida es para vivirla —me confiesa un tanto contrariado.

Amigo de todos los amigos, tiene amigos de todas las edades y le da igual si son de treinta, cuarenta, cincuenta, sesenta, setenta u ochenta años, convive mucho con todos ellos y con todos sale de viaje. De hecho, no le extraña en absoluto que tengamos una conversación sobre esto.

—El grupo de La Cartuja es el grupo de la tarde y es para la tomada —me dice sacando una carcajada picarona y yo no puedo más que acompañarlo.

—He estado un par de veces que nos ha invitado Chuy y se nota un grupo unido, con fotos de todos y sobre todo de aquellos que se adelantaron. ¿Por qué le pusieron La Cartuja? —le pregunto y esboza una cara de duda, como si no supiera, para incitar la respuesta.

—Obedece al nombre de los monjes cartujos, quienes hacen un juramento de silencio y de no hablar de lo que pasa en el monasterio, por lo tanto, lo que pasa en La Cartuja se queda en la Cartuja —me responde de manera más solemne.

El grupo es muy unido, a donde va uno todos quieren ir. Me cuenta muy entusiasmado que acababan de regresar de Punta Mita; rentaron una casa muy, pero muy interesante, en palabras textuales, y dos aviones privados para que pudieran ir todos.

—No quisimos que se quedara nadie y así lo hemos hecho siempre —me aclara rápidamente.

—¡Qué bien se tratan! —le contesto de inmediato, admirado de ese aparente lujo.

—De eso júralo. Hay que siempre tratarse bien —responde con su inconfundible sonrisa ronca.

—Es más —me dice—, por la diferencia de ánimo, de unión y de viajes de mis amigos del café y de los de la tomada, parecería que el güisqui hace menos daño que el café. —Vuelve a reír profusamente.

El repentino comentario resuena en mí, como si fuera una cita de Churchill o de Hemingway, que además guardan un cierto parecido físico con él.

Ha sido Rotario por cuarenta años. Ha dado la vuelta al mundo. Cinco veces a China, tres veces a Corea, por mencionar solo a algunos. Es un viajero frecuente. Durante muchos años rentó una casa en Las Brisas en Acapulco a Don Chucho Solorzano; iban su suegra, sus cuñadas y él las acompañaba de viernes a domingo, pues alguien tenía que trabajar. Nunca se mete al mar, lo respeta demasiado.

—Y de todos los lugares que conoces, ¿a cuál te gustaría regresar? —le pregunto. Para mí, que soy viajero frecuente, su respuesta me es muy interesante.

—No tengo que pensarlo dos veces, a Palma de Mallorca —me responde. Una cabaña en el bosque es su lugar ideal. Tanto así, que por eso construyó su casa en Chipinque y fue uno de los primeros en hacerlo. Recuerda que con su compadre Claudio Prado, que llegaba a su casa los sábados a las seis de la mañana con un seis de cerveza, subían hasta el Pinal. Compartido como siempre, repartía unas cervezas con los que hubieran llegado también y regresaban cerca de las cinco de la tarde para ver qué querían hacer las señoras. Ellos ya habían tenido su día.

Dos tragos de jugo de naranja después, y con un tono un poco más serio, le pregunto con franqueza:

—Sé que eres un hombre muy desprendido y siempre espléndido, pero regresando al tema de estos viajes con los amigos de La Cartuja, ¿cuál es tu actitud para gastar el dinero así?

Y habla del dinero de manera distinta, pero sin menospreciarlo, y le da un enfoque más utilitario, más gozador y con una visión muy parecida a la mía:

—El dinero es un objeto interesante, pero no para guardarlo —me responde cambiando su semblante a uno más elocuente.

—Qué curioso que lo llames objeto interesante —intrigado le respondo.

—Dime tú, ¿qué mejor inversión habría que invertirlo en uno mismo? —Y se ríe nuevamente.

Viene a su mente el recuerdo de un amigo de toda su vida, de la comunidad árabe, que hace lo opuesto a él. Con tal de ahorrar hasta en él, se compra zapatos ortopédicos por recomendación del doctor, para cobrárselos al seguro, a pesar de tener dinero para aventar para arriba. Dada la descripción, menciono el nombre del quien imagino que es y acierto. Me cuenta que recibió una llamada de la esposa de este amigo para pedirle que lo saque de su recámara. En trece meses no ha salido siquiera de su cuarto, por miedo al COVID.

—Si tú no puedes, que llevas sesenta años de casada con él, ¿qué voy a hacer yo? —imita la voz con la que le respondió.

—¿Tú crees que vale la pena vivir la vida así? —me pregunta. Pero sin darme tiempo a responder mi "no", él mismo se anticipa a contestarse—: Para nada.

Para él, nunca deberíamos tener más de lo que necesitamos y no solo porque guardado no es útil, sino porque siempre habrá alguien atrás de ti, queriéndotelo quitar.

—¿Y si alguno de tus descendientes pudiera hacer un mejor uso de él? —le pregunto. Su respuesta sigue siendo la misma.

—Aun cuando el que venga atrás sea muy capaz, nunca sugiero tener más de lo que necesitas —responde categóricamente.

Para él, ser capaz no siempre significa serio ni honrado. Y la seriedad y la honradez son atributos indispensables en un buen ser humano. En su opinión, los más capaces generalmente no se tocarán el corazón con tal de quedarse con el dinero.

En cambio, su padrino de bautizo, Don Nazario Assad, tenía una gran cualidad: sabía participar. En la feria anual de Guadalajara, ambos se hospedaban en el mismo hotel; y si al *stand* de Don Nazario llegaban clientes a los que pudiera interesarles algo de Plásticos BEKA —que era el negocio de su padre y que él manejaba—, sin intermediación se los refería.

—¿Te los refería porque eras su ahijado? —me atrevo a preguntarle.

—Para nada —me responde espontáneamente—. Don Nazario fue siempre un caballero, y me los pasaba por amistad y porque le gustaba participar. Ya no hay gente así. Es más, durante treinta y dos años me permitió usar su oficina de la ciudad de México, todo de cortesía, sin pagarle un centavo.

Toda su vida ha convivido y sigue conviviendo con amigos de la comunidad judía y de la comunidad árabe. Se enorgullece de ser amigo de cinco generaciones de la familia Schwartz. Y me platica entusiasmado del nuevo negocio del hijo de su compadre Miguel, que es la cuarta generación con la que convive. Fue amigo del padre y del abuelo de su compadre; viaja ahora con Mauricio, el hijo, y reconoce que ya no convivirá con el nieto, pero aun así viajó a la Ciudad de México a conocerlo.

—No te imaginas lo que ha hecho Mauricio —con un tono entrañable y que denota un claro signo de admiración, me cuenta un poco el tipo de negocio que ha instalado Mauricio en la Ciudad de México.

—¿Y el negocio lo empezó él o lo heredó? —le cuestiono con ánimo de conocer más acerca de su amistad con alguien quince años más joven que yo.

Me da pormenores con bastante detalle del negocio de comercialización de su amigo. Cómo logró vender su negocio a un inversionista extranjero, cómo logró establecer un canal adicional y el desarrollo de proveedores en China.

Para él, la amistad es algo fundamental.

—Los amigos son el grupo de gente que perdura a tu lado; la familia se desparrama tarde o temprano —rotundamente me lo dice.

Pareciera que, parafraseando a Aristóteles en su Ética a Nicómaco, la amistad es para él el valor más importante. Y lo comprueba con hechos no solo él, sino también Chuy su hijo y compadre mío. Y no solo por la cantidad, sino por la calidad de sus relaciones con amigos de todos los grupos donde asisten.

Le extiendo mi admiración y respeto por estar al pendiente de la tía Tere, a pesar de que han pasado más de quince años sin que ella esté consciente.

—La única manera de sobrellevar a una enfermedad ajena es vivir y sin lamentar la pérdida —me aclara rápidamente, pero no de forma mecánica ni automática; es algo que ha podido reflexionar y trascender.

—Y para eso tengo a mis amigos. Me doy siempre una divertida, como no te imaginas —vuelve a sonreír con su semblante rozagante.

Tuvo que descuidar el negocio del plástico para atender mejor a la tía Tere. Eso le provocó una encrucijada entre estar enojado con sus familiares por la manera de manejarlo o estar con su esposa.

—Yo decidí escoger a mi familia y lo material lo dejé a un lado —me dice torciendo un poco el cuello para saludar a otro comensal que llega—. Tengo mucho y muy holgado —afirma categóricamente.

—El negocio se quedó en manos de un sobrino que, en la escala de uno a diez, lo tiene en uno y no en cero, porque el cero no está en la escala —me dice cambiando el semblante y riéndose nuevamente.

Aun así, no se enoja y reconoce que su decisión fue la mejor que pudo tomar y el problema lo tiene ahora su sobrino.

Trae una medalla al pecho, me aclara que desde la primera Navidad que pasó con su esposa desde que se conocieron, y me la muestra orgulloso. Llevan sesenta años de conocerse y cincuenta y cuatro años de casados.

—Aprendí que tienes que vivir tu vida —me explica, cambiando un poco el semblante—. La de ella se completó antes de tiempo.

A pesar del profundo dolor que se nota que siente, sabe que debe entenderlo. Y con una gran sonrisa, vuelve a asegurar—: Y hacer lo que necesites con tal de ser feliz contigo mismo. Sin remordimientos. Sin culpa. Sin pena. Sin miedo.

Además de amigo de los amigos, la vida lo ha forzado a tener también un grupo de muy buenas amigas con las que convive, viaja y se divierte mucho. A todas las respeta mucho y las trata como de película. Algunas de ellas están casadas, por lo que entienden que no se pueden salir de su matrimonio, ni él las puede recibir en el suyo.

Actualizado en las redes sociales, tiene su Instagram y se entretiene las primeras horas del día revisando las páginas a las que él llama "todas estas tonteras". Y con rapidez de un *millennial*, encuentra en su celular un chiste de Tiktok alusivo al tema, en el que la entrevistadora de un programa de televisión le pregunta a una modelo de moda: "¿Cómo estás con tu pareja?". "Estamos felices", responde emocionada la modelo. "¿Y ya viven juntos, entonces?", cuestiona la anfitriona del programa. "No, ¿cómo crees? Él vive con su esposa", contesta con una carcajada la modelo.

Así lo hace él. Vive feliz en su casa y se divierte todo lo que puede.

La mesera no puede con la curiosidad de las carcajadas que soltamos al ver el video y se acerca con la excusa de recoger los platos que devoramos. Él le demuestra su empatía, la anima y la chulea.

A mí me muestra fotos de una de sus amigas actuales: una señora de mi edad, muy bien conservada, de muy buen porte.

—Imagínate, ¡es cinta negra! —me presume ufano.

—La verdad, está muy bien. ¿Fue la que te alcanzó en San Miguel? —le pregunto, pues ya me había contado Chuy que fueron a pasar las vacaciones de fin de año y lo habían invitado. Y, ¡oh, sorpresa!, cuando un día abre la puerta de la casa que rentaron en Airbnb y aparecen amigas del tío a recogerlo para llevárselo de fiesta.

—Uff, no sabes cómo me divertí, de lo lindo —con una pícara sonrisa me contesta.

Y, efectivamente, era ella y otras amigas; por lo que seguramente se divirtió y llegó más tarde a casa él que mi compadre.

Para él, la pareja tiene que ser alguien que llame la atención, que sea guapa.

—De preferencia guapísima —con su característico humor me explica—. Debes buscar a alguien con mucho humor simpático y de preferencia que no se enoje. Busca alguien que admire tu humor y que no encuentre motivos para enojarse —me recomienda, como alguien que tiene la experiencia y sabe cómo hacerlo.

—Y en esa relación que llevas con ellas y la diferencia de edades, ¿cómo la equiparas? —O algo así se me ocurrió preguntarle.

—A tu edad, lo primero que relacionan con compañía es sexo —me advierte—. Esa idea nunca se te quita de la cabeza, o cuando menos a mí —admite riéndose profusamente, casi cambiando de color— más bien se transforma a la máxima expresión, conociéndolo despacio, pero sin enamorarse.

En su opinión, para segundas ocasiones, el compromiso formal quita, o cuando menos reduce, las ganas.

Me sorprende que súbitamente cambiamos de tema, y no porque el tema no sea interesante. Ha viajado como loco, por todos lados y en todos momentos. Aun así, nunca ha necesitado nada.

—Fíjate, durante treinta y dos años tuve el mismo carro y el mismo cuarto en la Ciudad de México —me aclara orgulloso, como reiterando que nunca ha necesitado nada.

Tal vez no cambiaba de carro para darse ese sello distintivo y para que lo reconocieran por eso mismo. Por otro lado, sí cambia con puntual frecuencia el Cadillac americano de la tía Tere, aunque ya no se use, pero siempre con la característica placa de BEKA que hace referencia a su padre, Benito Cavazos.

Cuando trabajó en la Ciudad de México, vestía trajes de dos mil dólares y zapatos de quinientos, tenía que convivir con el entorno que le rodeaba. No podía andar como cualquiera, tenía que ser el único. Era tal su afán de sentirse único, que cuenta que en una ocasión llegó a una cita y el empleado de la tienda de un amigo traía puesto un traje similar al suyo; fue inmediatamente a cambiárselo. Hoy reconoce que ese glamur ya pasó y ya no es necesario. Pero cuando lo fue, fue siempre único y elegante. Hoy luce y porta una boina que le sigue dando un toque singular.

—Te he visto en el café del HEB, del City Market y ahora en el VIPs y todos te saludan; Vas a la Cartuja o sales de viajes con tus amigos. ¿Cómo le haces para administrar tu día? —le pregunto.

—A pesar de que tengo cosas que hacer todo el día, no estoy ocupado, estoy disfrutando —contesta en tono alegre—. Cuando no quiero, no voy —dice resuelto.

Va al café que quiere, regresa a su casa y él mismo se prepara su almuerzo. Como apasionado de la comida, le gusta tocar esa base antes de irse otra vez. Anteriormente, él era distinguido tras la barra y el asador. Hoy, si bien ya no es el cocinero principal, sigue ordenando para que los platillos estén abundantes y con su estilo. Ya no hace de comer, pero sigue diciendo cómo.

Anfitrión excelente, a pesar de las condiciones de su casa y ahora con pandemia, sigue siéndolo.

—Yo ya no tengo reuniones familiares, yo las provoco y propongo —me dice.

Y sus hijas y sus "detalles" ya no lo hacen enojar, al contrario, le hacen reír.

—No me hace falta nada, yo vivo en la abundancia; otros son tan poquita cosa que les cuesta tanto gastar —me explica.

Es muy realista, sabe que su vida tiene un término y no depende de él. No se mortifica por el mañana, él es feliz hoy. Así que ya les avisó a sus hijos que no lo entuben: "Quiero vivir solo mientras esté vivo".

—Mi papá, por el contrario, nos comentó una vez, un tanto en broma, un tanto en serio, que él quisiera que lo entubaran el tiempo necesario para que el seguro pague todo lo que él ha pagado —le comento en un tono burlón, pues yo jamás lo desearía.

—Pues yo ni loco, ni por más enfermo que esté —reitera su postura. Y seguramente mucho menos lo querrá después de estar quince años a lado de tubos y enfermeras para su esposa, a quien ha visto marchitarse lentamente.

Los tubos traen de regreso a la tía Tere, quien entregó parte de su vida a la religión y también parte de su herencia. A pesar de eso, o por eso mismo, a los sacerdotes y a la religión en general el tío Chuy les tiene una desconfianza absoluta. Entiende que son humanos y por lo tanto no acepta las condiciones de perfección que proponen ellos. Además, vivió una decepción total al ver cómo trataron a María Teresa a pesar de que ella entregó parte de su vida a sus creencias.

Le recuerdo el bautizo de Natalia, en el que por obvias razones la tía Tere venía caminando despacio apoyada en ese entonces por sus enfermeras. El padre en turno de la iglesia de María de los Ángeles decidió comenzar la ceremonia sin ella. "Con padrinos y niña es suficiente", afirmó cruelmente. Tengo grabada la cara del padrecito, pero seguramente por eso olvidé su nombre. Y así, el supuesto ejemplo de bondad dejó a los orgullosos abuelos sin ver a su nieta ser rociada por el agua bautismal.

Observo que no lo recuerda con la misma claridad que yo, tal vez quiso su consciente hacerlo inconsciente.

—Pero por cosas como esas es que yo ya no los tolero —corrobora nuevamente.

Me cuenta una anécdota simpática que le sonroja, como para cambiar el ambiente, y se nota que le divierte recordarla. Es sobre una ocasión en que venían de Laredo su esposa y él y los detuvieron en aduana del kilómetro veintiséis.

—¿Qué llevan de regreso? —preguntó como siempre el aduanal.

—Pues, la verdad no sé, la señora empacó y creo que son cosas de ella —contestó rápido y ufano.

El aduanal entonces le pidió que bajara el vidrio y le preguntó lo mismo a la tía Tere.

—Pues son unas cosas del Señor —respondió ella inmediatamente y sin dudar.

El aduanal, un tanto irritado, pues eran respuestas contradictorias, pidió que abrieran la cajuela y al abrir las maletas se dieron cuenta de que eran dos "señores" distintos de los que hablaban y los dos decían la verdad. En la maleta venía una maquinita para hacer ostias para el convento de las monjas. En realidad, la tía Tere había empacado cosas del Señor y para el tío Chuy eran cosas de la señora. El aduanal, muerto de la risa, no pudo hacer otra cosa más que dejarlos pasar.

Y regresa a hablar de su joven amigo Mauricio que abrirá próximamente otra tienda y recuerda su vida laboral.

—Hoy —me dice— todos quieren ser jefes y no hay cabezas para todos. Trabajando las cosas no son difíciles, el problema es que te cuesta mucho trabajar.

Como parte de su vida laboral y profesional, presume que tomó el negocio familiar muy joven y con solo noventa clientes y lo dejó con mil doscientos.

—A todos y a cada uno de ellos los saludé de mano y compartí la comida y la copa con la mayoría; eso era lo que más disfrutaba —recuerda lo fundamental de la relación personal, aún en temas netamente comerciales. Y detalla un par de anécdotas memorables de clientes en Chiapas y en otros estados del país.

Una de las anécdotas que más recuerda fue la de un cliente que inició con su papá y que les compraba mucho. Sufrió un accidente en la mano y simplemente no quedaba bien. Un primo de la tía Tere era cirujano militar especialista en manos y lo llamó.

—Compadre, voy a Ixtapa con la familia de uno de mis mejores clientes y trae un problema con su mano, ¿no me puedes ayudar? —le preguntó.

—¿Por qué no te vienes? —lo invitó cordialmente. El doctor, aprovechando sus vacaciones, los acompañó y lo revisó detenidamente.

—Te espero en Norfolk, Virginia, en dos semanas para operarte —le dijo seguro de que podría mejorarlo.

Cuando llegaron, les dieron un paseo en lancha y de regreso a la base, en el portaaviones más grande, un letrero de bienvenida: *Bienvenido, don Juan. Todo saldrá bien.*

—Todo eso lo hizo por darme gusto a mí, ¿lo puedes creer? —me pregunta esperando que yo le conteste que no, que hoy ya no se dan esos detalles.

Hoy, quién sabe cuántos años después, todavía se le enchina el vello de acordarse de esos gestos.

—Esos detalles son de una sola vez en la vida —me dice un tanto sollozando.

Reconoce y está consciente de que tiene ochenta y tantos, pero eso no quita que todavía tiene muchas ganas de regresar a Mallorca. Regresar a Mallorca es prácticamente lo único que repite en toda la reunión.

Suspirando, me aclara—: Yo soy feliz toda la vida, la vida no me hace enojar nunca y no me preocupa absolutamente nada; ya entendí que todo tiene solución. —Una frase que escucho y apunto con cuidado. Cuatro absolutos en una sola oración. Una receta que bien pudiera ser sacada de un modelo de budismo zen o de una máxima estoica; es una clara expresión de alguien plenamente seguro de sí y de lo que ha vivido.

El tiempo es regiomontano y los minutos son de cincuenta segundos. Sin darme cuenta ya han pasado tres horas de divertida, enriquecedora e interesante charla. Nos dirigimos a la caja donde, ya para despedirnos, saluda efusivamente a la cajera y le promete que regresará pronto. Ella le sonríe de vuelta, como sabiendo que dice la verdad. Don Jesús, el amigo de los amigos, el señor del café, un caballero feliz. Entiendo por qué mi compadre y amigo Chuy es así, con capacidad de relacionarse. Amigo, simpático, echado para adelante, aventurero, optimista, leal y sincero.

Una ojeada al tío Chuy

"Parecería que el güisqui hace menos daño que el café".
Resuena intensamente esta frase en mí. Y la considero más profunda de lo que aparentemente muestra. El vino, en sana medida, además de delicioso y sanador, resulta ser el catalizador de conversaciones trascendentes, fuente de inspiración y sobre todo pegamento de amistades de por vida.

"El dinero es un objeto interesante, pero no para guardarlo".
"Nunca deberíamos tener más de lo que necesitamos".
Mis abuelos, y luego mis padres, me han enseñado a través del ejemplo a ser desprendido e incluso espléndido. Sin fijarse tanto en el balance del banco. El dinero va y viene, y soy un convencido de que lo mejor es hacerlo rodar. Yo pienso que quien lo hace rodar tiene muchas experiencias positivas e incluso de que regrese el mismo, con creces.

"Los amigos son el grupo de gente que perdura a tu lado; la familia se desparrama tarde o temprano".
La familia cae del cielo. Los amigos son escogidos, son aquellos hermanos que, en distintas etapas de tu vida, con pinzas y de manera quirúrgica, vas seleccionando entre el mar de gente que te rodea. Y son éstos con los que compartes tus penas y tus glorias. Y están ahí, sin importar cuándo, cuánto o dónde estés. El común denominador de las personas que admiro y entrevisto a sus ochenta y tantos, sin lugar a duda, es lo que más aprecian, cuidan y valoran de su vida.

"Trabajando las cosas no son difíciles, el problema es que te cuesta mucho trabajar".
Mientras no comprendes el beneficio, no realizarás el esfuerzo. Pero una vez que comprendes el beneficio, el esfuerzo se transforma en entusiasmo. Y una vez encontrado el sentido de lo que haces, el entusiasmo se mantiene y crece.

"Yo ya no tengo reuniones familiares, yo las provoco y propongo".
Cuando esperamos que del cielo caigan las bendiciones, seguramente ocuparemos una silla para esperarlas sentados. Nada se obtiene sucumbiendo ante la conmiseración, salvo restando energía y motivación necesarias para hacer algo acerca de un problema. Soy un convencido de activarte en tu propio rescate y hacer todo lo que puedas, pues nadie más lo hará por ti. Como escribió Marco Aurelio: "Empieza por sonarte la nariz".

"La única manera de sobrellevar a una enfermedad ajena es vivir y sin lamentar la pérdida".
El sufrimiento no es un evento, es un proceso. El amor frente al sufrimiento humano implica un acto de compasión y de servicio, no un apego al sufrimiento. El mayor testimonio de amor frente a la pérdida será la propia paz interna. Ante la adversidad, hay que seguir viviendo.

"A pesar de que tengo cosas que hacer todo el día, no estoy ocupado, estoy disfrutando".
"Aprendí que tienes que vivir tu vida y hacer lo que necesites con tal de ser feliz contigo mismo".
¿Cuántas cosas hacemos a disgusto por cumplir con una etiqueta social cuando en realidad solo deberíamos hacer aquellas que satisfagan nuestro anhelo de ser? Para mí, elegir cómo y con quién vivir es la única manera de lo que hagas lo hagas gozando.

"Yo soy feliz TODA *la vida, la vida no me hace enojar* NUNCA *y no me preocupa absolutamente* NADA*; ya entendí que* TODO *tiene solución".*
"La vida es para vivirla".
¿Más claro?

Ingeniero don Antonio Domínguez Lara

El director de proyectos

16 de mayo de 2021

No encuentro a nadie que me haya llamado más veces la atención, incluso más que mis papás u otras personas de mi empresa, que Antonio Domínguez. Como quien recuerda solo a los maestros de primaria y secundaria que le obligaron a esforzarse y batallar, y no a aquellos maestros que se la pasaron dando alguna clase insulsa en el pizarrón. Así es Antonio Domínguez para mí; alguien que obligó, aun sin querer, a forjar al Diram de hoy.

Cuando inicié el negocio y David Gutierrez me abrió las puertas de Deacero, Antonio ya era el director de proyectos. Por ser Diram una microempresa que apenas iniciaba, realizamos trabajos en las plantas de alambres solamente. En función de los resultados positivos de nuestros trabajos, muy pronto presentamos una alternativa interesante para la planta de fundición, donde tuve la fortuna de conocer a José Blanco y a Raúl Navarro, con quienes comparto aún su amistad. Ambos me comentaron que las propuestas las revisaba EL INGENIERO Domínguez. Resalto "el ingeniero" para dar el profundo énfasis que ambos le daban a su jefe.

Lo conocí casi cinco años después en el proyecto de la acería de Celaya, que sin lugar a duda era el reto más grande para ellos y para nosotros. A partir de entonces generamos una curiosa amistad. Por un lado, había un poco de celo porque yo conocía a uno de los dueños, y Antonio siempre imponía que eso no serviría de nada, pero por otro, y justamente por su advertencia, fuimos obligados a entregar siempre un servicio de la mejor calidad y con innovación.

En cada proyecto que nos adjudicaron, fuimos ganando la confianza de ambas partes. Él sabía que de nosotros recibiría un servicio de clase mundial y especializado y nosotros sabíamos que seríamos tratados de manera justa con los precios. Proyecto a proyecto, que han sido muchos y muy exitosos para ambas partes, esa relación que inició como un intercambio comercial se ha venido transformando en una relación de confianza, admiración e incluso familiar y de apoyo, cuando ha sido posible, a los hijos del otro.

Antonio ha estado presente en toda la existencia de Diram y por lo tanto en más de la mitad de mi vida, por lo que consideré que era imperativo que él formara parte de este proyecto. Además, muchas de las más importantes lecciones de negocio que he aprendido las he aprendido, escuchado o imitado de él.

—Quería pedirte un favor muy especial y personal con independencia de las reuniones comerciales que tengamos. Cuando tengas un par de horas que me regales, sería un gran privilegio para mí —le escribí, mencionando además el objetivo de la reunión.

—Con gusto. Cuenta con ello. Háblame por teléfono y agendamos la reunión —respondió en su WhatsApp inmediatamente.

Me citó en su oficina de proyectos en Saltillo. Como siempre que voy con él, tomé un poco más de tiempo y llegué unos minutos antes, que en esta ocasión me dieron oportunidad de saludar a Raúl Navarro, uno de los pocos ingenieros que quedan aun trabajando de los que conocí cuando inicié Diram.

Antonio llega, como siempre, puntual a su cita. Me ofrece de tomar y se sienta en su silla, tras el mismo escritorio donde hemos negociado varios proyectos.

Inicia comentándome que estaban realizando un libro para sus jefes y los "editores" le habían enviado una lista de preguntas previas a la entrevista. Él, como siempre, se había dado a la tarea de contestarlas con antelación, teniendo las respuestas por escrito.

—Esta es algo más simple —le respondo —, pero lo tomaré en cuenta para futuras ocasiones.

Si bien, no traigo conmigo una lista de preguntas precisas, sí tengo un listado con temas a tratar con él. Y sin más disparo el primero de la lista.

—¿Qué considera Antonio, con cinco siderúrgicas construidas bajo su liderazgo y sin ser el dueño de la empresa, que hace a un líder? —un tanto nervioso formulo la pregunta.

—La pasión por hacer las cosas bien y el compromiso de lograrlas —me responde sin pensarlo, como si hubiese sabido cuál era la pregunta—. Esta pasión se traduce en ser el mejor en lo que hago —continúa con tono apasionado, como si la palabra en cuestión tuviera su propio tono—. Y para ser, hay que primero parecer. No se puede ser que parezca y no sea o sea y no parezca —con un risa picarona termina la frase. Se levanta de su silla y con un gesto de manos señala la pulcritud y lo bien arreglado que acude siempre a trabajar. Supongo que de la misma manera llega a sus otros compromisos.

—No se puede empezar algo sin tener las bases firmes, bien estudiadas —afirma categóricamente—. Es más, por eso los hemos contratado a ustedes algunas veces, porque nos dan la seguridad de una ingeniería bien elaborada, que deriva en un proyecto mejor controlado.

Para él, la ingeniería es la base fundamental y medular en cualquier inversión para hacer bien las cosas. Enriquece las decisiones, lo que se traduce en mayor o menor costo y tiempo de los proyectos.

Tacho la primera palabra de mi lista, pues considero que no se puede añadir más a la respuesta. Pero antes de pasar a la segunda, quiero indagar de manera más puntual cómo podríamos desenmarañar esa profunda pasión por lo que hace y que irradia a distancia.

Para aquellos que no conozcan, una fábrica de producción de acero es una de las instalaciones industriales más complejas. Además de los procesos metalúrgicos para la correcta aleación del acero, se requiere coordinar los procesos de la fundición de acero a través de hornos de arco eléctrico, plantas de agua y oxígeno, sistema de colección de polvo, líneas de motores para laminar las placas de acero y los consecuentes sistemas eléctricos, mecánicos y electrónicos que implican.

—Construir una línea de laminación o una siderúrgica completa no es cosa fácil ni de todos los días. ¿Cómo manejas el estrés de esa presión de inversión y tiempo? —me aventuro a preguntar, ya más tranquilo.

—Nunca estoy estresado, porque toda mi vida es lo que he hecho —rápidamente me responde con un gesto tranquilo y pausado, tal como su escritorio que luce prístino y sin un solo objeto, salvo una libreta amarilla para tomar notas—. Es como el que hace otra actividad diaria no puede decir que lo estresa. Yo todos los días sé qué tengo que hacer y es eso: proyectos de gran envergadura, limitados en tiempo y costo. Soy un automotivado, yo sé lo que tengo que hacer y no necesito que me echen porras —dice echándose porras a sí mismo.

Comenta un par de sus secretos para lograr esa tranquilidad. El primero es segmentar el proyecto. No importa el tamaño de éste, es importante que éste esté segmentado.

—Tienes que dar una visión completa del proyecto, pero cada participante debe tener un objetivo individual concreto que lograr —me explica, dibujando en su libreta amarilla.

—Es decir, ¿un proyecto dividido en varios proyectos? —le pregunto.

—Exacto. Cada colaborador debe tener un propio 100% del pastel. La suma de todos los cienes hará el cien completo.

Y el segundo secreto implica también segmentar las actividades, es algo que él hace a diario: un recorrido dirigido, focalizado, concentrado en un tema particular. De ser posible, que sea matutino y antes de iniciar cualquier otra actividad. Imagino claramente a Antonio con su casco puesto, dando ese recorrido, con su rápido andar, preguntando y señalando sus observaciones a sus colaboradores.

—Todos los días recorro toda la planta, pero un día paso a revisar en particular la planta de aguas, otro la colada continua —sigue explicando, verdaderamente emocionado— y no como algunos directores que solo dicen que caminan su fábrica, pero sin un tema específico.

Buscando conocer un aspecto más personal y a sabiendas que es un aficionado al futbol y al tenis, pues varias veces me ha comentado su gusto por jugarlos, le pregunto—: ¿Dónde te recreas?

Pero su primera respuesta sigue en el ámbito profesional:

—En ver lo que hago y realizarme de ver un terreno en breña y dieciocho o veinte meses después, convertido en una fundición produciendo acero —me dice sin modificar su compostura—. Disfruto todo, porque cada parte es un todo y la suma de los todos hacen un todo completo.

Recuerdo el terreno de Celaya en mi primera visita en el 96, en el que se encontraba solo una caseta de lámina y ahí se encontraba la oficina de proyectos, en medio de la nada, solo cruzaba una vía del tren. Para mayo del 98, unos días antes del nacimiento de Luis, mi hijo, encendimos los filtros de armónicas de una acería completa compuesta por más de cinco naves industriales. Un prodigio de la administración y dirección de proyectos. Un récord en ese entonces en la construcción de este tipo de plantas industriales.

—Y el futbol o el tenis, ¿en qué categoría los pones? —le pregunto intentando forzar el cambio de tema.

—Jugué futbol toda mi vida. De hecho, no fui profesional, porque tuve que seguir estudiando —con aire apasionado me confiesa—. Es más, aún ahora sigo jugando y apenas hace tres años dejé la liga de treinta y siete y mayores. Ya casi les doblaba la edad y aun así les ganaba —con una sonrisa contagiosa me lo hace saber.

Figuro ese encuentro en el que la competitividad y el deseo de ganar y de mantenerse en la cima superan, y por mucho, a la juventud y al potencial conformismo. Y con ese espíritu competitivo que le caracteriza, él comienza además a hablar del tenis y de su similitud con la vida de negocios.

—Juego tenis desde los veinticinco. El tenis me enseña a ajustar la estrategia de bote pronto, a ser flexible y analítico —dice moviendo las manos como si estuviese haciendo un *passing shot*—. Tengo que analizar cómo juega ese día mi contrincante, qué le duele, a qué esquina debo enviar la pelota.

Reconoce que el tenis le ha ayudado a pulir su carácter y ha sido un maestro y escultor de su manera de llevar a cabo los negocios; le ayuda a ajustar y aceptar que puede estar equivocado. Entiende que muchas veces gana el que menos falla. Y casi como una filosofía de vida, sabe que haciendo ejercicio está comprando salud. Es más, reconoce y afirma que si no estás en movimiento es que ya estás mal.

Él, que ha negociado acerías completas y los terrenos donde estas se ubicarán, además de los permisos para sus construcciones, es sin duda un maestro de la negociación. Negocia con ejidatarios, con parcelas abandonadas, con funcionarios de CFE, PEMEX y otras tantas secretarías, con ejecutivos de firmas trasnacionales y otras contrapartes diversas para lograr sus objetivos. Respecto a esto, directamente le pregunto—: ¿Qué es para ti una negociación y cómo la llevas a cabo?

—Es algo que hago todos los días. Y para mí lo más importante es prepararte y planear cada una de ellas —reclinándose en su Herman Miller me contesta y señala las ordenadas carpetas que están en su credencia—. Trato de nunca improvisar. Me preparo muchísimo. He encontrado a través del tiempo que es imposible llegar a un buen acuerdo sin preparación. Previo a cualquier negociación, estudio y recopilo preguntas de las que requiero respuestas claras para tomar una decisión. Aquí en mi pantalla —y señala el grandísimo monitor que tiene enfrente— tengo todas las preguntas que formularé durante la entrevista. Me gusta aclarar en la situación en la que me encuentro. Un liderazgo situacional que va entre cumplir los objetivos marcados y las relaciones personales. Tienes que saber cuándo quedarte a tomar una copa con un directivo de CFE para mantener la relación, sin descuidar que lo que requieres es el permiso de conexión. Es una balanza muy fina entre una y otra.

Y comparte conmigo una de sus más memorables negociaciones:

—Llegué a negociar la subestación para Tultitlán. Me esperaban treinta tipos de la antigua Luz y Fuerza. Yo llegué solo —inicia la narración—. A pesar de que conocía y era muy amigo de uno de los altos directivos, tenía claro que lo importante era lograr la aceptación de los planos. Por tanto, había entregado y cumplido con todas las especificaciones de construcción; incluso hasta superado en casi todas ellas calibres de conductores, dimensiones, calidades del acero. La mejor subestación que tendría Luz y Fuerza, sin duda. Aun así, y sabiendo que yo era el que más requería de su aprobación, quisieron aprovecharse y me pidieron hasta que les construyera un baño especial para la persona que iría a tomar las lecturas del medidor una vez al mes, algo totalmente ridículo, fuera de especificación y sin valor agregado para el proyecto —me confirma—. "A ver", le dije al líder de los treinta empleados que aparecieron, con ganas de marcar los límites que ya se estaban excediendo, "¿Qué te parece si prestas a tu mujer para una noche, ¿qué me dirías?", le pregunté poniendo ese ejemplo extremo. —Gesticula imitando a la cara de sorpresa con que seguramente recibió la pregunta el aprovechado líder sindical y que señalaba que obviamente la respuesta sería un no—. "Pues es similar al baño que solicitas. Mi respuesta es no. Pues es algo que esta fuera de lugar" —y suelta una carcajada que seguramente la ha soltado cada vez que recuerda esta historia—. Debes ser flexible y adaptable a cada negociación, pero las cosas inflexibles tienen que quedar claras desde el principio —sentencia con un tono más mesurado nuevamente.

Para él, las responsabilidades deben quedar claras y nunca repartidas entre dos o más. Una tarea sin dueño o, peor aún, con dos dueños sin una manifiesta delimitación, es el presagio de un fracaso. Si fuera así, algo seguramente saldrá mal, siempre quedará un área gris que da pie a la falta de acción. Él busca hacerse responsable de sus decisiones, analizando todas las opciones y dejando el soporte de por qué las tomó. Es más, justamente cuando no tiene opción es cuando más se esmera en dejar sentadas las bases de la decisión.

Yo he pedido también a mis colaboradores que imiten la práctica de sustentar por escrito las decisiones. Aun cuando a veces pareciera algo burocrático, esto soluciona muchos conflictos cuando suceden. Es como un seguro de accidentes, esperas no usarlo nunca, pero conviene tenerlo y vigente.

Resolver temas con campesinos que impiden el paso de una torre de transmisión o la obtención del permiso de construcción de una subestación ejemplifican a un Antonio negociador, sabedor y conocedor de su entorno, que puede tomar una copa de coñac con un proveedor distinguido o un Gatorade con su contrincante del tenis.

—Eso sí, el liderazgo en mi casa lo tiene mi mujer —me aclara riéndose profusamente nuevamente.

Aprovecho que él mismo metió a su esposa a la conversación, a quien conocí en la ocasión de mi fiesta de cuarenta años; una mujer respetuosa, divertida y elegante. De manera tímida le pregunto cómo manejó la enfermedad de cáncer que ella padeció hace unos diez años.

—Cuando le detectaron el cáncer —me comenta, cambiando de semblante y su voz es más pausada— le pregunté directamente al doctor: “Si fuera tu esposa, ¿la tratarías en Saltillo o te la llevabas a Monterrey?”. El doctor respondió sin dudar que, si tenía las posibilidades, incluso se la llevaría a Houston.

Me comenta que habló con Raúl su jefe, le expuso su caso y recibió todo el apoyo de los Gutiérrez.

—Hice lo que consideré más importante en ese momento, que era atender a mi esposa. —Y fueron a atenderla a Houston—. Hoy, gracias a esa decisión ya tiene su vida normal —me dice con un gesto de satisfacción y con facciones más de Antonio.

Empatizo con él y fugazmente pasan en mi mente todas las ocasiones en que yo también he tenido que ir al hospital a llevar a mi esposa. La decisión de la atención de una enfermedad podría parecer sencilla, que debe optarse por lo mejor al alcance. Trasladando a otras áreas y tomando en cuenta esa decisión, si tienes la posibilidad, escoge siempre la mejor de las alternativas: la mejor escuela para tus hijos, la mejor casa del vecindario, el mejor hotel para vacacionar. Y además me dijo que una decisión tomada a destiempo es tan mala como una mala decisión tomada a tiempo.

—¿Qué dirían los hijos de Antonio, no como padre, sino como jefe? —le pregunto.

—Tony, aunque trabajó en Deacero y tú ya lo conoces, no trabajó para mí —contesta de inmediato, acomodándose nuevamente en su silla.

—¿Pero seguramente apellidarse Domínguez le sirvió? —como en el dominó, repito la pregunta, buscando la otra faceta.

—Desde luego que sí, pero su apellido y mi posición solo le abrieron las puertas de inicio, él se forjó su camino. Él tenía otro proyecto al que yo no tenía tanta fe. No lo obligué, solo le hice ver los pros y los contras. Me escuchó, cambió su decisión e hizo una carrera fructuosa en Deacero, sin mi sombra. Hoy tiene su propio negocio en Chihuahua, del cual estoy muy orgulloso. Pues él lo ha hecho desde cero. Mi hija, en cambio, sí trabajó directamente para mí. Ella tiene su maestría en *landscaping* y pedí autorización para que cotizara el proyecto de la planta de Ramos —hace énfasis en que antes de contratarla solicitó el permiso para hacerlo.

—Lo hizo muy bien —me presume con el nepotismo normal de un padre orgulloso—. Pero sí había una diferencia que marqué desde el inicio. Dado que Tony no me reportaba directamente, ni estaba bajo mi área, algunas veces temas de trabajo se podían hablar a la hora de la comida. Situación que con ella no permití, pues ella sí estaba directamente bajo mi esfera de control. Esos [temas] se trataban en la oficina, igual que cualquier otro proyecto. Y es lo más sano, no mezclar las cosas familiares con las del trabajo. Si desde el principio lo acotas, es más fácil.

Ring, suena su teléfono celular. Es una llamada directa que no pasa por su asistente, quien filtra todas sus llamadas. Rápidamente lo contesta y con voz sumamente tierna le dice a uno de sus nietos que está ocupado y que, si no es urgente, le devolverá la llamada. Toma nota en su agenda y voltea nuevamente conmigo. A pesar de que he estado presente en muchas facetas de Antonio, no había sido testigo de una tan humana y simpatizo aún más con él.

La inesperada interrupción me permite revisar mi listado de preguntas y decido improvisar.

—¿Qué disfrutas más, a tus hijos o a tus nietos? —rápidamente le pregunto, valiéndome de la llamada.

—Son dos etapas distintas. En teoría disfruto más a mis nietos, por mi situación actual de tiempo y económica, pero también disfruté muchísimo a mis hijos, aunque el tiempo se pasó muy rápido —contesta haciendo un claro hincapié en el "muchísimo".

Yo evoco cómo apenas hace veintitrés años estábamos energizando la planta de Celaya y hoy Luis ya es un hombre graduado de la Universidad de Colorado. Definitivamente el tiempo pasa muy rápido.

—Mis nietos me buscan y eso me enorgullece y me satisface enormidades —dice con aire de alguien en total plenitud, volteando hacia atrás, señalando los marcos con fotos de su familia—. Como dice Catón, "Si hubiera sabido lo que era ser abuelo, me hubiera saltado a los hijos" —riéndose saca a colación al ilustre saltillense—. Pero yo no lo creo. Como en todo proyecto, no te puedes saltar ningún hito, porque cada hito es importante.

Hablar de proyectos evoca en él regresar a sus orígenes laborales. Sé que es veracruzano de nacimiento y que trabajó en Puebla en sus albores, después de terminar su maestría en ingeniería mecánica, pero me devela con detalle el telón de su trayectoria profesional y el cimiento de donde se encuentra hoy en día.

—De Veracruz me fui a Puebla a trabajar y ahí encontré trabajo en HYLSA. Trabajaba más de quince horas diarias. A los veinticinco años ya era gerente de mantenimiento y el más joven en el equipo gerencial, con gentes de treinta y cinco a cincuenta y cinco años —me cuenta un tanto emocionado de recordar sus inicios—. Mi único padrino era mi trabajo y yo me recomendé a mí mismo. El éxito solo está antes del trabajo en el diccionario —con mucho orgullo me lo comenta.

—Obviamente si hoy lo eres, seguramente a esa edad lo fuiste, pero supongo que no fueron solo horas de trabajo lo que te llevó a esas posiciones —me aventuro a preguntar.

La pregunta lo toma por sorpresa. Y sin ser dubitativo, pero sí con algo más de reflexión, me contesta:

—Desde luego que no. Es la base, pero tiene que complementarse con ser siempre participativo y atreverse a tomar decisiones. A pesar de que eran todos mayores que yo, nadie quería tomar decisiones, por no tomar una responsabilidad. Así que yo siempre comentaba: "Es mejor, así yo me encargo". Y he buscado cómo siempre encargarme de tomar decisiones.

Es claro que él cifra buena parte de su éxito en la toma de riesgos y en su fortaleza para tomar decisiones, mismas que le han dado retroalimentación positiva para seguirlas haciendo.

Me cuenta entonces la historia de cómo es que salió de Puebla para llegar a Deacero. Me pone primero en contexto de la época: México rico por el petróleo; se pensaba que saldría de todas las crisis. La Alfa imperialista de los ochenta con compras de empresas al por mayor, desde fábricas de colchones hasta hoteles de playa majestuosos; con secretarias a todos los niveles y como requisito todas guapas y ayudantes de los ayudantes. Edificios corporativos y personal que se especializaba en el extranjero. Promotores culturales y patrocinadores de eventos de arte. Todos viajaban en primera clase y con horario catalogado justamente el de "ejecutivo de Alfa", cerca del mediodía. Él, en cambio, volaba a primera hora para aprovechar el día y no presentaba notas de gastos, situación que incomodaba a algunos colegas y superiores.

En cierta ocasión, del corporativo de Monterrey ordenaron que se tenía que modificar alguna parte de la planta y para ello requerían una estrecha colaboración de su equipo.

—Mi gente era en verdad un equipo. Si vamos al pedo, vamos al pedo. Y si tenemos que quedarnos hasta que arranque, nos quedamos hasta que arranque —me comenta recordando a su equipo, pero también a los equipos actuales que ha formado—.

Vislumbro y lo relaciono como al centrocampista consumado en el futbol, ordenado y dando la certeza de una defensa sólida y un ataque constructivo; siendo el capitán del equipo que pide remontar un marcador en caso de ir abajo o de defender a toda costa una ventaja. Él se pone el equipo al hombro y el equipo responde afirmativamente al ver su determinación.

—Así le doy la libertad a mi gente y la seguridad de que ellos comanden el barco y eso los compromete. No les digo qué hacer, solo les pregunto qué harían —explica desviándose un poco de la historia, pero complementando lo dicho sobre su formación de equipos—. Aquí en Deacero, tú lo sabes, ellos firman la gran mayoría de los contratos. El caso es que —regresa a la historia— nos comentan que cambiaron unas partes que no estaban en el programa y esto podría significar poner el riesgo el proyecto tal y como se planeó. Yo como responsable de la obra, les dije: “Esto no está en el programa que firmamos, así que desarmen y regresemos como estábamos”. Ya entendí por qué les dicen los salmones: “Siempre contracorriente y nada más a echar la hueva” —soltando una carcajada remata el comentario—. Obvio esto hizo que a todos los salmones mayores les molestara muchísimo y me mandaron llamar. “Ya no puedes quedarte en Puebla, te vamos a poner en la ‘congeladora’ y te vas a Monterrey”, me amenazaron por haber hecho mi trabajo y por lo que me pagaban.

Imagino que, a pesar del aparente desafío, no estaban dispuestos a desprenderse de alguien como Antonio.

—“Pues no estoy de acuerdo” —les respondí—. “Me liquidas primero y luego me vuelves a contratar en Monterrey”. Afortunadamente, uno de ellos con mayor capacidad y menos irritabilidad me indicó que en Satillo la familia Gutiérrez comenzaba a construir su primera acería y tal vez yo podría serles útil. Gracias a haber hecho correctamente mi trabajo en Puebla es que tengo ahora mi posición en Deacero.

No conozco a ese viejo "salmón" de HYLSA ni qué fue de él, pero estoy seguro de que haber dejado ir a Antonio fue uno de sus principales errores y que Alfa aún debe lamentar.

La nueva y primera acería de Deacero estaba todavía en construcción. Y por ser su primer proyecto tenía detalles de planeación. Era como si una parte estuviera en Laredo, Texas, y la otra en Nuevo Laredo, Tamaulipas. Riéndose, me da el ejemplo de un proyecto que resultaría desconectado y con algunas fallas de planeación, propias del primer proyecto. Recuerda como si fuera ayer que cuando llegó a Saltillo había fallas en los anillos de tungsteno del bloc acabador y las bombas con succión negativa, por mencionar algunas. Ante la impasividad de todos los que trabajaban en ese entonces, él, como siempre, tomó la iniciativa de participar y de tomar las responsabilidades y se puso a trabajar. A pesar de su posición directiva, sigue utilizando los tecnicismos del medio con facilidad. Una disculpa al lector no especializado en estos temas, pero considero apropiado dejar patente sus conocimientos ingenieriles.

En uno de los primeros recorridos de don César, fundador de la empresa, cuando Antonio ya formaba parte del equipo, preguntó al constatar los cambios tan radicales al modelo anterior, preguntó: "¿Quién está haciendo todo esto? Y tráiganmelo".

—"Don César", le contesté —me cuenta—, "estoy corrigiendo las fallas que tenían y las tendré para la fecha pactada. No tenga duda". "Si para esa fecha eso no funciona, aun si usted es nuevo, ese será tu último día en Deacero", me sentenció. Todo el mundo se *cuqueó*. Yo estaba seguro de lo que hacía, desde luego que cumplí los tiempos y la acería se construyó en los tiempos que establecí y dentro del presupuesto que me marcaron. Desde ese proyecto me gané su confianza. Hoy sigo aquí y tengo la confianza de los hijos y nietos de don César.

Me cuenta otra anécdota íntima entre él y don César, a quien considera como un Señorón, con mayúscula. Me pide que tal vez no la publique, pero me atrevo a hacerlo, pues considero que es valiosa y transparenta aún más la personalidad de ambos.

—Cuando fuimos a comprar los terrenos de Celaya —inicia la historia, interrumpiéndola para aclararme que él ha negociado y comprado todos los terrenos de las plantas, salvo el original de Saltillo—, había dudas de cuánto debían realmente comprar. Yo propuse comprar cien hectáreas. "¿Para qué queramos tantas?", me objetaron, "con cuarenta serían suficientes. ¿Cuántas tenemos en Saltillo?", preguntaron. "Veintidós punto uno", respondí categóricamente. "Treinta", dijo don César, "y ni modo que sepas más que yo, yo que lo compré". Para hacerte el cuento más corto, en ese momento yo ya no quise interrumpir, pues lo importante era la compra del nuevo terreno, más que saber quién tenía la razón. Y me concentré en comentarles que era importante hacernos de la mayor cantidad de tierra posible. Y así se hizo. Pero don César no se quedó conforme, y acercándose a mí, me hizo una apuesta: "Ingeniero Domínguez" —lo imita con un tono que demostraba autoridad—, "le apuesto a que está equivocado. Yo compré ese terreno. Le apuesto lo que quiera a que tengo la razón". "Don César, no le quiero apostar, porque yo tengo la información", en tono de imploración le dije, "pero si así lo quiere, usted ponga el monto, al cabo le voy a ganar". Y la respuesta fue inmediata: cinco mil pesos de principios de los noventa. Le envié por valija una copia del plano circulando las veintidós punto un hectáreas, sin ánimo de ofenderlo, sino simplemente para cerrar el trato. En la misma valija, al día siguiente recibí un cheque de Bancomer firmado por don César M. Gutiérrez, por la cantidad pactada y una llamada por teléfono. "Ingeniero Domínguez, le obligo a que cobre el cheque, porque si yo hubiese tenido razón, ya lo hubiera cobrado", me dijo don César tajantemente.

—Hubiera valido más el cheque enmarcado en tu oficina que los cinco mil pesos, ¿no crees? —le pregunto, pues a mí me gusta tener esa clase de recuerdos.

—Desde luego, pero no me dio opción. Tuve que cobrarlo —me aclara riéndose profusamente.

—Lástima, sería una joya —le digo.

El tiempo ha volado y no quiero exceder el horario que me prestó, pero me queda una última pregunta y considero valioso conocer la respuesta.

—Es posible que tú hayas firmado contratos por más dinero que, posiblemente, los propios Gutiérrez. En un mundo con tan pocos valores de lealtad, ¿qué provoca a Antonio una honestidad y lealtad comprobada a la familia Gutiérrez? —esperando me regale esos minutos adicionales, me atrevo a preguntar.

—Sin lugar a duda, el trato y la confianza. Los Gutiérrez me han dado todo lo que necesito, no tengo por qué buscar en otro lugar. Como lo dices, me han dado la confianza de cerrar los proyectos y contratos más importantes. Me han dado la oportunidad de poner mi propio negocio. A mi familia y a mí nos han tratado siempre excelso —verdaderamente agradecido me responde—. Yo juego en la cancha y no juego en la tribuna. Como en el futbol, en el tenis, con mi familia y con mi empresa, en la cancha dejo todo. Y no podría ser un político, porque son unos farsantes.

Coincido con Antonio en su última afirmación. Al igual que a él, a mí me costaría mucho tener que mostrar una máscara en lugar de la autenticidad con la que él es capaz de decir las cosas.

—Hoy no queda más que abogar por mi equipo con la tercera generación. Yo sé que me tengo que adaptar, por lo tanto, no me queda más que recordarles que sigue habiendo gente muy valiosa y de bajo perfil y que se valore lo que han contribuido para el éxito de Deacero —con un tono mucho más paternalista, tal vez que nunca me había mostrado, me confiesa. Me asombra y me conmueve ser testigo de esta emoción—. Entiendo que son otras generaciones, distintas a las de don César o de Raúl y David, incluso ellos mismos. Pero todo evoluciona y para digerirlo hay que vivirlo —dice reiterando su compromiso con el personal que lo ha acompañado en su exitosa trayectoria, como posiblemente el mejor director de proyectos industriales de inversión.

Considero que esta última reflexión trasciende más allá de lo laboral. Un claro entendimiento del flujo constante de la vida en el que él reconoce su aprendizaje, su aportación y confianza en que este también se propague más allá de él mismo.

Levantándose de su silla, me pregunta si cumplió mis expectativas. A él, como a un jugador competitivo, le interesa conocer el resultado del partido. Como juez del encuentro, lo declaro ganador. Una entrevista que inició con cierto dejo de temor y que poco a poco fue llenándose de confianza y apertura.

—Desde luego que sí y por mucho —le respondo cálidamente. Agradezco su tiempo y que haya abierto un poco el baúl de sus recuerdos y mostrado un lado más humano, y que haya compartido ese cúmulo de experiencias de negocios y vida conmigo.

***

Días después de la entrevista, le envié un mensaje a Tony, su hijo, le comenté sobre el proyecto y le pregunté si podía compartir conmigo, de manera muy breve, algún párrafo sobre su padre.

—Cuenta conmigo —con la misma rapidez de su padre, inmediatamente me contestó, imagino que emocionado, y orgulloso me escribió de su padre:

"Mi papá es un profesionista con un marcado enfoque en el resultado, con una gran visión para tomar en cuenta todos los detalles que pueden repercutir en el resultado esperado. Por lo general, anticipado a los problemas y cuando algo le sorprende, su tenacidad y capacidad para solventar es algo admirable".

Es una opinión con la que estoy seguro coincidimos todos aquellos que hemos tenido la oportunidad y fortuna de trabajar con él.

"Como un padre con una enorme capacidad de asistir. Alguien siempre dispuesto a ayudar y que hará lo humanamente posible para prestar su apoyo, no solo como padre, sino como esposo, amigo, colega y empresario".

Aunque recibí la respuesta por un medio escrito, puedo percibir en ella un sentimiento de gratitud y admiración de un hijo a su padre.

Y como pareja destaca de sus padres su forma de divertirse juntos donde sea. Pueden disfrutar de igual manera un buen restaurante que un lugar de comida corrida y ni se diga para echar relajo. "Para eso, ellos se apuntan solos", remata para describir a un hombre profesional y humano al lado de una mujer que lo ha acompañado a lo largo de su vida, que encuentra con ella en la diversión un punto de comunión adicional.

Prefiero que los comentarios de Tony sirvan de telón para el cierre de esta entrevista. No me considero capaz de expresar mejor el respeto y la admiración que siento por Antonio.

Una ojeada al ingeniero Domínguez

"La pasión por hacer las cosas bien y el compromiso de lograrlas". Cualquiera que sea tu misión, hay que hacerla y hacerla bien. Haz tu trabajo, no importa lo que pase, no importa lo que otras personas hagan, tú haz tu trabajo. Un líder liderea y liderea con el ejemplo. El compromiso confiere el sentido de pertenencia.

"Para ser, hay que primero parecer".
Viene a mi mente la vestimenta en el golf. Si llegas a la "tee" del hoyo uno, con un atuendo "matón", al menos todos pensarán que tienes cero de hándicap, no importa si es tu primer día en un campo. Lo mismo sucede en todos los ámbitos. O como en el mismo Deacero me dijeron de uno de mis primeros empleados que acababa de obtener el título de maestro de ingeniería: "Dile a tu chalán que se traiga la herramienta". Se molestó, pero le dije: "Quieres que no te confundan con chalán, no te vistas como chalán". Muchas veces, si la mona vestida de seda, sí cambia.

"Nunca estoy estresado, porque toda mi vida es lo que he hecho".
A veces nos abruman la seriedad o cantidad de temas que llegan a nuestras vidas. Si estamos acostumbrados a lidiar con ellos de manera continua y sabemos que debemos operar con ellos, podemos observarlos como algo natural. Como respirar, comer o dormir.

"Yo sé lo que tengo que hacer y no necesito que me echen porras".
Es común que nos guste que nos pongan una estrella en la frente, pero la estrella que más debemos valorar es aquella que nos ponemos nosotros mismos. Considero que la motivación para hacer las cosas y hacerlas bien tiene que brotar de nuestro interior y no esperar a que otros nos motiven para hacer lo que tenemos que hacer.

"Segmentar el proyecto". "Cada colaborador deber tener su propio 100 % del pastel".
"Como en cada proyecto, no te puedes saltar ningún hito, porque cada hito es importante".
Dos lecciones en la administración de proyectos. Por más pequeño que sea el proyecto, conviene que lo separemos en varias actividades y a cada una planearla, ejecutarla, reportarla y medirla como tal. La suma de cada una de todas estas actividades será el todo. Y todas y cada una de ellas son importantes. Un tornillo flojo es potencialmente causante de un desastre.

"Si no estás en movimiento, es que ya estás mal".
La salud es responsabilidad propia. A partir de la salud administras toda la energía que tienes. El sueño, la alimentación, el ejercicio. Un cuerpo que no hace ejercicio se deteriora. La ausencia de ejercicio es una agresión al cuerpo.

"Trato de nunca improvisar. Me preparo muchísimo. He encontrado a través del tiempo que es imposible llegar a un buen acuerdo sin preparación".
Le comento a mis alumnos en las clases de maestría que cuando menos debemos tener una relación de cinco a uno del tiempo de preparación de una oferta que el tiempo frente al cliente. Lo que dure nuestra cita con nuestro cliente debe de tomarnos la quinta parte del tiempo que nos tomó planificarla y prepararnos para ella. Lo mismo sucede en cualquier deporte. La preparación es tan importante como la acción.

"Debes ser flexible y adaptable a cada negociación, pero las cosas inflexibles tienen que quedar claras desde el principio".
Es obvio que tenemos que acostumbrarnos a negociar y adaptarnos a cambios de escenarios y condiciones distintas. Pero igual de importante es delimitar nuestros estadios de acción y que estos estén siempre cobijados en hacer lo correcto.

"Escoge siempre la mejor de las alternativas".
"Una decisión tomada a destiempo es tan mala como una mala decisión tomada a tiempo".
El ritmo y el rumbo son igualmente importantes para llegar al destino propuesto. Uno de los defectos más grandes es la procrastinación o estar posponiendo las decisiones. Hay que analizar las opciones que tengamos, pero debemos ser determinados para tomar alguna de ellas.

"Y es lo más sano, no mezclar las cosas familiares con las del trabajo. Si desde el principio lo acotas, es más fácil".
En una escena de El Padrino queda confirmada esta enseñanza. Vito no hablaba del negocio en la mesa. Las esferas de trabajo y familia son prácticamente indisolubles. Somos un todo y si bien, es difícil evitar mezclar nuestros propios roles, es sano solo compartir lo que sea estrictamente necesario. Lo mejor para evitar confusiones es no combinar los roles laborales con los familiares para mantener nuestras relaciones sanas. Como padres o hijos podríamos llegar a tener opiniones y objetivos diferentes a como jefes o empleados, aunque opinemos sobre la misma situación.

"Mi único padrino era mi trabajo y yo me recomendé a mí mismo".
Hace dos mil años, Seneca sentenció que "El trabajo alimenta a las almas nobles". El trabajo no solo hace eso, sino que es tu mejor carta de presentación. Tu trabajo te antecede y habla de ti por sí mismo.

"El trato y la confianza".
Desde luego que la retribución económica justa es clave en la retención de los colaboradores. Pero si a la par con ella se les involucra en las decisiones y se les considera como responsables e iguales, estos generan una fidelidad más allá de lo común.

"Yo juego en la cancha y no juego en la tribuna".
Cada uno de nosotros es responsable de su propio ser, de nuestras palabras, de nuestras acciones, de nuestros esfuerzos, de nuestra

conducta, de nuestras ideas y de las consecuencias de todas nuestras acciones. La cancha es nuestra, la tribuna es el escenario de los demás. Lo que quiere decir que lo que opine nuestro público o quienes observen nuestro trabajo desde fuera no es responsabilidad nuestra, solo lo es el dar nuestro mayor esfuerzo en lo que nos toque trabajar.

Don Salvador González Tamez

El Rigoletto regiomontano
El amante de la ópera

3 de junio de 2021

Casualmente me citó en el mismo lugar que el tío Chuy, en el Vips de Gómez Morín. Ambos llegamos a la hora acordada. El restaurante lucía atiborrado de asiduos clientes que superaban las siete décadas al menos. Si los hubiéramos puesto en fila, sumado su edad y regresado cronológicamente el tiempo según el número de la suma, estaríamos en los albores de la humanidad, descubriendo el fuego.

Es la hora en que los ingleses acostumbran a pedir el té. Él pide un café bien negro, yo me uno a la costumbre británica. No tiene WhatsApp y solo contesta celulares que tenga registrados, así que la reunión la pactamos por email. Viste una camisa roja de pescador y trae una chaqueta ligera por si baja la temperatura. Nos saludamos muy calurosamente, a pesar del código covidiano, a sabiendas de que hay muchas conexiones entre él, sus hijos y yo. Carlos, mi hermano, es muy amigo de Pato, el Tu Lee es miembro de nuestro grupo de *fantasy football* y Chavalo y yo compañeros de carrera, del dominó y compadres desde hace mucho tiempo, yo bauticé a Mariana.

—Arráncate, si tienes algunas preguntas. En lo que yo te pueda ayudar, encantado. Yo también soy periodista y sé de lo que estás hablando —me dice después de haberle explicado un poco el motivo de la reunión.

—Y además también eres escritor. Chavalo me regaló tu libro —le contesto devolviendo la cortesía.

—Aprovechando que allá está también el papá de Chuy, a quien ya entrevisté para este proyecto, ¿cómo están tus amigos? —lanzo la primera pregunta.

—Básicamente bien. Nos conocemos desde chiquillos, bueno, no tan chiquillos, cerca de los catorce años, es decir, hace casi sesenta y siete. Quedamos nueve de catorce originales. Unos más cansados que otros, pero ahí estamos.

Me nombra de uno a uno sus amigos vivos: José Llaguno, Alberto Sada, Bernardo de Silva, Andrés Martínez, Enrique Mouret, Juan Farías, Javier de la Fuente y Patricio Miguel. No menciona respetuosamente a quienes son los que están más "cansados". Fueron compañeros del Regio y el común denominador fue haber crecido juntos y andar con el mismo grupo de muchachas.

—¿Todavía se frecuentan? —pregunto buscando conocer más acerca de su relación de amistad.

—Por temas de covid, ahorita a puro telefonazo. Antes sí. Nos juntábamos gracias a la iniciativa de alguno de ellos, que soy yo —y se ríe y me contagia su risa—. Tengo ese gusto y esa capacidad de reunir gente. No se reúnen si no la organizo yo, así los acostumbré —con aire de satisfacción agrega—: Cuando se puede solos, solos. Cuando se necesita con las señoras, con ellas. Ellas también se han llevado bien.

—Similar a nuestro grupo de dominó —le comento—. Pero ¿qué es lo que les unía? —vuelvo a preguntar.

—Pues en realidad, no había nada en común. Unos jugaban golf, otros básquet en el círculo. Muy disímbola, pero muy unidos, muy amigos todos —con un sentido fraternal me contesta—. Y que no suene a adorno, pues no me gustan. Las señoras en una ocasión me hicieron una cena para agradecerme que haya sido yo el punto de unión de todos. No es ninguna gracia —humildemente me lo presume.

—Claro que sí. No a todos se les da, es más, a muy pocos. Chavalo también la tiene, él es un imán —le contesto.

—Algo se aprende —con risa picarona me contesta—. De lo poco que me ha aprendido, porque él está y es mucho más picudo que yo —me aclara con mucha decisión y tal vez humildad.

—¿Por qué dices "picudo" y con tanta decisión? —le pregunto curioso, pues no es la simple respuesta de un padre orgulloso.

—Porque lo es —afirma categóricamente—. Ha sido muy exitoso en los negocios, con sus amigos, con su familia. Yo no soy ningún pendejo, pero él es mucho más inteligente que yo.

Aprovechando el tema, comentamos cómo Chavalo y yo compartimos mucho en común en el aspecto económico de nuestros inicios. Sin echarnos flores, empezamos de la nada, sin capital y sin respaldo. Del grupo de amigos, sin lugar a duda, éramos los más "atrasaditos" económicamente.

—Por eso, justamente por eso, es que están donde están —sentencia, reconociendo que la carencia puede ser un trampolín al éxito.

De manera muy humilde y reconociendo tropiezos, así como limitaciones, da un viaje cronológico a su trayectoria profesional. Con mucha valentía y seguramente con la madurez que dan los años, acepta que inició en una posición privilegiada, que tuvo oportunidades que dejó ir y cómo abrazó sus verdaderos sueños.

—Yo siempre fui empleado y malón. Nunca me fue bien. Tuve muchas chambas —me comenta y relata algunas de ellas y cómo fue que entró y salió de las mismas. Descubriendo siempre que las relaciones públicas y el trato con la gente era y sigue siendo su don natural—. Comencé en Cristalería, me llamaron de Financiera del Norte, donde mi papá era el director general, para un puesto de inversiones. Acepté gustosísimo, pues era un brinco interesante. Cuando el dueño se enteró, me devolvió. Que no se valía que los hijos trabajaran en el mismo lugar que su padre. Me regresaron a Cristalería, pero ya ganaba más que mis jefes por la promoción anterior. Así que, pues no duré mucho —me relata con un tono más suave—. Acabé trabajando en una empresa de Campeche y me mandaron a Matamoros a manejar una empresa camaronera.

—¿Ya estabas casado? —le pregunto, desconociendo por completo ese dato. Siempre pensé que habían vivido toda su vida en Monterrey.

—Sí, Pato, recién nacido y Chavalo de dos años. Nos fuimos a vivir un par de años y cuando se acabó regresé a Monterrey. Cinco meses sin chamba, con chiquillos y kínderes. Épocas duras, muy duras —reconoce—. Me buscaron de Fundidora. Porque sabían que mi tendencia natural eran las relaciones públicas, comunicación, aprovechando la jubilación del encargado de ese entonces. En ocho meses me hicieron jefe, hice una carrera interesante. Cambié la imagen de empresa sindicalista comunista a algo de ligas mayores. Yo siendo socio del casino, del Campestre, sembradores, cámaras, empresas, empecé a colocar a la Fundidora y a sus ejecutivos en otro nivel, que ese el chiste de un RP, no solo la empresa, sino a su gente. Y fueron éxitos tras éxitos. Tan bien me fue, que me llamaron de HYLSA, pero ya no con el mismo éxito. Ahí había muchos genios con quienes competir —se ríe—. Y con la crisis de los ochenta y el desgarriate de corredera de gente, junto con otras siete mil gentes, salí —vuelve a reír.

—¿Cómo enfrentaste el celo de aquellos que no tenían tus apellidos ni tu posición? —le pregunto, sabiendo que es algo que mis hijos tendrán que enfrentar.

—Pues en realidad no hice nada. No me identifico con mi papá, él era a toda madre y yo también, pero de diferente forma. Nunca nadie me dijo que me parecía a mi papá. Mi jefe en Cydsa me dijo: "¿Apoco crees que porque eres hijo del licenciado Salvador González Jr. vas a lograr algo?". "Yo no lo dije, lo dijo usted, ingeniero" —se ríe jocosamente, pero con un tono muy especial, operístico, diría yo—. Siempre va a ver envidias. Unos las aprovechan y otros lo desperdician —sentencia—. Otra vez en Vitro, hasta que llegué al área de planeación de exportaciones, que no sabía nada y no quería aprender. Lo mío eran las relaciones públicas y pues no fui exitoso —reconoce con franca humildad—. Tequila Cuervo y luego intenté un negocio propio, que me fue muy mal.

Encuentro que abiertamente y sin miedo a admitirlo me confiesa que profesionalmente no tuvo éxito. Y los destellos profesionales se encontraron en su área de acción, pues tenían que ver con las relaciones públicas. Los aprendizajes más importantes de la vida a veces vienen envueltos de pérdida. Estos reveses lo pusieron en la posición que él más disfrutó. Fue gerente de una compañía de ópera durante casi veintitrés años. Muchas veces, los descalabros son las puertas que nos abren nuestro verdadero potencial y destino.

—¿A disfrutar? —pregunto, suponiendo ingenuamente una respuesta tradicional.

—¿A disfrutar? ¿De qué, si no junté nada? Con tanto brinco, nunca logré hacer un capital, salvo la educación familiar y profesional de los huercos.

—¿Qué más quieres? —repito la pregunta.

—Nunca les faltó nada, pero nunca junté nada —me responde con un tono un tanto decepcionado.

Quizá nunca juntó nada económicamente y eso le pesa, puedo entenderlo. Pero conociendo a sus tres hijos, sé también que los colmó de cariño, tiempo y dedicación. Y él se complació al máximo con su pasión: la ópera. Hacia ese estadio lo invito a entrar. Me cuenta cómo él se encargaba de llevar regiomontanos a ver ópera en los Estados Unidos y su semblante cambia a uno de más color.

Percibo esa emoción, esa pasión que corre por sus venas y por su garganta al hablar de ópera. No solo cambia el semblante, sino el ritmo de la voz, todo él se transforma. Responsable de organizar los viajes y viajes caros, las reservaciones, los hoteles, los restaurantes y todo para gente con muchos requisitos que cumplir.

—Eso lo hacía muy bien, sin que nadie me ganara, porque me gustaba —me aclara, reitero, con un aire de plenitud.

—¿Y por qué dejaste de hacerlo? —le pregunto al escuchar que todos los verbos que dijo fueron en pasado.

—Porque se murieron ya todos mis clientes —me contesta rápidamente y suelta una estruendosa carcajada. Aclaro que esa carcajada no es burla, sino la trágica expresión de que se acabó por la simple y sencilla razón del inevitable paso del tiempo que culmina con la muerte. Atrás de ella, subyace un gran cariño y respeto por sus antiguos clientes que compartían su pasión.

—Es obvio que la ópera es tu pasión, me queda claro. ¿Tus hijos aprendieron eso de ti? —le pregunto sabiendo que la respuesta será negativa, pero buscando conocer por qué ese gusto no trascendió como otros. Percibo el sentimiento de lejana tristeza que puede sentir un padre al saber que una de sus pasiones no se ha heredado y trascendido a su siguiente generación.

—Les gusta, pero nada más. No les apasiona como a mí —me responde tranquilamente y encuentro la diferencia entre gusto y pasión.

—¿La ópera en Monterrey se muere contigo? —le pregunto a sabiendas del papel tan trascendente de su labor.

—No tengo un relevo como tal. Los que quedan trabajaron con Diego Sada y pues quedaron medio "chisqueados" —responde a sabiendas de que no tienen su nivel de pasión por el canto.

—En noviembre del 2017, me hicieron un homenaje después de publicar mi libro. Ha sido la última ocasión de ópera en Monterrey. Es una lástima.

Yo no estuve en ese festejo, pero supongo que resultó una fiesta en que sus amigos y familiares le rindieron los honores que merece.

—Es un espectáculo caro que requiere apoyo. El gobierno actual ni le interesa ni le entiende y la considera elitista. ¿Cuándo ha sido la cultura elitista? —me pregunta un tanto frustrado, y sin darme tiempo a responderle, él mismo afirma—: La cultura es el alimento del alma y que se da en cualquier parte del estrato social.

Estoy seguro de que todo artista estará de acuerdo con él y compartirá un poco esa sensación de frustración que de él emana, de que los gobiernos no apoyen el arte en todas sus hermosas expresiones.

—¿La ópera es tu mundo? ¿Con cuál de todos los personajes te identificas? —buscando profundizar en su personalidad hago esa pregunta.

—Son todos tan dramáticos. Y yo no lo soy. Soy alguien muy simple —me contesta—. Admiro a Fígaro. Un "hacelotodo", "arreglatodo", con labia, díscolo, para hacer favores con dinero o sin él. Alguien así, pero sin tanto drama. Lo opuesto a Tosca, que se mueren todos, ya mero hasta el director de orquesta —me dice riéndose, pero reiterando su propia simpleza y haciendo gala de sus conocimientos operísticos.

—¿Cantaste alguna vez?

—Sí canté. Y canté el Rigoletto, el papel más padre para barítono que es mi tono de voz —me responde entusiasmado y percibo que se remonta a aquella época dorada para él. Yo también me emociono de verlo evocar ese escenario.

—¿Qué sentiste?

—Un miedo de la chingada —sin tapujos me contesta, entre risas. Y ya más serio continúa—: Esta es mi pasión y la estoy ejerciendo, pero te trepas y te tiemblan las piernas. No sabes cómo va a estar la garganta. Es algo parecido a los toreros, nunca saben cómo estará el aire, ni cómo estará el toro con quien se van a topar. —Una comparación inteligente de dos artes centenarias, difíciles de entender y con un público muy selecto.

Me cuenta que Chavalo es el único "gringo" de su casa. Mientras él cantaba Rigoletto, Chavalo estaba naciendo.

—Haz de cuenta que le estaba cantando las mañanitas —se ríe jocosamente—. Pato se quedó a nada. Nació en la clínica Vidriera en Monterrey, pero nos lo llevamos recién nacido a Matamoros, ya mero era paisano de Rigo Tovar —vuelve a reír y me aclara que Ramiro y Cristina también son regiomontanos.

Empezó a estudiar canto desde los veinte años. Siguió un gran consejo de sus maestros que le dijeron: "Si es tu gusto y lo estudias te va a gustar más". Y rápidamente, de octubre a mayo, ya estaba en escena hasta cantar Rigoletto en la Universidad de Texas en Austin, dejando patente que aquello que disfrutas y gozas lo haces con más gusto y por lo tanto generalmente bien y cuando menos mejor.

—¿Hubo duda para convertirte en cantante?

—No, me encanta la ópera y el canto, pero mi facultad no era suficiente —sin ningún reproche contesta—. Eso sí, me hubiera gustado dirigir a una compañía de ópera. Y cuando hubo la oportunidad lo hice. Si lo que te gusta sabes hacerlo y disfrutas haciéndolo, ya chingaste.

—Dicen que si haces lo que te place es como si no trabajaras. ¿Estás de acuerdo?

—Totalmente y lo confirma Plácido Domingo, que siempre me dijo: "¿Cómo dicen que es mi trabajo, si estoy gozando en el escenario?".

—¿Dónde lo conociste?

—Aquí en Monterrey en el 61, cuando todavía no era lo que es. En el 78 lo traje en un avión privado, para los Festivales de Música y Danza. Casi lo rapté para que viniera. Y desde entonces somos grandes amigos.

Me cuenta de manera francamente emocionado esa época en que la ópera brilló en Monterrey y él fue uno de los principales artífices. El presidente José López Portillo quería hacer algo por el canto, para complacer a su mujer. La historia es testigo de que muchos de los caprichos de las señoras quedan a la posteridad como algo bello y hermoso. Habló con Bernardo Garza Sada, capitán de los industriales regiomontanos de ese entonces, para que organizara algo. Éste, a su vez, le encargó a Diego Sada, que era amigo suyo desde niño, y de ahí nacieron los festivales de música y danza.

—Me buscaron, pues sabían de mi gusto, para que les ayudara, pues también era el único que le entendía.

—Cuando me preguntaron qué faltaba, les hice una lista. He presentado durante veinte años ópera y no ha perdurado. La única manera es fundando una escuela. Y propuse la peregrina idea de llamarla Carmen Romano de López Portillo.

Obviamente la peregrina idea tuvo eco en los oídos de un presidente cuyo interés era satisfacer los deseos de su mujer.

—Yo veía por el bien global. Eso es lo que hace un verdadero RP. A mis jefes les caí como ojete porque salí del cuadro bajo para estar en otras esferas. Quedé mal en mi trabajo, pero quedé muy bien con mi pasión y con Placido Domingo. Los artistas decían: "Tráiganse a Chavalo que le encanta el pedo".

Al hablar de ópera, prácticamente me deja sin habla. Sin interrumpir escucho atento cómo se endulza platicando de ese tema. En un pequeño instante que se da para dar un sorbo a su café, le cuento que cuando Chavalo compartió con todos nosotros el video de felicitación por su cumpleaños ochenta, en el que Plácido salía enviándole saludos desde España, hubo algunas esposas que no tenían ni idea de quién era. Me contesta con un tono que me indica que está acostumbrado al grado de desinformación sobre su pasión:

—No lo dudo. Imagina el desconocimiento del canto. Han de haber dicho: "¿Quién es ese viejillo pedorro?" —humanizando a su ídolo me responde.

Ya que sin querer salió el tema de nuestro grupo de amigos del dominó, él mismo lo compara con el suyo.

—Así como ustedes tienen su grupo de dominó, así está el mío, pero con puros de ochenta. Y dos tenían miedo al covid; yo no. Yo tengo la filosofía de no tomar la vida muy en serio —me dice reiterando su simpleza—. Soy muy religioso, no lo digo ni lo comunico, pero si la orden viene de allá, ¿qué haces? Si me toca, es porque me tocaba —es una franca declaración que yo desconocía. No imaginaba que se declararía como alguien religioso, pues nunca percibí a ninguno de sus hijos, mis amigos, como religiosos.

—A mi mujer le dio y pues me dio también a mí. Y aquí estamos.

Y con muchísimo orgullo me cuenta que mañana cumplen cincuenta y seis años de casados. Y casi sesenta de novios. Tendrán una "cenita" en su casa, a la que asistirán todos sus hijos. Una similitud más, pues Chavalo me lleva seis meses y sus papás le llevan seis meses a los míos del aniversario de bodas.

Sabiendo que a todos en su familia les gusta la cocina e incluso una de sus nietas es chef profesional, le pregunto si a él también le gusta cocinar.

—De aquí lo sacan, nada más que todo lo agrandan al doble, pero lo aprendieron de mí. Yo era maestro arriba de la estufa. El horno nunca me gustó. Cortadillos, guisados, paellas, pastas, pero ya no. Ya hay relevo, todo tiene su tiempo —con el tono del que sabe que sabe me contesta—. A mi papá sí le gustaba el café. Mi mamá ni siquiera sabía prender la estufa, no sabía si se cocinaba con gas o con mierda —me dice dejando espacio para que los dos riamos con el dicho, que tiene que repetirme, pues no me puedo contener.

Su abuela fue la que le enseñó. Y se considera más Tamez que González. Al igual que yo, convivió mucho con sus abuelos, con los cuatro, siendo el nieto mayor en las dos familias

—Tú ya eres bisabuelo y fuiste bisabuelo con muy poquita diferencia del último nieto, ¿hay alguna diferencia? —pregunto.

—Primero que nada, fue muy tenebroso para la mujer de Ramiro tener su primer hijo. Cuarenta y siete años son un chingo para tener bebés. Es más, son un chingo para todo —me dice riéndose un tanto nervioso. Teníamos trece años sin ver bebés en casa. El amor nace del conocimiento. Sentir la temperatura, la carne, el olor, abrazarlo y sentirlo entre tus brazos —con mucha ternura y como si estuviese meciendo a su nieto habla de él.

—Por pandemia, al bisnieto ni siquiera lo hemos podido tocar — con toda franqueza y sinceridad me confiesa y percibo que, sin que la trascendencia de una cuarta generación le reste importancia, la convivencia frontal con los nietos genera una mayor conexión humana. Al ver que esa distancia es obligada, decido desviar ligeramente el tema.

—Hablando de Ramiro, con el que también tengo una estrecha amistad, ¿sabes por qué se autonombró Huichol para su equipo de *fantasy football*? —pregunto pensando que tal vez haya una conexión que él pueda saber.

—Quién sabe quién se lo sugirió, porque seguro que ni él sabe qué es —me responde con una carcajada, pero con la seguridad de un padre que se lleva bien con sus hijos.

Pide un tiempo para ir al baño, pero no sin antes presumirme un recorte del Mirador de Armando Fuentes Aguirre de junio 2018 que saca de su cartera. Aprovecho el espacio para transcribir la dedicatoria de Catón, que obviamente es un elogio suficiente para presumir:

"Me gustó mucho el libro que escribió Salvador González Tamez, quien en Monterrey ha dedicado su vida a la ópera: a cantarla, a difundirla, a enseñarla. El libro, ameno e instructivo al mismo tiempo, se llama ¡Ópera! ¿Por qué no? *y es excelente obra, tanto para los iniciados como para los que apenas inician. Yo lo leí con el mimo gusto y la misma facilidad con que se escucha "La donna è mobile". Encontré en él anécdotas sabrosas, datos que no conocía y —sobre todo— nuevos motivos para amar el bello canto. Ópera, ese hermoso, absurdo género en que la gente canta con un tósigo en el estómago o un puñal clavado en el corazón".*

A su regreso a la mesa, sonriente como siempre, rechaza una segunda taza de café. Devuelvo el recorte de periódico, felicitándolo, y él lo vuelve a guardar en su cartera, como un tesoro preciado que seguramente lo ha mostrado en varias ocasiones.

—¿Te gusta componer? —con curiosidad le pregunto.

—Una sola canción he compuesto. Yo soy intérprete —seguro de sí mismo me responde y me aclara que la cantó con Chavalo en la fiesta de su madre. A pesar de que se considera solo intérprete, imagino que debe tener algunas otras composiciones, cuando menos en el tintero cerebral.

—¿Sabías que te decían el tío Fasolasi?

—¿Cómo? ¡Ah! Fa, Sol, La, Si —me dice, dándose cuenta de las notas, aunque creo que sabía que los amigos de Pato así lo llamaban y creo incluso que le daba gusto—. Sigo dando conferencias de ópera dirigidas para todo público. —Aunque está actualizado, no le gusta darlas por Zoom—. Pues mi presencia es la importante; canto, improviso.

—Veo también todos los deportes —le digo.

—Tu tía no es fan de la NFL, es fan de TB12 —hace alusión a que ella solo admira a Tom Brady por guapo y no por su nivel de juego o el deporte en sí—. Pero fui jugador de todo, tal vez lo único que no fue *soccer*. Jugué básquet en el círculo mercantil, era muy bueno para recuperar balones. Fundé dos equipos de futbol americano, antes de avispones y pumas; otros dos más de béisbol. Boliche, golf, tenis... —me aclara orgulloso—. Jugué de todo y bien, pero nunca destaqué en nada, ¿para qué me hago pendejo? Lo mejor fue en golf con un siete de hándicap y participé en dos torneos nacionales. También fui cazador. A mi papá le gustaba el monte, tenía un rancho muy bonito, los yernos lo convencieron de venderlo. Diego, mi nieto, tiene ahora un 22 que era mío y fue de mi papá. Esa tradición también la heredé.

Durante años he escuchado a Chavalo en el dominó narrar anécdotas de sus cacerías actuales. Supongo que hubo otras muchas más con su papá, que le motivaron a continuar la tradición y trasladarla ahora a sus hijos. Soy testigo de que sus hijos heredaron todas estas aficiones: la cocina, los deportes (jugarlos más que verlos), la cacería y sobre todo rodearse de muchos amigos.

Me comenta, no sin un dejo de tristeza, que sabe que por el momento yo estoy fuera de mi casa.

—¿Ahorita tú estás "suelto"? —me pregunta.

Explico un poco en qué fase de la relación me encuentro y me sugiere una receta que él considera infalible.

—Todo lo que les guste hacer juntos, ya sea bailar, ir a espectáculos, cocinar o coger, tiene que ser de mutuo acuerdo.

La escucho atento y percibo mucho cariño en su invitación. Pasan por mi cabeza de prisa mis años de matrimonio y revolotean, revueltos, momentos en los que el mutuo acuerdo reinaba entre nosotros. Agradezco sinceramente el consejo que sé que brota del corazón.

—¿Qué opinión tienes del qué dirán? —le pregunto, conociendo que es algo que sus hijos valoran mucho.

—El qué dirán es importante para muchos y para otros les vale madre. Cada uno lo ve distinto, tiene que ser de mutuo consentimiento —me reitera su máxima—. Tengo un amigo que se casó nuevamente a los ochenta y dos años porque su pareja así se lo pidió —me cuenta sin dejar de extrañarse de la aceptación del compromiso a esa edad—. Cuando le hablé para felicitarlo, me contestó: "Nada más que nos estamos cuidado, no vamos a encargar hasta en algunos años" —con el humor que le caracteriza recuerda la anécdota.

Al voltear alrededor, nos damos cuenta de que muchos de los asiduos comensales se han retirado ya. Humildemente me pregunta si le invito el café. Con enorme gusto y agradecimiento, le contesto y nos dirigimos a la caja, cuando una mesera se golpea con un vidrio, un verdadero madrazo.

—Pobrecita, no vio el vidro. Es lo malo de limpiarlos tanto. La perfección también tiene sus detalles —me dice como su última lección.

Me despido agradecido y estrechando aún más los lazos que unen a los Ramón González con los González Farías. Reconozco mi omisión de no incluir en esta escena a la tía Cristina, una mujer que lo ha acompañado toda su vida, incansable luchadora, con carácter para enfrentar los retos de la vida con el mejor de los ánimos y que siempre ha puesto a los demás antes que a ella. Forman una pareja unida, no dejan de admirarse y todos los días se toman una copita en la noche, y solo en la noche, y ambos la disfrutan enormidades. Él es el apasionado de lo que le gusta, el embajador del bel canto, con una sencillez, entusiasmo y capacidad de acoplarse a cualquier situación que se le presente.

Una ojeada al tío Chavalo

"La cultura es el alimento del alma y que se da en cualquier parte del estrato social".
Muchas veces confundimos la palabra hobby con recreación. Un hobby es una actividad que realizamos para distraernos. Recreación es volvernos a crear. En esa nueva creación de nosotros mismos es que se nutre nuestro ser interior. Yo me vuelvo a crear leyendo o escribiendo y cada página robustece y vigoriza mi espíritu. Y esto estoy seguro de que sucede en todo el escalafón social.

"Si es tu gusto y lo estudias te va a gustar más".
Parece obvio, pero no siempre lo entendemos así. Y muchas veces nos quedamos solo "practicando" sobre nuestro gusto, sin profundizar más en ello, sin conocer su historia, sus bases, sus máximos exponentes, sin estudiarlo a conciencia simplemente. Estudiarlo no solo enriquecerá más nuestro conocimiento, sin duda también mejorará nuestra actividad y todo esto hará que lo gocemos más, creando un círculo virtuoso.

"Si lo que te gusta sabes hacerlo y disfrutas haciéndolo, ya chingaste".
La vocación no se inventa, la vocación se descubre. La vocación es el matrimonio contigo mismo. Descubrir, ejercer y asumir tu verdadera vocación sacará lo mejor de ti. Cuando sabes hacer algo, no solo es posible, sino que resulta fácil. Cuando no sabes hacerlo, no solo es difícil, es imposible.

"Me encanta la ópera y el canto, pero mi facultad no era suficiente".
Es vital reconocer humildemente nuestras limitaciones. De otra manera, será siempre frustrante. Un proyecto de vida se hace con lo que soy, lo que sé y con lo que tengo. Esto da por resultado lo que puedo hacer. Y luego elegir lo que quiero solo de lo que puedo.

"Yo tengo la filosofía de no tomar la vida muy en serio".
La vida simple, sin drama, será siempre una vida más llevadera. No significa no poner interés o mostrar indiferencia, sino hacer conciencia que no hay necesidad de complicarla, pues finalmente "todo pasa", casi como la canción de Serrat: "Todo pasa y todo queda, pero lo nuestro es pasar, pasar haciendo caminos, caminos sobre la mar".

"Teníamos trece años sin ver bebés en casa. El amor nace del conocimiento. Sentir la temperatura, la carne, el olor, abrazarlo y sentirlo entre tus brazos".
Recuerda a su nieto con cariño. Este libro trata justamente de la experiencia de haber recorrido las cuatro estaciones de la vida y cómo esto se transforma en sabiduría. Además de dar y recibir compañía, escuchar anécdotas del pasado de tus padres, tíos y de tus propios abuelos, estableces un vínculo familiar sólido y trascendente. Yo gocé y los recuerdos vivos a los tres con quienes pude convivir. E invito a mis potenciales lectores jóvenes a que se reúnan con los suyos, no se arrepentirán.

"Todo lo que les guste hacer juntos, ya sea bailar, ir a espectáculos, cocinar o coger, tiene que ser de mutuo acuerdo".
El amor en pareja es el privilegio de dos individuos en libertad, cada uno dando lo mejor de sí mismo. El proyecto en común se construye a través de un proceso de comunicación, cuya esencia es la negociación para crear una atmosfera de compañía en plenitud.

"La perfección también tiene sus detalles".
Lo perfecto es enemigo de lo bueno. Y solo hay una vida y hay que vivirla plenamente. La perfección muchas veces será un obstáculo para hacerlo.

Don Fortunato Quintanilla Lozano

El quijote de las relaciones laborales
El tomador de conciencia

15 de junio de 2021

Javier y yo compartimos muchas maneras de pensar y de responder a la vida. No ha sido fácil para mí con una visión tan estructurada, analítica y sintética encontrar a alguien con quien rebotar estas visiones, por lo que conocer a su padre me emociona.

Me pasó los datos de su papá y coordinamos la reunión por WhatsApp. Con un mensaje claro y preciso, me citó en su casa a las diez de la mañana. Llegué puntual y él, vestido cómodamente con camisa polo y pants, me abrió la puerta y me dirigió a un despacho al que se llega de manera muy accesible. El despacho está cómodamente amueblado, con un librero repleto de obras de todos los tiempos. Tres libros más, que están en lista de espera para ser leídos, están sobre el escritorio. Una bandera de México, una edición especial de la *Conquista de la Nueva España* y una escultura prehispánica denotan patriotismo y amor a México. La pared está repleta de fotos actuales en blanco y negro de cada uno de sus doce nietos. Me comenta que es un regalo reciente de sus tres hijas y de Javier y me detalla el grado escolar en que se encuentra cada uno de ellos.

—Estoy muy agradecido con la vida, que todos ellos han podido tener estudios de primera —me dice, y se nota en su cara una tenue sonrisa que demuestra ese agradecimiento.

—Aunque, según las últimas declaraciones de nuestro presidente, son puros aspiracionistas —le hago saber.

—Para AMLO, aspiran a estar jodidos siempre —me responde, lo que provoca las risas de ambos.

Aprovechando que estamos rodeados de libros, comentamos cómo comenzamos a escribir y sobre las vicisitudes de publicarlos. Platicamos cómo Amazon ha democratizado también la publicación, sin necesidad de editoriales, y no solo democratización en el sentido de que cualquiera puede publicar algo, sino que también en cualquier lugar del mundo lo que se autopublique puede ser comprado.

—El libro que escribí trata sobre relaciones laborales, que es el tema que desarrollé en mi vida profesional —me aclara y lo señala entre tantos que están en el librero a mis espaldas—. Me di cuenta de que de repente se compraban quince o veinte libros de un solo trancazo —me platica con tono de asombro—. Hasta que me di cuenta de que a mi libro lo estaban usando como libro de texto en una clase. Y se vendieron dos en la India, ¿te imaginas? ¡En la India! ¿Quién y para qué quiere alguien en la India un libro de relaciones laborales mexicanas? —con un tono de máximo asombro me hace las preguntas.

—No tengo idea, pero, como dice Thomas Friedman, "El mundo es plano" —sin otra idea en mente, le respondo—. ¿No te parece que entre más escribes, mejor escribes? —le pregunto para conocer su opinión de algo que cuando menos a mí me sucede.

—Si leer es una excelente manera de sacar de la mente todas las tonterías que trae uno, escribir pues más. Cuando logras engancharte con la escritura, te sientes bien. Pero, cuando sabes que alguien se enganchó con lo tuyo, es indescriptible —me responde de manera categórica y emocionada. Comparto con él su pensamiento y sobre todo la sensación.

Evoco que cada vez que escucho que alguien ha leído alguna de mis crónicas se me hincha el cuerpo de orgullo; y cada crítica a mis escritos me motiva a leer más y a escribir más. Quiero aprovechar ese don, que seguramente ya estaba inscrito; tengo que explotarlo.

—Pero ahora escribo cuentos. Los hago de vivencias, inventando cosas que no sucedieron y cambiando lugares y nombres a los personajes —mucho más emocionado me relata.

Me describe un par de historias recientes con las que ha trabajado. Su último cuento se llama "Yo ya se cómo me voy a morir" y narra la experiencia de un cliente italiano profundamente inteligente y vanidoso, muy brillante, pero con un alto grado de soberbia, que le contó que ideó inyectarse dosis pequeñas de cocaína para morir lento y antes de envejecer.

—Murió de la manera más distinta a la que imaginó. Murió colgado; escalando roca, actividad que de joven yo también hice —orgullosamente me aclara y a mí me sorprende que lo haya hecho. El italiano se cayó y murió antes de tomarse la primera dosis, opuesto a lo que pensó. De una dosis controlada y por él mismo, a una muerte súbita. Es la misma historia, pero le cambié algo.

—¿Cuál es la reflexión de la historia? —me atrevo a preguntar.

—Es que la soberbia sale sobrando. Pero el cuento no es una reflexión, sino la trama que vive el protagonista —me regresa a la historia y me cuenta un segundo cuento que le apasiona.

Mientras tanto, yo sí me quedo reflexionando en la decisión del control del último momento de la vida. Como dice el dicho: "Cuando te toca, aunque te quites; y cuando no te toca, aunque te pongas".

Me platica que en una visita que hizo a Chiapas, particularmente al pueblo de San Juan Chamula, donde está prohibido tomar fotografías a las iglesias, mataron a un inglés que subrepticiamente quiso hacerlo (resalto el adjetivo "subrepticiamente" que denota su conocimiento amplio del idioma). Estos pueblos son la máxima expresión del sincretismo, ni los curas mandan, sino un consejo de ancianos y un chamán.

—Observo asombrado que los participantes hacen un círculo y toman Coca-Cola de uno en uno y en otro extremo mujeres cantando.

Y en eso, se me acerca un mayordomo y me pregunta si quiero hacer alguna ofrenda —inicia la narración—. "¿A cambio de cincuenta pesos, le puedo hacer una pregunta?", le cuestiono al mayordomo. "¿No considera una falta de respeto estar ingiriendo Coca-Cola en el templo?". "Desde luego que no, sirve para eructar y sacar al mal que traemos dentro", contesta el indígena con un tono de completa autoridad. Una respuesta simple, pero que tiene un trasfondo para analizar.

—¿Cuántas personas crees que preguntan? ¿O es Fortunato el curioso? —le pregunto, buscando descubrirlo.

—Creo que pocas, y sí soy muy curioso y mi curiosidad ha crecido. Conforme he venido escribiendo, he sido cada vez más curioso, pero creo que siempre lo he sido —me responde muy seguro de sí.

—La curiosa historia la cambié a que fuera un sacerdote norestense enviado al sureste con el fin de convertir el sincretismo.

—¿Convertir o combatir? —pregunto, pensando en que, a través de la historia, las religiones con la excusa de lo primero llegan a hacer lo segundo.

—No lo pongo. Ya no ando dando consejos a nadie. Dejo que el lector saque sus conclusiones.

Recuerda cómo una de sus hijas fue la que le sugirió que dejara sus cuentos en suspenso y que sean los lectores quienes se aventuren a emitir un final. Me relata que él escribía con mucha claridad, sobre todo memorándums, actas y otros documentos de negocio claros, concisos, concretos, por lo que no estaba educado en la fantasía ni en imaginar personajes o situaciones.

—¿Cómo le haces ahora para cambiar ese patrón tan arraigado? —pregunto sospechando que es ya una pauta en su manera de escribir y buscando una sugerencia para muchos que seguramente pasamos una situación similar.

—Hago la lucha —humildemente me contesta—. Una vez que lo hice consciente, trabajo en ello. Ahora busco y gozo más con la imaginación. Leo mucho y trato de ampliar mi capacidad de imaginación.

Sin buscar copiar y entendiendo que nada será totalmente nuevo, me aclara que admira la enorme capacidad de imaginar de Gabriel

García Márquez, en particular en *El amor en los tiempos de colera*. Simplemente brillante, expresa una situación normal a la máxima expresión de la imaginación.

Él mismo se interrumpe para decirme que yo no vengo a eso.

—A eso vengo justamente, a escucharte, a conocerte e intentar extraer, disecar y posteriormente tratar de transmitir lo que pueda aprender de ti —le confirmo con mucho entusiasmo de encontrarme con alguien tan culto, con quien parece que puedo conversar abiertamente.

—Y te puedo decir que yo no pude leer a García Márquez, simplemente Macondo no es para mí —le confieso mi disgusto, o tal vez incompetencia, con el Nobel colombiano—. Entiendo a Yuval Noah Harari —le digo señalando el *Sapiens*, libro que tiene frente a él. He leído su trilogía completa.

—Tienes el mismo pecado que yo: queremos entenderlo todo y no es así —me confiesa y supongo que él ha pasado por lo mismo—. Cuando un libro no te guste, no le sigas. Pero traigo una exclusión ya casi obsesiva: quiero terminar *Rayuela* y simplemente no puedo. Me parece complejo, sin pies ni cabeza —como si un mosquito estuviese molestándole en el brazo, me hace el comentario.

—Yo un libro que no me gusta es como un zapato que te queda chico: lo saco inmediato del clóset —le advierto y le reconozco que tampoco he podido con la novela del argentino.

—Así lo dice Borges. Pero reitero que quiero saber qué le ven los demás o por qué yo soy menos para no entenderlo —regresa al tema de *Rayuela* con un dejo de completa humildad, y al mismo tiempo de competitividad, que no le deja conforme con solo haberlo intentado.

Disfruta principalmente a los autores latinoamericanos Vargas Llosa y García Márquez.

Me ofrece de beber y saca una Coca-Cola de su minibar que está detrás de él. Aprovecho para preguntar hace cuánto y por qué se cambiaron de su casa de Vía Savotino.

—La casa era vieja, los climas ya no servían, pero sobre todo era de dos pisos. Y nos cambiamos hace dos años —me aclara y comienza a contarme la historia que él mismo cataloga como rara.

Los terrenos los compraron su mujer y él hace cincuenta años. Cuando le cotizaron el proyecto y sus amigos le advirtieron que típicamente los arquitectos se salen de presupuesto, decidió no arriesgarse por ser todavía un empleado con un sueldo fijo pequeño. Su hermano mayor le ayudó a terminar de pagarlo y decidió mejor venderle los terrenos. Con ese dinero compró Savotino. Falleció su hermano y le heredó el terreno, que fue suyo originalmente. Como las rodillas le comenzaron a fallar, su mujer lo impulsó a cambiarse. Y a los ochenta años, decidió construir una nueva casa con un proyecto desde cero.

—Afortunadamente, mi mujer es bastante terca y me convenció que lo hiciéramos y lo hicimos —con una sonrisa ufana y presumida me lo dice.

—Pocos estarán de acuerdo contigo. Típicamente no se dice "afortunadamente" a la terquedad de la mujer —le señalo inmediatamente.

—En mi caso, sí —me vuelve a responder con toda seguridad, sin que la opinión de los demás le importe.

Reflexiono en que típicamente a los ochenta uno no busca cambiarse de casa y menos construir una. Más bien, ¿cuántas personas a los ochenta años están deseando ya no hacer nada?

—Es más, ella fue la que también me convenció de escribir el primer libro. Me fui a la Isla a dictarlo, costumbre de viejos —me aclara, sabiendo que para mi generación esa tradición ha quedado obsoleta; hoy se le dicta al iPhone—. Y se quedó reposando unos años. Hasta que mi mujer y mis colegas del trabajo me insistieron, volví a sacar los papeles para darle forma.

—¿Por qué el título de *En las relaciones laborales, dos más dos también son cuatro*? —le pregunto aprovechando que su libro volvió a salir a colación para satisfacer mi curiosidad.

—Porque son siempre cuatro, pero no sabes cuándo. Cuando inicias una relación laboral de manera negativa, pensando que el resultado será tres o menos, también será cuatro, pero puede ser en un mes o en un año. En una relación laboral, esa aparente ventaja que obtuviste, tarde o temprano te la cobrarán. Y lo mismo pasa en el otro sentido. Algo que se inició bien, tarde o temprano será mejor

—intenta explicar el motivo del título—. Es más, creo que no lo he comentado con nadie —me confiesa y yo me siento halagado—. La primera versión, mi hija Mónica me regañó: "Papá, parece un manual". Tuve que meterle anécdotas, dibujos, y quedó muy bien. Me da mucha satisfacción —orgullosamente lo dice, no solo del libro, sino de la versión que logró con el apoyo y consejo de sus hijos. Javier lo apoyó en la publicación digital.

—¿De cuáles te sientes más orgulloso? ¿De este que es estructurado y tu tema profesional o de tus cuentos?

—Aunque el dos más dos se ha vendido y bien, me siento más contento con mis cuentos y fantasías —me confiesa que el mundo de la imaginación le recrea y satisface más.

—Con respecto al cuento del italiano, que me parece que es uno de los que más te gustan, ¿qué opinas tú cuando llegue la muerte? —aprovechando el tema del que se puede sacar mucho hilo, me atrevo a jalarlo un poquito.

—De joven me pegué a la religión, incluso lideré cursillos de la cristiandad. Me decepcionó la estructura de la Iglesia —dice aclarando que entiende que la Iglesia no es la divinidad—. Tomé distancia. Hay cosas que no me cuadran, como un niño que se pregunta cómo cabe Santa Claus por la chimenea, a veces ni chimenea hay. No imagino a un Dios sabiendo que me estoy quemando en el Infierno sin hacer nada.

—Y no solo eso, sino por toda la eternidad —le interrumpo y reímos ambos.

—Hay un misterio y no tenemos, cuando menos yo no tengo, la capacidad de entenderlo, entonces prefiero no angustiarme por eso —con verdadera humildad se declara incompetente—. No tengo miedo. Estoy preparado con mi conducta. No por miedo a ese supuesto Infierno, sino porque soy más feliz estando bien relacionado con la gente que está a mi alrededor. Y cuando un nieto viene a preguntarme algo, ¿qué más puedo pedir?, se me sube el orgullo. Lo demás, pues ya es igual —con una especie de conclusión a la que ha llegado me lo revela—. Me inclino a creer que se acabó. Cuando se acaba, no lo fomento, me lo guardo para mí. Yo creo que se le llama agnóstico y no tengo empacho en decirlo —me dice.

—¿Cómo es la relación entre Javier y Fortunato? —pregunto.

—Somos muy diferentes —y comienza a narrar un pasado que Javier me había confiado sutilmente, que desvela la historia de los inicios profesionales de mi amigo y los de él como emprendedor.

—Yo tuve una depresión muy fuerte. En Alfa se portaron muy bien conmigo. Aunque me sentí de la chingada, cobraba mi sueldo sin hacer nada. Al ir saliendo de esta [depresión], que me costó muchísimo, muchas terapias, me sugirieron que me independizara y que pusiera mi despacho de relaciones laborales para las maquiladoras. Tenía un inglés pésimo, pero era el único con anuncio en el consulado.

—En tierra de ciegos, el tuerto es rey —le apoyo en el refrán que buscaba.

—Y así nació Fortunato y Asociados, S. C.

—Si te hubieras llamado Javier u otro nombre "normal", el nombre de tu despacho hubiera cambiado. Hablando de *marketing*, Fortunato es un nombre pegador —con mis exiguos conocimientos de mercadotecnia, le comento.

—Las chavas en la juventud se reían de mí: "Eso es un apodo, ¿cómo te vas a llamar Fortunato?" —me dice sin avergonzarse hoy, ya como una prueba superada, que claramente no fue grata en su juventud—. Todos me conocían, no se olvida, como el 2 de octubre.

—¿Tu hermano cómo se llamaba? —pregunto pensando que tal vez también a él le pusieron un nombre poco común.

—Óscar. Supuestamente mi mamá quería que le pusieran Fortunato, para quedar bien con mi papá.

—Entiendo que tu papá se llamaba también Fortunato —lo interrumpo para que continúe su historia.

—Así es. Es una historia curiosa. Supuestamente, mi abuelo que leía mucho y que aparentemente no le gustaba trabajar tanto, leyó un libro en que el protagonista era un príncipe Fortunato y se chingó a mi papá. Mi papá se niega a repetir y le pone Óscar a mi hermano.

Nace otro hermano el 29 de marzo del 35 y le ponen Fortunato; este fallece por mortalidad infantil de la época y yo nazco el 29 de marzo del 36. Había que reponer el nombre —me dice riéndose de esta última costumbre de la época.

—Seguramente Óscar no hubiera tenido el mismo *punch*. Pagaste al principio, pero cobraste después —le hago ver.

Me enseña su tarjeta de presentación en la que aparece un logotipo claro de Fortunato y le agradezco estar hablando con Fortunato.

Regresando a Javier, me cuenta que cuando se graduó iba a poner un negocio. Él le prestó dinero para arrancar.

—“Pero tus chifladuras las pagas tú” —dice que le aclaró en su momento al joven de veintitrés años—. Y lo hice para que aprendiera a ser autosuficiente, no por pichicato. Eso ha hecho que le vaya bien. El negocio no resultó como esperaba y se va a Vitro. Le dije a mi esposa: “Se nota que no quiere ir, va porque no tiene opción, como una muchacha de religión católica que se tiene que ir de puta, así de cabrón; pero es decisión de él”.

Me aclara que espera que no vaya a transcribir esa cita controversial; petición que prefiero no cumplir, pues considero que además de que el dicho es simpático, habla de un padre preocupado por su hijo que además lo conoce tal vez mejor que Javier mismo en esa época.

—Yo estuve también en ese proyecto de Vitro al mismo tiempo que él —le revelo.

—Un día, un ejecutivo del negocio en el que yo estaba me comentó que no quería ir a Estados Unidos y que no había nadie que lo supliera que supiera inglés. Le sugerí a Javier y fue y le fue muy bien —me explica—. De ahí, el director me habló para romper el pacto de no meter familiares y que entrara Javier. Y con esa experiencia, luego formó su propio negocio. La relación se friccionó en algunas ocasiones. Al principio yo pensé que debería “manejar” a mi estilo y se lo hacía saber. Él se molestaba y mucho. Le dije: “Lo que te haya hecho de niño, ya te lo hice. Los papás nos equivocamos. Pero te quiero decir que no te voy a decir nada. Tú ya eres libre y autónomo”. “Quiero que me sigas diciendo, pero que respetes mis decisiones”, me respondió Javier de inmediato. Para mí fue el reto del hijo que quiere quitarse la tutela del papá. Y hoy la comida de los sábados es sumamente armoniosa —con enorme satisfacción me lo hace saber. Percibo esa relación entre padre e hijo que fue lentamente limándose con el esfuerzo, conciencia y voluntad de ambos y que hoy se refleja en admiración y respeto mutuo.

—¿Todavía atiendes clientes? —le pregunto a manera de saber si las tarjetas de presentación son un recuerdo o artículos vigentes.

—Sí, poquitos, pero aún continúo con esos cinco. Hoy me piden que aprenda Excel y otras aplicaciones que no lo voy a hacer.

—Sin que lo tomes a mal, qué curioso, ¿aprendes Word, pero no Excel? —vuelvo a lanzar el dardo, pues pocos a su edad están profesionalmente activos.

—Estoy peleado con los números —sin ninguna atadura me responde—. Hoy dirían las mamás que no les saben enseñar. ¡Ah, pues eso fue y eso es mi excusa! Los números se me complican, la palabra me encanta —me dice riéndose de la actual comodidad de nuestra generación para culpar a alguien más sin responsabilidad propia.

—¿De dónde sacaste el póster con esa cita tuya? —le pregunto señalando el póster en blanco y negro que está colgado en la pared de atrás.

—Del Museo del Acero. Un día que fuimos mi esposa y yo a conocerlo, antes de entrar y recordar lo que fue Fundidora, ella se pone a llorar y me dice: "Les hizo falta un Fortunato y que hubiese resuelto ese conflicto laboral" —cambia el semblante a uno más melancólico, no solo por la añoranza de ese acontecimiento, sino percibo también por la sensibilidad de la tía Conchita—. La frase la sacaron de una entrevista que me hicieron para una revista interna de HYLSA hace mucho —recobrando el semblante me aclara y yo aprovecho para comentarle que en dicho museo hay también una placa de mi empresa, como patrocinador fundador del centro; pequeña, pero existe.

—¿Te pagaron regalías? —tratando de reducir un poco la tensión le pregunto.

—Claro que no —riéndose me aclara—. Pero ellos me regalaron el póster cuando se los pedí.

Se para a descolgarlo, lo pone sobre el escritorio para que lo alcance a leer y le tomo una fotografía. De fondo tiene una vista parcial de la Fundidora y con letras grandes y un diseño gráfico elaborado, cambiando el tamaño de las letras dependiendo de la importancia de cada palabra, aparece la cita que transcribo:

> *"Estoy convencido de que tenemos la base ideológica adecuada y que nuestras estrategias de negociación han dado resultados positivos, pero nos falta planeación a largo plazo; la necesidad de participación de los trabajadores es cada vez más importante; no se trata solo de ganar más dinero, sino de lograr la realización integral del trabajador como persona; en ese campo tenemos mucho que hacer".*

La Fundidora de Monterrey quebró por conflictos sindicales que pudieron haberse resuelto con la convicción de esta frase. Palabras sabías para todas las generaciones y en todas las esferas del mundo profesional y económico.

—Hablando de dinero, ¿cuál es tu opinión de él? —le pregunto.

—Es importante, pero se requiere algo más que él —y se desvía un poco para intentar relacionarlo con su recorrer laboral, en el que la experiencia le ha demostrado la sobrevaluación que se le da a este recurso—. En las pláticas que doy a las nuevas generaciones vía remota, les cuento sobre el liderazgo situacional. Algunos dicen que está pasado de moda; yo creo que es el mejor. No todo lo viejo es malo, ni todo lo nuevo es bueno. Elton Mayo descubre que el trabajador es un ser humano; gran descubrimiento —se ríe en tono sarcástico—. Los grandes conflictos se dan en empresas que pagan bien, pero con mal trato.

—Y tarde o temprano el cuatro va a llegar, ¿no es así? —siguiendo su teoría le pregunto.

—El dinero te interesa, pero no es único. Antes que el dinero está la dignidad. El mejor ejemplo es pagarle a alguien quinientos pesos para "mentarle la madre". Nadie lo acepta. Hasta para la corrupción hay que ponerse de acuerdo —con toda convicción me lo afirma y continúa—: "La forma es el fondo", se la copié a Jesús Reyes Heroles

—me dice—; pero no nada más en política, sino en cualquier relación, hasta para pedir un café. El modo hace la diferencia. Pero lo peor es el “no trato”. El maltrato se identifica y es fácil corregirlo; el “no trato” o indiferencia es más difícil.

Me platica ejemplos de plantas en Jalisco y en Baja California en las que tuvo que acudir a evitar una huelga porque los gerentes de planta tenían un “no trato” con los empleados.

—¿Se puede cambiar a las personas? —después de esos ejemplos le cuestiono.

—A algunas sí, pero no a todas. Si el cambio no es por dentro, no sucede.

Yo concluyo que en realidad la respuesta es no. Solo uno mismo se puede cambiar.

Reitera que el Taylorismo resolvió una parte de los problemas con tiempos y movimientos, pero no todos. Faltó el humanismo. Siendo las condiciones de trabajo importantes, pero no determinantes, la conclusión ha sido que cuando la gente se siente tomada en cuenta, es lo que más ayuda.

—¿Qué es lo que más te gusta hacer, además de leer y consultar? —buscando conocer en dónde se recrea, orillo la conversación a esas esquinas.

—Pues conozco el mundo: Egipto, China, India, Sudamérica, Europa occidental. Pero he viajado por mi mujer, ella es la que organiza y me mueve. Yo prefiero leer, quiero tranquilidad.

—¿Amigos?

—Tengo buenos amigos, pero no tengo un grupo de amigos. No lo tengo y la verdad ni se me antoja mucho. Si me junto, no es por iniciativa mía; alguien me invita. Mi mujer me critica por eso. Ella, en cambio, es muy amiguera. No soy muy amiguero, pero no me considero antisocial.

El contraste entre su labor y su perfil social es elevado.

—Así es en mi casa —le hago saber. Y evoco el asombroso parecido con mis padres. Mi papá rara vez sale de casa, tiene dos o tres amigos, y en el polo opuesto está mi mamá, con grupos de baraja (y varios dependiendo el juego), de rezo y de puestos directivos en su organización religiosa. Ella, además, es la que ha propuesto también todos los viajes. No cabe duda de que hay de todo y al mismo tiempo de lo mismo.

¿Y la cacería, la cocina, la carpintería, que son actividades que le gustan a Javier? —para saber si son aficiones originales o heredadas, hago el cuestionamiento.

—Antes yo preparaba la pasta. Cuando se hace pasta aquí, siempre me hablan para darle el "dente". Las reuniones familiares sí me gustan —él mismo regresa al tema social, al parecer no quedándose cómodo con la respuesta que me dio.

—En estas, ¿tú eres el protagonista o estás escuchando?

—No intento serlo, pero a veces sí. Hay muchos protagonistas en la familia. Los nietos se acercan a preguntar. El día de las elecciones, me habla un nieto para preguntarme por quién debe votar; y me lo preguntan a mí. —Saberse todavía fuente de conocimiento actual le enorgullece y le satisface más que un viaje a Asia.

Suena el teléfono. Es un chofer que le busca para llevarle un documento. Con la misma claridad y estructura, le contesta tranquilamente—: Vente a la tarde, como a las cuatro. —Después, me confiesa, verdaderamente apenado—: Qué pena, pero no me acuerdo de él.

Me comenta lo satisfecho que está de que Javier y yo estemos creando empresas y sobre todo dando tantos empleos de calidad. A él, que toda su vida profesional estuvo inmersa en la negociación de mejores condiciones laborales. Le agradezco el comentario y que me haya dado tiempo de la entrevista, pero corro el riesgo y le pregunto si me permite un par de preguntas adicionales. Sin esperar a que titubee, lanzo la primera:

—Con una vida tan completa, ¿qué crees que te falte por aprender?

—Muchísimo. Estoy estudiando italiano, que ya lo tengo dominado. Quiero estudiar francés. Me gustaría leer la *Biblia*, dicen que es el libro más vendido, pero menos leído.

—Yo tampoco la he leído —hago una honesta aclaración.

—"El Quijote" lo he leído dos veces, pero la *Biblia* no lo he hecho. Me interesa el Antiguo Testamento. Me dio curiosidad que un amigo me comentó que él leía una o dos hojas diarias, y es un proyecto que tengo ganas de llevar a cabo.

—¿Qué te gustó del Quijote? Que lo has leído dos veces, y no es corto.

—La primera vez, me daba mucha risa todas sus tonterías. En la segunda, aprecié la enorme sabiduría de Cervantes, que es muy actual.

—¿Con qué consejo te quedas?

—Aquí te voy a fallar. No puedo contestarla tan de bote pronto.

Pero, dándole un poco de tiempo, recuerda uno de los puntos más importantes de su lectura de Cervantes. Acudiendo a sus apuntes, la comenta y la transcribo textualmente:

"La libertad, Sancho, es uno de los más preciosos dones que a los hombres dieron los cielos; con ella no pueden igualarse los tesoros que encierra la tierra ni el mar encubre; por la libertad, así como por la honra, se puede y se debe aventurar la vida".

Una verdadera joya de la literatura universal, pero sobre todo una gema de sabiduría para todos los tiempos y en todas las geografías.

Casualmente, los dos estamos tomando un curso en línea que se llama "Semiología de la vida cotidiana", que nos recomendó Javier, y le comento una lección que se me quedó grabada y que se extrae del propio Cervantes: En el lecho de muerte, el Quijote recobra su sentido de ser, dejando atrás su "imaginario" y recuerda que el ES Alonso Quijano y se acepta tal y como era. Tomando plena conciencia de sí.

—Ya me dio la tentación de volverlo a leer —con una gran sonrisa, se apunta un proyecto adicional.

—Y si tuvieras la varita mágica, ¿qué quisieras cambiar de tu vida? —lanzo el segundo gran cuestionamiento, esperando que el tiempo que nos queda para la entrevista me permita escuchar su respuesta.

—Mi vida fue muy complicada porque mi padre falleció cuando yo tenía cuatro años. Y no me di cuenta de lo complejo que fue ser huérfano, hasta muchos años después. De hecho, durante mucho tiempo pensé que era bueno que mi papá hubiese muerto cuando no me di cuenta, y luego me di cuenta de que había tenido una trascendencia enorme. Esa pérdida me hizo fracasar mucho. Pero, tratando de contestar qué haría, terminaría una carrera. Me hizo falta eso. No terminé una carrera, soy un autodidacta total.

A pesar de esa confesión y deseo, se siente muy orgulloso de ser un autodidacta y de haber superado a muchos de sus colegas y colaboradores que tuvieron estudios especiales. Tal vez por eso, al inicio de la reunión, hacía hincapié en el orgullo que siente de que sus nietos tengan esa oportunidad.

Yo he tenido la necesidad y fortuna de asistir a varias terapias y con excelentes doctores y psicólogos. He estado muy cerca de procesos de depresión, por lo que siento curiosidad y admiración de que me confíe su proceso. Con la confianza que se ha generado en la entrevista, me atrevo a disparar una tercera pregunta, que no tenía en el tintero:

—Me confiaste el tema de tu depresión. ¿Qué fue lo que te hizo salir?, ¿qué te motivo?

—Mi tratamiento fue de psicoanálisis, que no es para todo mundo. Con Alonso Cantú (el viejo, porque también su hijo se hizo psiquiatra) descubrí el duelo que no había tenido, y menos procesado, por la muerte de mi padre. Entendí qué pasó con mi madre, con mi familia, con la falta de él. Y luego me di cuenta de cómo impactó en todos nosotros. Entendí que todos llevamos unas "huellas" que causaron muchas veces inconscientemente nuestros padres. Muchas veces, esa huella es tan dolorosa que buscamos "esconderla" en el pasado. Es nuestra responsabilidad y, de hecho, una clara necesidad que nos apoyemos con ayuda profesional que nos permita hacerla consciente para poder trascenderla y seguir nuestro camino.

Hubo un contraste grande con su hermano, que fue el clásico estudiante brillante, lleno de banderas y medallas y al centro de las fotografías del anuario del Franco, mientras que él reprobaba año. Vino a entender mucho después que ese tipo de cosas le afectaron mucho, no obstante la buena voluntad de su madre.

—¿Qué crees que fue más importante: la falta de tu padre o el eclipse de tu hermano? —aprovechando esa íntima confesión le pregunto.

—Sin duda, la falta de mi padre, pero obviamente cuando estás inmaduro la inferioridad aparece. Recuerdo que mi primera explicación con el psiquiatra fue: "Tengo un hermano mayor que yo con el que tengo una buena relación", el doctor me contestó: "Aparentemente". Tengo ahí un retrato de mi hermano —y señala un marco con una fotografía de Óscar—. Si bien, de niños la relación no fue muy buena, de adultos fue bastante mejor. Al haber procesado la información, me fue mejor a mí que a mi hermano.

Me aclara que el doctor hizo un excelente trabajo, pero que él confió en el tratamiento, se soltó y se abrazó a él. Reconoce que la diferencia y la clave es querer hacerlo y ese querer tiene que venir de adentro.

—En mi caso, como me afectó físicamente, y mucho, no tenía opción. Ya era el líder en Alfa de toda la cuestión sindical y después de una hora ya no podía. Y cada vez era peor. Dolores en todos lados. Eso facilitó que yo tuviera que tomar una decisión determinante. Y esto se tiene que resolver. No era una cuestión de que "así soy yo y se aguantan".

Me cuenta cómo una respuesta inesperada de Javier penetra profundamente en él e hizo que su decisión fuera más sencilla, pero sobre todo más determinante.

—Yo estaba en la cama. Él, ya de unos veinte, llegó poco antes de comer. Me pregunta: "¿Por qué te preocupas tanto, papá? Tú sigue con tu tratamiento". "Porque me siento de la chingada y sé que si sigo así, no puedo pagar el Tecnológico". "No te preocupes, papá, me voy a la Uni, que seguro es más económica", me hizo saber. Esas palabras me ayudaron muchísimo. Eso me descargó; descubrí que siempre hay otras soluciones.

Reconoció que el problema no era tan grande y que todos tenemos otros. Él tuvo esa gran depresión, otros compañeros cáncer. La voluntad de salir es lo más importante.

—El hecho de que tus hijos te hayan visto derrumbado, y uno como padre quiere que los hijos lo admiren, ¿metía más carga a la ansiedad?

—Fíjate que no. A pesar de mi agotamiento, conforme iba saliendo, yo solo sacaba adelante las pequeñas nuevas depresiones. Viajaba mucho y atendía foros de setecientas gentes. Todo lo podía manejar. En general, yo me siento satisfecho con mi vida. Y me queda toda la vida por delante.

Todavía tiene a qué levantarse en la mañana. No encuentra la manera de decirle a sus clientes que ya no. Y seguramente no la encuentra porque no la está buscando. Tiene una alta autoestima de tener su propio espacio donde despachar, leer y sentirse aún vivo.

—Por la mañana, me meto a ver las últimas pendejadas que haya dicho López Obrador —me comparte una de tantas actividades que cotidianamente realiza.

—Entonces, con tantas que dice, sí que estas muy ocupado —le contesto y los dos reímos profusamente.

Sin que la política sea un tema de este proyecto, me da su opinión del lamentable trabajo del presidente, misma que concuerda con la mía:

—Creo que ni su proyecto lo está haciendo bien. Haber polarizado el país de esa manera... Y creo que lo podía haber evitado cambiando el lenguaje. Está muy enojado y eso le hace decir muchas más tonterías. Tuvo una oportunidad que la echó a perder.

Nos despedimos de manera más efusiva que en la bienvenida, señal de que la reunión generó confianza, apertura y dinamismo. Vinculamos muchos temas en común y que desbordan en la comprensión, porque Javier y yo sentimos esa particular vibra que resuena en pensamientos comunes.

Encontré a un hombre que conscientemente ha decidido evolucionar en su nivel de conciencia, resuelto en trascender los errores del pasado, ya sean propios o ajenos. Decidido a seguir educándose, aprendiendo y manteniéndose actualizado con temas profesionales de hoy y con la sabiduría del ayer.

Un emprendedor, no solo de empresas, sino de proyectos personales, que valientemente da seguimiento hasta completarlos. No ermitaño, pero sí alguien a quien lo social no es su fuerte. Muy familiar y orgulloso de esa unión que fomenta. Un esposo fiel que reconoce en la tía Conchita a una mujer fuerte, atrevida, insistente y gozadora que lo ha acompañado en todas sus etapas y lo ha motivado y aún forzado a sacar la mejor versión de sí mismo.

Una ojeada al tío Fortunato

"Si leer es una excelente manera de sacar de la mente todas las tonterías que trae uno, escribir pues más".

Para mí, leer es un acto de libertad, de voluntad y un acto privado. Es un diálogo intimo entre tú y el texto. No siempre con el autor, pues justamente leer te da la libertad de imaginar a un héroe, a un villano, a un paisaje o a una circunstancia distinta que la del autor.

Con un libro nunca estás solo. Te puedes transportar a mundos irreales, inexistentes, improbables. Puedes recrear pasados o imaginar futuros; aprender y entender realidades; sentir como propias las vivencias de otros personajes. En fin, todo un abanico completo de posibilidades.

Si a todo esto ayuda la lectura, ser el creador de esos mundos es algo extraordinario.

"Afortunadamente, mi mujer es bastante terca y me convenció que lo hiciéramos y lo hicimos".

El reconocimiento consciente de nuestras limitaciones, así como la genuina admiración por los valores y fortalezas de otra persona, en este caso, tu pareja, y el apoyo que ésta brinda, no solo se convierte, sino que se consolida, en una verdadera pareja que logra alcanzar metas.

Además, la cita es de una persona que a los ochenta años decidió construir una nueva casa con un proyecto desde cero. No hay edad para iniciar un proyecto. El proyecto dependerá de tus condiciones en el momento en que decidas emprenderlo. Pero si no decides empezar con algo nuevo, estás muriendo en vida. Hay que evitar el conformismo del estado actual ; siempre tienes delante de ti la totalidad de tu vida.

"No imagino a un Dios sabiendo que me estoy quemando en el Infierno sin hacer nada".

Yo tampoco. Yo imagino a un Dios que es completo amor; por lo tanto, no pudiera coexistir con uno que permita eso. Desde luego que desconocemos mucho, pero prefiero imaginar a un Dios que se encuentra en todas partes y en todas partes que genera mucha más paz y tranquilidad a que uno que permita una quemazón por toda la eternidad.

"Estoy preparado con mi conducta. No por miedo a ese supuesto Infierno, sino porque soy más feliz estando bien relacionado con la gente que está a mi alrededor".
Estamos ciegos al futuro; solo podemos ver el presente. Nuestras vidas están tejidas tanto con lo que hacemos, como con lo que dejamos de hacer. Todas las acciones que llevemos a cabo que vayan en la dirección de lo que anhelamos ser están en la dirección correcta. Y ese anhelo de "ser yo" se logra a través del conocimiento de uno mismo.

"No todo lo viejo es malo, ni todo lo nuevo es bueno".
Estas reflexiones se tratan justamente de recoger todo lo bueno que lo "viejo" puede ofrecer y que es mucho y muy valioso. Encuentro mayor resonancia con las enseñanzas de los sabios antiguos como Buda, Confucio, Aristóteles o los estoicos, que aquellas de Sartre, Nietzsche o Camus. Y lo mismo suele suceder con muchos artículos manufacturados o de vestir. Es importante utilizar los beneficios del progreso sin descuidar los logros y anclas del pasado.

"Antes que el dinero está la dignidad".
Durante toda la historia (aunque en esta generación se ha visto más acrecentado) ha habido personas que consideran que es más importante el "tener" que el "ser", perdiendo de manera sustancial los valores intrínsecos del ser humano. Y en esa búsqueda irresponsable y sin respeto a nosotros mismos y hacia los demás del dinero, poder o fama, podemos permitir que nos humillen o degraden.

"El 'no trato' o indiferencia es más difícil".
Así como dice el dicho: "Es mejor la decepción que la incertidumbre", la indiferencia puede resultar peor que incluso el maltrato, pues no

es más que una muestra de insensibilidad, apatía y claro desinterés por el otro. Tanto en el ambiente laboral como en las relaciones personales, el "no trato" solo generará un deterioro inmediato o paulatino de las mismas. Conviene siempre intentar empatizar y "ponernos en los zapatos" de la otra parte.

"Si el cambio no es por dentro, no sucede".

Es prácticamente imposible cambiar a alguien si él o ella no está dispuesto a cambiar. Y para cambiar, primero hay que conocerse a uno mismo y reconocer que se requiere un cambio. Si ese cambio no sucede en nuestro nivel interno de conciencia, será nulo o, cuando mucho, transitorio. "Querer es poder" dice el dicho, pero ese "querer", si no es auténtico no proviene de lo más profundo de nosotros mismos, generalmente será solo un deseo fugaz. Cuando viene de adentro, genera compromiso. "Quien se conoce a sí mismo, conoce el universo" dijo Sócrates hace más de dos mil quinientos años y sigue siendo válido. Conocernos a nosotros mismos es la herramienta más poderosa que tenemos para transformar nuestras vidas en unas que vivamos con pasión.

"Al haber procesado la información, me fue mejor a mí que a mi hermano".

La conciencia evoluciona de dos maneras: asimilando experiencias y cerrando ciclos. Tener una clara conciencia de mí, una conciencia de mi realidad y mis acciones y una conciencia del impacto que éstas tienen sobre mí y los otros van formando mis experiencias. Cuando he asimilado esas experiencias conscientemente, no vuelvo a requerirlas y las he trascendido.

NESCAFÉ

Don Tito Rodríguez Quintero y doña Hermelinda Rodríguez de León

La simpleza de una tortilla
La sencillez de simplemente vivir
El machismo culturalmente arraigado

15 de junio de 2021

Las Armónicas han sido desde el 9 de mayo del 96, día que las conocimos y posteriormente las compramos, un paraíso para la familia Ramón y todos nuestros amigos y familiares que las han visitado.

Los centenarios sabinos que bordean al río El Blanquillo, que como me dijo don Chuma Alanís: "Son testigos de que en cien años, no ha faltao' el agua por aquí, verda' de Dios", han sido testigos de las fiestas infantiles de mis hijos y sobrinos, de mis fiestas de cumpleaños, de una "Gonzalada" en que vinieron todos mis primos y tíos, de mantener la tradición de las peleas de gallos, de un sin número de reuniones con amigos de todos nuestros grupos y también de muchas reuniones de planeación y de convivencia de Diram.

En Las Armónicas vivimos una niñez fuera de serie. Atrapar luciérnagas en las noches; encender globos de cantoya, bautizados por mi compadre Chuy Cavazos como "kabubis"; buscar huevos de pascua; pasar la cueva completa y ser perseguidos por decenas de murciélagos; tirarse de la tirolesa o de la cuerda haciendo maromas para llegar al río; y posteriores a las lluvias provocadas por los huracanes, tirarnos en balsas inflables por todo el cauce, irresponsablemente sin chalecos, pero sumamente divertidos todos.

Las Armónicas cumple mi sueño de niño de tener una granja. Vacas, caballos, conejos, guajolotes, gallinas, chivos, borregos y cerdos han estado y algunos siguen estando siempre ahí. Los niños han podido alimentarlos y ordeñarlos. Los han montado y también los hemos bañado en el río.

No ha habido un solo visitante que no quede admirado de la belleza del lugar y del estado en que se encuentra mantenido. El césped bien cortado, o chapuleado como le dicen allá, la alberca prístina, los animales bien alimentados, los árboles podados y fumigados, la palapa, mesas y cubiertos ya dispuestos, la leña encendida, las camas tendidas. No hay un solo detalle que no esté listo para usarse. El guardián de ese Edén desde el inicio ha sido Alberto, quien además de tener todo en orden y conocer de tantos quehaceres campiranos es un elocuente contador de historias, por lo que con él siempre está uno entretenido.

Cuando lo conocí, Alberto era un muchacho de veintiún años que "se moría de viejo sin casarse". Se casó un año después con Mary, una niña de trece años con la que sigue casado y ahora son padres de tres hijos. El primero de ellos, Mario, siguiendo el ejemplo de su padre se casó también a los veintiún años con una niña de catorce. "Ya voy mejorando a mi apá", se jacta orgulloso del "avance". Mario es parte ya de Las Armónicas y añade a las tantas virtudes de su padre el saberle a la parrilla, por lo que ahora, la comodidad es mayor, pues si no quieres, ya ni siquiera tienes que asar tu carne, te la traen a la mesa.

Recuerdo que casi recién casado, Alberto me comentó que sus cuñados lo querían meter a la cárcel.

—No te preocupes, no pasa nada —le contesté sabiendo que era un buen muchacho. Pero pensando un poco más, me lancé a preguntarle—: ¿Y por qué te quieren meter a la cárcel? —intenté indagar la razón por la cual los familiares de Mary querían hacerlo.

—Pues que porque le pego —me contestó muy tranquilo, como alguien que no debe nada.

—¿Y le pegas? —volví a preguntar un tanto incrédulo.

—Claro, mi apá me dijo que "Mujer que no se levanta a hacerte el café, merece dos cachetadas" —volvió a responder, seguro de que estaba haciendo lo correcto.

—Pues, mira —lo sentencié—, si le vuelves a pegar, no te van a meter a la cárcel tus cuñados, te voy a meter yo. Te pregunto: ¿Te gustaba que tu papá le pegara a tu mamá?

—Pus la verda', no, pero fue lo me dijo que hiciera.

Mi advertencia, y creo que más mi invitación a la reflexión, rompieron esa "sugerencia" ancestral.

Veintitantos años después, Alberto y Mary siguen juntos, sin que él le haya pegado. Eso sí, no sé si Mary se levanta a hacerle el café.

Durante veintitrés años he sido testigo de una comprometida ética de trabajo en Alberto, de su conocimiento y habilidad para llevar a cabo tantos oficios y destrezas manuales y he escuchado la inspiración en tantas de sus historias. Así que decidí que su padre debería también participar en este grupo, pues seguramente él habría influido en que así se forjara su hijo. Tendría la oportunidad de conocer una óptica de otro nivel socioeconómico, cultural y educativo y también escuchar de viva voz esa arraigada cultura machista. Le pregunté a Alberto si su papá estaría de acuerdo y me contestó que el día que quisiera pasara a saludarlo.

Es un martes por la tarde, el día que decidí ir al rancho a realizar la entrevista. Después de un refrescante baño en el río, nos encaminamos a casa de don Tito (así se llama, no es un diminutivo). Me acompañaron, o más bien guiaron, sus hijos Alberto y Mario durante un trayecto de unos quince o veinte minutos. Justo unos minutos antes de que estacionáramos la camioneta, comenzó a diluviar. Aun cuando traía un paraguas, éste no fue suficiente y llegamos empapados al porche de lámina. Don Tito ya nos espera, como siempre con su sombrero de paja y su camisa desabotonada; porta abajo una camiseta de algodón. Usa pantalón de trabajo y unos huaraches de suela de llanta. Adentro está doña Hermelinda, ella también, como siempre, con un delantal y su ya encanecido pelo recogido.

Ambos me invitan a pasar a la humilde, pero limpia, cocina que hace también las veces de sala y de comedor y a sentarme en una de las sillas de lámina. Y me ofrecen café del que los dos estaban tomando. La habitación consta de una estufa de gas, un refrigerador y una mesa con cuatro sillas. En la habitación contigua, sin ninguna puerta, hay una cama matrimonial bien tendida con una clásica cobija del tigre. Las gotas torrenciales hacen eco al rebotar en el techo de lámina acanalada y la brisa que corre deja una sensación de frescura.

Tengo que reconocer que mi intención original era platicar solo con don Tito, pero ya que está doña Herme y que no puede irse a ningún otro lado, decido que ésta será una excelente oportunidad de escucharlos a los dos y conocer ambos puntos de vista.

—Antes de que yo pregunte algo, ¿tiene algo que le gustaría decir? —Así, sin más, a manera de intentar romper el hielo, le pregunto a don Tito.

—No, pues uste' primero. Quiero ver qué me quiere preguntar —me responde riéndose, con una voz bajita que apenas se escucha y menos con la lluvia que cae a cántaros.

—Pues, aprovechando que están los dos, ¿cuántos años llevan de casados? —es la primera pregunta.

—Cincuenta y seis —me responde seguro—. Nos casamos en el 63, uste' saque la cuenta.

No quiero contradecir su cuenta, pues en realidad son cincuenta y ocho. Es una mejor respuesta que la que escuché tiempo atrás del señor, ya de edad, que me vendió la última parte del rancho. "¿Qué día se casó?" le preguntó el notario en el momento de la firma, para poder hacer la escritura. "Un domingo que estaba lloviendo", respondió con toda sobriedad el ranchero.

—¿Y qué le vio al señor? —volteándome a doña Herme, le cuestiono.

—No le puedo decir, me da mucha vergüenza —sonrojándose y tapándose la cara con ambas manos, intenta esquivar la pregunta.

—¿Por qué? Usted no se preocupe, diga lo que sienta —intento generar un poco de confianza.

—Bueno, pues es que me gustó todo su cuerpo —con voz apenas perceptible responde—. Estaba muy guapo y bailaba muy bien.

La tan evitada corporalidad sampetrina se ve desafiada por la sinceridad de doña Herme, dejando claro que fue una atracción física lo que hizo que ella se fijara en él

—¿Y a usted qué le gustó de ella? —digo dirigiéndome a don Tito.

—Pues que echaba tortillas, y dije: "Ésta está buena". Y además, vi que solo se comía una, así que pensé: "Pues es ahorradora" —con la mayor tranquilidad me contesta y le cambia la cara, como si se le abriera el apetito.

Nos reímos todos de ambas respuestas. No deja de admirarme la simplicidad de éstas y lo trascendental que pudiera resultar su análisis desde la perspectiva de la psicología moderna.

—Todavía está muy flaquita —la señalo y evoco a Alberto de cuarenta y cinco años, que sigue estando igual de delgado que el día que lo conocí. No cabe duda de que los genes se transmiten.

—Pues cómo no, si ya nada más se come media tortilla. Yo, en cambio, me como cinco cada vez que me siento —interrumpe él, llevándose las manos a un abdomen que comienza a abultarse—. Esta mujer está así desde que le cayó un rayo —intenta dar una explicación.

—¿Cómo que le cayó un rayo? —le cuestiono inmediatamente.

—Hace como siete años, estaba sentada en una silla afuera y le cayó a un lado. —Hace un ademán simulando a una espada que pasa junto a él—. Se iluminó todo y ella se desmayó. Es que ella tiene algo que atrae a los rayos —con toda seguridad lo menciona, atribuyéndole una propiedad electromagnética que yo como ingeniero eléctrico sé que no es posible.

—No la mató porque Dios no quería. Pero, además, porque los huesos todavía están güenos —resalta que el estado físico es lo que la salvó.

Aprovechando esta respuesta, le hago la siguiente pregunta, buscando cambiar de vereda:

—¿Por qué cree que Dios todavía no se la quería llevar?

—Pues para cuidarme a mí y para que trabaje —me dice con una sonrisa que en alguien más seguramente sería cínica, aunque para él es simple, real y no tiene otra razón de ser.

—Yo creo que para ver a mis nietos y ya una bisnieta —responde ella —. Además, está muy bonita.

Y lo comprobé cuando la conocí, es la primera bebé que yo opino que está realmente bonita y no simplemente una cara de bulldog como el resto de los recién nacidos.

—Si Dios me deja, voy a ver a mis tataranietos. Yo es lo que espero —interrumpe don Tito, regresando la atención a él—. Conozco gente que se murió de ciento veinte años. No me lo cuentan, yo lo vidé.

—¿A qué le atribuye que hayan durado tanto? —le cuestiono.

—A la comida —responde inmediatamente—. La comida ha cambiado mucho. La gente de antes duraba más porque comía nopalitos, quelite, frijoles. Ahora comemos pura chatarra. Y le voy a hacer una pregunta ahora yo a uste': ¿Uste' sabe bien cómo hacen la comida?

—No lo sé bien. Pero me imagino que lleva muchos químicos y conservadores —respondo, sin mucho ánimo, para saber qué me contesta.

—Yo se lo voy a platicar, porque yo lo vidé. En Monterrey, comí tacos con babas de perro.

—¿Estaban buenos? —pregunto suponiendo que me contestará alguna anécdota.

—Pues, como tenía hambre, sí —con toda naturalidad me lo hace saber. Es decir, lo bueno o malo del taco puede ser relativo en función al estado de hambre.

Me comenta que en esa época trabajaba en la colonia Buenos Aires de peón. A él y a varios de sus compadres los metían en un cuartito para dormir y trabajar en el día y pasaban a comer a un puesto.

—Lo atendía una gordita muy bonita, hacía unos tacos muy buenos, muy llenitos. Nos tomamos tres cervezas cada uno y a dormir felices. En la noche, cállese la boca, las tripas se deban vuelta, a echar la panza para fuera. Al día siguiente, vimos que la gordita le llamaba a un perro: "Ándale, es tu turno o te azoto". Y va saliendo un perrón, así de este pelo. —Mueve la mano horizontalmente para señalar su cintura, como midiendo que hasta esa altura llegaba el perro—. Con la cabeza que apenas cabía en el jarro. Y nos dijo: "El agua que iba a gastar en lavar la olla y para hacer frijoles, pues mejor la ahorro". Y quedé con la saliva del perro —termina de contar la historia, bastante increíble además de asquerosa para todos los niveles. Y además, pensé que me iba a señalar la diferencia entre la comida ranchera y la actual.

Me cuenta que estuvo trabajando en Monterrey cerca de dos años y siempre en el área de la construcción. Trabajó con varios contratistas, siempre de "maistro".

—¿Dónde le gusta más trabajar? ¿En Monterrey o acá en el rancho?

—La verda, acá. No se haya uno allá. Está uno impuesto a vivir en el rancho. Todo el mundo busca su terruño donde está su ombligo. —Señala el suyo—. Cuando conocimos esa costumbre, nosotros también enterramos el cordón umbilical de Luis, mi hijo, en un árbol de la casa en Las Armónicas. Así que Luis puede decir que ahí está enterrado su ombligo.

—¿Dónde está su ombligo? —le pregunto a don Tito.

—En Hualahuises —me contesta rápidamente.

—¿Y el suyo? —me dirijo a doña Herme, que ha estado un tanto fuera de la conversación.

—Aquí está, dentro del agua, en el río —contesta él sin dejarla responder.

Imagino que el ombligo de ella, por lo tanto, está en Montemorelos y en todas partes, pues el río recorriendo su cauce ya hizo que llegara después de tanto tiempo al mar y de regreso, completando el ciclo del agua.

—¿Esos dos años, ya estaba casado?

—Sí —curiosamente responde solo con un monosílabo.

—¿Y usted lo acompañó? —me dirijo a ella directamente, esperando que no sea interrumpida y escucharla.

—No, se fue solo, con su papá. Yo me quedé en el rancho a cuidar a los niños.

—Todos mis hermanos nos casamos en filita. Uno y luego el otro; sin respiro. Porque mi mamá estaba en agonía. Nada más nos casamos todos y se fue. Era su gusto y lo que quería. Se fue platicando. Estaba en la cama, se levantó, se bañó, se peinó. Le dije al hermano mayor: "Hermano, quiere decir que se está despidiendo". Se acostó y nos dijo: "Mi hijito, me voy". —Vuelve él a tomar la palabra para contarme cómo es que murió su madre, aunque no entiendo muy bien cuál es la relación con mi pregunta.

—¿De qué murió? —lo detengo para entender mejor.

—Mi madre murió de una enfermedad mal puesta —responde con toda certidumbre. Y explica, también con mucha tranquilidad, que el ciclo de la vida incluye a la muerte. Su madre sabía que se iba y tuvo incluso el tiempo de despedirse.

—¿Mal puesta? ¿Qué es eso?

—Que alguien le puso una enfermedad, cuando no la tenía.

—¿Como "embrujada"? —intento entender el término—. ¿Y quién se la puso?

—Sí, como un embrujo. Yo supe quién y quise curarla. En el cercado había una señora que se llamaba Juanita, era una curandera. Esa me curó a mi papá, que también tenía una enfermedad mal puesta. A mi madre ya no pudo hacerlo, llegó tarde.

Obvio me sorprende el tema de la enfermedad "mal puesta" y que la considere tan real. Y comienza a contar cómo es que logró "curar" a su padre y cómo es que se enfermó.

—A mi padre lo embrujó una señora que le tuvo celos a mi madre y se quería quedar con papá y le mandó poner una enfermedad entre las piernas —se sonroja—. Ya sabe uste', ahí en la pistola que llevamos los hombres. Ya no era un hombre, era solo una bola de carne —se entristece un poco, pero continúa—. Bramaba cuando quería hacer del uno. Le metíamos un palo en la boca para meterle la medicina. Hasta que me dijeron de doña Juanita y fui con ella. Cuando llegué con ella me preguntó: "¿Tiene suficientes pantalones para cuidarlo?". "Hago lo que sea, pero quiero que lo cure".

Aparentemente, doña Juana le ordenó que tenía que buscar al que había embrujado a su padre. Y don Tito, en esa frenética búsqueda, golpeó a mucha gente, cuestionándoles si él o ella eran los responsables.

—Y a golpes le di a muchos. Anduve renegando con la ley. Al que se me paraba lo golpeaba. Hasta que me agarró la ley y me preguntó: "¿Por qué es usted tan violento?". "Porque estoy curando a mi padre y tiene que sanar". No le voy a decir que soy santo. Entré a muchas cantinas y a veces me quedaba sin regresar a la casa tres días, pero lo logré curar. Duró como diez años más. Y murió de muerte natural.

—¿Y usted ya está listo o quiere que Alberto también pelee con todos para que no se vaya? —me atrevo a preguntarle.

—Yo sí lo hice y con gusto. Y para eso son los hijos. Y pues él sabrá, pero los hijos son para cuidar a los padres —me responde tan seguro como que el sol saldrá al día siguiente.

Empatizo con él en ese amor a su padre que lo hizo buscar curarlo a toda costa. Hoy creo que cada vez menos los hijos estamos dispuestos a hacer sacrificios por nuestros padres. Aunque difiero por completo de sus métodos. Por lo que me ha contado Alberto, quizás algunas veces fueron simples excusas para continuar con su fiesta.

Buscando cambiar un poco el tema, le pregunto:

—Y ya que está también Mario afuera, ¿qué le dio más gusto ver? ¿Cuando nació Alberto o Mario?

—Los hijos son los que dan los nietos. Y tanto se quiere al hijo como al nieto —responde entendiendo la cadena natural.

Yo pienso que siempre se querrá con mayor intensidad a un hijo. Es directamente carne de nuestra carne y el contacto físico es, fue y será más cercano, constante y profundo.

—¿O prefiere a la bisnieta? —vuelvo a cuestionar.

—A esa más, pues ya está uno viejo y de salida y se conforma con ver —con una sonrisa tierna me contesta.

Supongo que ver la trascendencia de un eslabón más será una emoción y sensación indescriptible. Reconocer el invierno propio, viendo nacer una primavera más que contiene nuestra semilla.

—¿Todavía estaba trabajando?

—Sí, todavía ando chapuleando con un compadre. No me quiero sentar, porque me voy más pronto. La vejez, ya tengo setenta y seis años, y si me siento y le hago al flojo, me voy antes de chisquear los dedos. Mientras se muevan brazos y piernas, hay que darle, pa' no tullirnos.

—Ya se cansa, pero tiene que trabajar —interviene ella repentinamente.

—¿Tiene? —le pregunto.

—Mientras pueda, debe hacerlo—responde con toda naturalidad.

—¿Y usted qué hace?

—La cocina y cuido la casa —como siempre con pocas palabras y sin rodeos contesta.

—Tiene que hacer la papa pal que llega cansado —don Tito vuelve a meterse a la conversación—. Porque, si no, mire. —Y levanta la mano en una señal de que le podría pegar. Aunque riéndose rápidamente la baja y aclara que no lo haría.

—De usted, sí le creo...

No termino de intervenir, cuando doña Herme también lo hace:

—¿A poco cree que me voy a dejar que me pegue? Yo también tengo manos. Y los sartenes se hicieron para defenderse, además de calentar frijoles —con un tono firme y levantando el sartén que estaba sobre la estufa se defiende.

—Es valiente, si es también Rodriguez —contesta él, ya sin mucho más que decir.

Pasan por mi mente los cientos de hogares mexicanos donde reina la violencia familiar. en los que ésta se enseñó de manera natural y las mujeres tienen que aceptarla y moldearse para sacar adelante a sus familias. Y no hablo de hombres malos o perversos; don Tito es un ejemplo de un hombre trabajador, cariñoso y bien intencionado, que simplemente cree que la violencia es la manera correcta.

Y queriendo de cambiar el tema, él mismo aclara:

—Cuando llega uno a esta edad, hay muncho que platicar.

—No dudo —le contesto sinceramente—. Y ya que lo dice, ¿en dónde encuentra usted a Dios?

—Donde quiera, está conmigo. Él es el que me trae trabajando. Nos da la agua, el aire, los pensamientos. Si no, yo solo sería una bolita de nervios. El corazón es un motorcito chiquito —con toda seguridad me lo hace saber.

Aun así, me atrevo a preguntarle si trabaja para él o por él.

—Las dos. Él no repitió para hacer el mundo, a la primera le salió. Imagínese, las hormiguitas así de chiquitas —dice juntando sus dedos pulgar e índice, señalando una mínima medida—tienen ojos y dos. ¿Quién hace eso? Y a la primera, naidien. Uno se ríe de los tlacuaches, pero van caminando por el camino y saben a dónde está su casa y se meten a su cueva, a la de ellos, no se equivocan.

Con la simpleza de un niño y la plena convicción de una fe ciega, responde. Una fe que sin lugar a duda envidio. Sin leer, sin cuestionar, solo observando los más mínimos detalles de su alrededor, llega a sus conclusiones.

—Todo lo que tenga Dios en el mundo aquí sobre la tierra, todo está bien hecho. En veces la gente cree que ellos hacen las cosas; no es cierto, todo es obra de Dios. Él te dio la inteligencia. Y también habemos locos, tontos, sabios y pendejos. Pero para algo los puso.

—¿Y usted en cuál cajón se pone?

—Yo tengo un poquito de todo —y los tres soltamos una gran carcajada.

—¿Hay algo que le gustaría olvidar?

—Pues olvidarme que me voy a morir —me responde inmediatamente.

—¿Qué le falta todavía por hacer? —intento dirigir la pregunta a algo más concreto.

—Pos vivir —vuelve a responder sin desviarse de sus ganas de vivir.

Reflexiono en el inmenso deseo que muestra de simplemente seguir respirando y viviendo. Sin más complicaciones filosóficas o citadinas, simplemente como él lo dice: "Pos vivir".

—¿Algo concreto que le gustaría hacer? ¿Otra casa, una presa, una barda? —repito la pregunta.

—Yo lo que quiero es seguir viviendo, tranquilo y en paz —me vuelve a contestar y recibo una dosis más de enseñanza. Que vivir es suficiente, sin necesidad de hacer o lograr algo—. La tranquilidad es muy importante. Qué ganas de estar aquí si el vecino no te habla y el de enfrente es enemigo tuyo. ¿Qué vida es esa? —Y sin dejar tiempo para que alguien responda, él mismo se contesta—: Ninguna vida. La tranquilidad es la buena. Aquí en el rancho la paso muy bien. Hoy llovió y ya no tengo que ir a regar unas matas, así que me quedo tranquilo. Así como estábamos cuando llegaron, sentados, echar unas tortillas y platicar. Dos o tres mentiras, porque algo se tiene que decir.

—¿Quién dice más mentiras de los dos? —volteando a verlos les pregunto.

—Yo no —responde ella rápidamente—. Él sí y varias. Llega y ya no caben en la casa. Yo sé cuándo es verdad, de tantos años de conocerlo.

—¿Y de qué platicaban? —con inmensa curiosidad les pregunto al saber que todos los días podrían parecer los mismos para ellos.

—Nos terminábamos unas tortillas y a platicar del agua. Qué bueno que llovía, porque tenía que ir a regar unas matas allá, porque se me descompuso la bomba. Ya me ahorré la vuelta.

Imagino esa platica sencilla con una taza de café, una tortilla recién hecha, viendo llover y sintiendo que en esta ocasión alguien más hizo el trabajo por ti. Es lo mismo que se han platicado a través de los años.

Recordaba haber ido a dejar a Alberto a otra casa o cuando menos otra entrada.

—¿Esta casa es la misma de siempre o se cambiaron?

—Es la misma. Esta la hice con mi hijo Ruperto y luego se la voy a dar. Y allá ya tengo para los otros dos, porque tengo tres. Ya está medido para que no se peleen. Ya están los tres solares. Pero después que me muera, ahorita son pa' mí. Namás me falta hacer un pozo.

—Bueno, ya ve, ya tiene algo que hacer —le aclaro, refiriéndome a algo concreto como el pozo, además de simplemente vivir.

Admiro que ya dejó arreglado para que no haya disputas entre los tres. Es tan normal que los hijos luego peleen por los bienes materiales cuando los padres faltan o aun cuando todavía están vivos. Don Tito lo dejó zanjado y también internamente arreglado en su cabeza.

—Y si se pelean, ya no estaré yo aquí.

—¿Y a dónde cree que llegue? —intento averiguar qué piensa de ese momento.

—Pues no me he portado mal con Dios. Y si llego allá y me devuelven con los otros, pus ni modo, pero no creo.

—¿Usted cree que sí se queda arriba?

—La carne no, esa se queda aquí. El espíritu se va. El espíritu no muere. Dios no hizo las cosas pa' desbaratarlas, sino para que sean pa' siempre. Diosito con todo su poder hizo las cosas bien hechas; nada, pero nada, está mal hecho. Y a la primera, no anduvo repitiendo, de que falló aquí o allá —dice con una fe y sabiduría profunda a las que incluso a los más devotos y estudiosos les cuesta llegar o aceptar.

—¿Y cuando llegue el momento, les gustaría irse juntos? —les pregunto a los dos.

—No. Yo no me quiero morir todavía —me responde rápidamente él, sin entender la pregunta, pero reiterando su deseo de seguir viviendo.

—Si yo me voy primero, él se casa otra vez —responde doña Herme y provoca la risa de todos.

—Ya le dijeron. ¿Usted sí se casaba otra vez? —pregunto volteando a don Tito, que cambiando el semblante a uno más serio me responde:

—No, ¿ya pa' qué? Hay que entender que somos mortales y punto. Ya no es tiempo. Dios lo que hizo lo hizo y bien hecho —responde—. Y Diosito no nos puso en la computadora que anduviéramos pensando en la muerte. Si todo el día anduviéramos pensando en la muerte, ya quedáramos pocos —intenta zanjar el tema de la muerte.

—¿Usted cuál que cree que haya sido la razón para seguir juntos tanto tiempo? —quiero conocer cuál sería su secreto.

—Nadie sabe cuánto dura la vida. Yo puedo durar cien o doscientos años —exagera riéndose, sin entender la pregunta.

Intento entonces ser más directo y concreto—: ¿Qué hicieron diferente para que sigan casados y en la misma casa?

—Las comidas. La comida es lo importante. Si usted no come lo que le gusta, pues va a estar mal —con esa simplicidad que le ha caracterizado me responde.

—¿Y usted? —me dirijo a ella.

—Pues lo que Dios quiera —responde sin entender bien la pregunta, o tal vez entendiéndola perfectamente y respondiendo una verdad que a mí me cuesta creer.

Don Tito vuelve a interrumpir y comenta que ella se redujo a estar a gusto. Y reitera que todo se reduce a la comida, a hacer la tortillas recién hechas, y aplaude como si las estuviera haciendo.

—¿Cuál es el platillo que más le gusta? —pregunto aprovechando que estamos hablando de comer.

—Aquí sí le voy a contestar rápido. Con hambre, se va el blanquillo, se va el quelite, se va lo que haiga.

—¿Y sin hambre?

—Aquí lo que rifa es el frijolito, el blanquillo y la sopita. La sopita de arroz y de fideo de la olla recién calientita.

—¿Qué opina de las comidas de hoy?

—Esas no me gustan. A mí una gorda con blanquillo, con tripita, con lo que sea. La comida me levanta.

Para ellos, sobre todo para él, la simplicidad de una tortilla caliente en la boca es lo único que se requiere en la vida. Los grandes sabios de la antigüedad han llegado a esa misma conclusión: quien no necesita nada es más libre.

—Y si usted pudiera devolver el tiempo para atrás, ¿qué cambio haría en su vida? —cuestiono buscando encontrar algo que pueda generar otro punto de conversación.

—No se puede, la vejez ya está y hay que aceptarla —con la seguridad de alguien que ha analizado cuidadosamente esa pregunta y la ha respondido decenas de veces, me lo hace saber.

—Pero ¿si hubiera una varita mágica? —reitero la intención, sin que cambie la opinión.

—Ya pa' atrás no se puede. Dios nos mandó así: solo pa' delante —con una lección de solo ver al futuro me deja boquiabierto.

—De todas sus experiencias, ¿dónde se ha divertido más? —tratando forzosamente de recoger algo de su pasado le pregunto.

—Lo que más me gustó era el baile, baile de acordeón —con una sonrisa en la cara me contesta.

—¿Y es bueno? —le pregunto con curiosidad

—Pues nunca quedé en vergüenza —me dice con un tono ufano y presumido e imagino que no solo no se avergonzó, sino que debió haber sido un trompo.

—Le gustaba mucho el huapango, nos íbamos a los bailes y las bodas de rancho, hasta que nos amanecía bailando con música bien bonita. No como ahora que es puro brinco —interrumpe por primera vez doña Herme, a quien seguramente le llegan buenos recuerdos y agrega—: No se sabe ni qué cantan. Que eso de que te aviento —como todas la generaciones, se expresan de la música de la siguiente. Los austriacos de principios del siglo XVIII también dijeron lo mismo del vals.

—Bueno, a su nieto Mario sí le gusta eso —les interrumpo, a sabiendas de la música que escucha el veinteañero nieto.

—Por eso le digo, es otro eslabón. Somos una cadena de fierro duro bien hecho. Mi padre vino de mi abuelo, yo vine de mi papá y estos muchachos vienen de mí. Es una cadena. Viene cada tanda —hace referencia a las generaciones y a ese ciclo de la vida interminable que pasa de padres a hijos.

—Usted ya tiene cuatro tandas. Qué orgullo debe sentir, ¿no cree?

—Así es. Y yo sé que mi tanda ya no le queda tanto, pero es lo que Dios hizo y así está bien hecho —reconoce, a pesar de no quererlo, que su tiempo está en la recta final.

Queriendo regresar al tema, y como si se sintiera orgullosa de haberse quedado con el mejor bailarín de su época, doña Herme me jura:

—La verda', era muy bueno pa' bailar. Todavía le gusta. Y a mí también. Me gusta el acordeón, el huapango, el bajo sexto y la música norteña. Nosotros éramos los primeros que empezábamos el baile.

—¿Cuál era su canción favorita?

—Huapango con acordeón. Pero mi canción era "Paso del Norte" —vuelve a tomar la palabra don Tito—. Esa canción tiene una cosa de la vida que es cierta. Llega al punto que usted llora, que usted se siente solo y ya no va a volver. Si acaso Dios le da licencia de volver de los Estados Unidos, que se fue a buscar una mejor vida. Es como ahora, que ya no puede volver a ser joven.

Sin saber de la canción, le pregunto si él emigró a Estados Unidos.

—No, a mí nunca me gustó. Preferí quedarme. Mis padrinos y todos mis compadres que sí cruzaron todos sus capitales se los dejaron al Gobierno.

—¿Y cuando su hijo Alberto se fue? —pregunto sabiendo que Alberto su hijo sí lo hizo.

—Se mortifica uno. Pero esa fue su decisión y hay que aceptarla. Por eso la canción, porque lo agarra a uno triste. Óigala, para que vea que va a llorar —me invita a compartir esa emoción con ellos.

A manera de homenaje y admiración a tantos paisanos que dejan su tierra y sus familias corriendo riesgos enormes buscando trabajo y mejores oportunidades que México no les ha podido ofrecer, transcribo las líneas principales que dan la idea de lo que quiere don Tito transmitir. Y reconozco al momento de escribir estas líneas que es un fenómeno mundial que ha sucedido en todos los tiempos y en todas las latitudes. Los padres de mis suegros emigraron de Palestina con los mismos riesgos y objetivos.

Qué triste se encuentra el hombre cuando anda ausente
Cuando anda ausente
Muy lejos ya de su patria
Mayormente si se acuerda de sus padres y su chata
¡Ay, qué destino!
Para ponerme a llorar

—La otra que me gusta es "En la orilla del mar", esa trata de recordar al matrimonio. Son tristes —con un tono mucho más sentimental me las menciona.

—Es curioso. Si usted siempre se está riendo, ¿por qué le gustan las canciones tristes? —con curiosidad indago.

—Dios te manda así. Ya está uno alambrado. En este mundo vienes solo a cumplir el mandato de Dios. Si a mí me quedan dos horas, me voy, aunque este bailando las rancheras.

Y me cuenta un chiste relacionado con aceptar que la muerte llega cuando te toca.

—Un tipo que hizo contrato con el diablo y fue el diablo a tocar la puerta cuando ya le tocaba. El señor se escondió entre todos los niños y la señora salió a ver qué se le ofrecía. El diablo preguntó por el señor. "No está, fue a una vuelta", contestó la señora, buscando que se fuera de su casa o regresara después. "Bueno, cuando regrese, dígale que me llevé a este peloncito bigotón. Vente, chiquito".

Y soltó tremenda carcajada. Además de lo cierto del cuento, como dice el adagio mexicano: "Cuando te toca, aunque te quites; y cuando no te toca, aunque te pongas".

Y comienza a contar un cuento adicional que, si bien no trata sobre el mismo tema, vale la pena incluirlo. Comienza relatando que unos compadres estaban sembrando y pasó por el camino un viejito después del mediodía.

—"¿Qué anda haciendo?", le preguntó al primero. "¿A uste' qué chingaos le importa?" le respondió en tono colérico. El viejito siguió su camino, se encontró con un segundo labrador y le hizo la misma pregunta: "Sembrando piedras", respondió burlándose del viejo. Éste continúo caminando y llegó con el tercer campesino, que contestó: "Ando sembrando semillitas, para ver si Dios nos ayuda y levanto maíz". El viejito del cuento era Dios. Uno estaba enojado y le contestó mal y el que sembró piedras levantó piedras. Y el que plantó semillas levantó un maizal. Yo por eso en mi vida respeto a los viejitos, siempre. Porque en eso nos vamos a convertir. Y los trato con respeto. Y eso es cierto.

Qué lección tan importante, no solo de respeto a nuestros mayores, que por el simple hecho de ser mayores ya se lo han ganado, sino por la lectura del cuento: cosechas lo que siembras.

—Aunque uno diga “ahorita vengo”, eso depende de Dios. Esa es una de las sonseras de uno. —Inmediatamente después de terminar el cuento, continua—: La otra es hacer un trato y decir “Mañana vengo”; eso no lo sabe uno. Todos somos mentirosos, porque no puedes decir así. Tienes que decir: “Si Dios quiere”. Ahí está el rayo que nos cayó.

“Si Dios quiere”, una frase trillada y que yo había dejado de usar. Resuena dentro de mí la mentira, como la llama don Tito, de creernos que todo depende de nosotros. Tantas veces que evité conscientemente terminar las frases con el “Si Dios Quiere”. El “mañana” puede ser prestado.

Para trasladarlo a un plano más mundano le pregunto—: ¿Qué ha hecho con su dinero y qué opina de él?

—En esta vida lo único importante es un techo donde vivir, una comidita y nada más —sin pensarlo dos veces me contesta.

—¿Y usted? ¿No está preocupada por el dinero? ¿O que él traiga más? —volteo con ella.

—No, mientras traiga para comprar el gas. Ya no me gusta cocinar en leña.

—Y cuando no tiene, ¿qué hace?

Comienza a narrar la historia de cuando nació su hijo Alberto, misma que yo desconocía. Sabía que por negligencia médica había perdido un ojo desde los dos años, que tiene una canica de cristal y solo ve con uno. Aunque hay que reconocer que con uno solo ve mejor que muchos de nosotros con los dos.

—Cuando nació Alberto, vendí todo. Él se murió y volvió a nacer. Me lo entregaron ya pa’ velarlo. Don Pancho Silva me prestó pa’ llevarlo al Seguro. Él me mandaba la comida. Se llora a veces. A una enfermedad pesada hay que tenerle miedo —comienza la historia cambiando el semblante a uno más triste.

—Cuando tenía un año, lo metían con dos barras de hielo. Todas las enfermeras me apoyaban. Yo fui solo. Ella estaba embarazada —me cuenta sin decirme cuál era la enfermedad de su hijo y es posible que nunca lo supiera—. Cuando por fin lo cambiaron a una cabina, me fui para Linares. Estaba además comiendo pura comida comprada. Me fui a Linares para comerme un taquito de tortilla caliente. Mi cuñada me hizo un guiso y me senté en la mesa, por fin a descansar. Y en eso llega mi suegro y me avisa: "Vamos, Tito, el niño está muy grave". Ahí dejé el taco, ya no me lo pude comer. "Dime lo que sea, si el niño ya murió, pues ya murió, yo resisto. Ya lo recibí hecho una bola, dime la verdad", le dije a mi cuñada —me sigue contando.

Cuando llegaron al hospital de vuelta, se dieron cuenta de que habían quitado el letrero que indicaba que lo habían dado de alta. Ellos pensaron que ya se lo habían llevado.

—Fue un gran susto. Arreglé los papeles. Me entregaron un niño gordo, bien sano. Le dije: "Qué susto me disté" —ya con un gesto de satisfacción y regresando a su cara feliz, termina la historia.

Siempre he pensado que la gente humilde o de menos recursos acepta con mayor facilidad las malas noticias, las enfermedades y la muerte. Tal vez, justamente la falta de recursos obliga a uno a aceptar las cosas como vienen. Sin lugar a duda, he encontrado mayor reconciliación y aceptación en las personas de menos recursos y grandes lecciones para mí.

—El nieto quiere café —interrumpe Alberto la plática.

—Una taza de café siempre cae bien —me dice doña Herme, al mismo tiempo que me ofrece una.

—Yo no tomo café —agradeciéndole, rechazó la tacita.

—El café es muy bueno en la mañana. Es medicinal sabiéndolo tomar —vuelve a liderear la conversación don Tito—. Una taza de café bien amarga es mejor que una pastilla, hasta para cuando te pica una araña.

Y me comenta que en una ocasión que le picó una viuda negra, inmediatamente se tomó una taza de café.

—La cafeína corta el veneno. Hasta el doctor me dijo: "Usted ta' vivo porque tomó algo, la viuda negra es muy mala". Pero amargo, amargo, tiene que ser. A modo que sea lo más amargo que pueda. El café se toma cargado —sentencia siendo alguien que ha tomado café toda su vida y que, junto con las tortillas, lo considera como lo más importante.

Deja de llover. Parece que solo llovió el rato que caminamos del carro a su casa. Se respira un aire distinto y el agua deja un ambiente húmedo y muy sabroso. Mario entra para recoger su taza de café.

—¿A poco no está guapo mi nieto? —me pregunta don Tito.

—Pues sí, además de buen parrillero y muy grandote. Y su esposa también muy linda la niña —le contesto y Mario sale sonrojado. Y aprovechando que entró él, se me ocurre preguntarles algo que posiblemente sea distinto también en el rancho.

—¿Cómo se debe dar un beso bien dado? —cuestiono al matrimonio.

—Yo creo que solo en el cachetito —contesta riéndose él, aunque creo que no dice totalmente la verdad.

—Pues ahí de vez en cuando, pero bueno y bien tronado —ella sonrojándose y apenada parece más sincera—. Porque ahorita se besan como si fueran pájaros que están comiendo maíz.

—El cachete es el beso natural —vuelve a intervenir don Tito, sabiendo que está perdiendo la batalla.

—Donde sea, pero que esté bien bañada la cara —responde ella.

—Pues le voy a decir una cosa: en este mundo, si no hubiera hombre, no habría mujeres. Nos deben mucho, nos quitaron una costilla. Nos desgraciaron —regresa con el espíritu machista que tiene completamente arraigado.

—¿Lo desgraciaron o lo complementaron? —le pregunto.

—Nos desgraciaron. Todavía tengo un pozo. Dicen que Dios, nuestro Señor, nos quitó una costilla para que la mujer quiera al hombre y nosotros a ellas. Para que haga contacto.

—¿Y cómo se la cobra? —le pregunto asombrado de todavía escuchar estas explicaciones.

—Pues echando tortillas —con toda tranquilidad responde—. Porque la mujer es muy débil y la costilla del hombre la hace fuerte.

—Pero las mujeres de ahora ya no se la creen esa historia —le hago saber.

—Pues porque no lo saben, pero así es. Dios mandó a todo el equipo. Mandó a listos y mandó zonzos, de todo hay.

—¿Y por qué no fue un dedo? —intento sacarlo de su zona de confort.

—Pues porque Dios sabe muy bien lo que hace y la costilla era la necesaria —contesta rápidamente.

Doña Herme interviene para seguir poniendo en alto a las mujeres. Ella, con los ojos azules, todavía cose y borda. Y aclara que a sus tres hijos les dio pecho, cosa que su marido, por más costillas fuertes que tenga no puede hacer.

—Al más chico le di dos años pecho. A los otros seis meses. Ese es el más sano. Ya me dolía cuando me mordía —recuerda con cierto dejo de nostalgia.

Comienza ya a oscurecer. Me aclaran los dos que lo que dijeron son puras cosas reales. Y yo me levanto y me despido, agradeciéndoles su tiempo y sus historias, que serán y son valiosas para este proyecto. Me reiteran su invitación a volver, que algo más se les ocurrirá, pues les quedan más anécdotas.

Salgo feliz de haber decidido incluirlos en este libro. Encuentro a un Alberto que tuvo la fortuna de recibir los genes positivos de cada uno de sus padres. La delgadez, la actitud de servicio, la docilidad, el respeto, la obediencia de su madre. Y el espíritu trabajador, luchador, de muchos oficios, y la gracia de su padre. La sencillez y simplicidad de ambos.

Las Armónicas, a solo ochenta kilómetros de Monterrey, genera un mundo distinto. Un paraíso en el que parece que Adán aún no se come la manzana, donde la aparente ignorancia educativa es suplida y a veces superada por la simplicidad de la búsqueda de una vida tranquila y en paz. Donde la comida, y en particular una tortilla, es capaz de enamorar y no solo eso, sino de mantener una relación viva y en armonía. Donde desafortunadamente también se mantienen comportamientos desagradables en contra de la mujer, enseñados ancestralmente. Me siento orgulloso de cuando menos haber roto la cadena en el eslabón que está en nuestro círculo.

Una ojeada a don Tito y a doña Herme

"Me gustó porque echaba tortillas y solo se comía una. Y sigo con ella porque sigue echando buenas tortillas".

Dice el dicho que "se conquista a un hombre por el estómago", que en mi caso no aplica. Pero encuentro una simpleza admirable en que sea una tortilla la base para iniciar y mantener una relación. Yo relaciono esa comida y en particular esa tortilla con la comunicación. Tiene que haber algo que inicie ese fuego y algo que lo mantenga vivo. Una relación de amistad que te permita compartir una tortilla, un café, una plática bajo la lluvia; y además que se observe y distinga una cualidad que será determinante en el futuro de la relación. Una sola tortilla implica a una mujer cuidadosa de su cuerpo, de su patrimonio y de su entorno.

"Todo el mundo busca su terruño donde está su ombligo".

Aún en una economía global y en un mundo plano y cada vez más cercano y conectado, la tierra llama. He tenido la fortuna de viajar por el mundo y de conocer personas de todos los rincones del planeta. En todos los niveles socioeconómicos, aquellos que están fuera de su país, estado o ciudad, siempre extrañan y añoran a su tierra. Como si de alguna manera, uno supiera que no está donde nació. Yo nací en la Ciudad de México y la gran mayoría de mis primos siguieron ahí. Y aun cuando partimos a Monterrey de muy niños, y sin que sea lo mismo, regresar a las Navidades era un sentimiento de alivio y regresar a Monterrey generaba cierta nostalgia. Lo mismo me pasó cuando estuvimos en Woodlands, aun cuando había muchos regios y mexicanos en general, nunca dejamos de ser extranjeros y siempre añoramos nuestra ciudad.

"Mientras se muevan brazos y piernas, hay que darle, pa' no tullirnos".

Cuando ya nada te atrae, estás muerto en vida. Y la salud es la primera parte para mantenerte vivo. Moverte es salud. Y tener una razón para vivir es y será el engranaje, motor, gasolina y lubricante para que nuestra máquina siga en marcha.

"Él [Dios] no repitió para hacer el mundo, a la primera le salió. Imagínese, las hormiguitas así de chiquitas tienen ojos y dos".
A través de toda la historia, y sobre todo en tiempos modernos, se ha dudado de la existencia de Dios. Yo, durante treinta años, he buscado y leído decenas de obras, tratando de encontrar una vida sin él. Encontré, sin embargo, en la cuidadosa observación de mi alrededor, una poderosa razón para descubrir a un Dios que no interfiere con la racional y seguramente cierta teoría de la selección natural.

"Yo tengo un poquito de todo".
Como naciones, nos sentimos únicos y despreciamos a otras naciones y culturas. ¿Cuántas veces nos definimos de una manera u otra sin darnos cuenta de que en realidad somos mestizos en todos sentidos, no solo de raza, sino también de emociones y maneras de pensar y creer? Somos una mezcla de todo lo que ha acontecido antes que nosotros. Reconocerlo y aceptarlo da oportunidad a tomar ventaja de ellos.

"No ocupo nada más que una tortilla y paz y tranquilidad".
Diógenes ejemplificó esta manera de vivir en la Atenas clásica y Séneca en la Roma imperial. "Nadie tiene el poder de tener todo lo que quiere, pero sí está en su poder no querer lo que no tiene y hacer buen uso de lo que si tiene". Más recientemente, aún el atribulado y contracorriente Friedrich Nietzsche mencionó que: "Cuanto más posees, más eres poseído". Si no necesitas nada, eres verdaderamente libre.

"Pos vivir".
Hacemos muchos planes. Yo, en particular, soy una persona que tiene siempre un listado de proyectos por hacer. ¿Cuánto de nuestro tiempo se lo dedicamos a "solo vivir"? Y más importante aún: ¿Cuánto de nuestro deseo es realmente "solo vivir"?

"Y si se pelean, ya no estaré yo aquí".
Hay que dejar todos nuestros asuntos ordenados: testamentos, fideicomisos, cuentas y documentos, de tal manera que evitemos problemas y malestares con nuestra partida. Pero al mismo tiempo, entender que una vez adelantados en el camino, ya no será nuestra responsabilidad cómo se siga el mismo.

"El espíritu no muere. Dios no hizo las cosas pa' desbaratarlas, sino pa' que sean pa' siempre".
¿Qué cambios haríamos en nuestra manera de vivir si estuviéramos seguros de que somos eternos? Pudiera parecer curioso que alguien con tan poca escolaridad pueda abstraer un conocimiento tan profundo, pero encuentro que la sabiduría no está en el grado universitario, sino en la contemplación de la vida, tal como es: un Dios absoluto que abarca todo y a todos en todo momento en su propio ser; un universo eterno que se expande infinitamente y por lo tanto en toda la eternidad.

"Ya pa' atrás no se puede. Dios nos mandó así: solo pa' delante".
Dice el dicho que "Para atrás, ni para agarrar vuelo"; una actitud tan positiva y viendo siempre al futuro. Rescatar las experiencias del pasado da la oportunidad de disfrutar siempre el presente. En el presente está mi pasado como recuerdo y mi futuro como deseo en el mismo momento de tiempo.

"Yo por eso en mi vida respeto a los viejitos, siempre. Porque en eso nos vamos a convertir".
Este libro trata en parte de no solo respetar, sino de homenajear y aprender de la experiencia de los que van delante de nosotros en el camino. Cada entrevista y cada reflexión es una suma de lecciones invaluables que atesoro y por eso mismo intento compartir con la plena convicción de que con el paso del tiempo, y si Dios quiere, llegaremos a esa edad.

"El café es muy bueno en la mañana. Es medicinal sabiéndolo tomar".
Yo no tomo café, lo he dicho. Karla, mi hija, por otro lado, no puede levantarse sin una taza de café. Siempre he deseado saborear esa humeante taza mañanera que al parecer inicia un nuevo día para tanta gente.

"No le voy a decir que soy santo. Entré a muchas cantinas y a veces me quedaba sin regresar a la casa tres días, pero lo logré curar."
De todos y de todo se aprende. Aun de las "malas" lecciones se puede aprender. Si observamos con detenimiento, nada se desperdicia. Las experiencias de alguien a quien admiramos podemos copiarlas. De la misma manera, conocer las experiencias de alguien machista o violento puede servir para no repetirlas en el futuro.

Don Rubén González González y doña Magdalena Burgos de González

El poder del perdón
La aceptación como pareja

12 de julio de 2021

De los cinco hermanos hombres de mi mamá, mi tío Rubén fue siempre su consentido y creo que ella de él.

Para distinguir a cada familia de mis tíos hombres, se decidió llamarle a cada uno por el apellido de su esposa. Así que la familia del tío Rubén era los Burgos. La relación entre los Burgos y los Ramón ha sido siempre muy estrecha.

Mis papás son padrinos de mi primo, el Buby, y mis tíos, los Burgos, devolvieron la cortesía al ser padrinos de Carlos, mi hermano. Pasamos veranos en los condominios en Ixtapa, íbamos seis de las ocho familias. Para preparar las comidas, se rifaban los días en que les tocaría cocinar a cada familia. Cuando a mi mamá le tocaba siempre fue junto con mi tía Magdalena. Eran veranos inolvidables en los que pasamos de una inocente niñez a una alborotada adolescencia hasta llegar a una joven adultez juntos.

Vivimos decenas de historias en esas semanas del primero al 7 de julio de cada año. Desde jugar futbol en la playa imitando a Maradona, Sócrates, Rossi y Zoft en el mundial del 82, romper la cuerda de el paracaídas que se interponía entre nosotros, hasta inaugurar las discotecas de moda y las no tan de moda. Generamos una unión entre todos los primos de todas las edades que se mantiene a la fecha.

Luego, íbamos a la casa de Avándaro del tío Rubén. Él siempre tan bromista y de buen humor. Era un excelente jugador de golf, siempre muy bien vestido, lo que contrastaba con sus chistes de gases y pedos. Recuerdo perfectamente sus siestas en el sillón de la sala que en la noche se convertía en el área para, tirados frente a la chimenea, imaginar figuras en las nubes en el enorme cuadro al óleo de un paisaje costumbrista del centro de México que estaba colgado sobre ésta.

Y a lado de él siempre estaba la tía Magdalena, a quien apodamos la tía Chocomenta por su enorme gusto por el pastel de ese sabor. Quizás por su temprana sordera, tenía una voz muy fuerte y aguda. Además, era incansable e imparable en el hablar.

Tengo una amistad que rebasa a la sangre con mis primas Maritza y Lourdes, y el Buby y yo corrimos parrandas espectaculares. Buby tenía el don de abrir las puertas de los mejores lugares y con autoridad se presentaba con el cadenero, aun cuando no lo conociese: "Soy Rubén González del Magic y vengo a conocer tu lugar". Y como si hubiese mencionado las palabras mágicas o un claro "Ábrete Sésamo", los dependientes retiraban las cadenas y llegábamos a la mejor mesa del bar, discoteca o antro de moda.

Esas amistades han trascendido una generación más y ahora los hijos de Lorena y el yerno de Claudia participan activamente en el futbol fantasy de primos González que organizamos.

Los lazos de amistad por encima del apellido, tantas aventuras entre ellos y nosotros, el cariño ganado a través de tatas demostraciones y los secretos guardados sugerían que la entrevista con el tío Rubén era necesaria. Acudí a la Ciudad de México a una cena y comida familiar un día antes. Acordé visitar mis tíos Rubén y Magdalena en su departamento un lunes por la mañana.

Será la primera entrevista con alguien a quien conozco bastante, con el que he viajado. Tengo referencias no solo a través de sus hijos, sino propias, de mis padres y otros tíos, por lo que estoy un tanto nervioso de cómo se llevará a cabo. Llego temprano y me abre la puerta la muchacha y me conduce al comedor.

El departamento es pequeño en comparación a su casa original de Magnolia 3, pero acogedor y suficiente para una pareja de octogenarios. En el pequeño bar está colgado el cuadro del paisaje de algún pueblo del centro de México que estuvo colgado arriba de la chimenea en Avándaro. Nuevamente volví a descubrir al hipopótamo, al ángel y a otras figuras que están escondidas en las pinceladas que dibujan las nubes de ese cielo azul.

Se aparece mi tía Magdalena en bata, con calcetas y pantuflas.

—No lo vas a creer, Luis, pero nos quedamos dormidos —con su clásica y estridente voz me recibe.

Con la amabilidad que le caracteriza, se apresura a ofrecerme de desayunar. Al dirigirse a la cocina, su pantufla se atora en la punta del tapete y mi tía vuela hasta chocar con la pared que separa al comedor de la cocina.

Me aterro de verla tirada en el suelo y de saber que fue por haberme atendido. Me preocupa su caída y la posibilidad de que sufra alguna fractura. Afortunadamente, y gracias a Dios, no pasó a mayores que un chichón. Le sugiero que se ponga hielo. La ayudo a levantarse y como un insecto que se aplasta y vuelve a volar, se pone en pie y como hormiguita continúa con sus labores. Ordena el desayuno y que vayan a ayudar al tío Rubén que se acerca con pasos cortos y pausados.

En noviembre de 2020, se había contagiado de COVID y a pesar de una mala oxigenación y de su avanzada edad, la había librado. En mayo de 2021, lo operaron del corazón y le pusieron un marcapaso, por lo que, muy a su pesar, una enfermera lo apoya para caminar, vestirse y le ayuda a ponerse un aparato en las piernas para que vuelvan a tener circulación y movilidad.

Llega también en pijama y en bata, se sienta despacio en la cabecera y ya está servido un plato con frutas. Él, que fue frutero, come y cena frutas todos los días. Mangos, papayas, sandias, ciruelas y mameyes adornan su plato y los devora todos. Aun cuando los años han pasado, los observo a los dos sentados, casi como si fuera ayer. La tía Magdalena se conserva igualita, con el mismo corte de pelo corto y un tono rubio en el cabello. Delgada y pequeñita. Siempre la vimos más grande que al resto de las tías. Hoy eso es una ventaja, pues parece que el tiempo no pasó por ella; ella no envejeció. El tío sí se ve un poco más cansado, pero también obedece a las operaciones y a su reciente enfermedad. Mantiene su bigote, que acaricia constantemente y que suple su, ahora sí, avanzada calvicie.

Platicamos de la comida del domingo a la que asistieron todos mis tíos que viven en la Ciudad de México y muchos de los primos y sus hijos. Como buenos fanáticos del futbol, comentamos el resultado de la final de la Eurocopa. Pero sobre todo nos asombramos de cómo hemos sido una familia unida, fiestera y mitotera; unos "muéganos". Es cosa de que alguien ponga su casa y organice algo para que acudan todos, incluso primos que viajamos de Monterrey o Aguascalientes para un evento relativamente rutinario.

El tema familiar abre la puerta para escuchar historias y anécdotas de mis abuelos y de sus propios abuelos. Conocer las historias de mis antepasados me fascina. Considero que encuentro porqués a muchos cómos, ato cabos y descubro razones de eventos o circunstancias que podrían parecer ocultas. Desvelo telones que abren otros escenarios en mi vida.

—Yo no fui el primer Rubén —comienza a narrar su historia—. Después de tu tío Chuy y tu tío Miguel, hubo dos muertos antes que yo: una niña Aurora y un Rubén que sí vivieron y duraron como uno o dos años.

—¿Y volvieron a ponerte Rubén? —le cuestiono.

—Sí, como en el dominó, repitieron la ficha —soltando una carcajada que nos contagia a los tres, me lo hace saber.

—En cambio, con Aurora no lo hicieron y se fregaron a la Chata, porque el nombre de Refugio es horroroso —interrumpe mi tía.

En mi interior pienso que el nombre de Refugio no solo era para trasladarlo de mi abuela, sino que ya estaba destinado para ella. Ella que ha sido el verdadero refugio de sus hijos y de la familia entera. Y estoy seguro de que su historia será también conmovedora.

—Supongo que mi tío Miguel se llamaba Miguel por tu abuelo —regreso a la historia.

—Sí —me contesta monosilábicamente.

—¿Y mi abuelo no tenía un hermano Miguel? —le pregunto, pues me parece curioso.

—Sí, era el hermano mayor —contesta, pero inmediatamente mi tía lo contradice y se ponen a discutir entre los dos. Finalmente, él tiene razón.

—Lo que pasa es que el abuelo Miguel hizo muchas confusiones. Con tantos hijos y esposas —se defiende ella—. Todos sus hijos fueron muy guapos, y mira que tuvo muchos, pero él no —revela una particular opinión de mujer.

—Mi abuela Juana sí era muy guapa —concluye mi tío—. Y nos llevamos muy bien con los medios hermanos de mi papá. ¿Te acuerdas de Miguelillo González Zaragoza? Pues era ya de nuestra edad.

Comento que no es común que siendo hermanos de papá, y no de mamá, se hayan llevado tan bien. Y evoco a Juan Carlos y Dany, los hijos de Carlos, mi hermano; se llevan de maravilla con Carlota.

—Creo que fue más fácil porque las mamás se habían muerto, pues la mujer era especial —interviene mi tía.

—Pues todas, ¿no crees? —respondo yo y los tres nos reímos ampliamente de esa verdad.

—La verdad sí —vuelve a tomar la palabra ella—. Mis nietos, Rubén y Katia, apenas se están llevando bien.

Y en un espacio de silencio, mi tío aprovecha para contar una anécdota de su abuelito (así lo nombró) cuando se murió su segunda esposa y se casó con la tercera.

—Le puso un telegrama a mi papá, a mi tío Nacho y al tío Alfredo —relata—. "Me acabo de volver a casar, váyanme a recibir a la estación de tren, llego mañana". Mi papa y mis tíos estaban enojadísimos. Y al llegar le preguntan: "Papá, ¿cómo te pudiste volver a casar?", con un tono enojado y molestos. "Esta muchacha sí está mucho más joven que yo, pero yo la quiero mucho. Y a ustedes les da coraje porque está mejor que las de ustedes".

La respuesta del bisabuelo fue un tanto cínica, pero no deja de despertar risas, aun cien años después.

—¿Cuantos años tenía la mujer? —pregunto.

—Se llamaba Esperanza y tenía como quince o dieciséis. Con ella tuvo otros ocho hijos. A la última, él ya de más de setenta, le puso Rosa Veintiocho, conmemorando que ya tenía veintiocho hijos. Obviamente eran otros tiempos, pero no cabe duda de que el bisabuelo debió haber sido un personaje completo.

Suena el teléfono, contesta mi tía y aprovecho para dirigirme al tío mientras ella toma la llamada.

—¿Y qué hacía? ¿A qué se dedicaba tu abuelo Miguel?

—Tenía una bodega que recibía plátanos, esa se la dio mi papá. Mi abuelo no era tan trabajador, era, más bien, un buen vividor.

—¿De dónde, entonces, salió tan trabajador y visionario tu papá? —le pregunto.

—Pues todos trabajaban, más bien por necesidad. El tío Alfredo que luego se fue a Monterrey...

Sin dejar que termine la historia, una vez que colgó, interrumpe mi tía.

—¿Que va a hacer? Salvo tu abuelo Jesús, sus hermanos también eran medio holgazanes, como su papá. Cuéntale la de los dientes —invitando a que continúe la historia él, le presta el tiempo para que cuente la historia de los dientes.

—El abuelo lo mandó en su lugar a comprar una cosecha de ajos, sin recordar exactamente a qué parte de México. Sin tener respuesta del "Tres Pesillos" (como se le conocía al tío Alfredo, pues siempre era la cantidad que mandaba en el póker), lo mandó llamar y le preguntó: "¿Qué pasó de los ajos?". "Los traje en dientes", contestó sin pena el tío Alfredo. "¡Ah, cómo eres pendejo! ¿Cómo en dientes?", le reclamó el abuelo Jesús. "Sí, mira, en dientes de oro", dijo enseñando la dentadura postiza que se mandó a hacer con el dinero de la compra de la cosecha.

Y me dice que como esas anécdotas tiene muchísimas. Pido que me cuente al menos otra y me emociona saber que yo conviví con mis tres abuelos, por lo que conozco muchas historias y éstas enriquecen aún más mi armario de anécdotas de mis antepasados.

—"Yendo a caballo, perdí cartera, mándame dinero". Eran las siete palabras que llegaron en el telegrama que le mandó el tío Alfredo. Y mi papá, que siempre fue muy listo y que lo conocía muy bien, le devolvió el telegrama con la siguiente respuesta: "Dime si el caballo era de copas o de espadas, porque el dinero no va", sabiendo que seguramente el dinero se quedó en una mesa de juego.

Todos reímos con el ingenio de la respuesta.

—Yo creo que don Jesús lo mantenía a él y a todos sus hermanos —interviene mi tía.

—No lo creas, te lo garantizo —afirma categóricamente mi tío, hablando orgullosamente de su papá, que fue el sustento de todos los suyos—. Era muy distinto a sus hermanos. Desde muy chico, él vendía dulces en una tablita en la calle. Y que él mismo los hacía. Supo conocer gente y acomodarse ya muy bien, siendo muy trabajador. Salió de Jalisco y se fue a Torreón cuando se casó. El mero bueno de ese entonces era el tío Policarpo Cruz, que al ver que a mi papá le empezó a ir bien, por envidias le dijo que ya no trabajaría con él. Y mi papá rentó enfrente, en la misma bodega, y así empezó.

—Mi tío Policarpo también era muy jugador. Y recuerdo una vez que llegó muy enojado, porque había perdido mucho, y estaba ahí su esposa, mi tía, y le dice: "¿Cómo te fuiste a jugar en Viernes Santo?". "No, si el que me ganó fue en Sábado de Gloria", respondió el tío sarcásticamente y con la picardía de esos tiempos, aunque la perdida no se la quitó.

Regresó la plática a mi abuelo, a quien el tío Rubén reconoce como un visionario y muy trabajador. A diferencia de sus hermanos, jugaba, pero solo a sus gallos. Y seguramente por la costumbre de la época y el ejemplo de su padre, también le gustaban mucho las mujeres.

Le comento a mi tío que mi mamá sospecha que le pusieron Alicia por una de las "amigas" de mi abuelo y que piensa escribir un libro con el título: "¿Por qué Alicia?". Mi tío confirma la sospecha.

—Ya ves que tenía a la monjita en el rancho de Aguascalientes, cuando se murió tu abuela Cuca —interviene mi tía.

Les comento que hago burla de mi madre, que siempre quiso tener algún religioso en la familia y que le digo que no se preocupe, que el abuelo ya la tenía. Y provoco las risas de los tres.

Mi tía habla también de sus padres y encuentro que la fidelidad no era, digamos, la costumbre más recurrente de la época. Su mamá era muy jovencita, de veinte años, y su papá un militar de más de treinta y siete.

—Recuerdo que llegó una vez una mujer guapísima a abrazarlo —comienza el relato—. "Manuelito, ¿cómo estás?". Mi mamá casi le tira un florero y se lo estrella en la cabeza.

Y me comenta que antes era mucho más común que los padres tuvieran un amante.

—Las cosas no han cambiado tanto, solo que ahora suelen ser más discretos. Era más aceptado, nunca bien visto, pero más aceptado. Es más, era común "confortar" a los hijos, diciéndoles: "Ya sabes cómo es tu papá" —con un tono medio lastimoso lo confiesa.

Recuerdo las películas en blanco y negro que veíamos a mediodía del cine de plata mexicano, y puedo ver clarísimo la charla entre Sara García consolando a Pedro Infante por el comportamiento de Domingo Soler.

Ella misma recuerda un chiste de su época en el que la señora le reclama a su marido:

—"Seguro te largaste con esa vieja a la casa chica". "Mira, la vieja eres tú, ella tiene veinticinco años, y la casa grande es aquella".

Interviene nuevamente mi tío con sus anécdotas jocosas y recuerda a un amigo suyo de Torreón.

—Platicando en el café Apolo, llegó el señor Fernández de unos ochenta y cinco o noventa años, presumiendo que se consiguió una muchachita muy guapa y mucho más joven que él. Y le preguntan que si no tiene miedo de que lo hagan pendejo, a lo cual respondió: "Yo me puse a pensar y me dije: 'Más vale una buena pa' todos, que una mala pa' mí solo'".

Y volvimos a soltar la carcajada por la ingeniosa y caritativa respuesta del señor Fernández.

—Así decía tu tío Miguel, que curiosamente se habla de usted con tu tía Marielena —toma la palabra nuevamente mi tía—. "Oiga, me voy a conseguir una amante", anunció el tío Miguel. "Pues mejor consígase dos", le contestó rápidamente tu tía. "¿Por qué dos?", asombrado contestó el tío Miguel. "Pues para que platiquen entre ellas mientras usted se duerme y que lo hace muy seguido", le dijo Marielena, que era también muy avispada y ocurrente.

Reímos bastante de todas estas anécdotas simpáticas y creativas, pero no me queda más que pensar que, como mucho de lo que pasa en México, inventamos un chiste para ablandar una pena. Y que es triste que hoy incluso tenga ya su nombre y sea popular el "Sugar Daddy" y la "Sugar Baby", y cómo más de un tercio de los niños actuales nacen sin un papá.

Buscando cambiar el tema y conocer más la propia historia de ambos, sabiendo que ambos son químicos, les pregunto si en la universidad fue donde se conocieron.

—Sí —responde él—, yo estudié ingeniería química y me gradué y con buenas calificaciones. Ella estudió solo de química, pero ahí nos conocimos.

Consiguió trabajo en una fábrica de aceites polimerizados. Le pagaban mil doscientos pesos al mes.

—Como ingeniero químico no resultó. En los dos o tres lugares que estuve, siempre me daban menos que lo que me ganaría en la bodega.

—¿Y qué sabías del negocio de las frutas y la bodega? —le pregunto.

—Desde chicos, mi papá nos mandó sábados y domingos y me daban cincuenta pesos. ¡Híjole, era un dineral! Y luego, ya como ingeniero, nunca más de mil quinientos y en el negocio familiar me ofrecieron tres mil pesos y dije: "Aquí me pagan más, entonces sí me puedo casar con Magdalena" —en su expresión se nota que eso era lo que más quería—. Ya estando adentro, mi papá se quería retirar y les dijo a mis hermanos: "Mis acciones se las voy a vender a Rubén". Miguel se enojó, pero mi papá se mantuvo firme y me las vendió; se las acabé pagando en un año. Imagina lo que ganaba. Luego se salió tu tío Chuy, que se fue a la fábrica de colchones de su suegro, del papá de tu tía Tere, don Primitivo. —Así fue como inició su trabajo en Frutilandia, el nombre con que mi abuelo había bautizado al negocio.

Mientras tanto, vuelve a sonar el teléfono. Es otra de mis primas que llaman a diario a su madre. Y durante la llamada con su hija, mi tío aprovecha para confesarme:

—Miguel se portó muy mal conmigo porque puso todos los ranchos a su nombre. En aquel entonces teníamos el rancho de Aguascalientes, de Torreón, de Zihuatanejo, el Capricho, el Circo, el Mundo Escondido, todos estos en Canatlán. Eran de los dos y se los puso a nombre de él —y se nota que ese recuerdo le entristece bastante.

—¿Recomendarías dejar patrimonio a tus hijos estando en vida? —aprovecho el comentario de que mi abuelo así lo hizo.

—Pues, en base a mi experiencia, no. Con todos mis hermanos me llevé muy bien, pero no. Y no solo por la separación con Miguel, sino porque tu abuelo era el fundador.

Yo pienso lo mismo. No es lo mismo ayudarlos en todo lo necesario e incluso dar alguna propiedad o negocio para que arranquen, que desprenderte de los bienes que has forjado y dejarlos a la siguiente generación, sin que se haya demostrado su competencia.

En eso se termina la llamada y mi tía vuelve a tomar la conversación, sin saber que ya habíamos cambiado de tema.

—¿Te imaginas? Con tres mil pesos nos iba de maravilla. Renta, comida, muchacha. Yo me embaracé de Claudia al mes de casada.

—Yo también nací a los once meses de casados de mis papás —les recuerdo.

—Así era antes. Un amigo de Carlos, mi cuñado, tenía como diez u once hijos. Y le preguntaban: "¿Que te gustan mucho los niños?". "La verdad no, la que me gustaba mucho era mi mujer" —remata con esa anécdota.

—¿A qué atribuyen que llevan sesenta y dos años juntos? —les pregunto a los dos, una vez que me comparten el inicio de la relación.

Y, como siempre, mi tía toma la palabra:

—Paciencia y los hijos. Si no hubiera hijos, sería más complicado. Ha habido temporadas difíciles, pero ahí se van superando. Cuando éramos jóvenes, te casabas para toda la vida. Ahora, no. Cuando se separaron mi hija Maritza y José, quise hablar con mi nieto Andrés para explicarle que habría momentos en que solo estaría con su papá y sin su mamá. El muchacho respondió: "No te preocupes, Abi, es mejor así, juntos solo se peleaban". Era otra manera de pensar. Yo sí estudié, pero nunca trabajé. Ahora las mujeres se mantienen solas.

—Si tú hubieras tenido dinero, ¿lo hubieras aguantado? —me atrevo a preguntarle.

Y recibo un no rotundo de ambos al unísono.

—Pero afortunadamente me aguanté. Y ya ves ahora, qué felices solos —me contesta ella y él asiente—. Ahora los dos aquí muy contentos y solitos. En el tiempo de jóvenes, los hombres trabajan, se van y la casa está sola mucho tiempo y luego regresan cansados y ahora ya no. Y como Rubén ya no hace nada, yo lo ayudo a bañarse y a estar aquí.

—Le ayudas a no hacer nada —bromeo y nos reímos los tres.

Evoco el paso del tiempo en el que, por cuestiones de trabajo, salía de viaje al menos dos o tres días a la semana y en la casa estaban los niños en la escuela y siempre había ruido. Y ahora, ya que se han graduado los dos, la casa es más callada y yo estoy más tiempo en ella. Y me traslado también a las escenas en casa de mis papás en que ambos están solos esperando a que llegue alguno de nosotros.

—Ustedes dijeron que para toda la vida hace sesenta y tantos años, pero en su caso, tres de sus cinco hijos no respetaron eso. ¿Cómo les afecta esto? —Sé que es una pregunta incómoda, pero decido hacerla.

—Tiene mucho que ver con la manera de vivir. Antes, las mujeres no trabajaban y, desgraciadamente, tenías que aguantar, aunque no quisieras. El primer problema que tuve con tu tío, por sinvergüenza, solo estaban Claudia y Lorena, y yo pensaba: "¿Cómo me voy a regresar con mis papás con dos hijas?". Y mis papás no eran ricos, ¿de dónde las iba a mantener? Ahí te aguantas, no te queda de otra. Y luego va pasando y compensando con otras cosas, los hijos te dan muchas satisfacciones. Y dices: "Bueno, si no me hubiera casado con él, no tendría a estos hijos". Ahora las muchachas trabajan y, por lo tanto, son más independientes. Por ejemplo, Lu, ella no iba a aguantar a un zángano. Es preferible que se hayan separado. En los tres casos eran unas relaciones con muchas discusiones y maltrato. Uno de pareja no se da cuenta de que los hijos se dan cuenta de todas las discusiones.

—Pienso que también se les puede dejar una enseñanza de que a una relación tóxica se vale cortarla —intervengo.

—En base a lo que he visto y vivido, creo que es lo mejor —reafirma ella, que ha sido testigo de estos casos—. El matrimonio es una sociedad en la que las dos partes tienen que aportar. Aparentemente, nada más tienes una vida, porque tu tía Chata cree en la reencarnación. Yo no.

—¿Tu qué crees que pase? —aprovecho ese cambio de giro para conocer más de lo que piensan.

—Yo creo que vas a un lugar más tranquilo, donde estás en paz —responde ella inmediatamente.

—¿Tú? —volteo a ver a mi tío.

—Yo no creo en nada. Se acaba y se acabó —cruza las manos, en señal de que se acabó.

—¿Así nada más? —reitero la pregunta.

—Creo que es más simple y menos complicaciones —sencillamente vuelve a contestar.

—Yo sí creo que hay un lugar mejor. No en un cielo o infierno, pero sí un lugar mejor. Y creo que Dios te da la oportunidad de arrepentirte, si hiciste algo malo o lastimaste mucho a alguien. Él es todo misericordioso y todo te perdona —vuelve a intervenir ella con una respuesta que resuena un poco más cercana a mi actual manera de pensar. Durante mucho tiempo hubiese estado de acuerdo con mi tío.

—Claudia va a que le lean los caracoles —me sorprende con esa afirmación mi tía—. Michel le tiene una fe ciega, pero dejaron de ir porque le afectaba muchísimo. Les decía tantas cosas que te quedabas con el ojo cuadrado. A mi hermano Manuel le encanta que le lean las cartas. La hermana de Gianina leía el café. Yo no creo en nada de eso —explica varias creencias de sus seres queridos.

—Te están leyendo la mente, Güera. Hay transmisión de pensamiento. Y es gente muy lista que se aprovecha de otra que no es tanto. Te hacen una pregunta y tú contestas y de ahí van hilando y sacando cosas. Y luego tú crees que ellos lo descubrieron. ¡Hombre, por favor! —sorprendentemente, interviene él y lo dice con un tono de voz más alto—. Y, por cierto, ¿cómo vas con tu investigación? —me pregunta. Recuerda mi primer libro y me comenta que le gustó muchísimo e incluso lo tiene cerca en su buró.

Le explico que la entrevista va muy bien y de esto se trata y que ya está casi lista la segunda parte de *Marco Polo*, pero que se me ocurrió empezar con este y dejar el otro en *standby*, pues los protagonistas de este proyecto tienen prisa, lo que genera las carcajadas de los tres.

—Tienes razón. Reyna, la muchacha, dice que cada vez que llega y no ve me en la cocina, va y nos toca. Ha de pensar: "Estos viejillos ya se petateron" —Y nos vuelven a surgir las carcajadas.

En una ocasión, el tío se cayó y le gritaba tirado en el suelo. Obviamente, ella no podía levantarlo. Tuvo que decidir entre hablarle a los guardias o a Maritza. Le habló a ella y en cinco minutos estaban levantando al tío. Cuando algo se les ofrece, no dudan y buscan primero a sus hijas y yernos; están todos al pendiente.

Y hablando de Reyna, se aparece con una charola para recoger los platos de fruta, ahora vacíos, y cambiarlos por unos servidos con huevos estrellados y pan. Y comenta él:

—Ya te dije que nos vamos a morir juntos.

—¿Y por qué crees? —le pregunto.

—Porque lo creo, soy muy optimista.

—Tío, a ti ya van dos veces que te salvas en menos de un año que estás a punto de irte. ¿Qué crees que todavía tienes que hacer?

—Sí creo que todavía tengo que hacer. Ayer soñé que venía un tráiler en la carretera y por nuestro carril y nos estrellamos juntos. Así que creo que nos vamos a ir juntos —dice resolviendo que esa es la misión que aún le queda por hacer: quedarse con su esposa.

—Ya no manejamos, así que así no va a ser —quitándole el romanticismo, contesta ella, pero sin negar que también le gustaría que se fueran juntos.

Les comento que más o menos a la mitad de la gente que le he preguntado piensa que se acaba cuando se acaba y la otra mitad que algo pasará.

—Nadie ha venido a decirnos exactamente qué pasa —contesta la tía.

—¿Tú crees que Dios existe? —pregunto.

—No —responde él rápidamente—. Ha venido gente de otros planetas, eso sí creo. Antes sí creía, ahora ya no.

—Yo sí. Ya no voy a la iglesia, primero porque no oigo y para qué ir a perder el tiempo. Yo estuve mucho tiempo en el movimiento de los legionarios, que hacen muy bonitas y buenas obras, a pesar del sinvergüenza que lo fundó. Cuando salió a la luz todo lo de Maciel, no sabes cómo me decepcionó. Juan Pablo II que yo lo amaba, se me hacía un hombre excepcional. Me decepcionó mucho la Iglesia, Dios no —con tono de clara nostalgia de esos tiempos lo confiesa.

—¿Y dónde lo encuentras? —me atrevo a preguntarle para continuar con el tema.

—Yo en todo lo que me pasa todos los días —se apresura a contestar ella—. He tenido casos en mi vida que sé que hay un Dios. El día que Lourdes se quedó debajo de un Volkswagen en la playa, la aplastó un muchachillo borracho; se trepó a la playa. Los grandes ya venían caminando y se me olvidó Lu en la carriola. Le habíamos puesto toallas para taparle el sol. Cuando las quitamos, la niña lloró. "Cuando menos está viva". La carriola desbaratada y la niña ni un solo rasguño. Por supuesto fue una obra de Dios, sino hubiera recogido un cadáver. Pero también en todas las cosas pequeñitas que pasan a mi alrededor. Yo estoy segura de que Dios existe, siento su presencia y sin Él yo creo que ya estaría loca. Imagínate sesenta y dos años de casados y tres hijos divorciados.

Y hablando de esa diferencia entre mantenerse unidos y tomar la decisión de separarse, les pregunto:

—¿Qué crees que mate al amor?

—La rutina —inmediatamente contesta primero, como siempre, mi tía—. Un sacerdote irlandés, con su acento, nos comentaba al grupo de señoras: "No, señoras. Hay que tener detalles. El día que su marido se ponga una corbata, díganle que se ve muy guapo, aunque no sea cierto. Para que la llama del amor se conserve viva, hay que tener detalles".

Yo evoco al padre Coates, al padre Patrick y a todos los sacerdotes irlandeses que han estado en Monterrey que, a pesar de estar en México por más de cuarenta años, mantienen ese acento. Solo ellos y Bora Milutinovic nunca aprendieron español, o más bien nunca quisieron, para marcar esa diferencia. Pero más importante aún, coincido con el padre en los detalles son importantísimos.

Él asiente en la misma respuesta. El amor lo termina una vida rutinaria. El amor cambia conforme a la edad. Sin hijos, con ellos, con nietos y con los hijos de los nietos, como en su caso. Pero en cada fase se debe evolucionar, cambiar y adaptar y sobre todo evitar la rutina.

—¿Dónde se sienten más orgullosos? ¿Con sus hijos, nietos o bisnietos? —les pregunto.

—Con mis hijos. Y gracias a ellos tengo nietos y bisnietos. Pero ellos son primero. Cuando estaba muy enojada con Rubén, decía: "Gracias a él es que tengo a estos hijos", entonces aquí seguimos.

Y suena nuevamente el teléfono, que contesta con la misma prontitud que las llamadas anteriores. Dice que no oye, pero el sonido del teléfono lo escucha perfectamente. Nuevamente aprovecho la llamada para dirigirme directamente al tío.

—¿Ya perdonaste al tío Miguel? —le pregunto imaginando que es una pregunta difícil de responder.

—Sí. No creas que fue fácil. Lo perdoné al último, pero dije: "¿Qué caso tiene seguir peleado con mi hermano?", así que lo perdoné y de corazón —dice reconociendo un perdón sincero.

La llamada no fue importante. Al escuchar que solo estábamos hablando de perdón, mi tía hace una confesión desgarradora y que nunca esperé que fuera a hacer y menos frente a mí y con tanta aceptación y toma de conciencia.

—Él ya no va a la central y por lo tanto perdió contacto con esa muchacha. Tú sabes el origen de los problemas. Para mí era clavarme un puñal en el corazón. Yo no sé qué, en qué momento. Era su empleada, y lista, y se le hizo fácil. Ha de haber pensado: "Me embarazo y me tiene que mantener toda la vida" —con un tono mezclado entre resignación, tranquilidad y tristeza me lo confiesa.

Es la esa noticia de que mi tío tiene una hija fuera del matrimonio, misma que sabía, pero no pensé que fuera a salir en esta platica y me toma por sorpresa. Noto en él que también cambia el semblante a uno más compungido, pero sin demeritarse.

—¿Qué te motivó a seguir con él, a pesar de ese desencanto? —intento conocer esa fase, sin querer ser agresivo para ninguno de los dos.

—La verdad, primero, pues el cariño de mis hijos y el cariño a él mismo. Cinco años de novios y cuando me enteré al menos unos cincuenta años de casados. Seguramente tuvo sus razones y alguna responsabilidad tuve yo. Así que me dije: "Si él no se va, yo no lo voy a dejar". Entiendo que el amor se acaba, Dios me dio inteligencia para entenderlo. Pero hay que ser honestos. Como decían mis amigas: "Ojalá que si mi marido tenga un amante, que no me entere. Y si me entero, que no se enteren los demás. Y si se enteran, que no me importe". A mí sí me importó, pero él nunca se quiso ir. A pesar de los pesares, había mucho amor de por medio y lo perdoné y traté de que la vida siga.

Reconozco una enorme valentía, no solo para sacar a la luz esa verdad que debe atormentarlos a ambos, sino para reconocer y aceptar una responsabilidad propia. Como he escuchado en algunas conferencias a las que he asistido en proceso de separación: "Tú también eres responsable, o lo permitiste o lo provocaste". Lo importante es buscar un bien común de mayor alcance y plazo que el tomado en el instante del error.

—¿Y ese perdón de dónde lo sacan? A ti para perdonar al tío Miguel y a ti a tu marido —cuestiono a los dos.

—Yo fui a Durango a comprar manzanas. Y con un dinero que gané y me prestó Raúl, mi hermano, arreglé y vendí un rancho. Si con el resto de mis hermanos me llevo bien y me ayudan, porque yo los ayudé de jóvenes, fue que dije: "¿Qué caso tiene seguir peleado con mi hermano?". Fui con Miguel y lo perdoné. Vino de mí, él era muy orgulloso. Creo que saber que el cariño de hermanos era más importante —con mucha ternura me lo hace saber.

—Yo de Dios y me sentí muy a gusto —por primera vez una respuesta más corta de ella que de él—. Sí cuesta trabajo, no creas que es fácil. Aquí estamos todo el día y lo que ya pasó, ya pasó y no lo podemos borrar. Eso lo tenemos que aceptar. Prefiero no saber qué circunstancias lo forzaron. Y mis hijas prefirieron no saber de ella. "Ojos que no ven, corazón que no siente" —termina con ese cierto refrán—. Y sigo agradecida con Dios por todos mis hijos y que me dan muchas satisfacciones y todos son diferentes. También muchos problemas y de ahí viene el dicho de sacarte canas verdes. Rubén, tu primo, de joven y cuando vivía en casa, todas las semanas me iban a enterrar. Mis hijas fueron muy bien ordenas. Lorena, si acaso, porque tenía muchos pretendientes. Pero Rubén todas las semanas era una aventura diferente. Era tremendo, pero hijo mío y lo queremos muchísimo.

—¿Qué hubieras cambiado contigo o con ellos?

—Mis papás peleaban. Tal vez por la diferencia de edades. Ella quería lucir cosas de gente joven y a mi papá ya no le interesaba.

Tal vez tuvo su amiguita porque era el pan de todos los días en ese entonces. Yo los vi pelear siempre. Una ocasión junté a mis hijas y les dije: "Soy muy infeliz con su papá". Y las tres me respondieron: "Eso resuélvelo tú. Tal vez como marido no sea bueno, pero como papá es excelente y ha sido muy bueno. Eso no nos toca a nosotras". Pensé que como mamá me iban a defender a mí. Entonces, me hubiera gustado discutir menos frente a ellos.

Les cuento que eso mismo hice yo con mis papás. Los senté y les dije que ya no quería escuchar quejas del otro. Uno es mi padre y la otra es mi madre. Seguramente con poco éxito, trato de evitar eso con mis hijos y busco nunca hablar mal de su madre, aun en los momentos de máxima desesperación o cuando considero que tengo la razón. Vuelve a sonar el teléfono y es alguien distinto a las hijas. Las tres que pueden hacerlo por la mañana ya lo hicieron.

—¿Qué consideras que significa tener éxito? —le pregunto a mi tío.

—Que se cumplan los deseos de uno —me responde con una sonrisa.

—¿Y este 10 de mayo que entraste al quirófano, los sentías cumplidos?

—Muy satisfecho —me contesta genuinamente—. Solo me faltaría irme al mismo tiempo que Magdalena, pero eso no depende de mí.

—Rubén, es el señor Edgar, el de la bodega, que te quiere saludar —dice mi tía pasándole el auricular.

Y, cambiando el color de su cara y con una expresión de gozo y satisfacción, mi tío saluda al señor Edgar y le pide que les transmita esos saludos a todos sus antiguos colaboradores. Y ella aprovecha ahora para comentarme algo que también entiendo y vivo todos los días:

—El matrimonio es algo tan complicado. Todos los días, mi primera intención es que los ilumine a mis hijos y nietos. Cuando estás joven, crees que solo son besos y abrazos. Un día, antes de casarme, fui a comprar pantuflas y todavía tuve que ir acompañada. Cada vez que se iba mi papa, Rubén decía: "Órale, a aprovechar".

—¿Qué consideras que es o era un buen beso?

—Fui muy seria. No tengo mucho con qué comparar. Todo era novedad, esos besos medio de sorpresa.

—¿Te sientes satisfecha?

—Yo mucho. Yo estoy muy satisfecha. Me dicen mis hijas: "Ándale, mamá, todavía te falta conocer a muchos bisnietos". Pero no quisiera como mi abuelita que duró noventa y siete años.

—¿Por qué?

—Porque los problemas se hacen más grandes y de más gente. Porque la vida así es. Nunca va a ser fácil. Todo te va afectando y no puedes ir tomando partido. No estoy pidiendo que me lleven, pero si me toca, me voy muy satisfecha y cumplida mi misión.

Como dice el dicho: "Hijos pequeños, problemas pequeños". Conforme va avanzando la vida, reconozco que los problemas se van haciendo más y mayores, pues ya no solo son los tuyos, sino los de tus hijos, que jamás dejarán de afectarte. Y seguramente los de tus nietos y se va exponenciando. Desde luego que también has obtenido más experiencia y grado de conciencia para poder lidiar con ellos. Pero, justamente la vida es así. Y es lo que la hace interesante y divertida.

—Para ti, ¿qué consideras que es el éxito y si sientes que lo has logrado? —regreso a la pregunta que ella no ha contestado.

—El respeto —contesta sin detenerse a pensarlo—. Si logré hacer hijos, con eso que para mí es lo más importante. Considero que soy exitosa. Y la salud, que yo la tengo a prueba de bombas. La caída es una muestra, y llevo cuatro. Estoy cumpliendo ochenta y cinco años y no me duele nada.

—¿Hiciste algo o son tus genes? —pregunto buscando encontrar una respuesta a una persona tan activa a su edad.

—Nada particular. Pero siempre he sido muy activa. Ahora parece que las generaciones pueden durar más. Pero mis hijas dicen que con el estrés y la comida, tal vez no. Lu ya se hizo vegana y nos invita a comer. Y nos presenta un platillo elegantísimo. Rubén dice: "¿Qué cochinada es esto?". "Tú cómetelo", le digo, para no faltar el respeto a la invitación, aunque Lu ya conoce a su papá, y resulta que es quinoa.

Sin darme cuenta, se han pasado horas escuchándolos y, si no tuviera otras citas, con gusto me quedaba más tiempo. Así que les hago una última pregunta, tomando en cuenta que ella está sumamente activa y mi tío ha tenido las recientes operaciones.

—¿Qué preferirían? ¿Que fuera la mente la que fallara y ya no te acordaras ni reconocieras a tus familiares o que ya no pudieras desplazarte por ti mismo? Sé que no habrá respuesta correcta y supongo que también habrá dos respuestas opuestas.

—Yo prefiero moverme por mí mismo —contesta él, sin meditarlo mucho, tal vez porque ahora requiere ayuda para bañarse e incluso para caminar.

—Yo acordarme. No por mí, pero por los demás. Debe ser dolorosísimo y durísimo estar con tu familiar y darte cuenta que no te reconoce. Lo único bueno para el enfermo es que todos los días conoces gente nueva.

Vuelven a reírse ambos.

Como colofón de la entrevista, ella se declara que no para de hablar y que ocupó más tiempo de la entrevista. Y le reclama a mi tío:

—Hombre, Rubén, platica.

—¿Pues a qué horas, si no has dejado de hablar?

Me despido de ambos, gratamente emocionado. Sé que ellos se quedan también así. Me divertí escuchando las anécdotas de mis abuelos y tíos, que siguen contando con tanta gracia. Observar la interacción casi ensayada por los últimos sesenta años para que, con sincronía, mi tía hable el ochenta por ciento del tiempo y mi tío pacientemente espere su turno para dar un comentario concreto y generalmente divertido.

Encontré a una pareja que conozco desde que nací y que, a pesar de todos los escollos de la vida, siguen juntos. Su esencia no cambió nunca. Él, de buen carácter, paciente y divertido. Ella, sincera, activa y al día.

Él, siempre generoso y cariñoso y que, copiando una frase de su padre, ejemplifica su optimismo: “Mañana es domingo”, recordando que ese día generalmente es más placentero.

Ella, desbordada por él, sus hijos y nietos. Una muestra de que se puede educar desde el amor, sin perder autoridad.

Una pareja resciliente que supo poner el amor a sus hijos y a su familia, incluso sobre ellos mismos, para mantenerse unidos, a pesar de grandes dificultades. Que encontró en el perdón un genuino camino para seguir juntos y, sobre todo, querer hacerlo de manera autentica. El ejemplo perfecto de no rendirse nunca, en las buenas, pero sobre todo en las malas. Siempre hay tiempo para una broma, un beso, un baile o simplemente estar juntos.

Resuena en mi caso particular el proceso de "reingeniería" que Karla y yo estamos haciendo como pareja para encontrar nuevas formas, para continuar en la senda de la vida juntos. Ellos son ejemplo de que se puede. El testimonio de sus hijos, yernos, hermanas y nietos, así como las fotos de sus eventos familiares que adornan su sala, con ellos dos al centro y rodeados de sus hijos, nietos y bisnietos, son una prueba de que ese esfuerzo ha valido la pena.

Nota: El 18 de enero de 2023, de manera repentina y sentado en el sillón de su casa, quiero pensar que plácidamente, el tío Rubén se adelantó a esperar pacientemente a la tía Magdalena.

Una ojeada al tío Rubén y a la tía Magdalena

"A pesar de los pesares, había mucho amor de por medio y lo perdoné y traté de que la vida siga".
"¿Qué caso tiene seguir peleado con mi hermano?"
El perdón es clave para continuar con tu vida. Quien no se reconcilia con su pasado, no puede vivir un presente. Si quiero cambiar mi futuro, debo reconciliarme con mi pasado. Ya sea que requiramos reconciliarnos con nuestros padres, hermanos, amigos o pareja, es fundamental que hagamos conciencia de que si no lo hacemos, a la única persona que le hacemos daño es a nosotros mismos. La tolerancia es la convivencia armoniosa de las diferencias.

"Ella no iba a aguantar a un zángano. Es preferible que se hayan separado".
Hay momentos y situaciones en que debes poner un hasta aquí. Una relación tóxica no se debe mantener. Debemos intentar rescatar a nuestra pareja hasta la última gota de sangre, hasta que ya no haya nada en el tanque, pero si no funciona, ni un minuto más. El primer requisito para que una pareja sea tu pareja es que ella quiera ser tu pareja. El divorcio no debería presentarse como un problema, sino una solución a un problema previo.

"Para que la llama del amor se conserve viva, hay que tener detalles".
Implica tener un supremo cuidado tanto del otro como de mi propio ser. "En el arte, como en el amor, solo la delicadeza da la fuerza", escribió Óscar Wilde. No prohíbas nada. Si haciendo lo que quiero y la otra parte haciendo lo que quiere coincidimos, entonces somos pareja. Y haciendo que la otra parte se sienta admirada.

"Uno de pareja no se da cuenta de que los hijos se dan cuenta de todas las discusiones".
No debemos pelear frente a los hijos. Es enorme el daño al que exponemos a nuestros hijos con las peleas como padres. Entiendo que

siempre van a existir diferencias, pero éstas tienen que ser limadas a la intimidad. Y tampoco hacerlos a ellos jueces o abogados de alguno de nosotros y esperar a que ellos tengan algún partido.

"¿A que qué atribuyen que llevan sesenta y dos años juntos?", "Paciencia y los hijos".
La paciencia es clave. Toda pareja es un vínculo y ambos son responsable de lo que viven. No tiene caso seguir juntos si no se hace algo para mejorar la calidad de vida de ambos. Siempre se puede rescatar una relación, si los dos quieren. Si hay uno que no quiere, es imposible.

"Porque la vida así es. Nunca va a ser fácil".
La vida no es complicada, es compleja. Y la vida no se debe vivir con esfuerzo, se debe vivir con entusiasmo. No se transforma la vida, se transforma el ser y en consecuencia se transforma la vida. Y hay dos formas de evolución de la conciencia: asimilar las experiencias vividas y cerrar los ciclos.

Doña Refugio González González

El Refugio de toda una familia
La madre que supera la partida de sus hijos
La dama del póker
La comerciante incansable

12 de julio de 2021

Refugio, según el diccionario, significa la protección o amparo que una persona encuentra en otra o en algo librándola de un peligro. Qué mejor ejemplo de la definición que mi tía Chata; ella que ha sido el refugio de sus hijos, hermanos y amigas.

Con todos sus hijos tengo y tuve una conexión especial. De muy niño me juntaba con Nacho y, siendo él mayor que yo, había en mí una especie de admiración, razón por la cual escogí a su papá como mi padrino de primera comunión. Mi tío Pedro, como lo comento en mi *Marco Polo, 700 años después,* fue un hombre que me dejó muchísimas lecciones de vida; muchas de ellas son lecciones de lo que no quiero llegar a ser.

Chava fue siempre un ejemplo a seguir: entusiasta, trabajador y comprometido. Pedro era divertido, con una risa que era imposible que no te contagiara. Patricia es mi prima hermana mayor y nos vio crecer, además de que casi era una amiga más de mi mamá. Con Fernando hemos recorrido decenas de fiestas y con Chuy, siendo él acerero de Pittsburgh, hemos sufrido y gozado juntos muchos de sus triunfos y también de sus derrotas en diversos estadios.

Desde que inicié el proyecto, mi tía Refugio estaba en la lista como una de las protagonistas principales. No solo por haber compartido con sus hijos tantas aventuras, sino por su gran fortaleza para soportar la vida que llevó al crear un negocio desde cero y sin apoyo y sobre todo al haberse sobrepuesto a la pérdida de tres hijos.

Me citó en su casa, pero me cambió la hora, pues a las cuatro se tenía que ir a jugar. Me esperaba ya sentadita en un sillón de su sala en la segunda planta. Con un pantalón negro, suéter verde y una chaqueta del mismo color, elegante como siempre y con el pelo totalmente blanco, que no solo le va bien, sino que lo luce espectacular.

Después de saludarnos, me aclara que los lunes es día de jugada y por eso no me podría recibir en la tarde.

—Yo ya nada más voy a jugar dos veces a la semana. Ya no juego por dinero, sino socialmente, solo para divertirme, con puras de más de ochenta —inicia la plática con una sonrisa en su cara.

—Pero tú sí eres buena, ¿no? —le pregunto sabiendo que mi mamá siempre ha comentado que mi tía es una excelente jugadora.

—Pues sí. A veces gano cincuenta a veces cien, a veces pierdo veinte. Cuando jugaba por dinero, siempre gané. Nunca fui perdedora —me aclara orgullosa.

—¿A qué le atribuyes eso?

—Bueno, desde que nacimos, mi mamá nos enseñó. Nacimos jugando cartas. Tiene que venir lo árabe o algo, porque por el lado de mi papá, mi abuela era Juana Cruz y sí parecía árabe. Yo creo que de ahí.

—No lo dudo. Pero ese era del lado de mi abuelo, pero la que jugaba y te enseñó era mi abuela —intento que me aclare.

—Coincidió que los dos jugaran. Recuerdo que rezábamos el rosario como a las siete o las ocho y luego seguía la jugada. Brisca, tute y todos los juegos que te imagines; traíamos la baraja en la mano. Mi mamá no me regañaba porque reprobara en el colegio, me regañaba porque revirara mal. El póker se lo heredé a mi mamá —me dice dejando entrever una pícara sonrisa que en mí se contagia.

Reflexiono cómo la oración y el juego están irreverentemente entremezclados. Yo fui también testigo de esas noches con mi abuela, que después de rezar interminables oraciones, al menos un juego de solitario se echaba antes de dormir.

—Cuando nos trajeron a México, jugábamos póker con las Vásquez. ¿Te acuerdas de la casa de Darwin? —me cuestiona y asiento. Esa casa de los abuelos en la colonia Anzures la tengo grabada perfectamente en mi memoria.

—Bueno, en el corredor de la casa jugábamos todos los días. Yo les cobraba cincuenta centavos por barajarles. Juntaba mis cinco pesos y ya con eso tenía. La pasábamos muy bien. Mis cuñadas, Tere y Marielena, jugaban también; entonces éramos cuatro de la familia: mi mamá, ellas dos y yo. Había póker todos los días. Al de los jueves se unían las esposas de los amigos de mi papá, Conchita Vargas, que vivía en Campos Elíseos, y Lupe Landa —evoca esos tiempos y amistades y en su rostro refleja emoción.

—¿Cómo es que se hicieron amigas tuyas si eran las amigas de tu mamá? —le cuestiono y recuerdo muy bien los rostros de esas antiguas señoras.

—Pues se hicieron mis amigas porque yo llevaba a mi mamá a jugar con ellas y les ganaba doscientos o trescientos pesos. ¡Así que imagínate! Y además les vendía ropa; ya estaba hecha. Luego se unieron otras amigas de Lupe Landa, muy ricas, que yo les decía las "petroleras"; jugaban como si fueran amigas de un jeque o de López Portillo, y con ellas jugábamos más caro. Yo ganaba como mil o mil quinientos pesos diarios de hace cincuenta años, que era un dineral. Eso me ayudó a sostener a mi familia, salir adelante y tener un mejor nivel, no el que yo hubiera querido, pero bien. Y de ahí hasta la fecha. Por ejemplo, tu tía Rosa se divierte haciendo cobijas tejidas. A mí no me da por ahí. Yo soy más aventurera. Y luego amigas mías ya se murieron.

—¿Cuántas te quedan?

—De los primeros grupos, solo queda Conchita Vargas. Tiene como ciento cuatro años, es la única que vive —me lo hace saber y yo evoco esa casa de la señora Vargas a la que me llevaban de muy niño. Dentro de la cantidad de datos inútiles que almacena mi cerebro, recuerdo que tenía una gran San Bernardo que se llamaba Dora.

—Del grupo de las petroleras quedan solo dos. Una que me invitaba a Las Vegas. Ellas siempre perdían. En una ocasión, hace como quince años, nos invitó al París hasta que perdió, luego al Wynn, luego al Palazzo y mientras ella perdía todo, yo siempre ganaba —dice regresando a la historia de su vida como jugadora.

—¿A qué le atribuyes esa condición de ganadora? ¿A que eras buena o a que tenías necesidad de dinero? —me atrevo a preguntarle sin ser grosero, pero considero que es oportuno hacerlo.

—A las dos. Yo iba a ganar, no toda la mesa, pero siempre a ganar. Sí, tenía la suerte de ganar solo trescientos y otras veces mil, pero no perder. Creo que la necesidad me hacía no perder y lo buena me hacía ganar.

—¿Jugabas a no perder o a ganar? —insisto.

—A ganar. Y el día que estaba yo saldada, el chiste era perder lo mínimo. Una vez, tuve una racha de perder, tuve veintidós lunes seguidos perdiendo hasta que me dije: "¿Qué me está pasando?". Y pensé: "Estoy cambiando mi estrategia de juego y estoy pagando mucho". Y cuando volví a mi estrategia, me cambió mi suerte.

Me pregunto, ahora que escribo estas líneas, si en realidad cambió su suerte o fue que simplemente regresó a sus bases. La suerte está del lado quien le tiende el camino de menor impedancia.

—A mí, desde niña, siempre me gustó. Con el tute y la brisca, mi mamá me decía: "¿A qué rey te amparas?". Era con la baraja española. Pues al de bastos, que era el que más valía. Espada tres, copa dos, oro uno. Yo siempre quería ir al basto, que era el que más valía. Yo la verdad la pasaba muy bien. Además de que me divertía, me enteraba de todos los chismes —muy contenta me lo comenta.

—¿Estudiabas para jugar?

—El póker es matemático. Hay cuarenta barajas españolas y cincuenta y dos de las americanas. Aunque trajera un gran juego, digamos un as-diez, si ya habían salido los otros ases, no iba, porque nunca iba a ganar. Una tercia de seises me iba a hacer ganar. Es mucho contar qué carta salió, qué carta espero. Y también mucho latido. Y saber controlar tus expresiones —con mucha elocuencia demuestra su conocimiento en la materia.

—Ahora que salen tanto en la televisión los concursos de póker y Texas Hold'em, tú pudiste haber sido campeona —le aseguro.

—Yo hubiese sido, yo no tenía miedo. Yo con las cartas me transformaba, me sentía todopoderosa, me sentía superior. No físicamente, ni de más dinero. Mentalmente me sentía poderosa. Mi mentalidad era de ganadora. Y ahorita también. Por eso te cambié la hora, porque a las cuatro me voy y les voy a ganar. Me choca perder, no lo soporto.

—¿Por qué consideras que hay siempre jugadoras o jugadores que siempre pierden? Seguramente de tus amigas existen. Ahí están las petroleras.

—Porque no saben jugar. Pagan todo, no cuentan, no siguen su estrategia, no tienen mentalidad. Todo se une. Yo por un momento me convertí en ludópata. En lo único que pensaba era en las cartas. Hasta que me dije: "Yo soy más que una carta y debo tener poder hasta sobre mí". Y lo dejé como unos diez años. Luego pensé: "Es como un castigo para mí, es lo único que me gusta y soy suertuda". Así que con más control volví a jugar. Hoy jugamos de las cuatro hasta las diez, y nos dan de cenar. Muy padre. Con compañeras nuevas, que aunque tienen dinero, ya no jugamos por dinero.

—Mencionaste que te convertiste en ludópata y tú misma lo venciste. ¿A qué atribuyes que hayas logrado tener esa voluntad para dejar de jugar? ¿Qué era lo que más te daba placer? —prediciendo una interesante respuesta, busco obtener una reflexión que permita descubrirla.

—Había días que jugaba mañana, tarde a noche. Ese día llegué como a las seis de la mañana. Todavía vivía Chava y me dijo: "Ay, mamá, ya no te estás respetando". Y me dolió muchísimo, pues ya no solo no me respetaba a mí, sino también a mis hijos. Esa reflexión de Chava me llegó al fondo. Yo podría estar de lunes a domingo sentada jugando. Y decidí cambiar —con un tono más serio y con nostalgia me lo confiesa.

—Hace unos minutos, me comentaste que además de placer lo hacías por necesidad. Pudieras haberte excusado en que era también como si estuvieras trabajando —intentando darle una salida, le hago saber.

—Sí, pero yo ya cubría mis necesidades y de mi familia. Y había días que eran solo por vicio. Además, como siempre era ganadora, tenía que estar dando revanchas a todas. Hasta que dije: "Ya no". Sentí que no solo a Chava, sino a todos mis hijos, los estaba ofendiendo. Quizás mis hijos no lo entiendan, que era una forma para salir adelante, aunque se hayan sentido abandonados. Todas las mamás que nos metimos al póker empezamos por una necesidad. Te faltaba economía o algo en el matrimonio —con toda franqueza me lo hace saber, erigiéndose aún más como un personaje entrañable y admirable.

—Encuentro que en tu caso era un doble o tal vez triple escape. Era algo que te gustaba, la economía lo demandaba y era una salida de tu casa para evitar más conflictos matrimoniales. ¿No lo crees?

Guardo silencio y pienso que tal vez no me entendió la intención de la pregunta, tal vez prefirió evadir la respuesta. Me inclino a pensar en lo primero, pues siempre abrió sus recuerdos, su memoria y su corazón.

—Tenía puras amigas que no les importaba perder. Una vez me dijo Chuy: "Mamá, ¿ahora en qué mesa te tocó? ¿En mesa de pichonas o de las que sí saben? —me dice explicando que hasta sus hijos sabían que había señoras que no sabían jugar.

—¿Percibes alguna diferencia cuando juegas por puro gusto que cuando jugabas por necesidad?

—Sí. Ahora me puedo estar riendo. Era otra Chata, más agresiva, y tenía que ganar a como diera lugar.

—Bueno, pero ese estilo competitivo lo mantienes. Ayer estabas apoyando a Inglaterra en la final de la Eurocopa, sobre todos los demás —le recuerdo.

—Sí —dice riéndose picaronamente y vuelve a afirmar que sí.

No imagino a una tía Chata que no le esté importando aunque sean cien pesos. Confirma que aun los cien pesos le duelen y menciona algunas estrategias de su juego. La observación de sus contrincantes: quién toma el cigarro, quién prende dos al mismo tiempo, quién toma alcohol. Y reconoce que ella nunca tomó, que era una ventaja.

—¿Nunca tomaste porque no te gustó o por salirte de una atmósfera ya demasiado contaminada de alcoholismo? —pregunto sabiendo que su padre, sus hermanos, su esposo y sus hijos han sufrido de esa enfermedad.

—Me gustaba poquito el vodka, pero fue tan nefasto en mi familia, que dije: "Hasta aquí y conmigo no. No más. No quiero que mis hijos me vean tomando". Ya estaba mi papá y tu tío y luego mis hijos —dice reconociendo que se encontraba al filo de otro abismo—. Hoy estoy aquí. Desde niña, siempre me gustó jugar. Con mis hermanos competía a las canicas; no les gané, pero tenía que jugar a la altura de ellos. No solo de estatura y edad, sino la única mujer. Era padre destacar en los deportes. Todo lo que sea deporte me encanta —con un tono emocionado me lo hace saber y encuentro que ese interesante pasado explica parte de su presente.

—¿En cuál destacabas? Aunque, conociéndote, supongo que en varios.

—En el voleibol. Fui seleccionada nacional cuando estuve en el Anglo Español. Y en el esquí.

—¿En el esquí? —pregunto asombrado.

—Sí. Ya brincaba la rampa a un metro veinte de altura. Y luego me casé y ya no. Con Miguel, mi hermano, íbamos dos veces a la semana. Miguel tenía un Pontiac Catalina, que yo lo veía hermosísimo. ¿Sabes cuánto hacíamos de Cuernavaca para acá? —Y sin dejar responder, me contesta—: Una vez hicimos veintiocho minutos, ¿A cómo crees que iríamos? ¿Como a doscientos cincuenta?

—Uy, temerarios, los dos —se me sale, sin querer, la exclamación.

—Sí, siempre fui muy temeraria. Y ahora con la caída me he detenido un poco —dice cambiando un poco el semblante. Por mi mamá sé que se cayó de la escalera hace poco, lastimándose la cadera.

—Bueno, la caída fue a los ochenta y cuatro años. Todavía hace tres años fuiste a Moscú, al Mundial —le hago saber que no está mal tener la primera caída y sin romperse nada a su edad.

—Uf, claro que me encantaría ir a Catar, pero no creo. Sería una carga ya muy grande para Chuy. Quisiera volar, como decía Frida Kahlo: "Patas, pa' qué las quiero, si tengo alas para volar", pero el cuerpo ya no te da.

—¿Crees que haber convivido con puros hombres y tus hermanos te hayan forzado a ser tan competitiva? ¿Y cuál de ellos crees que influyó más? —pregunto buscando excavar en la infancia.

—Con Miguel. Era muy deportista. Y a mí me encantaba también. En Torreón, me encantaba el béisbol, nos llevaba el tío Nacho, el hermano de mi papá. Yo, en el colegio La Paz, era *shortstop* y la tenía que fildear. Había un jugador que se llamaba Mamerto Dandriech, era mi ídolo. Y Martín Digo, que eran jugadorazos, cubanos, pero en ese entonces no permitían que los negros jugaran y fueron a Torreón.

Añora aquellos tiempos, teniéndolos en su mente, como si fuera hoy a esos jugadores que le emocionaron en su niñez. Ella, al igual que yo, recuerda a muchos de nuestros ídolos del deporte y los menciona con toda claridad; lo mismo a los jugadores de futbol del Necaxa que de la selección mexicana, que toreros, que esos béisbolistas.

—Me llevaba mucho con Raúl. Y con Rubén me iba al béisbol y una vez, escondida, nos fuimos desde las seis de la mañana —con voz de niña que está haciendo una travesura me lo cuenta—. Mis papás estaban preocupados y cuando nos agarran nos mandan de retache a la casa. No sabes cómo nos pusieron. "¿Cuántos años tienes tú?", nos preguntaron de uno en uno. "Pues ocho", pues ocho cintarazos. "¿Y tú?". "Pues nueve", pues nueve cintarazos. Y Raúl estaba muy angustiado, se fue a poner cojines en la pompis, a él le tocaban siete; mientras nosotros llorando, él estaba risa y risa.

—¿Los cintarazos te los daba tu papá?

—Sí, con uno cinto grande de cuero. Nunca más nos volvimos a escapar.

—¿Crees que te los merecías?

—Sí. Pues nos escapamos desde temprano. Mi papá estaba muy preocupado que nos hubieran secuestrado. Meses antes, había una banda que le decían la del automóvil gris, que ya lo habían molestado. Pensó que algo podría haber pasado. Y como mi papá era relativamente famoso, pues estaba preocupado. Creo que sí nos los merecíamos.

Evoco que conmigo mis papás jamás ni siquiera levantaron la voz. Y aun cuando no coincido con la técnica que usó mi abuelo para reprimirlos, que seguramente era la usada en la época, comparto y tal vez muchos lectores puedan identificarse, la genuina preocupación de un padre ante la desaparición de los hijos.

Pero no desperdicio el momento, que ella está regocijada hablando del deporte.

—Es raro que te gusten tanto los deportes. Solo conozco a ti y a mi mamá —le recuerdo.

—Pues sí, yo me acostumbré a andar con mis hermanos, que les gustaban todos los deportes. Y tu mamá y yo congeniamos. A tu tía Rosa le gustaba solo pintar y tejer. Entonces, cuando tu mamá estaba ya un poco más grande, me la llevaba a ver al Necaxa. El Necaxa estaba en su apogeo. Yo me sabía todas las historias del campeonísimo Necaxa.

—¿De los tíos no hubo jugadores tanto como tú?

—Tus tíos Chuy y Miguel jugaron básquet en el TEC de Monterrey y tu tío Rubén era mejor, le decían El Camote.

—Pero tampoco jugaron cartas. ¿Era porque no lo necesitaban como tú?

—Jugaron poco. Es más, a tu tío Chuy no le gustaban las cartas.

—¿Ni tampoco los gallos?

—No. Yo sí me iba con mi papá todas las tardes al toreo cuatro caminos. Es más, aunque no fuera mi papá. Mi mamá iba todos los días y yo la acompañaba. Apostábamos peleas de cincuenta pesos.

—¿O sea que a la abuela también le gustaba? —pregunto ante mi sorpresa.

—N'hombre, a ella le gustaban más. Todos los días iba y decía: "Hoy gané tanto", pero el día que perdía decía: "Jesús perdió tanto". Ella no perdía nunca. Ella se hizo aficionada por mi papá, pero le gustó mucho. No sé a mi papá quién se los enseñó o por qué le gustaron tanto. Y de los gallos, ya que me casé, pues luego a los caballos por tu tío Pedro. A mis hijos les gustaron más los caballos.

Y pasan por mi mente las pocas veces que los acompañé al hipódromo y uno de los nombres que le pusieron a uno de sus caballos, el "Chuy-Mao". Y si bien a todos mis primos Arias les gustaban los caballos, el Nacho se hizo inmortal en el palenque de la Feria de San Marcos, gritando a todo pulmón: "¡Ese rojo es un León!", en una histórica noche en el redondel, en una de las tantas peleas que jugaba mi abuelo Jesús en Aguascalientes.

—A Chuy también le gusta ganar todo, no le gusta dejar nada en la mesa. Pero no me gusta que mis hijos o nietos digan que por mí empezaron a jugar. Y más por lo que vi perder tanto y a tantas de mis amigas.

—¿Siempre jugaste con puras mujeres o también con hombres?

—Casi siempre con puras mujeres. Ahorita los muchachos de la tele me harían garras, a los doce años ya juegan por nota. Lo tienen en su celular, en sus aplicaciones. Pero no creo que me ganaran en las mismas condiciones en las que yo jugaba. Igual que tú, quería escribir un libro, sobre lo que había visto y aprendido en todas las mesas de juego. Generalmente, aunque digas que ganas y eres ganadora, terminas perdiendo. Pero yo no, todavía no me llega ese momento de perder en la mesa.

Me parece interesante que el libro no hubiera sido de técnica, que hay muchos, sino anecdótico, similar a los míos.

—No lo escribiste, pero, si pudieras a través mío pasar esos conocimientos principales, ¿qué dirías?

—Una amiga, que era muy perdedora, me sugirió el nombre de *Historias del tapete verde*. Una ocasión, en una noche que se hizo ya madrugada, el esposo de una ellas le llamó y le preguntó: "¿Qué estás esperando para venirte a la casa?", y ella respondió calmada: "Pues una buena mano". Todavía tengo cheques de amigas que no tenían dinero y nunca los cobré. A veces, cuando me tocaba pagar, pagaba con esos.

Sin decirme qué pasó con los cheques sobrantes, ni con las amigas que aún viven, comentamos cómo estuvo rodeada de tentaciones. Mi abuelo Jesús, jugador de gallos; mi abuela Cuca, de cartas; y mi tío Pedro, jugador de caballos. Y ambos hombres, además, buenos tomadores.

—Tu tío Pedro empezó a ir al campo Marte a ver el polo. Su hermana se había casado con el mejor jugador de ese entonces. Pero con los caballos empezó el desmadre de mi familia. Todo se enfocó en eso y el alcohol. Si él se iba a los caballos, yo me iba al póker.

—Esa misma necesidad de jugar además de por gusto por dinero hizo también que fueras una excelente comerciante. Yo recuerdo todavía las veces que pasaban de regreso de Laredo con la camioneta llena, con ropa para vender en México —traigo al presente esos recuerdos en que paraban ella y mi tío en Monterrey, antes y después de cruzar a Laredo, con toda clase de artilugios para caballos y maletas repletas de ropa.

—Sí. Era un negocio redondo: yo les ganaba en el póker y además les vendía su ropa. Traía televisiones, vajillas, de todo. Cuando ya ganaba suficiente en el juego, dejé de ir a Estados Unidos, pues era mucho riesgo. Había patrullas que no sabías si eran policías o de los malos. Siempre fui muy buena también vendiendo de todo —me presume ufanamente para pasar a otra faceta más reciente de su vida.

Me comenta cómo inició su negocio de mármol. Y se remota a la partida a Torreón de mi tío Raúl, a quien le diagnosticaron que terminaría como mi abuela Cuca si seguía fumando como lo hacía. Estando allá, puso una marmolería. Mi abuelo les regaló un millón de pesos a cada uno de los hijos. Ella, con un trabajo incansable, le compró sus partes a dos de sus hermanos. Por inexperiencia, desidia o falta de interés, a ella le enviaban las sobras de la mina.

—Yo tenía que ganar. Yo siempre les decía: "Vendo el mejor mármol del mundo", y trabajaba mucho. Me ayudó Pedro al principio. Un día, íbamos a Cuajimalpa, otro día a Satélite, otro día a División del Norte. Llegaba con el gerente de las tiendas y le decía: "Vendo el mejor mármol del mundo". Hasta que Raúl me vendió su parte, con eso compré la casa de Patricia. Y el mármol me dio la oportunidad de que todos mis hijos, aun sin carrera, salieran. Solo Chava terminó y fue el que se mató. Pedro también terminó de turismo, pero nunca ejerció. Él también era un gran vendedor, vendía lo que fuera. Y fue una bendición, pues todos siguen y seguirán. Pues ya la tercera generación vende mármol.

—¿Cuál era tu secreto para vender? —le pregunto, pues me considero un buen vendedor.

—Mi secreto fue siempre decir que vendo el mejor mármol y cumplir mi palabra. Si llegaba alguno que no fuera bueno, lo recogía y lo cambiaba.

—Pero lo que no cabe duda, es que tú siempre has sido muy trabajadora —le hago un halago genuino.

—Eso sí, aunque jugara póker, trabajaba muchísimo, a veces dieciocho horas diarias. A veces, me iba a Guadalajara a recoger o entregar pedidos. Nunca jugué con el dinero que ganaba en el mármol, no revolvía las cosas. Tuve mucha suerte, siento que fui privilegiada.

Intento hacer una pregunta, pero me interrumpe.

—Yo le tengo que agradecer a mi papá que me enseñara el amor al trabajo. Por su cultura pensará que las mujeres solo servían para freír frijoles. Pero como a mí nunca me gustó la cocina, entonces dije: "Voy a demostrar que, como mujer, puedo hacer más que freír frijoles". Era un reto.

Reflexiono sobre cómo el hecho de que el abuelo haya dicho algo tan sutil y seguramente aceptado en esa época hubiera servido de aliciente para toda una vida. Y cómo una acción, incluso desapercibida por los padres, influye de manera directa y trascendental en los hijos.

—Obviamente se lo demostraste. Pero lo que te quería comentar es que resulta una ironía que una mujer tan trabajadora estuviera casada con un hombre que trabajaba tan poco o nada, como el tío Pedro.

—Ah, porque me gustaban los guapos. A mí no me gustaban los feos. Y él era muy guapo, sino es que el que más.

Ella, sin lugar a duda también guapísima. Hoy, a sus ochenta y tantos, sigue siendo una mujer bella. Evoco la fotografía en blanco y negro de la boda de ambos, en la que mi tía luce un cuerpazo. Y queda comprada esa silueta, pues Daniela, su nieta, tiene ese vestido de novia en el aparador de su tienda de diseño de vestidos, con un eslogan que yo mismo le sugerí: "En el día más especial, ¿quieres verte como la Chata? Daniela te lo puede hacer", o algo así quedó.

—Me costó mucho desprenderme. Entender que él no me quiso como yo lo quise. Tuve que entrar al grupo de Al-Anon, al de "Familias Anónimas", a terapias personales. Yo pensaba que lo iba a cambiar, pero no, a las personas no las puedes cambiar.

—¿Crees que puedas cambiar a alguien o te diste cuenta de que no?

—Definitivamente no. Solo hasta que yo cambié, todo cambió. Cuando cambié, empecé a ver todo diferente. Ya no sufría esas noches desesperada en las que él no llegaba. Una vez, una compañera de Al-Anon, que le llamé las once de la noche, me dijo: "No estás sola, acuérdate que te tienes a ti misma". Y eso hizo que yo cambiara. Antes, me revolvía, porque me decía: "¿Cómo es que tengo fuerza para trabajar, para convencer a los arquitectos, para comprar casas, y por qué no puedo quitar la dependencia?". Hasta que esa amiga, te repito, me dijo: "Porque estás esperando que él cambie y eso no va a pasar". Para mí, todos estos grupos de ayuda han sido de salvación. Chuy, mi hijo, tiene treinta y dos años en AA, y a mí Al-Anon y "Familias Anónimas" me sirvieron muchísimo.

—¿Todavía sigues yendo? —le pregunto.

—No, ya no voy, porque ya soy "graduada", pero sigo leyendo. Yo soy responsable, por mí —me lo hace saber con aire de suficiencia y tranquilidad.

Le platico mi experiencia al entrar a un grupo de AA. Aunque ella ya los conoce en carne propia, intento generar aún más empatía. Y hablo de cómo la literatura, las juntas, darte cuenta de que no estás solo y que siempre hay alguien en una situación peor que la tuya te permiten, si te lo permites, la propia reflexión. Y te das cuenta de la dependencia y de que la única persona que la puede evitar eres tú.

—Además de mi intervención y participación en los grupos, yo me puse a estudiar la carrera de Desarrollo Humano y otras, todas desarrolladas con el alcoholismo. Y con otras dos amigas, formamos un grupo, una asociación que se llama "Acción AC contra el alcoholismo". Estuve dando servicio gratuito durante treinta años; iba lunes y jueves para atender a los familiares, porque nunca atendí al enfermo. Me queda una enorme satisfacción de haber ayudado a tantas familias. Tengo que devolver lo que recibí para que no sufran lo que yo sufrí. Una vez, Chuy me habló del puente alto de Tecamachalco. Me dijo: "Te hablo para despedirme, porque me voy a aventar del puente". No, bueno, me la pasé rezando, pues dije: "Éste está alcoholizado y no sabe lo que está haciendo ni lo que quiere". Y aprendí a soltar las riendas. "Lo que tú quieras, Dios mío". Para mí, el alcohol ha sido nefasto en mi familia. Pero haber aprendido a soltar ha sido una gran enseñanza, es una gran espiritualidad que no encuentras esa paz en otro lado. Cuando me junto con las alanonas, hablo otro idioma. Así como con las pokareras hablas otro idioma. Sigo juntándome con ellas, pero ya no doy servicio. Ahora mandan psicólogas de la Anáhuac.

—Pero ¿qué más experiencia que la tuya, con abuelos, padres, esposo e hijos alcohólicos? —le pregunto. Entiendo que el mundo actual requiere de mayor profesionalismo, pero sin desperdiciar la experiencia y sabiduría de aquellos que ya pasaron por ahí.

—La mente sigue, pero las piernas ya no. Muy pocas veces di el servicio en mi casa, pero preferí ya no, para no revolver. Acción AC sigue funcionando. Y se te olvidó el bisabuelo. Mi abuelo Miguel era general de siete estrellas para tomar. Mi papá a veces lo mandaba traer a México, a veces duraba seis meses tirado. Yo creo que este gen ya venía. Imagínate, teníamos un tío que se llamaba Albino y Alanís —dice riéndose del juego de palabras del nombre de su pariente—. Y la tía Chole, que era con las que más conviví, a las doce en punto era la hora del coctel.

—¿La abuela Cuca tomaba?

—No, ella no.

—¿Tú crees que por lo mismo? ¿Por saber que vivía con alguien que le gustaba tomar?

—Pues, creo que sí. Mi papá fue muy guapo, pero muy mujeriego. Tenía relaciones con otras. Tenía una fulana por aquí y otra por allá e hijos regados por todos lados. Mi mamá sufrió mucho en ese sentido. Económicamente no, y a pesar de todo, duraron cincuenta años.

—Por otro lado, desde que tenía diez años, vendía limones en las esquinas y así mantenía a su mamá. Tuvo una infancia muy triste, porque mi abuelo Miguel se perdía y se fue a Estados Unidos y nunca mandó dinero. Todos mis tíos fueron trabajadores, pero mi papá destacó y mucho. Cuentan que una vez que no tuvo dinero para calentar la casa, quemó la sala para ayudar a su mamá. Ese miedo lo empujó a sobresalir, al igual que a mí. Yo no podía pensar que mis hijos no pudieran tener comida y por eso salí a trabajar.

Un brutal contraste del abuelo, a quien todos mis primos y yo hemos admirado y de quien conocíamos casi solo sus luces. Las respuestas de sus hijos muestran también un poco sus sombras, y por lo tanto lo hacen más humano. Alguien que creó un emporio de la nada es más casi sumido en la soledad, y con el ejemplo de un padre también mujeriego y alcohólico. Y que, como reza el dicho: "Las palabras mueven, los ejemplos arrastran".

Regreso a la plática y le comento que, a diferencia del abuelo, ella no tuvo necesidad de joven; incluso tal vez hasta vivió en opulencia, hasta que se casó.

—La necesidad te obligó en los dos casos. Y en el caso de ustedes, que crecieron sin necesidad.

—A mí sí me tocó todavía vivir en casa con piso de lodo. Mi papá fue avanzando y luego nos cambiamos a la Falcon en Torreón y luego a la mansión en Darwin. A tu mamá le tocó ya pura buena economía, era la consentida de mi papá. Si se ponía el sombrero de mi papá, el Stetson 7, él babeaba por ella.

—Por eso te digo, tú ya habías vivido la experiencia de tener y luego con el tío Pedro de no tener.

—Sí, es horrible saber que ya no tienes. Y aunque el dinero no es lo más importante, perderlo se siente horrible. Y te tienes que apretar el cinturón. Y luego, aparte de no tenerlo, me embaracé de Patricia que nace con polio. Yo no tuve una juventud, propiamente dicho. Me casé a los diecinueve y para los veinte ya tenía una niña enferma que no caminaba. Tenía que ganar doscientos pesos diarios: cien para comer y cien para el tratamiento. La metían en la mañana a ejercicios y en la tarde al hidro. Muy pobre, pobre, pero siempre tuve una carcacha, un Pontiac que me dio mi mamá cuando nació Patricia, pero sin llanta de refacción. Y todos los días la tenía que llevar y luego tenía que salir a vender y si se ponchaba una llanta, yo misma la tenía que cambiar. Fue un calvario. Mis hermanos me ayudaron mucho. Pero ese miedo a no tener dinero me motivó a trabajar y a vender. Siempre fui muy buena vendedora. Tu tía Rosa, al contrario, ella fue más contadora. A ella le dejé mis clientes, que era una lista de petroleras que te compran lo que sea.

Y le hago saber mi opinión acerca de las herencias. Siempre pienso que nos fijamos en las herencias, y no hablo de propiedades, y nos fijamos en la parte mala, pero de esa también se puede y debe aprender. En mi caso, le recuerdo que, en el rancho, le dije al abuelo Jesús: “A mí no me pongas a recoger huesos de duraznos, yo quiero ser jefe”. Y me puso encargado de cinco chiquillos más chicos que yo. Yo terminé la carrera de ingeniería para darle gusto a mi papá, y se lo agradezco, pero a mí lo que me gusta es vender, y creo que lo hago bien. Y esa herencia, junto con el alcohol, se la debo al abuelo Jesús. Una positiva y otra negativa, pero de ambas se puede aprender.

—No todos tienen esa habilidad de vender. Yo pienso que es un don. A mí, Dios me lo dio. Tu mamá no la tiene. Mi papá ya era millonario cuando ella creció, tal vez por esa falta de necesidad.

—Pero no solo es necesidad. Tú ya no lo necesitas y después de ganar esas manos, no lo necesitabas, y no te podías quedar quieta —le cuestiono, pues, si bien la necesidad es una piedra angular de la creación y del trabajo, no es la única. Hay gente muy necesitada que no se mueve.

—No, yo no me puedo estar quieta. Yo, cuando no tenía dinero, hacía rifas. Al Pontiac que te comenté creo que lo rifé tres veces. Lupe, tu mamá, me compró el boleto para un novio que tenía, un Federico. Pero no es para todos.

—Lo reconozco, mi mamá no lo hace y mi papá menos. Yo agradezco haber nacido así. Más bien, soy un tomador de riesgos. Lupita, mi hermana, menos. No es para todos. La necesidad no necesariamente te obliga a ser vendedor.

—Así es. La necesidad me obligó a jugar póker, a traer ropa de Laredo para venderla en México, pero mi deseo de triunfar era más grande y es lo que ha hecho que el mármol sea lo que es. Yo le agradezco a mi papá ese ejemplo que me dio de trabajar. Se levantaba a las tres de la mañana y vendía de todo. Mi tío Nacho tuvo las mismas oportunidades y no las aprovechó.

—A mí me ha tocado ver amigos que reciben una fortuna. Y no es que la desperdicien en vicios, sino simplemente la apatía los vence o la falta de ambición positiva. En cambio, por ejemplo, Chuy, tu hijo, a veces compra un cerro completo de mármol o trae un barco de Italia.

—Ayer vi que Salvador, mi nieto, observó una diferencia en una placa de mármol. En él, la herencia de buen vendedor. Yo me río de las rifas de López Obrador, porque yo hacía casi lo mismo.

—Mencionaste que con las alanonas aprendiste a tener la conciencia de que solo tú puedes cambiar. Si hubieras tenido esa conciencia antes, ¿qué hubieras hecho distinto?

—Pues a lo mejor no me caso con él. A los diecinueve, eso hubiera cambiado —con rapidez me contesta.

—¿Y a los treinta o a los cincuenta?

—Cuando menos, sufrir menos queriendo cambiar algo que no depende de mí. No se puede. Ni a mis hijos. Les intenté dar un buen ejemplo a mis hijos. Patricia se avergonzaba de que yo vendiera ropa o jugara cartas. A Fernando le regalé la fábrica y no la conservó. Así, como dices, pues no se pudo para todos. Me arrepiento de una cosa: de que todo lo que gané ya lo tengo repartido. A lo mejor, si no lo hubiera repartido, tal vez los hubiera impulsado a que hicieran más por ellos mismos.

—Los "hubieras" no los podemos cambiar y pueden resultar en un infinito de posibilidades. Por lo mismo, muchas veces puede resultar inútil analizarlo —le contesto.

Le comento que muchas veces, como padres, queremos repartir a los hijos dones por igual y, en mi opinión, no es posible. Incluso interpreto que Jesús, en la parábola de los talentos, quería decir lo mismo. A unos les tocarán diez, a otros cinco y a otros uno, y si al talento que te dieron no lo aprovechas, se le debe dar a aquel que sí lo puede aprovechar. Y le pregunto qué opina de esto.

—Exactamente. Yo por eso creo que me equivoqué. Me pregunté muchas veces por qué mi papá le dio tanto a mis hermanos hombres y a las mujeres nada. Hasta que una vez, tu mamá se atrevió a preguntarle y le contestó: "Porque es mi dinero y punto".

—Yo lo he vivido en mis dos lados, con mi mamá y con mi suegro —le hago saber—. Tal vez eso era cultural. Y no por atributos, estoy seguro de que, si fuera así, los ranchos te los hubieran dado a ti y serían administrados por mi mamá; no se hubieran perdido.

Y le comento que para mí el que hace el dinero es el que decide qué hacer con él. Como el octogenario millonario que cambia su testamento al final de su vida, en contra del deseo de sus hijos que lo han acompañado siempre, y pone de heredera a una *playmate* que lleva con él solo unos meses, y con autoridad les contesta: "Es mi dinero, y con sus senos, a mi edad, ella se lo merece", y los dos nos reímos del ejemplo. Doloroso, pero cierto.

—Ya me comentaste que quisiste mucho a mi tío Pedro y tuviste que dejarlo. Pero, además perder tres hijos, por razones distintas y en tiempos distintos. ¿Cómo has superado esto? —hago la pregunta que había estado posponiendo desde el inicio.

—Es el dolor más grande. Con Chava, fue un mazazo que te dan en la cabeza y no sabes qué paso. Duré como tres años perdida, hasta que un día llegó Patricia y me dijo: "Mamá, aquí estamos otros cinco vivos, Chava ya se fue". Y fue por eso por lo que reaccioné. Con Nacho fue distinto; le decía: "Nacho, por favor deja de tomar", pero nunca pudo. Lo llevé con los doctores, le pagué tratamientos, pero nunca quiso. Pero fue una muerte anunciada, lo ibas viendo que se iba acabando y apagando. Fue muy dolorosa, pero avisada. Y lo de Pedro también fue instantáneo. Vino a pedirme perdón por un dinero que me había quitado sin permiso. Lo perdoné y se quedó a dormir en la casa. De hecho, en la cama de enfrente de donde estamos —y apunta con su brazo la recamara de enfrente, para continuar con esa desgarradora historia—. A las tres de la mañana me vino a decir que se sentía mal y que no podía respirar y yo supuse que era por el trabajo físico que había hecho, por haber bajado un montón de muebles de su camioneta. Le dije: "Tómate una pastilla para la garganta y úntate Vick VapoRub". Al día siguiente, le hablé a Patricia y le comenté que estaba muy extrañada de que Pedro no se hubiera levantado, si era siempre muy madrugador. Cuando abrimos la puerta, estaba con los ojos abiertos y fue espantoso —cambiando el tono de voz y su semblante me lo hace saber.

No puedo imaginar la muerte de un hijo; ni siquiera hay nombre para eso. Cuando pierdes un padre, quedas huérfano, cuando pierdes a una pareja, quedas viudo, pero no hay nombre para cuando pierdes un hijo. Menos aún, perder a tres en circunstancias y tiempos tan distintos. Tratando de ser fuerte, continúo la entrevista.

—¿De dónde saca fuerzas la tía Chata para superar esas pérdidas? —hago esa pregunta tan difícil, pero será una de las respuestas que más quería conocer antes de iniciar la entrevista.

—De Dios. Yo no pude más y le dije: "Yo ya no puedo más, yo ya cumplí, pero todavía tengo otros tres hijos. Si quieres que esté aquí, dame las fuerzas". Y así, todos los días le decía: "Yo ya no puedo". Un día, en una conferencia de Al-Anon, me dijo uno de los organizadores que cambiara mi plegaria a: "Dios, no creo en ti, pero te necesito", pues era difícil de creer que me hubiera hecho eso. Y durante diez meses, todos los días repetía: "Dios, no creo en ti, pero te necesito". Y hasta que un día sentí otra cosa y volví a cambiar y dije: "Dios, sí creo en ti, y te necesito". Y me empecé a sentir mejor. Recuperé mi fe.

—¿Y qué crees que cambió?

—A pesar de que todavía hay tres hijos y nietos, no sé todavía para qué esté aquí, porque yo ya cumplí —me dice con incertidumbre y, curiosamente, sin estar muy segura del motivo—. A lo mejor para cuidar a los hijos de Nacho. Las hijas de Fernando no han hecho la primera comunión.

—¿Tú crees es eso: tus nietos?

—Pues sí, porque ya póker no, trabajo no. Así que debe ser algo así. Fui al programa de padres que perdieron hijos, pero me salí, no me gustó. Machacaban siempre sobre lo mismo y sin avanzar.

—Te comento que estoy estudiando un curso, justamente de pérdidas y habla de eso. Si te quedas con el "hubiera", no avanzas.

—Si Chava hubiera vivido, mi vida hubiera sido distinta. Me concentro en lo que sí hubo.

—Acabo de estar con el tío Rubén y me enteré de que antes que él hubo dos niños que murieron, un Rubén y una Aurora. El Rubén sí lo repitieron, pero contigo no. A ti te pusieron Refugio.

—Nunca me gustó mi nombre. Y conmigo se acabó la dinastía.

—¿No crees que ya estabas predestinada a ser el refugio, no solo de tu familia, sino de muchos más?

—Pues no lo había pensado así, pero tal vez sí. Bueno, tu tía Marielena y yo sí fuimos muy buenas compañeras. Fue mi hermana. Tu mamá es seis años más chica que yo y tu tía Rosa ocho. Ella fue mi mejor amiga. Creo que también mis nietos, todos se han refugiado en mí. Mis nietas de Mérida me hablan y muy seguido y se siente que es por cariño desinteresado.

Le comento que no hay duda de que el nombre no está bonito y menos de moda, pero que, en su caso, ese nombre significa mucho.

—¿Tienes alguna preferencia por alguno de tus hijos o de tus nietos?

—La verdad, no —me lo dice contundente—. Patricia dice que prefiero a Chuy, pero no es así. Lo que sí te puedo decir es que Chuy me habla dos veces por teléfono y está siempre al pendiente de mí.

—¿Y, aun si fuera cierto, en tu opinión tendría algo de malo que tuvieras un consentido? —me atrevo a preguntarle.

—Yo creo que los quiero a todos de maneras distintas.

Le platico la historia de Isabel II en la serie *The Crown*. Margaret Thatcher le pide un favor para su hijo consentido. La reina, extrañada de no tener o no saber cuál de sus hijos es su consentido, le pregunta asombrada al príncipe Felipe si es válido tener uno. Quien, claramente, le contesta que él desde luego tiene una y que no tiene nada de malo, por lo que hasta en la realeza es permitido. Reímos ambos. Le recuerdo que, en su familia, todos sabemos que mi mamá era consentida de mi abuelo.

—Bueno, pensándolo así, con Chuy tengo mucha afinidad, sin que lo quiera más. Hablamos de futbol, de mármol, de grupos de AA.

—En mi caso, que solo tengo dos hijos, hombre y mujer, con los dos llevo una relación privilegiada. Y también me dicen que Karla es mi consentida. Con ella tengo otro tipo de afinidad, he viajado más con ella y en algunos aspectos se parece más a mí, pero a los dos los quiero por igual —le confieso yo.

—Yo admiro a Estefi, porque ella se la rifa y será el sostén de su familia. Las admiro porque tienen el valor de sostenerse a sí mismas.

—Esa admiración, ¿es un reflejo de ti misma? Una Chata reflejada en sus nietas.

—Sí, creo que me reflejo en lo que ellas hacen por mí. Yo me hice una promesa: "A mis hijos no les va a faltar jamón en la mesa". Entonces, yo trabajé como loca para que nunca falte. Y Dios me bendijo.

—¿De qué es de lo que te sientes más satisfecha en estos ochenta y cinco años de bendiciones?

—Pues, mira, yo escogí ser señora. Y he sido señora toda mi vida y en todos los sentidos. Muchas amigas quedaron viudas o engañaron a sus maridos; otras robaban. Yo no. Mis valores se han mantenido firmes, los que me enseñaron mi papá y mi mamá.

Y comenta que de su padre tiene que agradecer el espíritu de trabajo, y de su mamá, el carácter noble y sencillo, llena de refranes para explicar la vida. Reconoce que los prejuicios de la época y las enseñanzas de poca confrontación, como "matabas más moscas con miel, que con hiel", de la abuela tuvieron también un tono dañino.

—Una cosa me hizo mucho daño a mí, pues me dijo: "Mientras tú seas la catedral, no importa que tenga sus capillitas", y no, pues por eso yo no me separaba. ¿Cómo voy a ser la primera divorciada de la familia? Pedro murió casado conmigo. —Percibo que entristece un poco el semblante.

—El error más grande que cometí, ya mayor, fue repartir mi patrimonio en vida. Y sí creo que es un error repartir la parte económica en vida —me aclara con un tono más conciliador.

Yo creo que como padres es difícil distinguir la línea de ayudar para evitar las carencias de los hijos y dejarlos totalmente a su deriva. Pues gracias a ese batallar es que se avanza.

—A nadie le robé. Muero con la satisfacción de poder ver de frente y a la frente a todo el mundo. Como me dicen en Al-Anon: "No tengo todo lo que yo quiero, pero sí quiero todo lo que yo tengo".

Y con esa frase termina un desfile de sabiduría vertido en un par de horas. Me siento pleno, emocionado, ilustrado y reconfortado de haber estado charlando con mi tía Chata. Una mujer que ha dado todo por sus hijos, nietos y su familia en general, que ha compartido sus experiencias para buscar que otras compañeras que viven con familiares alcohólicos aprendan de ellas. Incansable viajera, que ha recorrido el mundo entero, compartiendo su sonrisa. Y que ha sabido sobreponerse a los más duros golpes que la vida tiene para ponerte a prueba. De todos ellos, vencedora y victoriosa, hoy disfruta su vida y sigue jugando cartas, viajando, vacacionando y demostrándonos que la vida es para vivirla.

Nota: El 21 de junio de 2023, y antes de llegar al hospital, la tía Chata, se nos adelantó y ya está en compañía de sus hijos.

Una ojeada a la tía Chata

"Mi mamá no me regañaba porque reprobara en el colegio, me regañaba porque revirara mal".

"Cada cabeza es un mundo", reza el refrán. La subjetividad es parte esencial de nosotros mismos. Lo que para alguien puede ser de vital importancia, para otro puede ser una nimiedad. Y como padres esta relatividad es fundamental en la educación de un hijo: la importancia que se le de a los estudios, a la música, al ejercicio, a nuestras aficiones, sobre otras suele marcarnos para siempre. Lo mismo puede aplicar como jefes o directivos de empresa: la creatividad, el desempeño, la puntualidad. La característica que tenga mayor importancia relativa en esa escala es, seguramente, aquella que se desarrollará.

"La necesidad me hacía no perder y lo buena me hacía ganar".

Todos los días estamos apostando algo de nosotros mismos. A veces somos muy arricsgados o aventureros, a veces muy conservadores. Es difícil encontrar el punto medio. Resuena significativamente esta idea de que debemos ser cautelosos con los riesgos que tomamos, a pesar de considerarnos suficientemente buenos para saber que podemos ganar.

"Cuando volví a mi estrategia, me cambió mi suerte".

"Porque no saben jugar. Pagan por todo, no cuentan, no siguen su estrategia, no tienen mentalidad".

La suerte es algo ambiguo. Aun para ganarse la lotería, primero hay que comprar un boleto. Pablo Picasso comentó que: "La inspiración existe, pero tiene que encontrarte trabajando". Tener un plan bien diseñado, seguirlo y adaptarlo a los constantes cambios de atmósferas y tener la mentalidad de que se puede generalmente son las claves para que la "suerte" esté de tu lado. Muchas veces, nos quejamos de que la suerte nos dio la espalda, sin ponernos a pensar en si no fuimos nosotros quienes le dimos la espalda al plan original.

"Yo soy más que una carta y debo tener poder hasta sobre mí". "Hasta aquí y conmigo no".
Los vicios y las conductas compulsivas son generalmente un paliativo para cubrir una necesidad ulterior, el sentirte víctima, el vacío que está en ti al no encontrarte a ti mismo. Y éstas se repiten a pesar de ti mismo, hasta que haces una verdadera conciencia de quién eres y qué buscas. A partir de esa realización es que encuentras el desapego a ideas, creencias, objetos, lugares, procesos y personas para concentrarte en encontrarte a ti mismo.

"Patas pa' que las quiero, si tengo alas para volar".
De alguna u otra forma, desperdiciamos parte del potencial que tenemos. Razones encontramos muchas. Conviene tener presente el verdadero potencial que está a nuestro alcance y no solo soñar con él, sino hacer uso de él.

"Mi secreto fue siempre decir que vendo el mejor mármol del mundo y cumplir mi palabra".
Es más fácil prometer que cumplir. Nuestros políticos son una clara muestra de esto; con que el diez por ciento de lo que prometen en campaña se llevara a cabo, sería otro México. Como vendedor, desde luego que tienes que prometer y crear altas expectativas, pero un buen vendedor es aquel que las cumple y el mejor es aquel que cuando algo salió mal lo resuelve aun a su costo.

"Nunca jugué con el dinero que ganaba en el mármol, no revolvía las cosas".
La tentación de no ser ordenado siempre es muy grande. Las mismas leyes de la física universal nos rigen por la entropía, que es la tendencia a pasar de un grado de orden a uno de desorden. Pero mantener el orden, a pesar de su costo, resulta benéfico en el mediano y largo plazo. El orden y la estructura son las bases para una vida sana.

"Voy a demostrar que, como mujer, puedo hacer más que freír frijoles".
Seguramente esa frase en los treinta tenía mucho más peso. Hoy ya no queda la menor duda. Aun así, la determinación a superar una barrera, en este caso cultural, es lo importante.

"A las personas no las puedes cambiar".
"Solo hasta que yo cambié, todo cambió".
Todos tenemos profundas razones para ser como somos y hacer lo que hacemos. Por lo que esperar a que los demás cambien para nosotros es un ejercicio inútil y que solo desgasta una relación. Cada uno está viviendo la vida que corresponde a su nivel de conciencia. Si queremos cambiar nuestra vida, debemos cambiar y elevar nuestro nivel de conciencia.

"Y te das cuenta de la dependencia y de que la única persona que la puede evitar eres tú".
"Haber aprendido a soltar ha sido una gran enseñanza".
Toda dependencia o apegos a personas, objetos o vicios funcionan como el substituto de algo que falta en ti. Casi cualquier proceso de sufrimiento está ligado a un apego. Entre más crece el apego, más se necesita y se convierte en un círculo vicioso. El apego se convierte en una conducta compulsiva y no te permite ser tu propio ser e incluso puede destruir tu proyecto de vida o tu vida misma. Hasta que elevo mi nivel de conciencia y transformo mi ser, es que puedo liberarme de esa dependencia. Y solo hasta que lo haga consciente por mí mismo es que lo puedo lograr.

"Tengo que devolver lo que recibí para que no sufran lo que yo sufrí".
"Solo un exceso es recomendable en el mundo: la gratitud", sentenció en el siglo XVII el escritor francés Jean de La Bruyère, y no puedo estar más de acuerdo con él. Ser agradecido con los demás, contigo y con la vida te da una tranquilidad y una paz que, cuando menos yo, no puedo encontrar en otro lugar. Si además ese agradecimiento lo complementamos con actos de servicio, estamos presentando nuestra suprema versión, aquella donde nos realizamos por completo.

"De su padre tiene que agradecer el espíritu de trabajo, y de su mamá, el carácter noble y sencillo, llena de refranes para explicar la vida. Reconoce que los prejuicios de la época y las enseñanzas de poca confrontación [...] tuvieron también un tono dañino".
Mi columna vertebral desviada es idéntica a la de mi madre, que es idéntica a la de mi abuela Cuca. No hay duda de que se heredó. Mi quiropráctico dice: "Herencias son departamentos y bodegas rentadas". Pero además de éstas, que ojalá se reciban, obviamente se aprecian los bienes materiales, pero se deben también apreciar y agradecer las condiciones físicas y principalmente los ejemplos. Mi hombro caído me ha "obligado" a la tenacidad de todos los días hacer ejercicios para corregir esa postura.

"Ese miedo a no tener dinero me motivó a trabajar y a vender".
"La necesidad no necesariamente te obliga a ser vendedor".
"Mi deseo de triunfar era más grande y es lo que ha hecho que el mármol sea lo que es".
Obviamente, la necesidad es un motivador para emprender, inventar y trabajar, pero no es el único. Conozco a varios amigos y familiares que, aun con necesidad, deciden no trabajar. Durante la entrevista encuentro a una gran vendedora que seguramente podría habar tomado el papel de Hafid en el *best seller* de Og Mandino, *El vendedor más grande del mundo*. Y ha aplicado todos y cada uno de los diez pergaminos, que los resumo en: aferrarte a buenos hábitos; amor al prójimo; perseverancia; reconocerte como único; vivir como si fuera el último día; ser dueño de tus emociones; ver los obstáculos con sentido del humor; plantearte objetivos ambiciosos; tener un plan y ejecutarlo y orar por sabiduría y guía.

"El error más grande que cometí, ya mayor, fue repartir mi patrimonio en vida".
He escuchado reflexiones de personas mayores que se sienten en paz por haber repartido su patrimonio y seguir adelante. Pero, en la mayoría de esos casos, habían sido personas que en su vida fueron

avaras con su alrededor. Cuando has sido desprendido toda tu vida, coincido con este enfoque didáctico de entregarte en vida, pero sin repartir el patrimonio económico que has forjado.

"'Mamá, aquí estamos otros cinco vivos, Chava ya se fue'. Y fue por eso por lo que reaccioné".
"Machacaban siempre sobre lo mismo y sin avanzar".
Como lo comento, la pérdida de un hijo no tiene nombre. Frente a la muerte no se puede fingir. El domingo 28 de octubre de 2000 recibí una llamada que me ha marcado para siempre. Apolonio López, Polo, un muchacho que trabajaba para mí, sufrió un accidente. La ambulancia lo trasladó al hospital después de una electrocución de más de trece mil ochocientos volts. Yo fui la última persona que lo vio vivo. Cuando le comuniqué la noticia a su madre, con lágrimas en los ojos, me dio una gran lección: "Si Dios me lo dio, Dios me lo quita". He acompañado a mi esposa, primos y amigos en los funerales de padres y en algunos casos de hijos, pero tengo la bendición de que los míos siguen aquí. Aun así, pienso que la pérdida de un ser querido debe ser la mayor invitación a reformular mi proyecto de vida. Si no lo hacemos, lloraremos el resto de la vida. La pérdida quedará como un hueco, hasta que logres aceptar y agradecer lo vivido. Quien no se reconcilia con la muerte, que es la última parte de la vida, no se puede reconciliar con la vida.

"Yo ya no puedo",
"Dios, no creo en ti, pero te necesito",
"Dios, sí creo en ti, y te necesito",
Una tremenda evolución en la manera de orar, de pedir y de creer. Durante treinta años, me dediqué a formular un sistema de creencias netamente racional y que no dependiera de un dios. Hoy creo en un poder superior que es infinito, eterno, absoluto y completo amor. Encuentro que no desafía a las leyes universales ni racionales y, sin embargo, consuela y conforta en todo momento al ser solo amor.

"No tengo todo lo que quiero, pero sí quiero todo lo que yo tengo". La lista de lo que no se tiene es interminable. "No tengo un avión, no tengo un yate, no tengo un cohete, y si los tuviera, no tengo dos". Qué mejor mensaje que agradecer y vivir con el presente.

Don Justiniano Calvo Hierro

El último de los románticos
Un catalán mexicano
Un Calvo que no tiene miedo a perder el pelo

4 de agosto de 2021

Uno de mis mejores amigos, Pablo Vargas, gran empresario y consejero de mi empresa, me sugirió contratar a uno de sus consultores para que nos asesora en temas financieros. Pablo ha mantenido a Justi en su consejo desde hace más de diez años, por lo que no dudé en hablar con él.

Desde la llamada inicial y la reunión presencial que tuvimos en mi oficina Justi y yo, hace poco más de tres años, se transpiró una química como la que el cloro y el sodio tienen para formar la sal.

Justi es un español, catalán para ser preciso, con experiencia docente que transformó luego en experiencia profesional al servicio de la industria privada, desde hace más de cuarenta años, apoyando a varias empresas regiomontanas. Trimestralmente se le envían los estados financieros, contables y de presupuesto que él analiza, machaca y diseca para que posteriormente, en una reunión presencial, sean llevados a juicio y él, como abogado, cuestione los porqués y las razones de estos. Este ejercicio nos fuerza a dar respuesta claras y precisas, por lo que obliga a que éstas estén bien pensadas.

Justi, como le decimos, además asume su papel de consejero como un gran histrión y asiste a las reuniones de consejo; conoce a los integrantes de mi familia, se preocupa por la salud laboral del equipo de trabajo y se entrevista con clientes, proveedores y socios para conocer mejor el negocio y que su opinión sea más valiosa. Con sus frases jocosas y siempre certeras, me ayudó a seleccionar al nuevo director general: "Escoge a un hombre con principios, los brillantes o inteligentes resultan luego unos gilipollas", me dijo. Este ejercicio casi socrático de cuestionar todo ha generado una relación de amistad entre ambos, por lo que le pedí que formara parte de este proyecto.

Aprovechamos el día de hoy una de sus visitas programadas con el propósito de revisar los resultados trimestrales para darnos una tarde para la reunión. Como siempre, comimos en un restaurante de mariscos y él, como siempre, pidió una lonja de pescado; "algo ligero", según su propia expresión. Al terminar, sugirió que, como buenos españoles, fuéramos caminando hasta su hotel. Es una tarde de agosto que, curiosamente, no está hirviendo, por lo que acepté la caminata. Fue la primera vez que caminé la Calzada del Valle sin ropa de ejercicio hasta llegar al Staybridge de Calzada San Pedro.

Aprovechamos que no hay nadie en el lobby para adueñarnos de la sala y ahí comenzar la entrevista.

Justi lleva una camisa azul moderna, con puños de otro color y desfajada, un pantalón de vestir y lo que parecen unos cómodos mocasines marrones. Se sienta en el mullido sillón individual y se acomoda sus cortas gafas. Cruza de manera ágil sus piernas para iniciar lo que él llama un ejercicio periodístico.

—Vale, entremos a la parte periodística —le digo, y el comentario genera las risas de ambos.

—¿No me digas que lo vas a grabar? —me pregunta.

—Claro.

—Escribe, escribe —me dice con una pícara sonrisa en señal de autorización.

—No te preocupes, las grabo para recordar puntualmente lo que me hayas dicho y no se publicará nada que no estés de acuerdo en cómo se redactó. Ya llevo unas ocho entrevistas con esta metodología.

Le explico el formato del proyecto, así como mi forma de generar e interpretar las entrevistas y las lecciones que aprendo de las mismas.

—La interpretación es la que das tú —me dice.

—Exactamente, es un libro de Luis Ramón. Platico con Justi Calvo, pero la interpretación es la de Luis Ramón.

Cuando le comento que en la lista de mis entrevistados se encuentran los papás de las muchachas que me ayudan en casa y que la madre de ellas no habla español, se admira.

—Qué barbaridad, qué país es México; turísticamente es inacabable. ¡Qué riqueza de país! Lo veo como una riqueza envidiable —verdaderamente emocionado lo comenta.

—¿Tú hace cuánto llegaste? —hago la primera pregunta real.

—Yo llegué con el error de diciembre —me lo dice en tono un tanto burlón.

—¿El de Zedillo en el 94? —pregunto asombrado de que ha pasado tanto tiempo.

—Sí. Bueno, había venido antes a dar unas clases al Ipade en México, y entonces porque conocía a unos profesores de una escuela de negocios, desde los fastos del 92. Ya sabes, la feria, olimpiadas, y entonces, ya sabes, nos fuimos a tomar unas copas y unos vinos y etcétera. Y, ya sabes, tus paisanos en cuanto han comido y bebido bien, prometen, y me prometieron unas juntas frente a unos empresarios para que les presentara mi sistema. Oye, que yo soy un catalán y ejerzo. Y la palabra la agarró, les tomé la palabra y aparecí en mayo del 94, es decir, un año y medio después de esa comida.

»Di unas clases, de ahí salieron dos clientes. Aparecí aquí, encontré un cliente al que le vendí un aparato para transportar tráileres en más de medio millón de dólares; le cobré una parte en noviembre. Me regreso a casa a pasar las Navidades y me entero del fufo que se ha organizado y me pregunto qué hago con medio millón de dólares allá y dos clientes para hacerles asesorías, que les hacía una vez al trimestre. Pues me dije: "Esto hay que defenderlo". Aparecí aquí y, para no hacerte el cuento largo, pues de boca en boca, en lugar de una vez al trimestre venía cada dos meses y así llegué hasta el 96 en el que estaba viniendo un mes sí y un mes no. Y entonces me traje a mi mujer, que viniera a ver cómo le parecía el tema, la primera vez como turista.

Toda la historia, además de hablada, es un mar de gestos y manos que se revuelven para todos lados y continúa sin que yo pueda intervenir.

Me comenta que le pidió a su mujer que lo acompañara a México, pero a ella no le gustó. Estaba acostumbrada a caminar por las calles de Barcelona y su posición no cambió. Todavía quedaban seis hijos en su casa y él estaba completamente quebrado e hipotecado, por lo que decidió quedarse en México trabajando para sacar a su familia adelante e intentar rescatar el patrimonio. Cuando el flujo se lo permitía, regresaba a España a visitarlos.

—Y así fue pasando, hasta que un día conocí a una señora a la que le hice un trabajo. Hoy ya se puede contar, pues no es un secreto de confesión: a la señora de Ferreterías Monterrey. El papá se murió y no dejó testamento y a la pobre señora nadie le había explicado qué hacer. Era una familia de judíos. Alguien le había contado algo de mí y me llamó. El hijo mayor era un bueno para nada y el menor había estado con el padre trabajando. Le dije: "Señora, mientras encontramos solución, no firme nada que no le autoricemos su abogado o yo". Me hizo caso, me presentó a las hijas, bien casadas, en la Ciudad de México con dos judíos bien majos que, tengo que reconocer, que me ayudaron mucho —continúa sin que yo pueda interrumpirlo y tampoco deseo hacerlo. Gozo al escucharlo y verlo contar sus peripecias que continúan.

—Cuando le presenté los honorarios, me dijo que no era justo. Le pregunté por qué y me respondió que: "El abogado que ha montado todo el tema ha cobrado mucho más que usted y el que lo ha hecho todo es usted". Y me dijo: "Le voy a pagar con un departamento, vaya y míreselo". Pensé: "Le da poco el sol, así que no gastaré mucho en electricidad". Te cuento esto porque estaba siempre mirando el lado económico. Tendría ya un departamento fijo, quedaban dos o tres hijos en casa. Así que le llamé y le dije a mi esposa: "Mercedes, pues ahora sí vente, ya no como turista, sino a quedarnos en serio" y ahh, ehh —comenzó a tartamudear, desfilando todas las vocales.

—No se pudo —intento completar la frase en el primer momento en que dejó de hablar.

—No, no se pudo. Siguió con que no se acostumbraba a tener un coche a la puerta; "No puedo ir andando a ningún sitio". Entonces llegó un momento en que dijimos: "Hay que aceptar la realidad como es". Yo tengo trabajo aquí, que además me gusta mucho. Me he enamorado de este país. Además, el trabajo que hago parece que es reconocido, me sobran los clientes o cuando menos las oportunidades, tengo montones de amigos y pues parece que lo único que falta es que tengamos una vida de...

—De pareja —vuelvo a completar la frase a alguien a quien parece que las palabras le vienen remachadas una tras otra.

—De pareja normal, de matrimonio normal. Y para ese momento ya se habían marchado seis o siete hijos y los que quedaban ya muy mayores. "Falta poco para que liquide la hipoteca y entonces tú decides qué quieres hacer y ese caserón para ti sola. Yo no voy a regresar a España, más que de visita. ¿Y qué hago yo en España, mano sobre mano, después de todo lo que ha pasado? Yo no me veo, uno tiene que aceptar la realidad." La única forma que tiene uno de ser feliz es aceptar la realidad y Dios dirá, a ver qué pasa.

—Tú eres de Barcelona, ¿y ella?

—Ella es de Sevilla y yo catalán. Yo era un enamorado de Andalucía, yo estudie allá toda la historia, la geografía, me conozco todos los países. Era un enamorado de toda Latinoamérica, conocía toda la teoría. Quizás todo eso me llegó. México vino solo yo no lo busqué.

—¿Tu negocio era la compra de fierro? —regreso al tema profesional, después de un hilo de historias que no he podido comprender completamente.

—No, yo tenía mi sistema administrativo, que era un sistema que ponía en disposición para apoyar en la toma de decisiones a la Dirección General. ¿Por qué me arruiné yo?, porque jugué en la época de la muerte de Franco que te vendían empresas a precio de saldo y entonces las ponías en orden y entonces las vendías y te quedabas con buena plata. Entonces teníamos el riesgo, porque los sindicatos se calentaban, porque limpiábamos la empresa, la poníamos en orden y entonces buscábamos comprador y siempre encontrábamos un buen comprador, muchas veces en el extranjero. Hasta que llegó el socialismo a España con Felipe González, entonces en algunos negocios gané mucho y otros pues incluso perdimos algo. Tenía treinta y tantos años y además me divertía y además, pues me peleaba con los sindicatos y me la pasaba genial. A mí siempre me ha gustado la guerra.

—¿Qué te gustaba de esas negociaciones con los sindicatos? ¿Ganarles o...?

Sin dejarme terminar la comparación, contesta inmediatamente:

—No, demostrarles que eran inoperantes para lo que perseguían. Que en realidad no defendían los intereses reales de la gente. Nosotros, al final de la reestructura, nos quedamos con muchos, pero solo con los mejores, evidentemente. Y eso, creo, generó un rencor muy fuerte, sobre todo con el sindicato metalúrgico.

—¿Qué te motivaba? —emocionado le pregunto.

Él también se nota muy emocionado de recordar esas peleas, que seguramente fueron duras pero reconfortantes.

—A mí, pues primero me molestaba que a los dueños los amenazaban, les pintaban sus casas y otras chorradas y la gente se asustó y se marcharon del país. Me decían: "Te doy el negocio a lo que quieras y haz lo que necesites". Yo lo restructuraba en un año medio, cuando mucho. No podías ir con finuras, tenías que ir directamente a lo importante. Eso nos salió bien en dos de ellos y en uno de ellos... —se queda pensativo.

—¿Perdiste bastante? —me aventuro a preguntar.

—Suficiente. Quedó lo suficiente para seguir. A todo esto, yo iba teniendo familia. Y una cosa va llevando a la otra. Por un lado, yo me sentía ahogado por las necesidades familiares, y por otro, estimulado por la aventura. El reto a mí siempre me ha gustado y he aceptado riesgos. Algunas veces me ha ido como en feria, como dicen ustedes.

—De lo que yo te conozco, puedo percibir que te gustan los riesgos —le digo empatizando con él; a mí también me fascinan.

—Sí, claro. Además, son los que dan aliciente a la vida. Luego entendí, hablando en intimidad, que un catalán y una sevillana, aunque éramos de la misma clase social más o menos, culturalmente éramos muy diferentes. Yo era un enamorado de Andalucía. Me encanta el baile, me encanta el canto hondo, canto pésimo, pero me bailaba lo andaluz, soy taurino. Me fascina Andalucía. Me enamoré en el tren. Iba camino a Andalucía, y no en los trenes de hoy, uno de esos chiqui chaca, chiqui chaca, te imaginas. Creo que los vagones eran de madera. No sabías dónde poner las nalgas de lo duro y tanto brinco y me la traje a Barcelona, muy enamorados, y nos casamos sin tener experiencia de ningún tipo. Y los dos queríamos tener familias grandes porque mis mejores amigos tenían cuatro hermanos o más, en mi casa solo dos.

—Tú y tu hermano.

—Hermana, mujer. Nos queremos mucho. Hablamos todos los días. Ha venido a México, le entusiasma mucho. Ahora el marido le ha cogido el Alzheimer, pero bueno.

Me comenta que tiene diez hijos; el mayor tiene cincuenta y cuatro años y el menor treinta y tres o treinta y cuatro años y se denomina como el último de los románticos, lo que genera una cascada de risas entre ambos.

—Son diez hijos en veinte años. Es decir, uno cada dos años —vuelvo a intentar estructurar la entrevista, ahora con un cálculo matemático.

Bromea conmigo sobre la frecuencia con la que mantuvo momentos de intimidad con su esposa y después, en un tono más serio, reconoce que Dios les ha ayudado mucho siempre. Me confiesa que en su matrimonio llegó un momento en que la convivencia se hizo muy difícil debido a sus ausencias, lo que dio lugar a roces y peleas:

—Yo veía en el entorno en el que estábamos no daba para más. O yo renuncio a todo y no sé de qué coño vamos a vivir y no sé qué haría en España. Además, yo tengo cuatro años de haber hecho de política, y no terminé la carrera y soy naturalmente político y me había metido en la política. En la época de Franco, yo de estudiante he estado en la cárcel.

—¿En la cárcel? —me sorprende mucho que un personaje como él haya estado en prisión.

—Sí, por revolucionario. Más bien, como resistencia, más que revolucionario. La policía me agarró; al poco tiempo me soltaron, no era un tío peligroso.

—¿Eso cuándo fue?, veintitantos años.

—Sí, más o menos veintiún años. Siempre he sido políticamente activo; difícilmente me considero pasivo. Y entonces me daba mucha inquietud. Nunca nos faltó nada, vacaciones todos los años, hasta que se rompió en la primavera del 93. Entonces exportábamos a Alemania todo el material para fabricar los esquís.

—De estas empresas que comprabas... —intento seguir la historia que va dando vaivenes de su vida profesional a la personal y viceversa.

Confiesa que ha apostado todo a ese negocio.

—¿Ese riesgo, en retrospectiva, fue a la ligera o medido? —la pregunta la hago, ya que seguramente la ha reflexionado varias veces.

—En esa época (situación que no viven nuestros hijos hoy), suponías que el año siguiente sería mejor que el actual. Entonces, con ese entorno asumes unos riesgos totalmente desproporcionados, la propia ilusión te embarga y te crees con más capacidad y fuerza. Y en aquella época tener la maestría que teníamos y los pequeños éxitos de las compras anteriores, pues te crees el rey del mambo. Y luego viene la realidad.

—Y esa realidad, ¿cómo la enfrentaste? Ya habías tenido éxito tras éxito. Te habías hecho de una casa enorme, familia, hijos...

—Pues que pasó, me encontré con la realidad después de los fastos del 92, que ya te he comentado. Y aquí fue lo que acabó de rematarme y entonces o le seguía o ¿qué más? Una depresión o pegarme un tiro.

—Justamente, ¿cómo evitaste esa depresión después de que, como cantaba Emmanuel, "todo se derrumbó"?

—En la fe —responde enfáticamente.

Me dice que él y su esposa estuvieron veinticinco años juntos y que en los últimos años su convivencia se había vuelto difícil para los dos. Nombra algunos vestigios de cómo se fue resquebrajando su relación matrimonial y confiesa que intentaron mejorarla acudiendo a varias terapias que no fueron de gran ayuda. Por un lado, tenía que atender el tema económico por lo que por el momento estaba en México; por otro lado, la negativa de ella a mudarse.

—Porque lo que había que hacer era sacar a la familia adelante. Para mí, la familia era lo más importante, yo quedaba en un segundo término, y había que sacarla adelante. Yo me había metido en el berenjenal este. Dios lo había permitido, no que yo fuera el causante. Me permitió que fuera tan eficaz, bueno pues pones la flecha, disparas y atinas a la diana, a joder te toca. ¿Qué quieres que te diga?

—De esos veinticinco años, veintitantos se dedicaron a tener hijos y en los últimos tres, la economía entró a molestar la relación —intento dar la dimensión al tiempo.

Reconoce que ambos acordaron en que la familia era lo más importante, pero que solucionar estas diferencias a través de las vías espirituales no siempre funciona. En algún momento debía pensar también en él, por lo que decidió quedarse en México. Se mantuvo fiel a sus principios, a pesar de que las señoras locales creían que era gay.

—Una me dijo: "Yo te tiré los perros y no hacías caso, bailabas y mucho flamenco y mucho *rock and roll* y todo lo que quieras y siempre estabas de buen humor y chistes y, coño, la que te tirábamos y no picabas". Le dije: "Es que yo sabía que, si picaba, todo mi proyecto se iba a pique", y no me lo iba a perdonar, si mis hijos se hubieran quedado sin escuela o hambruna, no me lo iba a perdonar.

A sus ochenta años, no se lo recrimina. Me sorprende que tenga ochenta.

—No, para nada, y no te ves. —Y de verdad lo pienso. Se sigue viendo un hombre robusto físicamente y con una conversación educada y estructurada para ser español.

—No, yo me casé de veinticinco. Vine a México con cincuenta y dos. Ósea, nací en el 41. Antes venía en viajes esporádicos y fue hasta el error de diciembre. Fui a Guadalajara, pero fracasé estrepitosamente con los tapatíos. Entonces aparecí, me entendí muy bien con los regios, que son muy parecidos a los catalanes. El hablar directo y fuerte es lo que funciona.

—¿Desde entonces ya te estabas separando de tu señora?

—Sí. Ella vino un par de veces, pero ya no había mucho más.

—¿Y luego duraste diez años de "gay"? —le pregunto sarcásticamente.

—Yo sabía, por mi naturaleza, que si entraba al juego de estar saliendo con mujeres y le encontraba el "justirrirín", no tendría la confianza en mí mismo de que lograría mi objetivo. Me di cuenta de que el juego de las señoras era "agarrarte", no era de una aventura, y pensé: "Como me quede, la he jodido, entonces mejor no quedar". Yo no me emborracho nunca, me gusta el vino y demás, pero hay algo en mi naturaleza que cuando siento que ni una gota más, entonces paro y de manera radical. Y puedo estar una o dos semanas más sin tomar hasta que me siento otra vez. No sé si es mi hígado o que carajo es; tengo la genética de mi abuelo, que era un caballero andante y decían que me parecía mucho a él. Tal vez eso era lo que me daba miedo. Me decía: "Como la haga como él, coño, sí que la he jodido".

—¿Él era muy mujeriego?

—Era jugador, simpático como él solo. Lo que pasa es que él cantaba y yo no canto. Eso cuando menos decía mi madre.

—Yo siempre digo que "Dios no les da alas a los alacranes" —le digo un dicho que repito muy seguido como justificación porque no puedo bailar. Al parecer él no lo ha escuchado y suelta una estruendosa carcajada.

—En el 2000, yo iba al Club España. A las cinco de la mañana llegaba a hacer piscina y luego al vapor. Vivía en un departamento rentado, que luego compré y que me sirvió para comprar el que tengo ahora en Puebla. Hasta que descubrí que un trayecto me tardaba diez minutos, un día que me retrasé un poco, me demoró más de cuarenta minutos y dije: "Coño, esto va pa' largo". Y luego una hora y media. Yo soy un obsesivo de la puntualidad y cada vez tenía menos sentido pasar tantas horas en el coche. Así que me fui quitando clientes de México y quedando con más con los de aquí. Buscando miel para un amigo, descubrí el paraíso, lo que yo le llamó el ShangriLa, en Atlixco. Llevo veinte años ahí.

Comenta que en España perteneció a la obra del Opus Dei. Misma de la que se ha alejado y lo alejaron cuando supieron que ya no seguía con su esposa.

—Entiendo que, para el Opus Dei, alguien que estuviera separado no les pareciera —hago la pregunta más bien como una suposición.

—Ahora les ha cambiado la cosa y muchísimo. En los colegios de la obra hay muchísimos de padres separados. En mi caso, mi situación era anómala. No puedo decir normal, pero sí anómala. Pero te puedo decir que respetuosa. A mí siempre me ha gustado escuchar música —me comenta esto último cambiando de tema.

—¿Qué te gusta oír o tocar?

—Solo escuchar. Me gusta la ópera.

—¿Y tus hijos qué opinan de esta relación?

—Hay de todo. Hay talibanes, tengo de todo. Ya tengo cinco divorciados, es el signo de los tiempos. Ese fue uno de los motivos de discusiones con mi mujer. La mayor es la más inteligente y la que más se parece a mí (no en lo inteligente, ella es mucho más inteligente que yo, sino en el temperamento) y es más cauta y, como mi mujer, más astuta, y también se equivocó. Pero a ésta sí se lo dije: "Te equivocas y sé por qué te equivocas: tú tienes mi temperamento y este tío te tiene agarrada y así no va a funcionar".

—¿Qué tanto de esa experiencia crees que es esa intuición de padre que no se equivoca?

—Hay algo dentro de ti. Sí creo que hay un sexto sentido. Te equivocas. Yo me equivoqué con unos y con otros no, pero generalmente aciertas. Esto típicamente debería ser un área de las mujeres. En mi caso, mi mujer estaba centrada en su maternidad, sin ver al mundo. Yo, en cambio, estaba y veía el mundo.

»Uno de mis hijos era simpático a más no poder, un artista, bohemio, mal estudiante, un desastre. Sí, un tío totalmente desordenado. Pero las mujeres hacían fila para tenerlo. En el fondo, creo que hasta yo envidia tenía de su éxito con las mujeres. Y me presenta a una de sus mujeres y la veo muy normal. Y le pido que me dejara hablar con Tina diez minutos. "Tú vete a fumar con tus hermanos una media hora". Y le pregunto: "¿Tú que le has visto a Martín? Es un tío muy divertido, sí eso es evidente". "Tiene un corazón más grande del que usted cree", me respondió de inmediato. No lo dudo, pero ¿sabe dónde lo tiene? Para no hacer el cuento largo, se juntan, se van a Suiza, tienen un bebé unos cuatro años después. Paso para visitarlos, un departamento en la zona barata de Lausana. Abro la puerta y todo regado un pasillo que no se podía caminar. ¡Ella era peor que él! Desordenada. Su habitación tenía meses sin hacer. Te puedo decir que es el más feliz de los diez.

»Tal vez el más pequeño, que se casó con una de Ecuador, también sea feliz, a pesar de ser el Benjamín, pero no como Martín. Él es el ordenado y todos lo envidian. Se ha comprado una casa en pleno bosque, se va en bicicleta con las niñas; es la repanocha de felicidad. Es el tipo de personaje que hubiera querido que los demás en mayor o menor medida lo tuvieran.

»Ahora Cristina, la que ha regresado a Madrid, ha encontrado en la segunda oportunidad a un hombre que le he dicho: "A este no lo dejes escapar y, por favor, no seas cabrona".

Se notan cambios en su semblante conforme va hablando de cada uno de sus hijos. Incluso el color de su piel cambia con la emoción del recuerdo de ellos. Encuentro a alguien que habla con sus hijos con la verdad y sin tapujos.

—¿Se acostumbra en Barcelona tener diez hijos o tú eras una excepción?

—No era común, pero recuerda que yo estaba en la obra. El que más tenía, tenía una media docena. Por eso aquí choco tanto, una sociedad tan cerrada. Se hizo vacío que llegara un tipo solo e incluso a dar clases de familia y, bueno, me invitaron sutilmente y me dijeron: "Es que usted habla muy fuerte". Bueno, es que, para mí, lo importante es que se lleven dos mensajes.

—¿Cuáles son los dos mensajes? —le pregunto intrigado.

—Pues a las parejas les decía: "No se guarden nada dentro, que por fuerte que fuera, hay que decirlo todo; no nada más en el carácter, sino en lo íntimo, en las relaciones sexuales, en todo". Y en esta fase yo las ponía en primer lugar: "Por favor, no os calléis. Inmediatamente, esto no me gusta o me gusta de esta forma. Coño, esta es mi experiencia, cabrones".

—Eran clases de matrimonio o ... —y sin dejarme terminar la pregunta, interviene rápidamente.

—Es que esto es claro, es para los hijos. Si los hijos no llegan por el Espíritu Santo, por más Opus Dei que creas. Les sugería que no deben dejar pasar tiempo. ¿Tú has estado en estas clases o al menos de prematrimonial? —me pregunta.

—Sí, fui una vez —le contesto y evoco aquella experiencia que fue desagradable, pero obligatoria, y que tuve sin saber a dónde me dirigía.

—¿Te acuerdas de que te separan por grupo? Unas parejas para un lado y otras para otro. Yo lo rompía: las mujeres para un lado y hombres para otro. Y con preguntas distintas. Y cuando regresaban, ponía a las mujeres atrás, nada de a un lado para que te den un codazo para digas o dejes de decir algo. Y entonces las pinchaba a ellas y el tío pues se quedaba de a cuatro —y suelta una carcajada que hace que hasta la recepcionista del hotel volteé a ver si todo está bien, pero entre risas continúa—: Y yo lo pasaba bomba, pero ellas también. Ellas querían ver la cara del marido y yo les decía que: "Yo la estoy viendo, que se entere de una vez el cabrón". Todo ese lenguaje se hizo popular para uno y creo que efectivo. Yo les dije: "O digo lo que quiero, cuando quiero y como quiero, o me voy".

Intento interrumpirlo, pero no me deja hablar y sigue su diálogo:

—En esa sociedad religiosa, o en general tan estricta, hacer esos cambios no se soportan y menos de un hombre solo que viene a dar clases de matrimonio, aunque tenía diez hijos. Y empezaron a sospechar los que me invitaban a comer los domingos.

—En tu experiencia de haber estado separado, ¿crees que puedan dar mejores clases de matrimonio aquellos que ya tuvieron o viven esa experiencia o aquellos que nunca la han tenido?

—Vamos a ver, yo en ese momento estaba separado temporalmente, pero sí había pasado con ella tener diez hijos, unos de ellos no esperados. Había pasado con ella ya varias etapas de depresión. Claro, el soltero que no tiene experiencia y nunca ha olido a una mujer, perdona, no tiene ni puta idea, desde luego que no puede opinar y menos dar clases. En Barcelona, todos éramos padres de familia.

—Me refiero aquellos que dan las clases, como "pareja ideal".

—Eso ya no se lo cree nadie. Los casos que se montaban o que usaban eran casos disruptivos, normales de la vida real, pero no ideales. En el caso de una discusión real, se están peleando, o más bien, ella no está aceptando aún la llegada del segundo hijo, cuando el tercero ya está en camino y se encuentra desbordada y el cabrón, en lugar de ponerse comprensivo y ponerse en su lugar, se pone en plan talibán. Desde luego que es una pareja que tiene mucho valor.

—Pero mi pregunta concretamente es: ¿El maestro ideal sería aquel que ya tuvo la experiencia de la separación y del divorcio o aquel que no la ha tenido?

—El divorcio no era la diferencia, sino no ser el padre predicador que se la pasa pontificando el deber ser y sí ser el que habla de lo que es. Enfrentar a la gente sobre el caso que está viendo es tan real como lo que están viviendo ellos. El que da clases con el método de caso va oyendo lo que va pensando el grupo, [como] mi ejemplo de separar mujeres y hombres y con preguntas distintas. Eso que te lo da la experiencia de haber estado y discutido con una mujer tanto y de todo, hasta hablar del sexo de los ángeles con tu propia mujer. Divorciado o no, no lo sé. No sé si soy más útil, pero sí soy más enfático. ¿Tú qué opinas al respecto?

—Yo creo que sí es importante haber tenido esa experiencia. No es necesaria, pero sí valiosa. Es como la diferencia entre un sacerdote católico y un rabino judío. El segundo sí sabe lo que se siente dormirse a lado de una mujer, el primero solo de oídas —y casi por primera vez, no solo evoco lo que pienso, sino expreso mi opinión.

—Su fuente es la confesión. Y escucha las dos partes y en base a sus conocimientos y experiencia de la apreciación de signos y lenguajes. Tienen una formación teórica que luego van contrastando. Desde que lo ven pueden apreciar que es un tío sumamente aburrido y entienden por qué la mujer se queja de él. Pero desde luego que no es lo mismo que estar metido bajo las mismas sábanas. No es lo mismo. La pregunta sería si realmente lo necesitan. Antes, se les usaba de psicólogos; antes, la gente decía la mitad de la verdad por un malentendido pudor. Ahora el problema que tienen los curas es que la gente sabe mucho más y ellos tienen que interpretar y no caer en la tentación de asumir, porque, si no, puede pasar que se quedan con la impresión de que fuiste a presumir o a llorar —y vuelve a reír profusamente y me contagia su emoción.

—He tenido mucha oportunidad de platicar con varios psiquiatras y he tenido [sesiones] con algunos que se han quedado con la primera mujer y con otros que han puesto un límite y comenzaron una vida con una segunda pareja. En los dos casos, ambos se sienten con la experiencia necesaria y suficiente para poder asesorar mejor a sus pacientes, justamente porque la han mantenido [a su pareja] o porque la han terminado —le comparto.

—Esto es cierto. Te sientes con la sensación de que puedes cometer menos errores. Eres más respetuoso con la intimidad. Ahora tengo amigos que los conozco desde que tenemos catorce o dieciséis años, que tienen Alzheimer y ahora yo soy el confesor telefónico de ellas [de sus parejas]. Y sé todo lo que pasa y sé lo que pasa en la primera fase o en la segunda. Ahora, mi cuñado lo acaba de pescar y he hablado con mi hermana para decirle: “Prepárate”.

—Ahora que mencionas a tus amigos, tú eras un tipo amiguero, muy fiestero o más bien solitario.

—Muy fiestero no, pero sí muy amiguero, pero muy selectivo.

—¿Cuántos te quedan?

—Nada más me quedan cuatro. Cuatro que están como yo, muy jodidos de otros lados, pero de la cabeza bien. Y son los que voy a ir a ver. Y tengo otros dos que salgo con ellos con Alzheimer, pero con sus mujeres, y a ver si se acuerdan de algo. Porque salen: "¿Te acuerdas, Justi, de la mili o del sargento x?". O sea que se acuerdan del sargento x, pero no de ayer. Y sales de esas reuniones con el estómago comprimido. Me cuesta dormir cuando voy. Sé que tengo dos opciones: o me emborracho o ya tengo un buen libro hasta que me de sueño.

—¿Qué te duele más? ¿Que él ya no puede pensar o que tú sí puedes pensar y verlo así?

—Híjole, qué buena pregunta. Me duele, más bien, ella. Saber que ha vivido con un buen hombre toda su vida, que han sido enamorados, que han vivido altos y bajos y actualmente con esa misma persona que o no se acuerda o tiene indicios de violencia. Les entra un furor sexual impresionante, cosa que no sabía. Es casi como el chiste: "Pero si hace media hora que tuvimos relaciones". "No me acuerdo y lo necesito ahorita". Y no puedes usar el chiste de que te duele la cabeza, porque él no lo entiende. Y me preguntan y les contesto que busquen otras cosas y otras excusas que a él le pasen, para frenarlo. Lo que me alimenta una, se lo paso a otra.

—¿Y aquí en México?

—En Puebla, vamos a ver. Juego golf, poco y mal, pero juego. De ahí solo uno. El que es poblano es poblano y se creen que tienen la sangre más pura. Les tienes que decir: "Oye, macho, pues muy puro, pero tu nariz como que no cuadra". "Coño, no me digas tú que esa nariz que es gallega, tampoco te me pases". En España es lo mismo, que si los fenicios, que si los griegos, que luego los visigodos, los iberos, más tarde los musulmanes. No nos pongamos más racistas, que tenemos más leches que una puñeta —y los dos, casi como cuento de Condorito, nos echamos para atrás de la risa.

—Tú obviamente no eres racista. De catalán y sevillano a vivir en México.

—Además, soy hijo de un castellano puro de la Castilla profunda, de un catalán del Ebro y de una aragonesa del Pirineo. Es que me parece inconcebible. Tengo dos hijos nacionalistas, yo me cacheteo con ellos, les digo: "Coño, si no sabes dónde tienes las raíces, ¿qué andas buscando independencia?".

—¿De los diez, dos?

—Me cago con ellos. Además, saben que su madre es sevillana, hija de una riojana. O sea, tienes ocho leches, nena.

—¿Viste la película de *Ocho apellidos vascos*?

—Sí, hombre, buenísima. Luego hicieron la catalana, muy mala. La de vascos es genial, las segundas partes no son buenas.

—¿Tú sigues siendo miembro de la obra?

—Para ellos sí. Y yo creo que lo soy, estoy de acuerdo con la espiritualidad y la practico. Lo que pasa es que no estoy de acuerdo con la rigidez normativa, esa es la palabra. La norma está al servicio mío, no yo al servicio de la norma. Eso ya ha cambiado bastante, según me han explicado, pero yo no lo he vivido. Me han invitado y me siguen invitando, pero yo no puedo ser solo pasivo y escuchar, tengo que participar y voy a ser disruptivo y voy a generar incomodidad. Prefiero hablar directamente con el director y manifestar mi punto de vista. No se trata siempre de discrepar, pero sí de matizar y ver otro punto de vista.

—¿Lo que has sentido es una decepción o solamente te has venido alejando?

—La práctica me ha venido alejando. Siento un profundo cariño y respeto por lo que han hecho, mucho y bien, una parte de la obra, pero hay cada talibán que ha hecho también mucho daño. Eso está en todos lados. Lo encuentras en todas las instituciones, también en la empresa en puestos directivos.

—Sí, finalmente somos humanos.

—Lo que pasa es que el equipo directivo se tenía que dar cuenta. Y hacérselos saber; ese camino no es por el que vamos.

—¿De tus diez hijos, alguien siguió en el camino de la obra?

—Uno entró y se salió.

—¿A qué se lo atribuyes? ¿Demasiada presión para ellos? —me abstengo de dar otras salidas, arrepintiéndome de haber dado una opción.

—Hubo un *pressing* especifico. El que se salió sigue estando de lejos. Uno sí que fue miembro y yo me opuse, no estaba maduro para aguantar. No es intuición, es que conoces a tu chaval. ¿Cúal intuición, ni qué gaitas? Conoces al chaval y sabes que no es para eso. La obra a veces es necia y los sigue atrayendo. Y cuando se rompan, ¿quién lo va a componer? ¿Ellos? Pues no. Por eso me opongo. Uno de los directores, soltero, él sí era numerario, me decía: "Justi, tienes razón". Con él entablé una gran amistad. Cada vez que iba a España, me iba a comer con él. Nos pegábamos una comidona, nos pipábamos bien pipados. Lo único que faltaba es que le subiera a poner el pijama —riéndose, termina diciendo lo que le decía a su amigo numerario—: "Entra a la capilla, dale las gracias al Señor y que no te vea nadie".

—Ese tipo de pláticas, con ese intercambio intelectual, ¿supongo que es lo que más gozas?

—Eso que acabas de decir, lo pienso y sí. Ponemos el tema que quieras. Al término de cada plática como esa, me pregunto qué es lo que he aprendido de la misma, por qué hemos estado tomando, qué he aprendido de este tipo y me apunto no más de dos y me las guardo. Y me pregunto: "¿Qué habrá aprendido el otro de mí?". Nunca me atrevo a preguntarlo.

—¿Por? —le pregunto sorprendido de que no se atreva siendo tan directo.

—Pues no lo sé. Buena pregunta. No sé si es por discreto o por no buscar mi vanidad más que el bien del otro.

—¿Una falsa humildad? —sutilmente le cuestiono.

—Sí, buscar mi vanidad. Entonces, ¿por qué lo pregunto? ¿Para aprender yo, sentirme satisfecho, o es parte de su intimidad? Él me lo comentará, si quiere. Al menos lo hemos pasado bien, se nota en la mirada el tiempo que hemos pasado juntos. Es más, simplemente, seguro que hemos aprendido algo, no tiene que ser nada concreto. Es que no podemos estar buscando el resultado de la eficacia permanentemente. Como sucedió esta mañana en tu empresa, donde estamos jugando con el pan de mucha gente. En cambio, en el intercambio personal estás dando y recibiendo, no estás buscando resultados. El tiempo es lo único que no podemos recuperar, así que si la pasamos bien, ya lo hemos invertido bien.

—Además del tiempo, creo que se comparte la intimidad —agrego.

—Así es, y eso no se puede forzar solo de manera natural. Y no pensaba antes hablar de este tema, a veces ocurre que brota un tema que no estaba en la plática y pasa por la cabeza y preguntas: "Escúchame esto...".

Le comparto que mi mamá llegó a ser presidente de la asociación que ella dirige, la de los Misioneros del Espíritu Santo. Y mi hermano y yo quedamos diametralmente opuestos con mi hermana. Nosotros no quisimos saber nada de la obra y mi hermana heredó el puesto de mi madre en un acto de nepotismo completo. Le comento que me parezco mucho a ella, en su estilo de dirección, muy dictatorial, y ella sigue dirigiendo tras bambalinas a través de mi hermana—: Mi mamá, al igual que tú, también es del 41. Ella era la presidente desde Canadá hasta Chile y estudió mucho. Mi papá en cambio nunca leyó nada; él tiene una sabiduría más simple, cree simplemente por creer.

—Es la fe del carbonero. Esta es la que abre las puertas. Los que vamos de muy intelectuales, cuando abrimos una puerta, ésta cruje y no se abre sencilla. ¿Dónde está la fe? Y no se encuentra tan fácil. Es una envidia —me dice.

—Así se lo digo. Lo envidio. Mi papá puede creer en Santa Claus sin dudar por dónde entra, si no hay chimenea en mi casa.

—Por eso acepta bien a tu mamá. ¿Tú te imaginas otro igual a tu madre? —me pregunta.

—En cambio, el que está platicando contigo ha sido muy inquisidor, muy cuestionador.

—Has mandado en la vida de tus hijos. En el sentido de quererles dirigir lo que debes hacer, marcarles el camino.

—Yo creo que sí. Sin lugar a duda, sí. Pero he intentado cada vez menos y proponerles alternativas.

—Me permites una sugerencia y te va a servir mucho a ti. Hacer lo mismo pero que lo encuentren ellos. ¿Cómo? Utilizando el antiguo método socrático, haciendo preguntas. ¿Cómo se lo puedo preguntar para que él encuentre el camino? El proceso mental de hacer la pregunta correcta te enriquece muchísimo y a ellos los haces más libres para pedir responsabilidades. No digas lo que tienes que hacer. Igual que en tu empresa, has tenido una suerte y una habilidad por otra parte de estar rodeado por un equipo muy bueno. Eso lo has podido hacer porque has puesto una partitura y dices: "Este toca a este ritmo".

—Regresando a la fe del carbonero, seguramente mi mamá se ha cuestionado más que mi papá.

—Pero tu papá los ha educado a los tres, aunque sea con mirada.

—¿Tú a donde crees que lleguemos cuando terminemos? —cambiando de tema le pregunta directamente.

—¿La vida? Vamos a ver. Me haces una pregunta que me estoy haciendo recientemente —digo en plan de broma—. Ahorita, con esto del COVID, me he dicho: "Yo tengo que sobrevivir". Y contestando tu pregunta, me digo realmente: "¿De verdad voy a morir?". Este pinche cuerpo ha dado la guerra, lo ha hecho medianamente bien.

—Nada más diez hijos —lo interrumpo, poniendo en la balanza a su familia.

—Pues sí, pocas flechas y qué acertado —dice riéndose nuevamente—. Yo creo que es una transición. Esto no se puede terminar aquí, punto. Si no, no tiene sentido todo lo que he estado haciendo. Como ejemplo, en la vida profesional, si no ayudas a que las cosas mejoren (y yo que soy muy sensible al tema social, por aquello del tema revolucionario) [eres] el único que puede generar bienestar y que puede sacar a su familia adelante y ponga a generar riqueza, ya sea agrícola, comercial o industrial. ¿Y con eso termina todo? Yo no he visto que venga tras de mí un camión de mudanza para recoger —me dice emocionado de contar en lo que él considera que sigue—.

Libros no he escrito, pero artículos varios. Entonces dices: "Oye, tiene que haber algo: una puerta y del otro lado, con fe cristiana, algo agradable". Y con mentalidad económica [pienso que] no puede ser algo que simplemente esté tirado, tocándome los huevos, rascándome. Eso de estar con el arpa no puede ser. Estoy convencido que el Señor te debe tomar y decir: "Tú que no has aprendido a ser paciente", que es una de mis asignaturas pendientes, entre otras, "te voy a poner de ángel de la guarda de un cabrón que acaba de nacer, que te las va a hacer canutas, para ver si le aprendes y le enseñas". Es decir, a trabajar. Porque si no, no tiene sentido la economía de la redención.

Me sorprende que lleve el tema económico hasta en un tema de ángeles y conforme lo va diciendo comparto su opinión y me parece que tiene mucho sentido.

—Eso es lo que pienso ahora. Puede ser que siga cambiando de opinión. Yo sé que se acerca el momento. ¿Cuánto falta?, pues no lo sé, [no sé] qué me falta por aprender. Lo que sí tengo claro es que no estoy lo suficientemente maduro como para decir: "Ya he terminado". Porque si no, no me explico a aquellos chavales jóvenes de treinta, cuarenta y cincuenta años que se han ido dando las mejores flores de su vida y el Señor se los lleva. Tengo un par de ejemplos de hijos de amigos que murieron muy jóvenes. Los tíos estaban maduros. Era una delicia hablar con ellos. Mejor dicho, la sensatez con que nos respondían a preguntas de nosotros. Ya habían aprendido todo lo que debían aprender.

—Coincido contigo. Pero, ahora que dices que te falta la paciencia, ¿tú crees que es algo que vas a aprender al cruzar la puerta o en lo que falta antes de cruzarla?

—No, por eso me van a hacer volver otra vez. "Órale, cabrón, para que aprendas".

—¿No crees que no te han llamado porque todavía tienes que aprenderla aquí?

—Uy, todavía tengo muchas cosas que aprender. Toda mi familia e incluso amigos me dicen que soy muy impaciente.

—Bueno, esa impaciencia ha tenido también ventajas, ¿no crees?

—Sí, yo lo compenso de alguna manera y me doy el tiempo. Amo la vida apasionadamente. Sin pasión, la vida no tiene sentido. Con mujer y sin ella es que te preguntas: "¿Es necesario la mujer?", y la respuesta es: "Sí y no". Depende de muchas cosas, si no, yo no puedo ser compañero de esa mujer, no puedo ser amigo, no soy capaz de tolerar las salidas que no entiendo. Como dice el chiste: "Si no chinga, es que es hombre". Si uno no es capaz de que te esté chingando y tolerarla, solamente pidiendo: "Ya párale, no, déjame descansar un poco".

—¿En qué momento te has sentido más cómodo? ¿Estando solo o con pareja inconforme?

—Entre solo y con pareja inconforme, prefiero solo. Eso es lo que me dice mi hermana: "Qué suerte que tienes aficiones y hobbies". Y tengo muchos: inquietud de lectura, música, ahora estoy apasionado por las flores, estoy metiéndome en el tema de la horticultura, pero por curiosidad, entonces me lío en un montón de cosas.

—¿Tienes tu huerto en Puebla?

—Sí, tengo mis cajones. La primera cosecha me ha salido fatal y la segunda un desastre.

—¿Y qué te gusta leer?

—Mira, estoy estudiando filosofía.

—Me gusta mucho a mí también. Compré en El Escorial un libro que se llama *Yo soy Sofía*, que habla justo de filosofía y es de un señor de apellido Calvo y lo compré pensando en ti.

—Pues a lo mejor es pariente. La filosofía de la economía es muy interesante. Hay teorías muy interesantes y, por ejemplo, la discusión entre la libertad individual. Por un lado, vamos a ver, la sociedad ha venido desarrollando un planteamiento económico, según sea el grupo. Pero veamos las tribus originales de qué tamaño eran. Treinta, cuarenta cuando mucho, en la época en que se trasladaban de un lugar a otro. Cuando se fueron haciendo más sedentarios, su concepto de economía ya era distinta, ya no solo trabajan para ellos mismos. Haciendo historia: ¿Cómo funcionaban los romanos? ¿Cómo funcionaban los españoles con árabes, o antes o después de ellos? Detrás de eso hay una filosofía social del porqué las cosas sucedieron de manera determinada. Luego viene la Revolución francesa y antes vino la contrarreforma, que no se explica sin la aparición del cabrón del Gutenberg con el libro impreso. Antes nadie sabía leer, salvo los monjes, y nos dio la libertad a todos de poder leer y aprender. ¿Qué fue lo primero que se imprimió? Pues la Biblia. Y una vez que se lee, ¡ah, coño!, "Yo no estoy de acuerdo" y ya la tenemos armada, y en un lapso corto de tiempo, pues guerras de sangre. ¿Dónde está la razón de todo esto? Pues en el Gutenberg, que nos da esa libertad y la hace masiva.

»Cuando llegaron los míos y los franceses al imperio Inca, que también tenía su cultura impresa, ¿qué fue lo primero que hicieron? Pues destruirla. Porque para ellos, su verdad era la única. Porque les restaba concentración de poder. Ahora es el poder más que la libertad. Entonces podemos empezar una discusión de si la libertad es la que está moviendo y luego vienen los románticos y lo que dice la Santa Madre Iglesia es que es el amor. Vamos a ver de qué amor estamos hablando.

—Y para ti, ¿qué es más importante? ¿Amor, poder o libertad?

—Es un triángulo. Es la santísima trinidad humana. Es que libertad para tener poder, pero si no tengo poder, no puedo tener libertad. ¿Qué poder puedo tener? Oye, el anacoreta tiene poder porque hace de su vida lo que quiere, como quiere y cuando quiere, eso es poder. Si es otro el que me dice qué hacer, pierdo esa libertad. Bueno, algunos contestan: "Es que yo me doblego porque quiero". Y cuando los cuestionas: "¿En qué consiste el doblegarte a lo que dice alguien más?", te contestan: "Es porque lo quiero". ¡Ah, caray! ¿Las órdenes religiosas o las órdenes filosóficas cómo funcionaron? Porque Epicuro, Séneca, Pitágoras y Aristóteles no lo hicieron así. ¿Y cómo funcionaron y cómo crearon sus escuelas? Y lo gravísimo es que hoy vivimos de las escuelas de éstos. Entonces, tratemos de discutir y lo puedes hacer alrededor de una o varias botellas de vino.

—Pues entre más, mejora la discusión, ¿no crees? —le pregunto.

—Desde luego, y me encanta.

—¿Qué crees que mate al amor? Que se quedó en uno de los vértices del triángulo.

—Convertirte en el ombligo del mundo, porque entonces estás jodido. Porque entonces nunca serás feliz. Nunca se es feliz cuando uno piensa que "Lo que yo digo es la única verdad y los demás están equivocados y no comprenden". O sea, se puede ser revolucionario; entiendo que eres disidente, como diríamos ahora. Y, claro, se puede ser disidente de varios tipos, política, intelectual, filosófica o espiritual.

—Y de esa ruptura del amor, ¿qué has aprendido de cómo curar a un corazón roto?

—Perdonando. Lo grave es para perdonar más íntegramente, necesito que al que me ha ofendido (o de donde viene la ofensa, el causante de la ofensa que no tiene que ser una mujer o una persona) le entre el remordimiento como para pedir disculpas y darme la oportunidad de tener la misma grandeza que tiene él de pedir disculpas y yo de perdonarlo. El problema si no me piden disculpas, me parece, [es] que el perdón no es completo o pierde la grandeza si me sigo acordando. Porque lo que sí he observado es que cuando una persona no olvida una ofensa, no ha perdonado de verdad. ¿Te pidieron perdón? ¿No? Entonces está más o menos justificado, pero más grande será tu grandeza en la medida en que, a pesar de que no te lo hayan pedido, ya no te acuerdes.

»¿A ti no te ha pasado que te has peleado con tu mujer? O mejor con un hijo, vamos a dejar a las mujeres en paz, porque, si no, se convierten en el palo del pajar, y no lo son —y vuelve a soltar una gran risotada que yo acompaño—. "Oye, ya ni me acuerdo por qué me pelee". "Oye, sí, la pelea fue el jueves y hoy es sábado y ya no me acuerdo, pero sigo liado". Y esto es más grave con un hijo, porque con la mujer son dos seres que provienen de dos culturas y genética distinta, en cambio, padre e hijo tenemos la misma sangre y genética, para bien y para mal. Hay cosas que dices: "¡Coño! ¡¿Dónde he aprendido eso?!". Y ahora mi hermana me dice: "Justi, estás diciendo las mismas cosas que mi papá decía cuando éramos niños". Por lo tanto, queda grabado en mi genética, vino ya con él, que era su filosofía de castellano puro, austero y tal. Yo me parezco más a mi mamá, pero ya viene en la genética.

»Son de las cosas que quiero hablar con mis hijos del quinto para abajo. Con los mayores ya lo he hecho. Pero no de cómo va la vida, ni cómo va el amor, ni de profesión, ni de sexo, que me tienen sin cuidado, yo asumo que eres un chingón y listo. Vamos a hablar [de] qué cosas crees que has heredado de mí o del abuelo, por si quieres dar una cambiada.

—Qué tema tan interesante. ¿Tú crees que las heredas tal cual en la genética o las aprendiste viendo?

—Ambas.

—¿Y si fueras un niño adoptivo? —lo orillo a elaborar más en su tema, casi como él sugiere, con un cuestionamiento socrático.

—Pues no sabemos qué genética tiene. Pero este, si no ha sido querido o deseado, evidentemente yo pienso que hay algo que te marca. Aunque no todos los hijos han sido deseados, porque han salido de una noche loca y ya. No siempre estamos buscando, pero en el fondo, aunque digas: "No me viene muy oportuno", lo quiero. Y claro, el que es abandonado siempre va a tener la sensación de que no lo quisieron, entonces su fuente de alimentación en todos los terrenos viene de la convivencia que tiene. Por eso, aquellos que son adoptados y no son queridos en esa adopción son gente muy problemática.

—Pero aquellos que fueron adoptados y les tocó una familia hermosísima, como quiera están buscando algo, ¿no crees? —le pregunto.

—Tienen un componente: la vivencia de felicidad lo topa todo. Un ejemplo que ha salido en la televisión: a la hija de un amigo mío le han puesto una bomba en Bilbao y le han cortado las piernas; esta niña tiene ahora cincuenta años, lleva falda larga y es guapísima. ¿Tú crees que esto no tiene un gran impacto? Sus padres hicieron por ella todo, pero la niña ha puesto de su parte. Su padre estaba desesperado, estaba dispuesto a matar a los tipos de la ETA que hicieron eso. Yo le dije: "No se te ocurra tomártelo por tu cuenta". ¿Esta niña qué recibió? El amor de su madre. Esta señora tiene el cielo más alto que yo puedo imaginar. Porque haber hecho de una niña que era un moño destrozado, que yo lo vi... No me lo cuenta, porque no me trago a la ETA y me pongo violento y por eso no voy al país vasco, y eso que me encanta y ahí vive mi hija. Trabajé mucho tiempo ahí para Banesto en el área económica —con un tono molesto me lo aclara.

—Todos tus hijos entonces están regados por todos lados. ¿El hecho de que hayan nacido en otros lugares crees que impacte?

—No, yo creo que es la disposición de los papás. Los papás somos más acomodatices. Parece que puede venir inoportuno, pero estábamos acostumbrados a movernos. A los cuatro primeros les tocaron las mejores universidades, los viajes a esquiar, la casa en la playa. A los segundos ya no.

—¿Crees que influya eso entre ellos?

—No. A los que les va muy bien son muy generosos con los otros y unos que son de arriba y otros de abajo.

—¿Cómo se llevan con su mamá?

—Muy bien.

—¿Viven o vivieron con ella?

Me cuenta que su hijo Alex, vive con su madre actualmente debido a un accidente automovilístico que sufrió a los treinta y uno o treinta y dos años, que lo dejó incapacitado. El trágico evento fue muy doloroso para la familia y contribuyó a una mayor división en su matrimonio. Tras el accidente, Alex experimentó una grave falla cerebral, aunque solo pudo recuperarse parcialmente debido a la falta de tratamiento adecuado. Explica que no pudo ponerse de acuerdo con su esposa sobre el hospital y el país donde Alex debería haber sido tratado y lamenta no haber insistido en llevarlo a Europa con tal de evitar otra pelea con su pareja.

—¿Tú te llevas bien con los diez? —le pregunto acerca de su relación con todos sus hijos.

—Sí. Hay discrepancias, sobre todo en el tema político.

—Como si unos le fueran al Madrid y otros al Barcelona —pongo un ejemplo que entiende perfectamente.

—Sí. Solo en los temas triviales, el tema del nacionalismo catalán. Si tienes ocasión, sobre todo con una copita de más, que es cuando uno recibe mejor del hermano un tema así.

—¿Hacen equipo entre ellos? ¿Unos a favor tuyo y otros a favor de su mamá? ¿Son siempre los mismos equipos? —lanzo las preguntas en fila, antes de que me deje callado otra vez.

—A ver, van por grupos, forman lo que ellos llaman "la resistencia contra el orden constituyente", en el cual me incluyen a mí. Uno de cuarenta y dos, otro de treinta y ocho y uno de treinta. Estos tres y yo somos el grupo en la resistencia en contra del pensamiento único, los más liberales y los que menos se someten al pensamiento único, religioso, político. Si tú piensas A, yo puedo pensar B y punto.

—¿Qué tanto te preocupas todavía por tus hijos?

—Siempre.

—¿Te quitan el sueño?

—Alguno, en algunas ocasiones. Sobre todo cuando veo que están metidos en temas sin solución. Obviamente dejando a un lao' al minusválido.

—¿Con qué ideas creciste tú de la sexualidad y cómo las has modificado?

—Para empezar, yo me casé virgen. A pesar de que estuve en Estados Unidos, solo fue unos besitos y tocar tetas y se acabó la historia. Llegué a segunda base y me casé. Evidentemente tengo la genética de mi abuelo. Fui muy activo y parece ser que muy placentero. Los primeros cuatro hijos fueron una delicia. Los otros no quiere decir que no, pero hubo mucha contención por el tema de espaciamiento y que tenía que ser natural. Es decir, se tiraba del arco, se tensaba y se disparaba una vez. —Y no puede contener nuevamente su risa—. Me acuerdo de la anécdota del hindú que está tirando el arco. Si no estás compitiendo, tienes toda la pared para atinarle. En el momento que estás compitiendo le agregas una tensión más. Es lo mismo en todo, si no estás compitiendo es distinto.

—En el futbol, en el golf —le pongo otros ejemplos deportivos, donde la presión cambia un tiro simple.

—La abstinencia fue dolorosa, puntualmente en algunas ocasiones concretas de tentación, porque me ponía yo en la ocasión; si me quitaba no pasaba gran cosa. A veces me iba al cine y me daba un taco de ojo, como dicen ustedes, y daba gracias a Dios, qué buen taco. Como dice Catón: "De buen ver y mejor tocar". Nunca visité antros y bares, porque yo sabía que, si entro, me toca una noche simpática, me tomo una copa y le caigo bien, la otra se mete y no sé qué puede pasar. Cuando me casé, me casé, pero de manera mental.

—¿Eso fue lo que te enseñaron?

—Sí, entré en la obra, pero lo racionalicé, lo acepté, no porque lo dijeran, sino porque, si no, no iba a conseguir lo que estaba buscando y entonces no me lo iba a perdonar. Un poquito una doble retroalimentación, responsabilidad por un lado y miedo a que no cumpla y entonces no ve lo voy a perdonar, y esto va a ser un desastre. Deja que las aguas pasen un poco. Claro, fueron aguas que duraron más de ocho años. Hasta que llegué a los orígenes, al abuelo.

—¿A la genética castellana? —sarcásticamente le recuerdo.

—Como está mandao', como está mandao' —con una sonrisa entre burlona, sarcástica y real lo recuerda. Yo me río con él, pero también interpreto que tiene razón—. Me vas a preguntar: "¿Tienes mala conciencia?". Pues no. No lo vayas a poner aquí —me dice señalando la libreta de apuntes, pero sigue sin parar y por lo tanto he decidido que vale la pena ponerlo.

—Porque, todo esto ha sucedido por una causa, yo no creo en las casualidades, y todo ha ido bien; todo lo que me ha pasado, lo ha permitido Dios. Y si lo ha permitido, una de dos: o es porque me lo merecía, que es lo que pienso, [o] si esto se dio es porque Dios quiso que sucediera.

—Pero llegar a México también es un cambio cultural enorme. Acabo de estar en Ibiza y en la playa la mayor parte de la gente estaba desnuda. Familias completas y viejitos de tu edad, perdón por lo viejito, y felices. Ni aquí ni en Estados Unidos se puede entender una mezcla y una apertura de mente de esa forma —le digo.

—Sí, el cambio es impactante. Esto ha sido gradual y ha venido incrementándose en los últimos treinta años. En Barcelona no sucede así.

—Sí, también en Barcelona —explico.

—Ah, caray, eso me sorprende. Eso es un paso adelante. Para mí, no tendría problema de estar en pelotas, pero en la intimidad. Soy incapaz de salir, aunque tuviera un cuerpo atlético. Lo tuve, pero hacer exhibición o permitir hacer partícipes a otros de mi gozo sexual delante de todo el mundo me parece que es una parte de pérdida de inmunidad personal. Cuando te desprendes de eso te desprendes de tu intimidad.

»Es como el tema de los homosexuales, que ahora quieren exigir derechos para irse toqueteando en la calle, que es muy distinto a irse tomado de la mano. Te miraran y a algunos les dará asco a otros indiferencia o lo que tú quieras; eres medio femenino y te gusta que te vean, adelante. Es lo mismo en la playa, que estés en pelotas es problema tuyo, que te pongas a hacer el amor y demás pues ya no.

—De eso nada, todos respetuosos.

—Ándale, pero todos en pelotitas. Cuando yo voy en invierno, el agua esta fría y no hay nadie. Me voy con un albornoz y entro desnudo y disfruto mucho y se percibe una sensación que explotas. Lo recomiendo mucho, vas a entrando en calor a pesar de que el agua esté fría, te sales y te abrigas con la bata de baño. Esto es un placer, que ríete tú de los orgasmos.

—¿Qué es lo que más te da placer en la vida?

—Esto que estamos haciendo, pero mejor aún con una botellita de vino. Vamos a la tienda, nos compramos una y un buen jamón, que yo invito.

Y caminamos hacia la licorería de la esquina y, justamente como lo dijo, Justi compra una botella de un vino mexicano y un paquete de jamón ibérico. De regreso al hotel, subimos a su habitación, que tiene una cocineta y ya no conversamos como tal, sino que solo nos dedicamos a deleitar el vino, que también es una forma de conversar.

La primera entrevista con un extranjero y la más larga hasta el momento. Enriquecedora como muchas y que habrá que seguirla masticando para extirpar las muchas lecciones de un personaje andante con un entusiasmo envidiable, que no tiene miedo a seguir dando sus puntos de opinión y a exigir que sean matizados, no necesariamente adoptados.

Una ojeada a Justi

"La única forma que tiene uno de ser feliz es aceptar la realidad". Un concepto con el que cualquier estoico estaría de acuerdo. De hecho, es justamente donde el estoicismo de Epicteto, Séneca o Marco Aurelio brilla. Cambia lo que puedas cambiar y acepta lo que no puedas. "Haz lo que tengas que hacer; permite que pase lo que pase".

"El reto a mí siempre me ha gustado y he aceptado riesgos. Algunas veces me ha ido como en feria, como dicen ustedes. Además, [los riesgos] son los que dan aliciente a la vida".
En todos los ejercicios de pensamiento estratégico y reuniones de dirección que hemos tenido, el equipo ha resaltado mi gusto por aceptar riesgos. Estas experiencias de riesgo que enfrento en mi trabajo me hacen llegar a la conclusión de que, así como le sucede a don Justiniano, el tomar riesgos genera una adrenalina que te mantiene vivo.

"Luego entendí, hablando en intimidad, que un catalán y una sevillana, aunque éramos de la misma clase social más o menos, culturalmente éramos muy diferentes".
No solo la genética, el idioma o la religión, sino también, en general, entornos culturales diferentes elevan la dificultad de mantener sana una relación. Es necesario ampliar nuestra apertura de mente para aceptar esa diversidad. Hoy tenemos un socio americano, que trabaja en una empresa cuyo dueño nació en la India, por lo que tiene una relación de tres culturas (estadounidense, india y mexicana) que pondrá a prueba esa apertura. Además de tener esa apertura, mi recomendación es aprovechar la riqueza que solamente ofrece una oportunidad intercultural.

"Para mí, la familia era lo más importante, yo quedaba en un segundo término, y había que sacarla adelante".
Es difícil ponerse en segundo lugar y encontrar el equilibrio entre el proyecto personal y el proyecto familiar. Esto se complica aún más

cuando los proyectos de vida de la pareja ya no son los mismos. No es una decisión fácil y no hay una receta para hacerlo, cada caso tendrá que resolverse. Como dice el dicho: "Nadie sabe cuánto pesa el jinete, más que el caballo".

"A las parejas les decía: 'No se guarden nada dentro, que por fuerte que fuera, hay que decirlo todo; no nada más en el carácter, sino en lo íntimo, en las relaciones sexuales, en todo'".
La comunicación tiene que ser abierta y dejarse desnudo y vulnerable, tanto para decir lo que pase, como para recibir lo que venga. Al estar dispuestos a compartir nuestros pensamientos y sentimientos más íntimos, también estamos demostrando confianza en los demás y permitiendo que se establezcan conexiones más fuertes y significativas en nuestras relaciones.

"La norma está al servicio mío, no yo al servicio de la norma".
Las normas se establecen para dar orden y certidumbre para todo grupo: familia, empresa o sociedad. Al momento en que una norma pierde ese sentido, se convierte en un fundamentalismo que no lleva al progreso y menos a la felicidad.

"No podemos estar buscando el resultado de la eficacia permanentemente".
Tenemos que darnos los tiempos de simple placer y disfrutar la vida, sin estar cuantificando su costo. De hecho, generalmente los placeres más importantes no tienen precio. Epicuro definió el placer como una ausencia; la ausencia de ansiedad, más que la presencia de algo que no llevará a ese contentamiento. Si la felicidad llega a tu camino, disfrútala.

"El proceso mental de hacer la pregunta correcta te enriquece muchísimo y a ellos los haces más libres para pedir responsabilidades".
Es algo que sin lugar a duda me cuesta mucho trabajo hacer. Tiendo a indicar el camino que considero será el correcto. Esto no solo impide

el crecimiento de aquel al que le digo qué hacer, sino a mí mismo. Me impide ver el resultado de otras alternativas e incluso de simplemente haberme forzado a preguntar. Normalmente, cuando devuelves una pregunta a alguien, este se siente obligado a elaborar su pensamiento para conectar los puntos.

"Vamos a dejar a las mujeres en paz, porque, si no, se convierten en el palo del pajar, y no lo son".
"A las mujeres ni todo el dinero, ni todo el amor" reza el dicho mexicano. Efectivamente, para mí, son lo mejor que pisa este planeta, pero eso no significa que me deba doblegar ante ellas por eso. Esto aplica en general a todas las personas. Considero que no debemos doblegarnos ante nadie.

"Sin pasión, la vida no tiene sentido".
¿Qué más se puede decir de esto? Lo que hacemos apasionadamente es lo que marca nuestro rumbo, nuestro anhelo, el camino hacía una vida que esté nutrida racional y emocionalmente, hacía una vida con propósito, una vida que busque y sobre todo encuentre la felicidad.

"Nunca se es feliz cuando uno piensa que 'Lo que yo digo es la única verdad y demás están equivocados y no comprenden'".
Cuando no permites otras opiniones, no solo pierdes la oportunidad de enriquecerte, sino que cualquier cosa que sea distinta te causará ansiedad.

"¿Te pidieron perdón? ¿No? [...] más grande será tu grandeza en la medida en que, a pesar de que no te lo hayan pedido, ya no te acuerdes".
¿Cuántas veces esperamos que el otro sea el primero en pedir perdón? ¿Y cuántas veces, aun cuando perdonamos, lo hacemos solo de dientes para afuera? Guardamos un rencor que al final a quienes más daño nos hace es a nosotros mismos. Por otro lado, cuánto nos

liberamos y nos sentimos en paz, una vez que pedimos perdón con acción y damos perdón con olvido.

Don Franz Zabroky Múzquiz

El ingeniero alemán que solo ve al futuro

20 de agosto de 2021

Alfredo llegó al Regio en primero de secundaria. Su familia se acababa de mudar de Saltillo para Monterrey. No fuimos amigos desde el inicio, sino que fue hasta la prepa que nos comenzamos a juntar y llegó a convertirse en mi mejor amigo de ese entonces. Junto con Abelardo, Daniel, Juan Ignacio y César, nos juntábamos todos los fines de semana para ir de colados a los bailes de XV años de la época.

Con apenas dieciséis o diecisiete años, Alfredo nos invitó a un viaje a la Sierra de Coahuila. Ninguno de nuestros papás cuestionó la invitación ni la supervisó y sí obtuvimos el permiso a pesar de que, salvo Alfredo, ninguno de los demás sabíamos manejar una camioneta de cambios. Los papás de hoy jamás hubieran concebido dar un permiso así. Fue una aventura que a la fecha sigue grabada en la memoria de todos y es común que hablemos de ella cada vez que nos juntamos.

En ese viaje los inicié en el gusto por Rocío Dúrcal y Juan Gabriel, y Alfredo me acompañó muchas veces al palenque a verlos en vivo y a muchas peleas de gallos. De manera casi contraria, su hermano tuvo la primera Macintosh de Monterrey y era fanático de Tangerine Dream, Yes, Pink Floyd y los máximos exponentes del rock progresivo y éstos eran el fondo musical de esas noches. Su casa era punto de reunión, tanto para jugar dominó, como para noches interminables de Risk, ambientados en esa música que en muy pocos lugares se escuchaba.

Cuando a su padre lo transfirieron a Houston para encargarse de las compras internacionales de PEMEX, varias veces fui a visitarlo a su casa. Recientemente, incluso participé como inversionista en uno de sus proyectos mineros en Coahuila. Circunstancias de la vida y la primera mujer de Alfredo orillaron a que nos alejáramos y no nos viéramos con la frecuencia que una amistad forjada tan sólidamente debería tener. Amistades tan arraigadas superan el tiempo y la distancia, y afortunadamente nos hemos esforzado en reunirnos periódicamente.

Le conté de este proyecto y me pasó el contacto de su padre. Lo contacté de inmediato y me sorprendió que la invitación telefónica fue de inicio una charla que ya incluyó las primeras lecciones. Me comentó que él es un hombre del futuro y que prefiere dejar atrás el pasado, y que por lo tanto todavía trabajaba de lunes a jueves, a pesar de sus noventa y un años y que seguramente sería el mayor de todos los entrevistados y que con gusto me recibía en su rancho los viernes o los sábados que yo quisiera. Acordamos una fecha inicial que tuve que cancelar por motivos de trabajo, pero la reagendamos para hoy, el siguiente viernes.

Desayuné en Saltillo primero con Alfredo y tuvimos un pequeño *catch up* post COVID. Me llevó hasta el rancho San Francisco, donde ya me esperaba don Franz. El rancho es una hermosa nogalera que te recibe con siete astabanderas, las banderas de las nacionalidades de los que pertenecen a la familia Zabroky. Treinta años atrás, cuando lo visitábamos, era una travesía para llegar; hoy la mancha urbana saltillense ya lo bordea en todos sus costados. La casa asemeja una hacienda antigua con su patio interior, muros anchos de adobe y las puertas y ventanas son originales de hace cien años.

Don Franz ya me esperaba en el porche de la casa. Porta una camisa azul de manga larga de pescar, un pantalón gris de material sintético y calza unos cómodos y modernos tenis negros. Delgado, recto, incluso atlético, con su característico bigote y aún con pelo, tan lacio como el que recordaba, luce espectacular y más para un hombre mayor de noventa años.

Le comento el propósito de la entrevista y que uno de los objetivos es conocer mejor a mis amigos a través de sus padres, lo que me sirve para disminuir la resistencia inicial.

—Ya lo conoces, yo creo mejor que yo —me responde de inmediato y con un tono de completa seguridad en que los amigos nos conocemos con el paso del tiempo mejor que nuestros padres.

—Cuando le marqué por teléfono, me comentó que era probable que usted fuera uno de los mayores de todas las entrevistas y que usted es un hombre del futuro, no está pensando en el atrás.

—Estoy tratando. Yo estoy viendo qué sigue para delante, nada más. El 18 de junio cumplí noventa y un años —con una sonrisa orgullosa me lo hace saber. Además, me comenta que está encantado de estar.

—Pero, con tratar ya, pues, les gana a muchos. —Y realmente me sorprende que ya esté en el noveno piso. Estrictamente, es el décimo piso, pero nos hemos acostumbrado a realizar este desplazamiento debido al primer dígito.

—Sí, no puedes adivinar, el futuro es imposible de pronosticarlo, está muy claro eso, pero también tienes que estar al día. Considerando a los nietos, pues tienes que estar muy enterado, estar al día, en todo lo que pueda, igual sea el futbol, aunque yo no soy fanático, pero, de todas formas, estoy enterado de todo lo que está pasando.

Está enterado de que Messi deja al Barcelona y se va al PSG, cuánto le pagaron, por qué le pagaron. Comenta que es solo para tener un tema de conversación.

—Me levanto y leo completo el *New York Times*, el *Financial Times*, como es un aspecto económico, aparte de lo social, lo deportivo es una parte, pero cada vez lo tratan ya de otra manera; no es un fanático el que está escribiendo. —Me sorprende el análisis tan objetivo de un tema que no es trivial, a mí que sí me apasionan los partidos de todos los deportes.

—Es gente analítica, entonces te dan una visión que no vas a encontrar aquí, porque aquí todos están segados por el fanatismo, que es la imagen. Es normal, todos fuimos así cuando teníamos nuestros deportes, ¿verdad? Yo ya dejé todo.

—¿Qué jugaba usted? —pregunto tratando de remontarlo a sus inicios.

—No, pues béisbol; cuando era la época de béisbol, cuando niños. —Y cambia el tono a uno más melancólico, remontándose a ese momento—. Cuando el béisbol era lo que reinaba, entonces estaba uno enterado de la Liga Americana, de la Liga Mexicana, de la Liga de Cuba. Es que no había más que hacer, y aparte no había televisión. El béisbol era el rey, todos jugábamos, aunque sea llanero. Entonces, ahí tienes que se hace el tiempo más lento, lo vas dejando, lo vas dejando así y muchas cosas en el camino y ya no le vas a poner tiempo, porque acuérdate que el tiempo es... —Y se detiene a hacer una pausa.

—Es limitado —intento poner las palabras.

—Completamente. Y entonces ahorita te dedicas a otras cosas, ¿verdad?, que, pues, ¿cómo te quisiera decir? Abandonas muchas que ya no son "rentables", entre comillas.

Yo reflexiono en cómo, efectivamente, algunas cosas que fueron importantes, en otros tiempos dejan de serlo.

—Y del béisbol es de lo más aburrido que hay para mí ya, pero sí puedo saber de los Yankees, porque yo siempre he sido yankee —me dice, afirmando que a pesar de que dice haber superado esa etapa del fanatismo, recuerda su afición.

En un intercambio de aficiones que relaja el ambiente, le platico que mi mamá también es aficionada a los Yankees y la historia de cuando la llevé a Nueva York a verlos que casi se frustra por lluvia. Él me responde con un suspiro que imagino evoca también sus sueños cumplidos y regresa para comentarme de su juventud deportiva.

Comenta que jugó futbol americano en el Colegio Franco en Monterrey y luego se apasionó más cuando estuvo en USC.

—Estuve en Los Ángeles del 49 al 53. Me fui solo, bueno, me fui con dos amigos de aquí del Franco, pero ellos se regresaron, la vieron muy complicada.

—¿Ingeniería Química estudiaron?

—Sí, Ingeniería Química.

—Sí, si ahorita es difícil, yo supongo que, en ese entonces, todavía era más difícil ir a estudiar en una universidad americana, ¿no? —le cuestiono.

—Pues fíjate que no —me responde de manera muy tranquila.

—¿No? —pregunto asombrado.

—¿Cómo te quisiera decir...? Primero que nada, los precios eran razonables. Segundo, no había la élite, no le quiero llamar elitismo, pero, era diferente. No había tanta dificultad de entrar. Hoy hay tanta gente que quiere entrar; por ejemplo, en USC se pelean, no sé si supiste que hubo un escándalo.

—Sí. Un caso de sobornos para que entraran los hijos de artistas.

—Exacto, exacto. Entonces, a ver, yo entré tranquilamente, como Juan Pérez, era otro tiempo. Ahorita ya en todas las universidades tienes que aplicar a ver si te aceptan, y ya sabes, una bola de requisitos.

Le comento que conozco el proceso, pues Luis, mi hijo, acaba de terminar la carrera de ciencias ambientales en la Universidad de Colorado.

—Ah, muy bien, tiene mucho futuro ahorita. Bueno, con este aquí no —dice haciendo referencia al actual presidente, pero inmediatamente reconoce que el país sigue, México es México, no se va a acabar.

—Así es —le digo.

—Al contrario. No hay que apostar en contra del país, esa apuesta no paga. Tú sabes que ha habido varias veces que la gente se asusta: cuando Echeverría, cuando las grandes devaluaciones, de cuando Zedillo, esos años muy feos; mucha gente se asusta y apuesta en contra. —Escucho a alguien que de verdad está comprometido con

México y que conoce el sistema político desde adentro—. Sí, y no invierten, ahorita estamos atorados otra vez. Pero, ¿cómo manejas un país como México? Tienes que ser rollero, tienes que prometer un chorro; el sistema del PRI era eso: cuidar, tratar de darle a la gente lo más posible, quiero decir, cosa social, aquellos pobres. No los defiendo, eso no es el caso, pero, ¿cómo manejas un país de más de cien millones donde el ochenta por ciento está de niveles de ingresos muy bajos?, sin que se tenga un broncón como ha habido en muchos lados de América Latina. Entonces, éste es un rollero, éste es un porro, éste es un peleonero, pero no llegará a gran cosa. El sistema económico internacional está estrechamente ligado y no le permitirán hacer más cosas.

—¿Quiere decir que el dinero no lo puede mover y eso lo tiene atado? —intento ser preciso en mi pregunta.

Comenta cómo el PRI, que reconoce no era perfecto, realizó inversiones en el desarrollo industrial, en industrias como AHMSA, o desarrollos desde cero como SICARTSA o ZINCAMEX en los que él participó. Desarrolló también el Seguro Social, reconoce que está rebasado, pero pasó de un México cuando él nació de diecisiete millones de habitantes a uno de ciento treinta millones, ocho veces mayor. Reconoce que noventa años pueden parecer muchos, pero en realidad no es tanto para un país como México, con tanta gente en desigualdad. Y advierte que lo único que no puede funcionar es PEMEX.

—¿Y usted lo dice con conocimiento desde adentro? —le recalco, sabiendo que él conoce bien los intestinos de las paraestatales y en particular de PEMEX.

—Pues, estuve en PEMEX, en Houston. Estuve en las paraestatales, estuve cerca, y es muy difícil, diría casi imposible, aun en las privadas, ahorita tener la lealtad, casi como en el ejército como se tenía antes, de voto sagrado. Y más los públicos, pues ahí es ver quién roba a quién, quién friega a quién. Entonces, el sistema socialista en principio está muy correcto desde un punto de vista filosófico, pero no funciona, y menos en un país como México; a lo mejor en Suecia, por allá, en Finlandia, no sé dónde.

Rebotamos ideas de cómo es que el sistema socialista es inviable. Ni siquiera en un país como Suecia, que pudiera pensarse más homogéneo, y con solo seis o siete millones de personas. Aun con una base de pensamiento en que todos somos iguales, no es posible, pues no todos somos iguales: unos se levantan más temprano que otros, unos corren más rápido que otros, unos levantan más peso que otros. En general, unos tienen más ambición que otros. Y él regresa a ese tema, que se nota que le apasiona y más si se trata de Europa.

—Sí, mira, ahí tocaste un tema para hablar horas, ¿verdad? Yo reflexiono sobre ese tema, sobre Europa, porque mi papá viene de allá. A él le tocó la Primera Guerra. Europa cometió el suicidio dos veces. Europa no era perfecta, lo que tú quieras, pero ya no hay aumento de población de ellos, casi nada. Perdieron millones de gente y reconozco que Europa es guerrera desde uf.

—Toda la vida —recalco, intentando completar la frase, conociendo la historia de un continente que en otra escala pudiera ser una península y que ha estado mezclándose a través de los siglos.

—Puras tribus; entonces, nunca estaban de acuerdo con nada. Todavía ahorita, pero no tienen más que unirse, de veintisiete países son veintisiete tribus también, o cuarenta tribus, quién sabe cuántas, digo, rosarios históricos de tribus, pues no digo que esté acabada. Pero no le veo tanto futuro como a México o América, y eso que nosotros como alemanes vamos seguido. A Europa la están invadiendo lentamente y no tiene nada de malo, pero trae sus propias...

—Ideologías —intento nuevamente poner una palabra.

—Pues sí, muchas maneras de pensar distintas. Pero, fíjate que el mexicano sí se adapta, aun el mexicano que está en Estados Unidos se adapta mucho al estilo de ellos.

—Sí, sí, pues México está acostumbrado a hacerse ese mestizaje desde inicio —le expongo mi opinión.

—Exacto. Además, nosotros como México no tenemos una ideología, no somos ideólogos. Éste quiere sacar la ideología, pero al mexicano le vale madres, a él pregúntale cómo estuvo el futbol, o cómo estuvo la telenovela, cómo estuvo la carne asada, todo eso. Hay tantos males que todos tenemos que jalar, entonces, ¿qué pasa?, que no hay. Afortunadamente, no tenemos ideologías.

Reflexiono, sin omitir que el desinterés por las ideologías tiene también una ventaja: que donde no hay comida, oportunidad y muy pocas satisfacciones, no cabe el pensamiento racional. Y los índices de desempleo son bajos, quedarse desempleado es equivalente a morir. Escucho a taxistas, peinadoras, enfermeras y masajistas que tienen dos o más empleos informales para completar. Y es por eso que permitimos que "populistas" que vienen a ofrecer promesas incumplibles lleguen al poder. Don Franz continúa dando su opinión:

—No tenemos ideologías y por lo tanto no somos tan radicales, y eso es muy bueno. Somos súper flexibles entre todos nuestros defectos. Será por la historia, por los españoles, del mestizaje como dices tú, será por el clima, por la Virgen de Guadalupe, no sé.

—De que nos adaptamos, nos adaptamos —contesto rápidamente, yo que soy como un malvavisco que se adapta a casi todas las formas y reconozco que el mexicano es así.

—Esa es la ventaja. Y los otros son más rígidos, pues no se mueven de su posición. En estos tiempos, inclusive México es de los países más abiertos al comercio internacional; todos los tratados que se hicieron. Digo, México es muy bueno para las inversiones, el mexicano trabaja muy bien, relativamente hablando, comparado con el gringo.

—Por mucho. Somos grandes y muy buenos trabajadores, solo que cada vez nos vamos quedando más atrás en el desarrollo y dependemos cada vez más del extranjero —le doy mi opinión.

—Y sabes que ya las nuevas tecnologías ya están fuera del alcance de nosotros. A ver, ¿cómo vas a competir con Microsoft o con Google? Si hay aquí algunas gentes que lo están haciendo bien todo eso, pero pues, digo, los monstruos, ¿verdad?, ya son más grandes que el Gobierno, ya son entidades propias, casi tienen los presupuestos más grandes que países enteros.

Desvío la conversación y prefiero regresar a sus orígenes europeos. Me aclara que su papá llegó en 1923.

—Sí, llegaron a Tampico. Era un grupo de alemanes técnicos, en la cosa de la industria del zinc, que vinieron de una empresa belga a poner una calcinadora aquí en Saltillo.

Me da una breve explicación del proceso de extracción del zinc. Y que a pesar de que se alcanzó a formar una pequeña planta, ésta tuvo que cerrar y su padre recibió una oferta para regresar a Europa.

—Papá no se quiso ir e hizo una muy buena decisión. Él ya había pasado allá por la guerra, no nada más la guerra, ellos estaban en Alemania por varios años y justamente donde él vivía se convirtió en Polonia. Entonces, él dijo no. Ellos hablaban alemán, ellos estaban en escuelas alemanas, se vinieron de Alemania, él y su hermano. Otro hermano se fue a Brasil y el otro se vino a México con nosotros, pero con trabajo, ya vino con trabajo, no vino a ver qué encontraba.

Reflexiono cómo tanta gente deja su lugar de origen para encontrar nuevos horizontes o huir de lugares conflictivos y sin oportunidades. Me comenta cómo su padre tenía una oferta en firme, pero decidió dejar todo para llegar a un país nuevo.

—Porque, además, les pagaron el viaje, les ofrecieron regresar, pero papá se quedó aquí, se fue a Rosita, Coahuila. Estaba empezando también el Zinc y, bueno, ahí hizo su carrera y se jubiló y ahí nacimos nosotros.

—¿Ahí encontró a su mamá? —le pregunto extrañado.

—Sí, mi mamá es de Múzquiz, ahí se casó. Mi segundo apellido es Múzquiz —esbozando una sonrisa me contesta.

—Sí, pero, no se regresó porque encontró a su mamá o...

No alcanzo a terminar la pregunta y me responde:

—No, yo creo que papá, cuando él se vino, estaba la inflación tremenda en Alemania. Él decía que en carretilla le pagaban para ir a comprar. Yo creo que a él le gustó México, le pareció mejor quedarse aquí que regresar e hizo muy buena decisión. Fíjate, la Segunda Guerra chingada, encima y pocos años, imagínate que no estaríamos aquí nosotros.

—Pues sí.

—Y él siempre nos decía: "Ustedes son mexicanos". No podía decir mexicanos, decía "messicanos". Siempre nos hizo saber que éramos mexicanos, para que no se nos ocurriera creernos alemanes.

—Qué raro, ¿no? No raro, pero no es común. Al contrario, al europeo le gusta mantener su origen; español, francés, inglés, aunque ya no lo sean —le cuestiono. Conozco a muchos "españoles" y "franceses" nacidos en México, pero que dicen que son de allá.

—Acuérdate que venía la guerra y acuérdate que se estaban llevando a todo mundo al ejército. No se nos fuera a ocurrir a nosotros...

—Entonces, era más bien por protección —busco encontrar una más precisa explicación.

—Yo creo, y sí, sí, sí estuvo difícil porque mucha gente no sabe. La mayoría de la gente no sabe que recogieron a todos los alemanes ahí en Rosita y aquí también en Monterrey y se los llevaron a Perote. Papá ya estaba naturalizado, pero yo estuve ahí con papá; se estaban llevando a sus amigos, varios que andaban ahí, como prisioneros de guerra. No como prisioneros de guerra precisamente, pero estaban en el campo de concentración, y así fue en Perote, Veracruz.

—Campo de concentración de... ¿Aquí en México? —con gran tono de asombro le intento preguntar.

—De extranjeros: italianos, japoneses y alemanes. Sí, en Perote Veracruz, los agarraron, tranquilamente. Digo, no hubo bronca, y se los llevaron en tren. Ahí estuve yo parado con él, me acuerdo perfecto, yo tenía diez años. —Hace un gesto con la mano, señalando lo que hubiera sido la estatura de un niño pequeño—. Eso fue después del 7 de diciembre, aparte trabajaba para una compañía americana, la American Smelting Company. Inmediatamente, al día siguiente, se impidió la entrada a japoneses e italianos y papá se salvó porque ya era mexicano por naturaleza. Cerquita, en la raya.

—¿Eran dos ustedes?

—Éramos dos, más bien tres. Es una historia compleja. Alfredo y yo, y hubo un tercer hermano que nació cuando murió mi mamá

María, María Múzquiz, y a ese lo crió una tía; ya no lleva el apellido Zabroky, se apellida Reyes, pero nos vemos, nos vimos siempre como hermanos.

—¿Pero era hijo de ambos padres? —asombrado le pregunto.

—Hijo de sangre, igual que nosotros. Mi mamá murió justo al parto. Papá trabajaba hasta las tres de la mañana, él entraba a las tres de la mañana todos los días. ¿Cómo cuidas a un niño...?

—Recién nacido y sin mamá —intento cubrir la oración, mientras él se recupera de la historia que está contando.

—Sin mamá es una cosa dura, pero yo creo que era una cosa que no se podía hacer más, ¿qué hacía? Luego papá se volvió a casar al año siguiente, con mamá Marta. Quedamos los Zabroky Múzquiz y mi hermano Daniel Reyes.

—¿Y cómo es esa relación con un hermano que no se apellida igual? —manteniendo mi asombro le cuestiono algo que me parece, cuando menos, curioso.

—Pues sí es raro. Su hija, mi sobrina, me llama y le respondo, no le das importancia. Quiero decir, lo aceptas.

—Fue natural.

—A ver, ¿para qué te vas a pelear? Muchas cosas así son y las tienes que aceptar y no hay bronca. ¿A quién le repelas? Ni modo que le digas a tu papá algo. No significó algo catastrófico para nosotros nunca. Papá, cuando falleció, le dejó una parte de su herencia a él, a Daniel, o sea, lo consideraba hijo con otro apellido nada más —me dice con un tono de completa aceptación, sin darle mayor importancia a algo otros pudieran recalcar más.

—Su hermano se llamaba Alfredo. O sea, había dos Alfredos Zabroky y siguieron dos Alfredos Zabroky.

—Sí, viven allá en Estados Unidos. Sin embargo, las historias de las familias son muy diferentes y ahí es donde hay una lección, creo yo. No es fácil aceptarla, es duro. Mi hermano y su esposa, graduados del Texas Tech, tenían carrera, pero los hijos no quisieron estudiar. No fueron a la escuela y entonces, ¿qué pasa?, pues que las familias son distintas. Yo no quiero presumir, pero tenemos seis ingenieros químicos en la familia ya; todos han terminado sus universidades en diferentes partes. Pudimos enviar a dos hijas a Europa, un año a cada uno, para que aprendieran bien el inglés; la otra a Suiza, que se estilaba en esos tiempos. Es una manera de ver el mundo diferente, que ya te forma una especie de credibilidad o, yo diría, algo que tienes que tú no debes fallarle a la siguiente generación, ¿cierto?

—Pues sí, estoy de acuerdo con usted. Yo también envíe a mis hijos a que estudiaran fuera de México y observaran otras culturas.

—Mis sobrinas se casaron, desavenencias y problemas; están más o menos bien, nada es perfecto, todos tenemos problemas. No hay tampoco que tirar piedras porque te caen encima, pero sí te quiero decir que en México, yo estoy convencido, la mayoría de la gente, porque lo he visto, hasta la más fregada trata de que sus hijos salgan adelante, con educación, de donde venga, pero al menos quieres que estén mejor que tú.

Me cuenta cómo observa que en el ejido de Hermanas, Coahuila, donde tiene su planta, salen muchos muchachos estudiando robótica. Él mismo dice que están haciendo maravillas y los llama "diamantes en bruto". Y cómo cambia la vida con el estudio y más si este es fuera de tu ciudad o país. Y yo opino igual y la información que he recopilado es que busques la manera de dar la mejor educación posible.

—Es verdad. ¿Los padres deberíamos hacer ese sacrificio?

—Pero también lo hacen los hijos —me responde orgulloso—. En el tiempo que yo fui a Los Ángeles y todo, se debió a un profesor que vino del Franco, que daba Literatura o Español, pero nos habló maravillas de allá, que estaba todo a tren, muy bonito, y que la fregada. Yo tenía dieciocho años; pues me voy. Yo fui primero a Los Ángeles City College, porque en Los Ángeles City Collage no costaba nada, o casi nada, no necesitaba pasaporte, estaba todo a tren, estaba todo muy fácil, era otro mundo. No venía más que una vez al año. Estaba aquí y allá en los veranos, trabajaba en una planta química, luego en la universidad en la biblioteca, pues yo me ayudaba con eso, pero es que el "tuition" costaba trescientos mensuales, ahorita te cuesta un dineral.

—Hoy se pagan cerca de ochenta mil dólares al año —le comento recordando mi experiencia con Luis en la Universidad de Colorado.

—Sí, una locura. Entonces, yo estuve dos años en Los Ángeles City College, salí de ahí a, pues, a aprender inglés, porque no sabía nada de inglés, casi nada, nada, prácticamente. Luego de dos años, me fui a USC. Yo viví en Los Ángeles en 1949. Los Ángeles era una ciudad que te quedabas deslumbrado y yo no venía de la Ciudad de México, venía de Rosita, Coahuila. La diferencia casi un abismo.

Me imagino el cambio tan drástico de un pueblo que aún hoy sigue siendo un pueblito minero a una de las mega urbes más grandes del planeta.

—En aquel tiempo, súper precioso, yo no fui a Texas por la discriminación. A mí nunca me cayó bien que a los negros los mandaron allá para atrás y a los mexicanos también. A mí me tocó ver eso, yo lo viví, mandarlos atrás del autobús y los baños separados, letreros de color people - white people, eso yo lo vi.

—Pues sí, casi todavía están —le comento. Reflexiono que es un trauma que los Estados Unidos no ha podido superar y pienso en los movimientos de Black Lives Matter, que siguen y estarán a la orden del día.

—Pues casi, pero, digo, para mí parecía terrible. Fíjate, no sé, eres idealista, a lo mejor, bueno así fui. Entonces, dije: “No”. Y California era el paraíso abierto, no había nada de discriminación.

—Más liberal.

—Muy liberal, completamente.

—¿Y de California se regresó aquí o allá?

—Es que ahí en Los Ángeles las compañías van a buscar gente, tú sabes, ya conoces el sistema, ¿verdad? Se ponen ahí a finales del año escolar, del semestre, y ahí va uno a platicar, y ahí estaba American Smelting. No recuerdo qué les dije, lo que fuera, total, me hicieron una oferta de empleo para venir a Rosita ganando trecientos dólares al mes; era un dineral en aquellos tiempos. Yo creo que gané más que papá cuando llegué yo de lo que ganaba papá, por treinta años; fue fantástico.

—¿Su papá vivía todavía?

—Sí, sí, sí... papá murió en Edimburg, en Texas, en el 68. Pero entonces fantástico, porque yo llegué a Rosita, a mi casa, con un buen sueldo, pues ¿qué más, mano?

—Pues sí. ¿Y no se sintió celoso su papá que ganaba más que...

Sin dejarme terminar la oración, continúa:

—No, no, nunca me dijo nada. Pero mucha gente no quiere regresar, bueno, ya se enamora del sistema, te enamora mucho Estados Unidos, 'ta cabrón, te enamora. Y más en ese tiempo, yo creo, más que ahorita, creo yo. Y no era el Estados Unidos de ahorita, que están todos peleados unos con otros, para nada, al menos al que a mí me tocó vivir.

—Sí, sin lugar a duda.

—Y te enamoras y te tienes que ir, pero en realidad la vida, la mejor, es donde está tu familia, donde tú naciste, donde tú eres, el que eres. Pues serás cola de ratón, pero allá ni eres cola de ratón, no eres nada.

Le platico la historia de don Tito, el padre de mi ranchero, que opina igual que él, que uno debe estar donde está enterrado su ombligo.

—Y fíjate, el mundo da vueltas. Nosotros salimos de Rosita a Zincamex, en Saltillo, por una razón fundamental: las escuelas. Fue una decisión difícil, nosotros estábamos en una industria privada de los gringos, con muchas comodidades y todo gratis, la luz y todo lo que necesitábamos. La verdad a toda madre, pero ya venía la nacionalización de la industria minera. México pasó una ley que tenía que ser a fuerza el cincuenta y un por ciento que las empresas tenían que ser mexicanas. Eso no nos gustó a nosotros, aun siendo mexicanos, y dije: "Esto no pinta bien". Mejor de una vez dimos el brinco otro amigo y yo, que también le ayudé en Rosita y nos salimos, de plano, en la cúspide de alguna manera. Ya tenía diez años trabajando ahí y pues era mi tierra, y todo a toda madre, pero, pues no sé si tuvimos una visión, una certeza, o le atinas.

—¿Y considera que acertó?

—Pues, como te digo, en Rosita la educación para mis hijos tendría un límite. Así que creo que hice lo correcto. A donde nos vinimos era una inversión del Gobierno federal. Batallamos un chorro aquí con la planta, un chorro, muchísimo, difícil. Trabajamos como locos, pero salió adelante. Y de este proyecto vinieron otros más; ya eres parte de un equipo. Y luego ya me tocó Las Truchas, Fundidora, PEMEX en Houston, y otra vez para atrás a México, entonces pues estás en un equipo de gente que son como técnicos.

—¿Siempre estuvo con el mismo? Yo me acuerdo de que Alfredo mencionaba un amigo suyo, Leipen.

—Leipen, Jorge Leipen. Jorge Leipen era como el cabecilla de nosotros. Vino de México como director general, pero estaba muy joven, era siete años menor que yo. Era un cuate que sí se metía a las plantas. Era economista, pero le gustaba meterse a las plantas.

—¿Las recorría y le gustaba? —le pregunto.

—Sí, sí, sí estamos juntos. Le gustaba, cosa rara porque venía de México y la chingada, y luego estuvo en Sidermex. Fue el director general de toda la industria siderúrgica en aquel tiempo y yo andaba en la bola. Y otros muchos ingenieros, no nada más yo, otras gentes de ese grupo, y luego pues te buscan. Posteriormente, un amigo, Gustavo Cortés, me dice: "Oye, me nombraron director de compras en PEMEX, ¿te quieres ir a Houston?". "Pues claro que sí", le respondí, volando a Houston. Yo siempre "vámonos", si te dan la oportunidad.

Le comento sobre el artículo de Steve Jobs en el que indica que la vida se tiene que analizar de hoy para atrás, uniendo los puntos, pues de hoy para adelante no sabes qué va a pasar.

—Y si ves en el retrovisor, dices: "Chin, ahí la regué", pero ahí ya no puedes decir quién fue, ¿pues cómo? Y no me gusta estar lamentándome.

Ahorita que menciona retrovisor, y cómo empezamos la plática, me comenta que le gusta siempre estar pensando para adelante, pero recuerdo que tiene una pasión por los autos antiguos.

—Como que ahí hay una contradicción, ¿no cree?

—Sí, bueno, eso sí. Bueno, ahí estamos con Alfredo. Sabes que los autos, pues, para todos o la mayoría de la gente, los hombres, nos enamoramos de los autos, malamente, pero así es, ¿verdad?

No lo contradigo, pues a mí en realidad ni me gustan, ni me importan los carros. Mientras tengan asiento, llantas, volante y que avancen es suficiente.

—Y todavía andamos en eso, pero es un hobby que tenemos, y el otro es este rancho, ¿verdad? Este rancho ha sido muy importante porque ha sido la unión de la familia por cincuenta años y empezamos de la nada. No había nada y le hemos metido, pues, ganas.

—¿Usted y doña Elva sembraron los nogales o ya estaban?

—Sí, nosotros los sembramos. Aquí no había nada, era monte, así como está allá, nada, nada, ni pozos de agua, un caminito ahí de tierra. Nosotros hicimos todo y uno tiene la ventaja de que también te apoyó tu esposa todo el tiempo.

—Esta la hicieron. ¿No estaba?

—Nada, no existía.

—Es que como tiene la arquitectura antigua, así como de hacienda del México de películas.

—Bueno, es que a mí me gusta, es que, a ver... esta es *timeless*, no tiene tiempo. Es timeless y es siempre... una cosa ya histórica. Esto no es este México, o es Egipto o es Mesopotamia, o es Roma, es... Todo esto está mezclado aquí: el porche, el patiecito de atrás. Es impráctica, ¿eh? Sí, que te quiero decir que para vivir es impráctica, pues porque los cuartos están todos en línea y los baños están por donde sea, pero tienen un sabor. Aquí nos juntamos a comer, a cenar, a las fiestas, a las bodas, pues es como un centro de reunión. —Cambia a un semblante con muchísima más emoción—. Esto ha sido un punto muy importante para la familia, el rancho, ya tenemos aquí cincuenta años. Y lo compra uno porque a mí siempre me gustaba el campo, siempre me ha gustado. Íbamos a la sierra y se dio la oportunidad. Costó aquí veinte centavos el metro cuadrado. En aquel tiempo, era algo de lana que no es nada ahorita.

Me comenta que ya hicieron una división de las veinte hectáreas originales entre sus hijos y que tuvo que donar una parte al municipio para que hicieran una calle.

—Ese *boulevard* que está ahí, que lleva el nombre de papá, se lo regalamos al Municipio para conectarlo. Nomás les dije: "Nada más pongan el nombre de mi papá". Se llama Franz Zabroky.

—Ajá, bueno ya, ya le quedó a usted —bromeo, pero reflexiono de la generosidad y la importancia de los legados, de los cuales el nombre en este caso es un símbolo.

—Pues sí, a ver si no lo borran. —Y esboza una sonrisa.

—Además de la calle, ya hay varios Franz Zabroky, ¿no es así?

Me contesta orgulloso que el hijo de Alfredo es el cuarto y casi con el mismo orgullo que está estudiando Ingeniería Química, carrera que encuentra sumamente útil.

—Bueno, nosotros, es que mira, nosotros, a ver... Tú estás en Nueva Rosita, es una ciudad industrial, pueblo, como sea, mineros o la chingada, pero ves todos los días una planta gigante de seis mil trabajadores echa y echa humo; un horno que echa humo, una planta de coque allá, una mina allá, explosiones y muertos a cada rato, cada día que pasas a la escuela estás viendo. Ese es tu mundo.

—Así es, como si nacieras en un lugar repleto de vacas, pues, vas a hacer agrónomo —le hago una comparación.

Aunque, cuando escribo estas líneas me pregunto si la infancia es destino. Me inclino a creer que no, pero sin lugar a duda es una fuerza que arrastra y que cuesta mucho modificarla. La mentalidad de cada persona se moldea y pone los cimientos para el resto de su vida, para bien o para mal, en esa etapa.

—Pues nosotros siempre veíamos eso, que papá siempre iba a las tres de la mañana y llegaba a las nueve de la mañana y estaba trabajando. Para nosotros, no ser ingenieros era inconcebible.

—Sí, pues Alfredo y Erick fueron contadores —medio en burla le recuerdo.

—Pues sí, hay fallas, los dos se fueron de contadores. —Y los dos nos reímos jocosamente. —Sí, pero fíjate. Ellos tienen una característica que yo no tuve. Nosotros, o yo, con nuestra preparación era la planta, todo. Haz de cuenta que era la diosa. Los dioses están ahí, eres fiel a la empresa cien por ciento, ahí vas a vivir... Nosotros nos cambiamos por las razones que ya te expliqué, pero papá estuvo toda su vida ahí, eso es lo máximo, y nosotros no pudimos tener negocios fuera porque la compañía eso no, ni se te ocurriera decir que vas a tener un negocio fuera porque vas para afuera. Nosotros no quisimos tener conflictos de intereses. Muchos se fueron, se hicieron millonarios ahí en Monclova. La diferencia de mis hijos es que ellos tienen una característica que yo no tuve: yo no me atrevo a tomar los riesgos que ellos están tomando en la nueva fábrica. Yo nunca tomé esos riesgos; yo no puedo, yo nunca pude. No, pues ellos están más aventados a la locura, mano. Lo que están haciendo es... Para mí, está totalmente fuera de todos mis parámetros, pero bueno, ahí están, ahí van.

Casualmente en ese momento llega Alfredo con unas botellas de agua y nos deja un par a cada uno, pues nos dice que desde su casa solo nos ve hable y hable. Se retira y le comento que Alfredo me acaba de enseñar una foto de su cumpleaños noventa en la que aparecen varios de sus amigos.

—Con algunos que me quedan vivos. Aquí no está difícil, pero fíjate que, si no te dicen que tienes noventa, no debes pensar que tienes noventa.

—No, no y le comentaba, y le dije: "Hablé con tu papá por teléfono y te puedo decir que no es la voz de una persona de noventa años".

—Bueno, hasta ahorita. De pronto das el viejazo.

—Bueno, hasta el día de hoy no. Con respecto a sus amigos, los que aparecen en la foto, ¿de qué grupo son?

—Esos son de Nueva Rosita.

—O sea, ¿son los originales?

—Sí, algunos son los originales de mi pueblo, dos, tres de ellos. Y otros, pues...

—¿Y se han frecuentado siempre? —le interrumpo.

—Sí, cada uno ha andado en diferentes cosas, ¿verdad? Yo me mantengo así en parte, porque estoy activo. Nosotros vamos todas las semanas a la planta.

Y cambiando el tema de los amigos, regresa a comentar que asiste a la planta de lunes a jueves, y con la gran suerte de ir con su nieto. Y resalta que también es ingeniero químico y de alguna manera quiere formarlo. Reconoce que le falta mucho, pero lo que más intenta enseñarle es el trato.

—Ese es el más importante. Tú lo acabas de tocar, yo no soy tampoco la gran maravilla en eso, pero bueno, a paso prendido.

—Y ese se gana a través de los años.

—Entonces, me ha tocado llevarlo casi de la mano. Lo conozco desde bebé, y él y yo estamos haciendo ahí, pues, la ampliación de la planta y manejando la planta en la que hay que tomar un montón de decisiones. Hay que hacer muchas cosas y, bueno, estoy muy contento porque eso es lo que a mí me gusta, eso es lo que he hecho toda mi vida: andar en las plantas; eso también te mantiene... —No da con la palabra, pero se nota que quiere decir "vivo", "activo" o algo así—. Porque he andado caminando siempre. Las plantas son grandes, siempre subía escaleras, bajaba escaleras, ibas venías todo el tiempo.

Comenta cómo, además de sus recorridos por las plantas industriales, siempre ha hecho ejercicio y es notable que lo mantiene con una figura espectacular. Es como cuando te sorprendes al ver a Mick Jagger bailar. Me cuenta que ha corrido siempre, en Houston, en San Francisco o en París, pero que sistemáticamente, a partir de que los astronautas llegaron a la luna y presentaron ejercicios aeróbicos, ha intentado cuidar sus rodillas; ha bajado su ritmo.

—No me han fallado, ¿verdad? Pero dije: "No, ya no". Entonces lo que he hecho ahora es... Tengo una bicicleta estacionaria que me regalaron y pues diariamente hago treinta minutos cuando estoy aquí. Ayer lo hice, hoy lo hice y en la tarde vuelvo a hacerlo, así... Y cuando ando en la planta, pues andamos caminando, y además hago una forma de calistenia. Bueno, nado también, tenemos una alberquita aquí, cuando puedo, ¿verdad? Y hago calistenia todos los días. Es una locura porque yo hago siete mil operaciones, ¿verdad? Levantar los brazos, mover las piernas así, las muñecas así, pero son siete mil diarias, en una hora —dice haciendo movimientos de cada parte que va mencionando.

—¿Una hora de movimientos precisos? —asombrado le pregunto.

—Pues, sí, más o menitos, ¿verdad? Antes de levantarme, yo ya estoy pensando en ejercicio, y te vas a mentalizando de una cosa. Esos siete mil diarios te dan más de dos millones al año. Es mi objetivo, ahorita voy en un millón cuatrocientos y millón quinientos mil. Esa es la manera en que yo me entretengo, haciendo mis números. ¿Ves?, debe ser siete y luego lo multiplico por los días.

—¿Por qué siete? —pregunto, pues siento mucha curiosidad, sobre todo porque el siete es mi número.

—Pues, no sé. Porque empecé menos, pero dije: "No, tengo que llegar a dos millones". Siete es un número que te lleva fácil a los dos millones en los trescientos sesenta y cinco días, te pasas.

—Como mi número de la suerte es el siete (yo nací el 7 de diciembre, justamente), pensé que sí había una...

—Igual que Lyz. No, porque seis si llegaba, pero muy apretadito, mejor que esté sobrado, es importante hacer ejercicio todos los días.

Pero me quedo sorprendido, no solo de que siga haciendo ejercicio, sino de la disciplina para hacerlo y el gusto por los números para que algo que pudiera ser rutinario se convirtiera en algo motivante. Me cuenta, además, como ya lo había dicho antes, que después, y a veces, durante el ejercicio, lee la prensa americana, inglesa, alemana y, de vez en cuando, también a *El Norte*.

—Acabo de terminar ahorita *La guerra del Catorce*, escrita por Meyer, un librote así. —Y con ambas manos hace el gesto de la anchura del libro—. Es muy detallado e interesante, y leí todo ese libro. Es el que leí este año, nada más leí ese libro este año porque es histórico.

—¿Es lo que más le gusta leer? ¿O historia o novela?

—Historia y economía. Novela no, de la guerra sí, pero no novelas. Más bien de acción, relatos de la Segunda Guerra Mundial. Entonces, ¿qué pasa?, que leyendo el *New York Times*, los artículos, entre tantos, tienes una visión global prácticamente.

Aprovecho una pausa y, observando que aún conserva puesto el anillo de matrimonio, me atrevo a dirigir la plática a otra arena.

—Oiga, aquí una pregunta a lo mejor un poquito más difícil. Hasta ahora, las personas que he entrevistado todos siguen casadas y usted comentó de doña Elba, pues lo acompañó siempre a sus aventuras externas e internas. ¿Cómo se ha sentido en estos últimos cinco años desde su partida?

—Mira... Aprendes varias cosas. Primero, que hay una cosa, hay una serie de enfermedades que no les vas a ganar, por más que los mejores médicos y la chingada, no les ganas, porque somos, al final del día, somos una planta química. Ingeniería química está en nuestro cuerpo —me da una explicación ingenieril—. Ahora, eso es nunca. Bueno, al menos a mí en los cinco años dos meses, pero no, no puedes, no lo superas. —Lo último lo dice con un tono mucho más melancólico y con un semblante más sentimental. Percibo que ese sufrimiento se mantiene palpable en su vida actual—. No lo superas, se adapta, nada más. Té adaptas por una razón básica: por supervivencia, y porque crees y creo que todavía eres útil a la familia. A la familia, porque yo creo que sí soy útil de cierta forma.

—Sin lugar a duda, el ejemplo, el acompañamiento que le da a sus nietos —le aliento después de escuchar lo que, se nota, sigue siendo un trago difícil.

—Y platicamos y nos reunimos. Ya se van los dos y ya se queda como al principio. Además, te voy a decir otra cosa. Si pones caras largas y empiezas a quejarte, que esto y lo otro y la madre, se van a preocupar tus hijos y tus hijas, tanto que los vas a enfermar a ellos también, ¿me explico? O sea, tienes que agarrar el toro por los cuernos y decir: "Bueno, pues esto es terrible, pero pues...".

—Así sucedió.

—Y bueno, todos los días pienso en ella. Tengo las fotografías de ella, paso y la saludo todos los días al pasar. Pero ya no, no puedes reponerte de eso. Sí lo puedes no superar, pero convivir con eso, tienes que vivir con eso, vivir. Porque, pues... la vida es fantástica.

En estas frases resumió la melancolía, la resignación, la habituación a la pérdida de un ser querido, para él, la más querida. Pero también la proyección hacia el futuro.

—¿Considera que si la partida de doña Elba hubiese sido a otra edad, sentiría igual? Pues no, tal vez no sea lo mismo que se separen a los cuarenta a los sesenta y cinco o a los ochenta y cinco, como fue su caso.

—Mira, no sé qué pasaría ahí. Yo he tenido una gran fortuna que mis hijos y mis hijas me apoyan totalmente, y todos los días hablamos todos, estamos en contacto y este... no me meto en sus vidas, no se meten en la mía. Muy padre, ¿no? Pero yo he pensado lo siguiente, te lo voy a decir a ti, no se lo he dicho a nadie, pero, se va tu compañera y se lleva parte del corazón, sí, el corazón de ella, y te deja un pedazo de ella, así lo veo yo. Un pedazo ya no está, ese ya no está. —Se lleva una mano a su corazón—. Y no lo vas a sustituir con nada —con una voz quebrada me lo hace saber ese ingeniero alemán, que parece inquebrantable y estructurado.

Y, tratando de contenerse y contestar mi pregunta, me dice que a otra edad sería distinto, tal vez terrible, pero para él fueron muchos años de vida juntos. Intento poner el futuro en el horizonte, comentándole de los proyectos que sé que tiene en puerta como seguir arreglando el rancho, sus autos antiguos que tiene en la cochera, como el Packard que usó el día en que se casó, la planta de coque... Y le pregunto sobre qué más tiene en su *bucket list*.

—Pues, mira, yo ya me doy por muerto por los viajes, porque pues ya no se puede, ¿verdad? Es demasiado riesgo el que hay ahorita con el COVID. En la lista se me quedó ir a Egipto, bueno pues ni modo, a lo mejor virtualmente lo puedo ver. Yo uso la realidad virtual con mi hijo Franz. Compramos los lentes y hacemos vuelos reales. Y lo disfruto mucho.

—¿Usted quería ser piloto?

—Sí, todo el mundo quería ser piloto. Era en las grandes épocas de los grandes héroes como Lindbergh y todos querían ser pilotos. Pero no, no, tampoco, no era mi camino. Sí volé avioncitos, pero con el piloto siempre al lado. Había una avioneta ahí en la planta de Las Truchas, pero empiezas a aprender que ya no vas a... bueno al menos yo, aprendes a vivir con lo que tienes, con lo que puedes hacer, con lo que es alcanzable. Ya lo inalcanzable, pues ya para qué.

—Y una de esas que son alcanzables, ¿qué quisiera hacer?

—Pues... quiero llegar a cien años, ¿verdad?

—¿Con qué objetivo le gustaría vivir esos cien años?

—¡Es que la vida es a todo tren, mano! Y viví cosas fantásticas todo el tiempo. Ahí va, tú y yo vamos a estar platicando aquí, pero no igual, pero no vamos a estar aquí dentro de pocos años; vamos a estar quién sabe dónde, en realidad virtual, lo vamos a hacer, y lo otro también donde apareces tú, que estás muerto, pero ahí andas bailando con Michael Jackson en Las Vegas. Vienen cosas muy fantásticas en la cosa del *software*, es tremendo, yo creo que eso es fantástico. A mí me encanta ver o quisiera ver. Lo que más echaría de menos es no ver esto, todo lo que viene, aparte de la familia, ¿verdad? Bueno, la familia es un capítulo muy especial.

Me sorprende que, a pesar de ser ingeniero, a su edad esté pensando en el futuro de manera tan optimista y sea cercano a los avances tecnológicos. Pero deja claro que lo más importante es su familia. Termina diciendo que ya llegan los bisnietos.

—¿Bisnietos ya?

—Sí, ya tengo cuatro bisnietos. Uno está en España, otro está en Canadá y dos aquí en México. Eso no lo menciono porque es obvio, ¿verdad? Porque, pues es familia, pero también estás viendo los éxitos de ellos y las cosas que están pasando. Es a toda madre vivir.

—Sí, sí es a veces. Para aquellos de nosotros que nos gusta vivir, es increíble pensar cómo encuentras gente que no quiere vivir, que está deseando que ya se acabe, sin anhelar nada más —le expreso mi opinión.

—Es que no, no están bien. A ver, no están aquí sentados a toda madre. Están viendo esto.

—En ese momento, ojalá que suceda, después de esos cien años, ¿usted qué cree que pase después?

—No sé, pero yo creo que sí voy a llegar, ¿eh? No hay ninguna seguridad.

—Obviamente, pero, en el momento que suceda, ¿qué cree que pase?

—Físicamente, te vas deteriorando, ¿verdad? Eso es inevitable día con día. Aquí no hay vuelta de hoja. Ha sido lo más posible para sobrevivir. El negocio principal que le queda a uno es *survival, survival*, supervivencia. Para mí, eso es lo más importante.

—Pero usted está trabajando en eso como quiera, hace su ejercicio.

—Por eso, ese es el principal objetivo: sobrevivir.

—Así es.

—Porque si no jalas, no vas a sobrevivir. Y te alimentas lo mejor que puedes, te pusiste las vacunas y ya no me voy a comer el postre cuando no lo autoricen, entonces haz de cuenta que estás dedicado al *survival*. Es una lucha, es un objetivo, es un logro al que quieres llegar, una meta. Ahora, ¿qué sigue después? No sé, el otro mundo es el mundo religioso, es al que te refieres a algo de eso.

—¿En qué cree usted?

—Mira, como ingeniero... como ingeniero y como son los sistemas humanos, es algo también, no dudo que ande por ahí. Es un conjunto de algoritmos que están todos ahí de la vida.

—Inmersos, siempre mezclados.

—Ah, ahí en la madre, sobre todo los antepasados, lo que tú quieras y gustes, pero se destruye, se destruye... se acaba el momento que ya no estás suspirando. Es una planta, es un conjunto fantástico, cerebro, neuronas, lo que quieras y gustes, pero, pero se destruye, como puede existir después.

—¿Se destruye por completo o como la energía se transforma?

—Yo no creo que se transforme porque la entropía te va haciendo que cada vez... tienes menos energía, hay un desgaste. Tú eres una parte de un sistema. Todos traemos, la vida trae, una fórmula matemática. El virus es parte de eso. ¿Por qué cambia? Pues, porque trae una fórmula matemática del origen de la vida, un algoritmo que trae, muy simple, pero ahí está; nosotros traemos también. ¿Cómo se hizo, por qué se hizo? Eso no he podido contestar la pregunta, imposible de contestar. Como ingeniero, pues tienes que ver la realidad, ¿cierto?

Encuentro que su conclusión es interesante y no por ser científica es fría. Por mi parte, le comento que yo, como ingeniero, desde el punto de vista físico, encuentro que todo el cuerpo se puede explicar entre procesos bioquímicos y electromagnéticos y podemos explicar cómo nos vamos a descomponer. Y, sin traer temas de fe y exclusivamente con la razón, últimamente he venido pensado que sí, este universo tiene un principio y tiene un fin. No sabemos ni cómo empezó ni cómo va a acabar, y creo que esa respuesta nos rebasa.

—Bueno, nada más quería decir un poquito de lo que acabas de tocar. Aquí lo único que impera es la conservación de la naturaleza.

Le contesto que yo la tengo también definida raramente en los dos impulsos o en los dos instintos, en los más importantes de todos. Tiene que ver con la conservación del individuo primero, la conservación de la especie. Y la conservación de la especie supera a la conservación del individuo.

—Exacto, hace el sacrificio.

—Entonces, típicamente, incluso como padres, pues estamos dispuestos a sacrificarnos con tal de que nuestros hijos sean la siguiente generación —esbozo mi teoría.

—La siguiente generación genera. Para un individuo, es algo forzoso querer seguir viviendo, pero queremos que nuestra especie siga conservada.

—Muchas veces, como padres, en estas historias, en estos sacrificios que todos tenemos, queremos después evitárselos a nuestros hijos. Y a veces no nos damos cuenta de que justamente el sacrifico que tenemos nosotros es lo que no hizo llegar a donde estamos.

—Claro, por supuesto.

—Tratar de evitárselos todos los sacrificios a los hijos luego resulta que, pues, ellos ya no llegan a donde tenían que haber llegado, porque...

—Necesito complementarte un poquito que la religión en nuestra familia no era aceptada. Mi esposa sí era, como buena mexicana, bastante, pero nunca era central en que todo mundo giraba alrededor de ella, a pesar de que ella fue a una escuela católica que fue el Franco Mexicano. Pero yo empecé en una escuela laica. En la casa nunca fue central la religión. Sí fuimos a la misa y todo lo que tú quieras, pero nadie ha venido de allá, ni puede venir y, como ingeniero, otra vez repito: está cañón. Pero me ibas hacer otra pregunta.

—Sí, sí, sí. Le comenté que justamente, como no sabemos ni el pre ni el post, lo que tenemos es el hoy.

—Sí, es el hoy.

—Y en ese hoy, para mí, es lo más importante. Porque estar ahí, recordando qué va a pasar después, si no sabemos si sí, pues mejor, en mi opinión, vamos a disfrutar el hoy. Y el hoy, pues, se define por medio de... tal vez la palabra esté equivocada, pero, ¿cómo se define la felicidad, suponiendo que... para usted?

—Bueno, la felicidad es una cosa muy complicada. Para mí, la felicidad ha sido mi familia, pues que la veo que ha tenido éxito, que están bien, que han podido superar, equis, ye y zeta. La familia. La felicidad ha sido poder, pues poder hacer algo por ellos o de alguna manera darles algo, darles escuela, pues no sé cuántas cosas, ¿verdad? Pero la felicidad es una cosa muy difícil de definir claramente, ¿no?

—Pero, ¿a usted que lo hace feliz?

—La familia. Bueno, también tengo que pensar económicamente. Pues la felicidad es que también pudiste acumular algo; no es la gran cosa, pero que te de tranquilidad. Para mí, es muy difícil vivir sin tranquilidad económica. Nosotros que pudimos ahorrar, que siempre ahorramos, que fuimos conservadores en nuestras funciones, que nunca nos faltó y no nos ha faltado; para mí, eso también te da felicidad. Suena así medio gacho, pero es que es muy difícil andar batallando, chingado, para pagar, o poder mandar a tus hijos a las mejores escuelas, ¿verdad?

—Sí, sí, como dice el dicho de María Félix: "El dinero no lo es todo, pero cuando menos reduce los nervios".

—Ah, sí, el dinero no lo es todo. Pero haber mandado a mis hijos a las mejores escuelas y que lo aprovecharon, eso me hace feliz. Creamos una familia, o una dinastía, si le quieres llamar más elegantemente, y bueno, ahí está y ahí van; que siga.

—Y esa dinastía en particular de usted, siendo los únicos Zabroky aquí en México, sí es una, ¿todo depende de usted?

—Pues sí, y que cuiden el apellido, les digo, porque más o menos lo hemos cuidado hasta ahorita.

—Así es, pues, qué más legado que ese, ¿no?

—Porque es un apellido que resalta, ¿verdad?

—Es único. Como todo en la vida, tiene dos caras. Tiene una ventaja ser único: todo mundo te reconoce, sabe perfectamente dónde estás; y también tiene una desventaja: eres único, todo mundo te reconoce —le presento mi diagnóstico de esa singularidad.

—Ahora, tener un apellido extranjero, pues al principio no le pones ninguna importancia, pero bueno, en Rosita habíamos muchos que teníamos apellidos extranjeros. Después piensas que a lo mejor me ayudó en algo que, pues, que yo traté de resaltar, ¿verdad? Que no quedarme atrás, no sé, nunca sabes, ¿verdad?, cuál es la chispita por ahí. Pero, al principio, pues no, nadie le dio importancia. Ahora también lo puedes considerar como un defecto, como un hándicap, pues, imagínate, imposible lanzarse a la política con un apellido Zabroky, pues no. No estoy seguro si me ayudó o no, no sé, pero sí hay una cosa que hay que cuidar: sí es un legado que hay que cuidar, los hijos y los nietos.

—Sé que no existe él "hubiera", pero, si usted tuviera una varita mágica, "Esto lo hubiera cambiado de mi vida", ¿qué sería?

—Está cañón esa pregunta. Este... Pues, yo creo que uno no debe aspirar a más de lo que ya lograste, ¿me explico? Porque lo que lograste es lo que pudiste hacer. Y no debe haber *reverse*, como dice en inglés, porque ya no vives, ya vives infeliz.

—En otro universo.

—Pues, ¿para qué?

—Entonces, usted no se arrepiente de nada. Está feliz, satisfecho.

—No, pues, las decisiones se toman en el momento, con la información que tienes y con lo que tú puedes hacer con tu esposa en ese momento, tanto económicamente como físicamente, y no hay más. Te puedes equivocar, nos hemos equivocado todos, hay cosas y oportunidades que se fueron, pero así era. Porque siempre fuimos conservadores, porque qué tal si ya no tengo chamba yo mañana. Tienes que estar rodeado con la familia. No éramos una familia de herederos que "No pasa nada, papá está bien forrado", pues no, ¿verdad?

—Sus hijos ya pueden decir eso.

—No bien forrados, pero, cuando menos, van a recibir algo.

—Más que usted.

—Sí, definitivamente. Pero bueno, papá fue el primer emigrante, siempre carga una carga muy pesada. Muy pesada, pero lo hizo bien, y él siempre estuvo feliz de estar en México, qué bueno. Y nosotros crecimos en un pueblo rudo, ¿verdad? Clima feo, trabajos difíciles, pues no sé, te forjas.

—Te forjas, así es. La dificultad te hace, la adversidad te hace mejor, ¿no lo cree?

—Pero ni lo piensas, ¿verdad? No te andas quejando de nada, pues eso hay. Nosotros ni abanicos teníamos. Luego abanicos de esos simples y los metíamos debajo de las camas si hacía mucho calor; debajo de las camas, esa era la vida. A ver cuál otra vida conoces, pues esa es tu vida.

—Me queda claro que ha superado algunas cosas, porque la sabiduría justamente es esos noventa años. El trato con la gente no se aprende en los libros.

—Ellos lo aprenden rápido porque están jóvenes y están en una nueva generación, nuevas generaciones que nosotros. Pues sabes que te tienes que ir transformando tú mismo, no puedes quedarte congelado. Tú tienes que ir transformándote, reinventándote lo más posible todo el tiempo, todo el tiempo. Si las cosas son así ahora, pues así son, ¿verdad? Porque si te quedas congelado en el tiempo, ya valiste madres, ya no eres... ya ni siquiera eres tema de conversación. Yo conocí gente, he conocido gente que ya se quedaron congelados en el tiempo, y eso es tan terrible porque, ¿de qué platicas?

—Así es, ¿sabe? Mi papá también hace lo mismo y, de hecho, mis amigos que lo siguen viendo, de mi edad, dicen que: "Con tu papá se platica muy a gusto, porque te puede hablar de Messi, de Ronaldo, de la telenovela del día de hoy o de Afganistán, de ayer". Y mi papá es lo que hace, trata de todos los días estar.

—Es lo mismo que hago yo. Si no te actualizas para tus nietos, ya no eres tema de conversación porque no aportas nada.

—Y la misma historia ya la platicaste muchas veces; fue muy buena la primera vez, la segunda tal vez —le doy la razón.

—Y a la tercera ya, aunque sea tu papá. Pero todos vamos a caer ahí, inevitablemente, si no nos vamos rápido. No sé qué tan difícil sea mantener el cerebro así, digo, en óptimas condiciones.

—Yo no sé por qué, pues los años.

—Sí, sí, sí, el proceso químico tarde o temprano va haciendo su trabajo.

—Yo pienso, la naturaleza ya no te quiere. "Cabrón, tú ya cumpliste tu misión, ya hiciste la reproducción que tenías que hacer, ya vete porque estás consumiendo oxígeno de aquí". Esas cosas es lo de menos.

—Entonces ¿usted considera que ya cumplió su misión? —me atrevo a preguntarle.

—Sí, bueno sí...

—Entiendo que todavía le falta, pero, la misión primordial ya la hizo.

—Pero lo que estoy haciendo ahorita es ponerle un poco más de betún. Espero al pastel, pero nada más.

—Un recubrimiento adicional.

—Un poquito, ¿verdad? Y ahí vamos los lunes, ahí vamos cotorreando. Estamos en la planta, nos vamos a Sabinas. Bueno, yo también estoy aprendiendo de Erick, ¿verdad?

—Sí, sí, siempre se aprende. Bueno, don Franz, sé que también usted ya...

—Sí, me tengo que ir, porque la señora que me ayuda se va.

Y nos despedimos fraternalmente. Alfredo se acerca para llevarme de nuevo a Saltillo. Don Franz se coloca su sombrero. Ágilmente, se sube a su camioneta y con la prisa que le caracteriza emprende un viernes más.

Un ingeniero químico, educado como minero, que aprovechó su experiencia de estudiar en el extranjero. Supo enriquecer su visión, manteniendo esa disciplina alemana, salpicada con un toque mexicano. Ha amado e invertido en México todo.

Un novenario que se mantiene activo, actualizado, y solo tiene la mira puesta en el futuro y observa el retrovisor solo para alegrarse de sus recuerdos, revisar la historia de su país y acondicionar sus autos antiguos. Y que pone a su familia como el centro, prioridad y principal motor de su existir.

Un hombre bondadoso que siempre está dispuesto a ayudar a los suyos. Que sigue amando a su esposa, quien lo acompañó a todas sus aventuras. Doña Elba, una mujer dulce y de buen carácter que siempre nos recibía en su casa con una amble sonrisa; pueblerina y siempre se adaptó las nuevas condiciones de vida.

Me voy contento de haber estado con el papá de uno de mis más antiguos amigos, a quien solo lo conocíamos de oídas. Hoy tuve la oportunidad de empatizar con él como ingeniero, como un hombre disciplinado, austero, pragmático y que aun en su invierno no se cansa de buscar nuevas primaveras y de generar la confianza para que abriera aunque sea unas rendijas de su interior.

Una ojeada a don Franz

"Yo estoy viendo qué sigue para delante".
El pasado está atrás y aun cuando lo podemos recordar de distintas maneras e irlo modificando de acuerdo con nuestro presente, pensar hacia el futuro es lo que generalmente nos alienta a renovarnos, a construir. No importa la edad que tengamos ni cuánto "pasado" hemos dejado atrás, buscar nuevos proyectos nos motiva a seguir viviendo.

"¿Para que te vas a pelear? Muchas cosas así son y las tienes que aceptar".
"Aceptar la realidad tal y como es" es una de las principales máximas de los estoicos. Más aun con las condiciones y situaciones que no podemos modificar. Éstas las debemos de aceptar e ir más adelante; las debemos agradecer y de ahí según construyendo.

"Tú no debes fallarle a la siguiente generación".
"Que cuiden el apellido".
Encuentro en este par de frases una señal de ida y vuelta; una circunferencia. Por un lado, como padres, tenemos que esforzarnos para entregar un mejor futuro a nuestros hijos. Por el otro, los hijos debemos cuidar ese patrimonio; sobre todo, el más valioso e íntimo de las herencias que los padres nos dejan: nuestro nombre y apellido.

Recuerdo el discurso de Jerome Bettis en su entronización al Salón de la Fama del Futbol Americano Profesional, que comentó justamente eso. Su padre, al terminar el *High Schoo*l, le comentó: "Yo ya no puedo pagarte más, pero te dejo el apellido Bettis limpio. Dependerá de ti cómo se lo entregues a tus hijos".

"Yo siempre 'vámonos", si te dan la oportunidad".
Para mí, la vida es una serie infinita de oportunidades. Tal vez a veces se presentan tras un velo, pero en todos los casos dependerá de

nosotros cómo y cuáles aceptar, abrazar e ir por ellas. Y yo prefiero siempre tomarlas.

“Aprendes a vivir con lo que tienes, con lo que puedes hacer, con lo que es alcanzable”.
Un proyecto de vida se construye con lo que eres, lo que sabes y lo que tienes. Da posibilidad lo que puedes, para luego lo que quieres. Debemos diferenciar lo que queremos de lo que podemos, con los pies en la tierra, la mirada en el cielo y las manos en el trabajo.

“Sabes que te tienes que ir transformando tú mismo, no puedes quedarte congelado”.
Hay que conocernos y descubrirnos para ir encontrando nuestra verdadera vocación de vida y asumirla. Y, sin importar la edad, plantear nuevos proyectos que nos mantengan informados, actualizados, activos y, sobre todo, motivados. Transformarse es un acto primordial de supervivencia.

“¡Es que la vida es a todo tren, mano! Y viví cosas fantásticas todo el tiempo”.
La vida es para vivirla, para disfrutarla, para gozarla. Más aún cuando agradeces todo lo que pasa en ella. Es una travesía maravillosa.

***

El 26 de diciembre de 2022, mi gran amigo Alfredo se nos adelantó. Esta nota se la escribí a don Franz y su hija Cynthia la leyó en la misa de despedida:

> *“La muerte es parte de la vida. No hay vida sin muerte, pero tampoco hay muerte sin vida.*

Alfredo,

Hoy quiero agradecer tu amistad, que siempre fue honesta y sin maquillaje. Contigo conversé por primera vez con alguien de temas de vida. Contigo salí por primera vez de viaje con amigos y fuiste el primero (y casi único) que me ha invitado de viaje con su familia. Contigo destapamos las primeras cervezas. Yo te enseñé a Juaga y a Rocío y tú me presentaste a Pink Floyd. La vida y las mujeres que seleccionamos nos marcaron caminos distintos, pero la vida y la amistad forjada desde temprano nos mantuvieron unidos.

Me invitaste a ser tu socio y lo fui por algún tiempo. Casualmente, 2022 nos juntó por motivos diversos. Tuve la fortuna de entrevistar a tu padre, de revivir nuestras aventuras en la sierra, en tu casa, y de conocer tu Alahmbra.

Me aconsejaste siempre de manera prudente. Nos vimos, aunque sea por razones económicas, más de lo habitual. Hoy físicamente dejas este mundo, cerrando ese ciclo. Tu libro se acaba en la página cincuenta y seis, pero estoy seguro de que son cincuenta y seis páginas bien escritas; seguro de que aquellos que te queremos seguiremos recordando y releyendo muchas de ellas".

Don Raj Anand

El mayordomo de la empresa eterna

20 de octubre de 2021

El Consejo de Administración de Diram sugirió, a principios de 2020, que deberíamos ampliar los horizontes y buscar entrar al mercado norteamericano. Con ese objetivo en la mira, le llamé a mi amigo Álvaro Cantillo, quien es colombiano y lleva muchos años viviendo en Estados Unidos y trabajando con y para Southern States. Le interesó mucho la idea de promover nuestros productos y servicios a través de sus canales de distribución. Cuando él presentó el proyecto con la dirección general de Southern States, le comentaron que la idea sonaba tan interesante y estratégica que la verían ellos directamente.

Comenzamos una negociación con Jeff Howe, presidente de la división de inversiones de S. S. Por las presentaciones y conversaciones que fuimos teniendo, el interés fue creciendo y eventualmente nos hicieron una oferta para adquirir un porcentaje minoritario de Diram. Después de una emotiva carta que les envié, explicando mis motivos personales y exponiendo mis valores como empresario y hombre de familia, me invitaron a visitar al presidente y dueño de la empresa, Raj Anad, quien encontró muchas similitudes entre ambos.

Nos reunimos en su oficina de Hampton, Ga, donde me comentó cómo es que llegó a Estados Unidos y cómo llegó a ser dueño de S. S. En su despacho y en las salas de juntas de su empresa hay pósteres, cuadros y figuras de tigres; para él, el tigre simboliza la astucia y la perseverancia. Al provenir de una familia de abogados, su padre quería (y casi imponía) que siguiera por ese camino. Él se opuso y se mantuvo firme en su deseo de ser ingeniero eléctrico, convirtiéndose en el primero en su familia que no siguió el camino de las leyes.

Una vez graduado y con honores, Raj decidió emigrar a los Estados Unidos para continuar sus estudios de postgrado y llegó a Seattle, Wash. Entre risas, me comenta que cuando llegó, entró a un McDonald's y pidió una hamburguesa, sin pensar que "violaba" sus preceptos religiosos al comer carne de res, pues pensó es una *burger* de *ham*.

Encontró una posición de medio tiempo en Siemens. Metido en una oficina de un metro por un metro cuadrado, le asignaron una responsabilidad que nadie quería: atender al mercado del sudeste asiático. Lo primero que hizo fue llamar a cada uno de los agentes y preguntarles por qué hacía tiempo no colocaban órdenes. "Porque no nos cotizan y nos cansamos de enviar requisiciones", respondieron todos y cada uno de los agentes.

Su acción fue inmediata. Simplemente se puso a cotizar y a responder a todas y cada una de las requisiciones que llegaban de Malasia, Tailandia, Vietnam, Indonesia y en general de cualquier país de la región. Rápidamente se convirtió en el representante de mayor crecimiento. Obtuvo un premio del departamento de comercio de Seattle y apareció en el periódico. El director general de Siemens América tenía la costumbre de revisar todas las notas en las que apareciera su empresa, por lo que esa pequeña nota, de un periódico local, llegó a sus manos y le pidió a su secretaría que mandara llamar a ese joven indio.

Raj se compró un traje en JC Penney y un portafolio Samsonite para acudir a la cita. Preparó, emocionado, una presentación en acetatos, a pesar de que su jefe le advirtió: "No te ilusiones, es posible que ni siquiera te reciban". Esto no lo desmotivó y esperó pacientemente en la antesala de la oficina del director general, quien, sin acordarse de que tenía una reunión con él, le preguntó: "¿Qué se te ofrece, jovencito?". Raj le pidió cinco minutos para hacer su presentación y apenas durante el segundo acetato, el presidente detuvo la reunión y le pidió a su secretaria que mandara llamar a todos los vicepresidentes que estuvieran en el corporativo para que fueran a su oficina inmediatamente.

Comenta que el presidente fue enfático y tajante con sus subalternos: "¿Cómo es posible que este joven hiciera algo tan obvio?". Raj fue promovido inmediatamente a otras posiciones y su estrategia fue copiada en otras áreas del conglomerado alemán. En esa carrera, vertiginosamente vertical, llegó a la dirección general de la planta de cuchillas, que se llama Southern States, empresa fundada en 1916, es decir, con más de ciento veinte años de antigüedad.

En su primera reunión con el equipo directivo, le presentaron un pronóstico con pérdidas en todo el año. "¿Cómo es que me presentan un estado de resultados con pérdidas y están tan tranquilos?", les preguntó asombrado. "Es que podríamos perder más", fue la respuesta, supuestamente contundente de su equipo. Raj, muy poco conforme, les pidió que se salieran de la sala y se fueran y preparar un plan en el que no presentaran pérdidas. Una semana después, llegaron con una idea y desde entonces la empresa jamás ha tenido un reporte con pérdidas.

Durante mi visita a Atlanta, en el 2021, comimos en un restaurante mexicano cercano a la planta al que Raj y Jeff acuden todos los días para comentar el andar de la empresa. La conversación fue amena y sumamente enriquecedora. En ella se percibió, de ambos lados, que la relación entre empresas sería un *go*.

Un año y medio después de la primera presentación, se formalizó la compra, por lo que, después de veintinueve años, tenemos un socio en Diram. Para mí, es como una coronación al esfuerzo y trabajo de este tiempo el que una empresa del tamaño y prestigio de Southern States se haya fijado en nosotros y haya decidido hacer esta inversión.

Tuve la oportunidad de recibir a Raj en mi casa, en una cena informal, cuando vinieron a Monterrey a conocer Diram. Los valores familiares de ambas partes estrecharon aún más la relación. Con la hospitalidad que aprendí de mis abuelos, los recibí en esa ocasión y una vez más cuando su hija Shelley nos visitó antes de cerrar el trato. Me sentí sumamente orgulloso de que mis hijos participaran de manera activa también en las cenas.

Raj, un ingeniero eléctrico nacido en la India en un campo de refugiados debido a la separación de Pakistán, es el dueño de la empresa desde 1978 y desde entonces se hizo cargo de ella. Como socio y como mentor, quise que formara parte de este proyecto.

Para la reunión de arranque de la nueva sociedad, se reservaron un par de días en el lujoso hotel Porsche junto al aeropuerto de Atlanta. Le había comentado a Raj de *Sabiduría invernal* y le pedí que formara parte. Amablemente, me concede la entrevista al terminar el primer día de trabajo. Nos sentamos en una de las salas del lobby del hotel.

Raj viste ropa de trabajo: una camisa azul de algodón egipcio, perfectamente planchada, y bordada con el logo de S. S. en la parte izquierda del pecho; unos pantalones de vestir caqui; unos cómodos mocasines, también de color café; unos lentes pequeños y un bien cuidado bigote. Su pelo es entrecano y resalta con el color de su piel.

Le agradezco primero que se hubiera fijado en nosotros y le comento que para nosotros es de suma importancia que las metas estén alineadas, tal y como se lograron acordar en esa reunión.

—Claro. De esta manera, aspiramos al mismo objetivo, por lo que ninguno se aprovecha o piensa diferente del otro. Está muy claro, ¿no lo crees? Nosotros poseemos el veinte por ciento de su empresa; ustedes el veinte por ciento del nuevo negocio que se establezca en Estados Unidos —me responde con toda serenidad.

—Perfecto. ¿Sabes? La mayoría de mis amigos me han hecho esta pregunta, y quisiera escuchar tu opinión: Con todo lo que ya has logrado, ¿qué es lo que te motiva a continuar invirtiendo, hacer crecer tu negocio, tu compañía? —es la primera pregunta que le hago.

—En toda empresa, la única opción es crecer y fortalecerse cada vez más, ya que el mundo a tu alrededor está cambiando constantemente. Si tu negocio no crece ni busca nuevas oportunidades, está muriendo. Sin importar los esfuerzos individuales de cada uno, una empresa requiere de una cultura que profese el crecer, encontrar nuevas oportunidades y cambiar todo el tiempo. Cada vez que veo un negocio, pienso: "Todo negocio representa un trabajo perpetuo; no debería de desaparecer por una mala administración". Pero somos seres humanos, nuestra esperanza de vida es limitada. Y por ello, necesitamos establecer una cultura que se mantenga en la empresa durante mucho tiempo.

—Mencionas el límite de nuestra esperanza de vida. ¿Qué sucedió antes de eso? —pregunto tratando de entrar a un terreno más trascendente, después de notar que se siente cómodo.

—Hablando del negocio, digamos que constituiste uno nuevo, tal como sucedió con Diram. Esa empresa no es sólo tuya; ahora pertenece a los empleados, tu comunidad, tu país. Ahora pertenece al mundo. La postura que nos hace pensar: "Soy el dueño de este negocio" es incorrecta. La forma en la que tienes que pensar es: "Creé algo, me beneficié de ello, pero ahora pertenece a una comunidad mucho más amplia y tiene que seguir creciendo bajo mi cuidado". Entonces, eres el mayordomo de la empresa. Podrás ser el dueño y venderla o transferirla, pero tienes que ser un buen mayordomo y no darla a alguien que la destruirá, sino a alguien que la mejore. En mi caso, me topé con un negocio existente que estaba muriendo. Lo reviví. Lo crie. Pero ahora tengo que entregar la estafeta a la siguiente generación, ni idea de quién será, que pueda llevarlo al siguiente nivel. Es una empresa de ciento cinco años; esperemos que dure por muchos más.

—Hablando de la siguiente generación, conocí a Shelly. Hermosa mujer, increíble dama. ¿Crees que ella será quien lidere a la siguiente generación?

—No lo creo. Me parece que es realmente importante para todo dueño el encontrar profesionales que puedan administrar su negocio. Shelly no tiene ninguna experiencia en ello, es abogada... pero puede formar parte del consejo administrativo. De hecho, es la presidenta, pero es porque es abogada. Siendo tal, es experta en asegurarse de que la corporación funcione como debe. Sin embargo, los profesionales son quienes conducen las riendas. El siguiente líder de Southern State será alguien que sea ya parte de la compañía o que aún no lo sea.

—¿Consideras que sea Erick? —pregunto teniendo en cuenta que es el esposo de Shelly, y lo considero un tipo inteligente.

—Ahora, es posible que Erick se vuelva el jefe de la compañía. Tiene antecedentes financieros, es ingeniero, estudió un Master en Administración de Empresas y está adquiriendo algunas acciones. Entonces, es muy probable que sea el sucesor de Jeff Howe.

—Y... No sé. ¿Tienes un solo hijo por cuestiones culturales o hay alguna otra razón? —no sé por qué cambio de tema, supongo que instintivamente quiero profundizar en el tema familiar.

—Solo pudimos tener un hijo. Intentamos tener más, pero no fue posible —me responde con un tono sereno, pero con un dejo de nostalgia.

—Entonces, no es algo cultural.

—No, no lo es. Fue más como... Lo intentamos, pero mi esposa sufrió entonces dos o tres embarazos fallidos. Después, pensamos que no sería buena idea, era...

—Muy arriesgado.

—Arriesgado, doloroso para ambos el tener... Decidimos que no volveríamos a intentarlo de nuevo.

—Y, en cuanto a tus inversiones, has hecho crecer tu negocio, pero ¿por qué buscas hacerlo en otros países? —regreso al tema empresarial.

—Oh, ¿fuera de los Estados Unidos?

—Sí.

—Pues... Ahora hay negocios de talla internacional. Tienes que decidir hacia dónde deseas expandirte, ¿sabes? Qué tecnologías y qué cosas hay que desarrollar, y para ello debes tener al aliado adecuado. O lo haces tú o encuentras al mejor aliado posible.

—Recuerdo cuando nos reunimos en Atlanta en febrero. Me comentaste algo sobre el sistema legal de la India. Tu padre fue un abogado, uno muy prominente.

—Sí.

—Pero tú no quisiste ser abogado.

—Correcto.

—Y hubiese sido mucho más sencillo ser un abogado y litigar en la India. ¿Qué te motiva a estar lejos de tu familia, fuera de tu país, para realizarte como ingeniero eléctrico? Porque mucha gente decide no seguir sus sueños.

—Creo que la razón por la cual escogí no seguir los pasos de mi padre fue la vida que él llevaba. Siempre estaba trabajando, siempre lejos de la familia. Era un trabajo muy duro. Se levantaba a las cinco de la mañana; acababa alrededor de las diez u once; trabajaba los sábados, los domingos también. Siendo el primogénito, siempre estaban con él, durante mucho tiempo, y no me pareció como algo que me hubiese gustado hacer. Además, desde pequeño me interesaba por ciertas cosas, ¿sabes?

—¿La física?

—Cómo funcionan las cosas, cómo lo hace mi radio, los transistores. Siendo un niño, los desarmaba y los volvía a armar. De hecho... sólo apliqué a una universidad, la cual fue la de ingeniería. Desafortunadamente, eran los institutos indios de Tecnología, lugares muy exclusivos; había cinco de ellos. En ese tiempo, uno tenía que tomar un examen de casi seis horas y solo elegían doscientos cincuenta estudiantes; competían seiscientos mil alumnos. Demasiado exclusivo. Por suerte, fui seleccionado y pude continuar mi carrera. ¿Por qué emigré a los Estados Unidos? Hay muchas razones; algunas personales, otras no tanto. Una fue que en mi trabajo se aprovechan de mí y de la influencia de mi padre para beneficiarse. No sé, siendo de México, posiblemente entiendas.

—Sí, el apellido era más grande que tú.

—Sí. La razón para ellos... La base de mi trabajo era...

—¿Tus contactos? —me atrevo a intentar dar la razón.

—Mis contactos. Conseguirles a mis jefes una reunión con el Ministro Principal. Mira, nuestra casa era... tenía una pared común con la del Ministro Principal del Estado, que sería el equivalente al gobernador del Estado. Éramos amigos entonces, y solíamos cenar en las casas del otro. Muchas veces me buscaban únicamente para organizar reuniones, algo que no me gustaba. Además, no me sentía feliz. Pero tenía un amigo que fue aceptado en la Universidad Estatal de Portland, quien me escribió un día diciendo: "Aquí hay buena vida" —y se ríe por primera vez—. Tenía veintiún años, así que simplemente acepté.

Reflexiono sobre cómo a tan temprana edad se atreve a tomar una decisión radical para su vida, sin contar todavía con mucha información. Y prefiero seguir en esa línea de investigación.

—¿Crees que las horas que trabajaba tu padre eran porque él era abogado o porque serlo implica trabajar tanto? Porque, quizá, también podrías trabajar de cinco a diez, como ingeniero eléctrico.

—Claro que puedes. No lo sé... Vaya, no me resultaba atractivo. Sólo quería ser ingeniero. No era el horario, creo que sólo era el tipo de trabajo que se realizaba.

—¿Admirabas a tu padre?

—Demasiado. De hecho, voy a ponerle su nombre a un edificio que estamos construyendo en su honor. Era un hombre excepcional, muy culto: tenía tres títulos. Un *master* en Economía, otro en Historia, el último en Lenguas Orientales; hablaba farsi, urdu... hablaba muchas lenguas. Cuando fue refugiado, emigró a la India y comenzó a estudiar leyes y después empezó a litigar. Una persona excepcional.

—¿Alguna vez has pensado en regresar a la India?

—No, ahora soy americano. Dejé mi hogar para asistir a la universidad cuando tenía dieciséis años y luego vine aquí a los Estados Unidos cuando tenía veintiuno. Cumplí ya los sesenta y ocho, he vivido aquí cuarenta y siete años. Este es el país que me adoptó.

—Entiendo que naciste en un campo de refugiados, o que al menos te criaste en uno durante los primeros años de tu vida.

—Sí, nací en uno... Bueno, mi padre se volvió abogado en los años cincuenta. De hecho, él propuso la ley para ayudar a los refugiados. Entonces, para cuando tenía cinco o seis años, él ya comenzaba a tener éxito, por lo que no recuerdo la pobreza o que nos faltase algo, aunque llevábamos una vida simple. Mi padre era un hombre sencillo. Incluso cuando se volvió acaudalado, tenía gustos muy simples; nunca fumó ni tampoco tomó alcohol. Adquirí muchos de sus valores.

—¿Crees que la estancia en el campo de refugiados afectó a tu niñez?

—No. Tuve una infancia normal. Siendo niño, no tienes idea, así que sólo te adaptas a tus entornos. No recuerdo que me afectase. Para el tiempo que tuve consciencia, alrededor de los cinco o seis años, ya vivíamos en un apartamento.

—Ya habían salido de allí.

—Sí, nos habíamos librado de la situación.

—¿Crees que Shelly es abogada para ayudar a refugiados o inmigrantes por esa herencia? —pregunto, ya que conozco que Shelley se dedica a ayudar a inmigrantes, principalmente latinos, en los Estados Unidos, y lo hace de manera pro bono.

—También ayuda a refugiados; creo que se parece mucho a mi padre. Hay gente que cuando ve a un humano sufrir, todo lo percibe, siente empatía, siente... algo. Pero hay otros que, como Shelly, no solo sienten algo, sino que se ven motivados a aliviar ese dolor. Cuando perciben el sufrimiento, quieren hacer algo para curarlo. No todos son así. Cuando nos vemos frente al sufrimiento ajeno, sentimos empatía, entendemos, pero no hacemos nada. Pero hay gente como Shelly que quiere hacer algo para aliviar ese dolor. Es una cualidad muy especial, y mi padre la tenía. —Encuentro una descripción muy afectiva y precisa de un padre hacia su hija.

—¿Ella lo conoció?

—Sí, interactuó con él una o dos veces.

—¿Crees que sea algo que se encuentre en la sangre?

—Creo que sí. Algunas personas son así.

—¿O acaso trata de parecerse a su abuelo?

—No lo creo, no habló mucho con él. Me parece que es algo genético, está en sus corazones. Así es como los hizo Dios.

—¿Tu esposa es similar a ellos?

—Es doctora, pero no es así. Por eso decía que Shelly se parece más a mi padre. Mi esposa... No diría que ella es así. Es empática y es médica, por lo que cura ciertos males, pero eso sólo es algo de lo que Shelly tiene. Cuando uno está tan cerca del sufrimiento, se debe tener una especie de capa exterior rígida para evitar ser contagiado por la miseria de otros.

—¿Como un caparazón? —pregunto, intentando esclarecer su mensaje.

—Sí, debes tener un caparazón. Pero ella no lo entiende; se deja llevar por sus emociones y sufre junto a la gente.

—Volviendo al tema de tu esposa, no sé si recuerdo bien... o si fue alguien más quien lo hizo, pero ¿me habías dicho que tus padres fueron quienes seleccionaron a tu esposa?... ¿O quién la eligió?

—Los matrimonios arreglados son muy comunes en la India; pero no es un arreglo para casarse, sino para conocer a la otra persona. Mi cuñado, el esposo de mi hermana, la conocía, por lo que me comentó que necesitaba conocerla, que era la indicada para mí. Entonces, comencé a interactuar con ella y, efectivamente, era la indicada. Pero ya me había encontrado con otras mujeres antes. Nunca funcionó.

Me vinieron a la mente dos pensamientos en paralelo. El primero: la diferencia de percepción entre oriente y occidente. El segundo: que, cuando escoges a tus parejas, tienes entre quince y veinticinco años. A esa edad, sin ninguna experiencia, quizá la gente que nos conoce mejor, incluso más que uno mismo, son nuestros padres; quizá presentarían una mejor opción la mayor parte del tiempo. Y le comento ese pensamiento.

—Bueno, mis padres la conocieron y los suyos me conocieron a mí; pensaron que haríamos una buena pareja. Entonces, la conocí, y pensamos que haríamos buena pareja. Nos conocimos el 18 de diciembre de 1981, nos casamos el 10 de enero de 1982.

—¿Veinte días después?

—Sí, veinte días después.

—¿En serio? —pregunto, y nos reímos ambos de la pregunta.

—Sí —me contesta en español, como para que de verdad lo entienda.

—¿Cuánto tiempo han estado casados?

—Nos casamos en el 82... nos acercamos ya a los cuarenta años.

—Veinte días. Es el lapso más corto que yo he conocido de una pareja para tomar la decisión de casarse. —Y ambos reímos.

—Sí, pero también tuvimos la oportunidad de expresarnos libremente. Tuvimos que tomar una decisión rápida porque mi esposa tenía... había terminado sus estudios de medicina y cursaría una especialidad en endocrinología; además, se le otorgó una beca completa en la Universidad Imperial de Londres para realizar investigaciones sobre algunas enfermedades endocrinas. Y ella quería partir.

—¿Pero, ella vivía en India?

—Así es, pero recibió una carta de aceptación de Londres, por lo que tuve que decidirme inmediatamente. No puedes decir simplemente: "Te llamo luego" —y se ríe profusamente—, porque la oportunidad estaba frente a mí y, entonces, ella... Fuimos muy directos. Ella dijo: "Quiero ir a Londres"; yo: "Tengo una vida en Estados Unidos, trabajo allí". Ella terminó cediendo su beca, su sueño, para casarse y emigrar a Estados Unidos.

—¿Cómo negociaron eso? En vez de que ella cumpliera su sueño y yendo... —no me deja terminar la pregunta, pero entiende a dónde quiero llegar.

—Creo que ella fue quien hizo el sacrificio. Yo no, vaya, no viajaría a Londres, pero tuve que tomar una decisión, vaya, no pude... Por eso los veinte días, digo... Tuve que decidirme rápidamente por ella. En nuestro mundo no existen las relaciones a larga distancia, nada parecido. Te gusta alguien, dicen que sí y se casan.

—Pero estabas viviendo en Estados Unidos.

—Sí, pero me fui a la India.

—Por veinte días.

—Para visitar a mis padres. Cada vez que los visitaba, me presentaban a algunas candidatas; pensaban que me interesaría en ellas. Entonces, la conocí en aquel viaje, tuvimos esa charla y aceptamos el matrimonio.

—¿Piensas que fue amor a primera vista?

—Podría ser. Creo que sí. Era muy hermosa y muy atractiva...

—¿Como un rayo?

—Posiblemente. Creo que ella... Bueno, siendo doctora, hermosa... y es alta, ¿sabes? Me vi muy atraído por ella.

—¿Qué fue lo que más te cautivó en ella? Tú sabes, su físico, su inteligencia...

—Yo diría que su apariencia física.

—¿Su físico? —le pregunto extrañado, pues pensé que me diría algo relacionado con el intelecto.

—Sí.

—¿Cuál crees que es el elemento clave para tener un matrimonio exitoso? Se casaron a los veinte días de haberse conocido y siguen juntos cuarenta años después.

—Me parece que, en mi opinión, es nuestra cultura. Verás, nosotros creemos que, una vez casados, una pareja permanece junta durante siete reencarnaciones. Entonces, no sé, posiblemente nos vimos atraídos por el otro porque hemos estado juntos en vidas anteriores. No vemos el matrimonio como algo de una sola vida; es la unión eterna de dos almas.

—¿Y qué pasa si esta es la séptima reencarnación?

—¿Quién podría saberlo? No lo sé, es una cuestión de fe, de cosmovisiones. Ni siquiera sabemos si la reencarnación es real o no, pero nuestra religión lo afirma: el alma no muere, es eterna, divina y trasciende al cuerpo humano, el cual sólo es un contenedor en el cual el alma fue colocada. Este cuerpo expira y eventualmente se encuentra otro.

Le menciono que, durante los últimos treinta años, he estado tratando de sacar a Dios de la ecuación. Pero, después de ver un curso de Semiología, en el que muchas de las profundas cosmovisiones son de origen oriental, me di cuenta de que Dios probablemente sea un ser místico, como lo dice la cultura hindú, pero también creo que debe ser racional, científico y fiel. Quizá yo crea en la reencarnación porque es un ciclo eterno.

—Es eterno.

—Y eterno significa infinito, absoluto —vuelvo a intervenir.

—No hay un principio ni un final.

—Si es infinito, puedo vivir tantas vidas, pero ¿qué es vivir realmente?

—Bueno... Creemos que tú... Como hay leyes de la física, también las hay de lo espiritual. Tus acciones y tus pensamientos, tu estilo de vida y tu karma son elementos que determinan la evolución de tu alma desde planos inferiores a unos superiores. Claro, hay muchas dimensiones en existencia. Lo que vemos hoy, dada nuestra forma humana, está limitado por nuestros cinco sentidos. Solo percibimos las dimensiones que nos parecen reales, que nuestra mente detecta. Pero hay muchas otras con las que no podemos interactuar. Hay muchos mundos, muchos universos, un sinfín de ciclos en ellos. Dios creó esta realidad mística porque quiere experimentarse a sí mismo, y nosotros somos un reflejo de ello. La existencia tiene dos formas: el universo manifestado y el universo sin manifestar. Así es como ves. Esto es una lección de filosofía. Imagina que encuentras la semilla de un roble. No es un roble, pero tiene el potencial para volverse uno. Paralelamente, nuestro universo, este cosmos que nos engloba, nació de una semilla, la cual llamaríamos Dios. Sin manifestarse, no es más que una semilla, pero cuando sucede lo contrario, se convierte en el Universo. Entonces, ¿cómo pasa de una forma a la otra? El secreto yace en la dimensión temporal. Cuando el tiempo empieza a correr, la primera forma del Universo cambia a la segunda. En este último paso es cuando nace toda creación que vemos a nuestro alrededor. Eventualmente, colapsa en una nada y el ciclo se repite muchas veces.

—Y vuelve a comenzar —me apuro a responder.

—Sí, y el tiempo se detiene. Entonces, en algún momento, hay una consciencia que se alza y proclama que el tiempo inicie de nuevo. Lo manifestado precede a lo que aún no se manifiesta; es un ciclo eterno que continúa sin fin, sin punto de partida.

Le comento que más o menos lo que estoy tratando de entender. Evoco que los científicos y los más famosos ateos dicen que el Big Bang ocurrió hace más de trece mil millones de años, de la nada. El universo se expandirá hacia el infinito, luego colapsará de nuevo, sin dar una explicación a qué sucedió antes y que sucederá después. La visión de que todo ocurrirá una y otra vez suena para mí más lógica.

—Pero no sólo existe uno, ¿sabes? Ese es el punto. Sólo podemos entender el universo que no es visible, pero hay un número infinito de universos. Además, en cada uno de ellos hay sesenta y cuatro dimensiones existentes y sólo podemos experimentar lo que podemos percibir. Cuando tu alma trasciende a dimensiones diferentes, percibe más. Por ejemplo, así como hay diferentes tipos de sistemas planetarios, hay diferentes niveles de la existencia. Si te elevas a niveles superiores, obtienes divinidad, porque ahora puedes ver el tiempo, el presente, el pasado y el futuro. Es para ti un medio continuo: existes en una dimensión superior, por lo que puedes mirar hacia abajo, ver el mundo tridimensional e ir a donde quieras. Entonces, es algo muy complejo para que los seres humanos lo entendamos.

—¿Crees que se debe a la consciencia? Porque, si eres consciente y ahora puedes cambiar el pasado y el futuro, en el presente...

—Los viajes en el tiempo son... La dimensión temporal es fascinante. Lo que experimentamos el día de hoy es, en realidad, el pasado. Ya ocurrió. Entonces, no podemos viajar al pasado, pero sí al futuro, porque estamos viviendo el ahora, dado que lo que experimentamos a través de nuestros sentidos es el pasado. Pero el tiempo para nosotros fluye hacia adelante, por lo que, si vives en una dimensión superior, puedes ver el pasado, puedes ver el futuro y puedes ir a donde te plazca: para ti solo es una dimensión. Es como tener la posibilidad de ir de un lado a otro y de otro a este. Entonces, si percibo al tiempo como una dimensión, puedo ir a donde quiera. La cuestión es que, sin embargo, cuando alcanzas estos planos superiores, no tienes los mismos deseos que tuviste siendo un humano. El alma perpetua se encuentra atrapada en un cuerpo, limitada, pero cuando se libera viaja a través de infinitas dimensiones y vuelve a ser una con el Universo. Después, vuelve de nuevo, si lo desea.

Creo entender lo que me dice. Y estoy de acuerdo. Intento decirle que pienso ahora que, incluso si alcanzamos cierto nivel de consciencia, podemos cambiar nuestro pasado en el presente. Aquello que fue una mala experiencia, la puedes convertir en buena. Y le pongo el ejemplo de su campo de refugiados. En el presente, tal vez hoy, pueda sentir que dicha experiencia fue mala o buena, incluso si hace veinte años pudo ser lo contrario.

—Si lo pensamos un poco, lo que llamamos realidad es al final...

—¿Producto de la percepción?

—Lo que nuestro cerebro construye, ¿sabes? No hay luz, los colores en realidad no existen, los percibimos únicamente gracias a nuestra mente. Entonces, estamos limitados por nuestra mente. Puedes cambiar tu visión sobre algo, puedes pensar que cualquier evento fue uno agradable. Sin embargo, ¿realmente lo fue? Cuando te conté la historia del toro, recuerdo que no fue muy divertida en su momento, fue aterrador. Pero viéndolo ahora, lo encuentro gracioso. Mi visión cambió.

—Es lo que estoy diciendo.

—Ciertamente, puedes cambiar tu visión del pasado. Ese es el poder de la mente.

—Pero sólo si estás lo suficientemente consciente para hacerlo. El suceso del toro, como mala experiencia, pudo haberlo sido por el resto de tu vida.

—Correcto.

—Pero ahora es algo gracioso.

—Sí, lo es porque es lo único que se me ocurre: “Qué gracioso”. Ahora lo pienso, pensando en ello, pero cuando ocurrió estaba aterrado. —Y se ríe de manera contagiosa.

—Claro. Vaya, en ese momento fue una muy mala experiencia. En el futuro...

—En el futuro se volvió una experiencia chistosa.

En la sesión que tuvimos en la mañana, el consultor que fungió como mediador de la reunión nos pidió, a manera de romper el hielo y para irnos conociendo mejor, que contáramos una historia graciosa de nuestra niñez. No solo habría que ponernos de acuerdo en temas comerciales, sino que éramos de tres culturas diferentes.

Raj contó que en una ocasión le pidieron que fuera a ordeñar una vaca. Él, sin saber la diferencia entre una vaca y un toro, se acercó con el segundo que estaba en su camino y agachándose lo intentó ordeñar. El animal lo embistió y él salió corriendo, completamente asustado. Esa historia, que en su momento seguramente fue de terror, hoy la puede platicar como algo gracioso. Y justamente es lo que le intentaba comentar, que el pasado lo podemos reinventar desde nuestro presente, viéndolo con otra óptica.

—En cuestiones culturales, ¿cómo es que...? Vaya, eres un maestro de la adaptación. Viniste desde la India con tu esposa y con tu hija, adquiriste compañías alrededor del mundo, haces tratos con gente de todas partes. ¿Cuál crees que es el secreto para ser tan adaptable, como un camaleón, para crecer en todas las direcciones, para adaptarse a cualquier cultura?

—No creo que sea un problema de adaptación. Es importante que nos demos cuenta de que cada uno de nosotros, sin prestar atención a la cultura, al país de donde provenimos, quién es cada uno... somos individuos. Una vez interiorizado este hecho, y que cada quien tiene su propio carácter, gustos, disgustos y anhelos... Una vez que empiezas a reflexionarlo, las personas no son tan diferentes. Son...

—Seres humanos —interrumpo, pues quedó un silencio mientras buscaba la palabra.

—Son seres humanos. Quieren a sus hijos, aman a su familia, les gusta estar en el exterior, gustan de la vegetación y la nieve...

—Se ponen tristes cuando alguien muere...

—Así es. Entonces, pienso que saber adaptarse es en realidad ver a la persona con la que estás interactuando como un individuo, incluso si no hablan tu idioma. Por ejemplo, Erick nos platicaba que contrató a un carpintero finlandés, alguien que habla otra lengua, para que le arreglara una puerta; ese era el objetivo. Y eventualmente pudieron comunicarse para lograrlo. Sólo es la idea de ver a la gente como individuos y no como un grupo, ¿sabes? No como americanos, mexicanos o indios. Piensa en ellos como individuos, toma en cuenta sus nombres, sus experiencias.

—Claro, pero ¿estás de acuerdo en que eres una de las pocas personas que piensa de esa manera?

—Creo que fue algo que mi padre me enseñó, hasta cierto punto, porque así es como era. El hecho de que haya sido un refugiado y de que vivíamos en... Verás, si Europa fuese un país, podríamos decir que es similar a la India: Vivíamos en mi ciudad natal, pero no hablaban el mismo idioma, no preparaban la misma comida, no vestían como mis abuelos lo hacían. Es como si alguien de España emigrara a Francia. Tienes que adaptarte, crecer de esa manera, por ello...

—Shelly y Erick tendrían ventajas y desventajas al estar en ese tipo de cultura —intervengo, sabiendo que Erick es el estereotipo del americano, nacido en Wisconsin.

—Depende. Estar en Estados Unidos es una ventaja. Pero, si estuviesen en Alemania, probablemente no sería el caso. Una sociedad pluralista contra una sociedad homogénea: Si tratas de vivir en una sociedad homogénea, como en Alemania, incluso el Reino Unido o Noruega, es quizá una desventaja. Pero, creo que ser parte de una sociedad pluralista es una ventaja, porque entonces tendrías experiencias que amplíen tu visión del mundo.

—Pero, aun si resultase ventajoso... Por ejemplo, cuando nos mudamos a Houston, inscribí a mis hijos en una escuela local. Resultó ventajoso para ellos porque hablan inglés y español, pero también fue desventajoso porque otros chicos hablaban inglés de manera fluida. Siempre te apuntan con el dedo, tú eres el diferente.

—Es cierto. Creo que mi hija tuvo una experiencia similar. Sin embargo, si crías a tus hijos para que sean firmes y tengan respeto propio, no te afecta. Sí, creo que parte de ello son sólo nuestras inseguridades y falta de paciencia. Me parece que es algo importante tener respeto propio, si es que me entiendes; estar orgulloso de tus orígenes y de tu situación actual; no ser intimidado por alguien más.

Reflexiono la fortaleza de esta frase. La seguridad en ti mismo, que nace justamente de tus orígenes, sean los que sean. Y me animo a preguntarle cómo enseñar a las siguientes generaciones, cómo estar orgullosos de quiénes son.

—¿Cuál crees que sea la mejor forma de enseñarle eso a los hijos?

—Creo que lo primero que hay que enseñarles es que si alguien no te respeta, entonces no merece tu respeto. Eso es verdad. Entonces, si alguien no es capaz de respetar quién eres, entonces no vale la pena ser amigo de esa persona ni darle tu respeto. Si quieren que los respetes, tienen que respetarte. Ese es el mensaje. No todo el mundo tiene esa opción. Pero si no hay ninguna razón importante, ¿por qué vivirías o te juntarías con alguien que no tiene una mentalidad que valore a las personas? Por ejemplo, si digo: "Sólo valoro a la gente pelirroja", entonces, ¿si tú no eres pelirrojo, por qué tendría que acercarme a ti o hablarte? Tienes que ser selectivo y asociarte con personas que tengan la mentalidad que estás buscando. No hay ninguna ley ni requerimiento humano que diga que tienes que agradarle a todo el mundo, ni tampoco te tiene que agradar todo el mundo. Esa es la manera que tengo para decir, ya sabes: "Si alguien no es respetuoso, entonces no quiero nada que ver con esa persona y no quiero hablarle ni tampoco la respeto".

—Es exactamente lo mismo que: "Ah, él fuma. No me gusta la gente que fuma y ya está".

—Sí, eso es todo. "No quiero estar cerca de ellos, pueden fumar lo que quieran, pero si lo hacen, no me acercaré". Lo mismo pasa con los que beben mucho. Yo diría que hay que mantenerse alejado de la gente con mentes pequeñas.

—Mentes pequeñas, es decir, que no son...

—Que no son abiertas, no son respetuosas con los demás. Quizás por su crianza o por su religión, por cualquier cosa. Cualesquiera que sean sus limitaciones, no son tu problema. Hay nueve mil millones de personas en el mundo; no tienes que lidiar con un par de sujetos como esos.

—Por eso escoges esas palabras.

—Sí.

—Así que, hablando de escoger, la gente que trabaja contigo, como Tom y Jeff, a quienes ya he conocido, han trabajado contigo por quince o veinte años. ¿Es debido a que los escogiste sabiamente desde el comienzo? Es decir, claro que escogiste sabiamente, pero ¿quizás empezó como un negocio y luego entablaron amistad?

—En realidad, yo no... Yo separo el negocio de la amistad. Hoy en día, yo pienso en ellos como socios de negocios y no como amigos. La razón principal por la cual yo creo que tengo el equipo que tengo es porque compartimos los mismos valores, la misma ética, el mismo sentido de justicia. Tú conoces mi forma de pensar. Hay ciertos principios básicos: no aprovecharse de la gente, no explotar a la gente, tratarlos como individuos. No tienes que escucharlos todo el tiempo, puedes escucharlos y luego tomar una decisión diferente, pero tienes que respetarlos, respetar su opinión y respetar su compromiso.

Considero que estos principios básicos que Raj menciona serían la receta para que un país funcione, y más en nuestro México actual, que se aleja cada vez más de ellos. Él continúa con su explicación:

—Realmente nunca puedes ser amigo de las personas que trabajan contigo, porque un día quizás tengas que hacer esa separación. Creo que tú, como hombre de negocios, sabes que siempre que hay gente a tu alrededor, todos ellos tienen sus propios planes y buscan su propio beneficio. Ya sabes, es algo natural. Así que tienes que mantener o, en mi caso, quiero mantener la distancia de manera que pueda escucharlos y estar de acuerdo o en desacuerdo con ellos, pero manteniéndolo todo profesionalmente.

—Muy bien, pero, de todas maneras, incluso si no son tus amigos, has mantenido una relación larga con ellos. Han sido un equipo por...

—Un largo tiempo, han estado conmigo desde 1998.

—¿Cuál crees que es la clave para mantenerlos en lo mismo por tanto tiempo?

—Diría que es su satisfacción, que puedan realizar el trabajo de sus vidas, darles la libertad de ser exitosos. Y también creo que ayuda el hacer que trabajar para la compañía sea algo divertido en vez de... ya sabes. Creo que es por eso por lo que lo siguen haciendo, además de la paga. —Y se ríe en un tono medio irónico.

—Claro, debe ser por eso, si no es por lo primero, seguro es por lo segundo —le comento con el mismo tono irónico.

—Sí, debe ser eso.

—En esta libertad, quisiera preguntar sobre tu esposa. Tuvo que sacrificar sus sueños de estar en el Reino Unido. ¿Te pidió o te pide una compensación o algo parecido?

—No, yo creo que... nuestro matrimonio, al menos en nuestro caso, no es transaccional. Es decir, estamos juntos y todo lo que hacemos lo hacemos juntos. Ella tuvo una vida difícil aquí. Al empezar de nuevo, tuvo que presentar sus exámenes de medicina y, ya sabes, volver a hacer todo, volver a hacer su entrenamiento, eso fue muy difícil para ella. Pero eventualmente, cuando ya todo estuvo arreglado, pasamos por otras dificultades. Cuando ella llegó aquí, tuvo la oportunidad de residir en Nueva York, luego en Montana y en Chicago. No queríamos separarnos, queríamos vivir juntos, así que rechazó esas opciones. Eventualmente nos mudamos a Jackson, Misisipi. Yo me mudaba cada pocos años con Siemens. Como sabes, mi trabajo cambiaba cada tres años, así que ella se mudaba conmigo y... creo que al menos nuestro caso se trató sobre lo que era mejor para nuestra unidad familiar, en vez de lo que era mejor para ella o para mí.

—¿Acaso no fue porque tú eres un hombre y ella una mujer?

—Puede ser, no estoy cien por ciento seguro, pero, por otro lado, yo estaba obligado a mudarme. La razón por la que llegué a Southern States es porque ella me dijo que me tendría que mudar posiblemente a Raleigh, en Carolina del Norte, por el trabajo. Entonces, nuestra hija estaba en quinto grado y mi esposa me dijo: "No quiero que nos mudemos, trata de encontrar algo aquí". Así que dejé Siemens y empecé con Southern States, por lo que hubo...

—Equilibrio por un tiempo.

—Por un tiempo, sí. También fue por razones financieras. Ella ahora era médica y estaba ganando suficiente dinero como para que yo pudiera arriesgarme a cambiar de compañía.

—Entonces, ¿durante una parte de su vida ella fue económicamente independiente de ti?

—Ella siempre ha sido económicamente independiente. Es decir, en cierto punto ella y yo estábamos ganando la misma cantidad, pero éramos muy austeros, así que ahorrábamos un salario y vivíamos con el otro salario. No como los estadounidenses, que gastan todo y acumulan muchas deudas.

Aun cuando yo me considero una persona sin mucho recato en el gastar, pero sin llegar al derroche, pienso que, si se acatara ese consejo de ser austeros, cambiarían muchas vidas. El continúa con su charla y me sorprende una revelación, sobre todo con los estereotipos que tenemos de otras culturas.

—Así que vivimos con un salario y luego decidimos que queríamos enviar a nuestra hija a un colegio privado. Lo podía costear con mi salario, así que invertimos en su educación. Yo recomendaría... yo pienso que las mujeres deben ser económicamente independientes hoy en día. Mi esposa todavía trabaja y seguirá trabajando mientras pueda hacerlo, igual que yo. Creo que las mujeres deberían ser económicamente independientes.

—No sé si sea cierto, pero Shelly dijo que en tu casa manda tu esposa, ¿eso es verdad?

—Es verdad —con solo dos palabras lo confirma.

—Ella tiene el...

—Yo no haría nada en contra de ella. Mi padre era igual que yo, ¿sabes? Creo que la mayor razón del éxito realmente no es el dinero. La mayor razón del éxito es tener un buen ambiente familiar y tener a la gente a tu alrededor feliz y realizada. Entonces, si tú no estás feliz, si tus hijos no están felices y si tu esposa no está feliz y tratas de decirles que hagan las cosas a tu manera, es simplemente inútil. ¿De qué vale todo el éxito y el dinero si tu propia familia no es feliz? Eso es lo que pienso.

—Tu dinero es consecuencia de tu felicidad.

—Sí, disfrutamos lo que hacemos, disfrutamos nuestro trabajo y disfrutamos el éxito. No se trata de cuánto dinero; se trata de hacer lo que disfrutemos, de generar nuevas ideas, de aprovechar oportunidades y de ser activo en tu propia vida.

Le pregunto cómo maneja la situación con su yerno Erick, ya que me mencionó que no quisiera que sus empleados fueran sus amigos. En este caso, Erick es el padre de sus nietos y uno de sus empleados.

—Él no es mi empleado, es el empleado de Jeff —aclara que entre su yerno y él hay un mando intermedio.

—Es decir, que él no se reporta contigo, pero él sabe que tú eres el dueño o que su esposa es dueña de la compañía para la que trabaja. Te pregunto esto porque yo estaré tarde o temprano en la misma situación.

—Depende de la persona. En el caso de Erik, ya es la segunda vez que se ha presentado a trabajar con nosotros. Había trabajado antes y luego se fue. Realizó su maestría en dirección de empresas y luego trabajó para una compañía financiera privada por dos años antes de regresar. Así que realmente depende de la persona, de si su personalidad encaja, si es respetado por su experiencia y si tiene cosas buenas que ofrecer. Depende realmente de si tienes a una persona competente. Diría que la razón por la que él está aquí no es porque él sea mi hijo, sino porque es competente y encaja. Pero, por ejemplo, no dejaría que él se encargara de una división de Southern States porque esa no es su... Él tendría que empezar desde cero para ganárselo.

—Mencionaste que una de las cosas que más disfrutas es pasar el rato con Shelley.

—Así es.

—Entre las personas que ya he entrevistado, la mayoría comparte ese sentimiento. Muchas de ellas sienten que su éxito está sobre todo en la familia que han creado, en los momentos que han compartido con sus nietos o incluso con sus bisnietos. Pero nunca lo cambiarían, o al menos la mitad de ellos no lo cambiarían, por el tiempo que pasaron con sus hijos. Algunos dicen que quieren más a sus nietos porque les dan un sentido de trascendencia. Otros dicen que, incluso cuando trabajan más duro, tienen menos tiempo para ver a sus hijos y disfrutan más el tiempo que pasan con sus nietos —le anticipo unas respuestas.

Afortunadamente, él tiene sus ideas claras y no se deja contagiar por las opciones que le menciono.

—Creo que eso tiene que ver con la vida de cada quién. Cuando estás criando a tus hijos, también estás luchando por ser exitoso y tienes prioridades diferentes. Las prioridades que surgen cuando tienes a tus hijos son las que tienes a los veinte, treinta o cuarenta años. Y la gente como nosotros, que no nacimos en la riqueza, a esa edad estamos luchando por tener una buena vida y ser exitosos. Para cuando tienes a tus nietos, ya has pasado esa etapa, por eso es por lo que hoy estoy en un punto de mi vida en el cual puedo dejar de trabajar cuando yo quiera, puedo perder el tiempo que quiera, puedo llevar a mi nieto al trabajo y pasar tiempo con él ahí. Así que tiene más que ver con la etapa de tu vida en la que estás que con el amor que le tienes a tus hijos o a tus nietos. Creo que una parte tiene que ver con disfrutar tu propia libertad, tener la opción de retirarte o de seguir trabajando. Y el hecho de que tengo el control de mi propio tiempo, esa es la mayor libertad que puedes tener. Y entonces eliges pasar ese tiempo con tus nietos. Te llena de satisfacción, pero también lo puedes pasar con tus amigos. De todas las cosas que el ser humano puede tener, lo más valioso, que además no se puede crear, es el tiempo, por lo que la manera en la que lo gastas dice mucho acerca de cuáles son tus prioridades. Mientras más tiempo pases con tus nietos, mayor influencia tendrás en su futuro, por lo que inviertes en su generación al contarles historias. Mi nieto me ha dicho: "Oye, cuéntame una de tus historias de travesuras cuando tenías mi edad". Lo importante es enseñarles sobre el respeto y la honestidad, y no hacerlo sólo con historias, sino viviendo con ellos, dándoles un buen trato y pasando tiempo con ellos. Creo que esa es la razón por la que eres feliz, porque tú también ves partes de ti mismo en ellos. Pero a veces estás muy ocupado con tus propios hijos y tu propia vida.

—¿Qué te gusta hacer con tus nietos? —Aprovecho que hemos ido de lo profesional a lo profundo y pasado también por lo sencillo.

—Lo que sea que quieran hacer. Jugamos con legos o hacemos lo que ellos quieran. Vemos programas o simplemente hablamos de muchas cosas.

—¿Y qué haces en tu tiempo libre?

—¿En mi tiempo libre? Usualmente escucho música, música hindú; me gusta la música hindú. Aún no me he acostumbrado a la música estadounidense.

—Incluso habiendo vivido aquí ya tantos años.

—Así es. Creo que me he ajustado a todo lo estadounidense excepto a la música. Quizás debido a mi infancia, la música se ha quedado conmigo. Algunas veces también juego ajedrez; soy jugador de ajedrez, lo juego en un tablero por computadora. Solía leer muchos libros, pero ya no lo hago tanto. Algunas veces mi esposa y yo vemos la televisión, Netflix o cualquier otra cosa, diferentes series. Usualmente, ella tiene mucho trabajo; siempre está trabajando, haciendo los reportes de sus pacientes, por lo que está en su computadora y aprovechamos para ver series y hablar sobre ellas. Usualmente, soy yo el que prepara la comida.

—¿Y te gusta cocinar?

—No me gusta cocinar, me gusta dar y servir. A ella le gusta cocinar, pero no le gusta dar y servir, así que nos complementamos.

—¿Entonces viven ustedes solos?

—Solo nosotros dos.

—¿Qué tan seguido visitas a tus nietos?

—Los vemos al menos una vez a la semana. Los fines de semana ellos vienen o los recojo en la escuela y pasan el fin de semana con nosotros; luego los regreso el domingo. Vamos por ellos los viernes y los dejamos los domingos. Los fines de semana duermen con nosotros. Tenemos una gran cama *king size*, así que al menos uno de ellos duerme con nosotros, y tenemos otra cama justo al frente de la nuestra. Están en la misma habitación. Son muy pequeños, tienen cuatro y siete años. Y mi nieta de cuatro años duerme en nuestra cama.

—¿Les enseñas a hablar en otro idioma?

—No les enseño, pero les hablo en hindi y ellos entienden, más o menos, algo entienden. Como mi hija, ella lo habla, pero no creo que ellos lleguen a hablar como ella. Creo que ella habla mejor el español de lo que habla el inglés. Pero habla suficiente hindi para arreglárselas. En cuanto a los niños... ellos entienden lo que decimos, como "Tómate la leche" o "¿Tienes hambre?", así que nos dan respuestas de sí o no en inglés, pero sí entienden.

Me parece que la fórmula resulta eficaz. Percibo que él considera que la formación de las personas se da a lo largo de todas las interacciones.

—¿Piensas que hay algo que pudiste haber cambiado de tu infancia o de tu vida temprana? Si tuvieras la oportunidad, ya que hablamos del tiempo, si pudieras regresar y cambiar algo, ¿qué cambiarías? —decido preguntarle.

—Cambiaría ese instante que aún me genera angustia y un gran remordimiento: cuando ella, cuando Shelly, se cortó el brazo. Eso aún me da pesadillas. Fue muy traumático. Ella se cortó justo aquí y —pausa para señalarse una parte del brazo— fue muy traumático para ella y para mí. Yo debí haber estado ahí, ¿sabes? Siempre debes de estar pendiente.

—¿Te sentiste culpable?

—Muy culpable. —Y su semblante cambia al recordar ese acontecimiento.

—Aún te sientes así.

—Sí. No creo dejar de sentirme culpable por eso. Siento que debí haber estado prestando más atención a lo que ella hacía. Yo estaba tomando cerveza con mis amigos y esos niños estaban corriendo y jugando cuando ella se lastimó.

—Pero ahora sigue con su vida.

—Sí, pero el dolor por el que pasó, el trauma...

—¿Lo hablaste con ella? Quizá no está traumatizada.

—No, ella... Yo creo que está bien, soy yo.

—Eres tú.

—Así es, soy yo.

—¿Tratas de arreglarlo de alguna manera?

—No, no hay nada que arreglar. Lo que pasó, pasó.

—Pero puedes cambiar tu mentalidad.

—No sé cómo cambiarlo, porque fue algo que ya ocurrió. Está en mi memoria, la escena está justo ahí. Algunas noches tengo pesadillas sobre lo que pasó. Es probablemente la única cosa traumática que me gustaría cambiar como padre.

Dejo que pasen unos momentos, pues percibo que recordar eso no le sienta bien. Y decido cambiar el tema, pues finalmente ese evento resultó en una cena con amigos.

—¿Te reúnes todavía con esos o con otros amigos?

—No tengo tantos amigos. Para mí, creo que se trata más de la familia, mi hija, mis nietos, mi esposa. Quizás de vez en cuando, pero no hemos sido muy sociales. Simplemente disfrutamos de nuestra compañía.

—¿No eres social porque simplemente no eres social o es debido a otra razón? Hay personas que son muy sociables solo con sus amigos. No estoy diciendo que ellos sean una prioridad frente a tu familia, pero quizás están en la misma categoría.

—Diría que sí. Creo que parte de eso tiene que ver con mi esposa; es una persona muy reservada o tímida. Después de cuarenta años con ella, me he convertido en una persona que valora su propia privacidad. Quiero estar con mi familia. Raramente salgo a cenar con amigos o incluso clientes. Valoro mi tiempo, así que, en lo que se refiere al trabajo, tengo gente que se encarga de eso. No veo la necesidad de interrumpirlos porque hacen un buen trabajo, así que prefiero regresar a casa, quedarme en mi propia cama y estar con mi esposa. Nunca sabes cuánto tiempo te queda. Tengo sesenta y ocho años, por lo que quizás me queden otros veinte, y quiero disfrutarlos con mi familia, es lo que más disfruto.

—¿Te gusta viajar con ellos?

—Mi esposa y yo solíamos viajar, pero con el COVID no lo hemos hecho. Pero hemos viajado con ellos. Solíamos viajar todos los años, por Navidad. Pero no lo hemos hecho estos últimos dos años. Mi esposa y yo hemos estado en cruceros pequeños. Hemos estado en Islandia, así que nosotros dos sí hemos viajado y también hemos viajado con la familia.

No insisto mucho más en su historial como viajero, pero contrasto que yo no pierdo oportunidad de viajar. Y la entrevista con él me inclina a pensar que la India debe estar en la lista, aunque muchas veces ha sido borrada de mi inventario por venir.

Le comento que recuerdo el podcast que escuché de él de empresarios con valores americanos. Le comentó al entrevistador que cuenta la leyenda que Alejandro Magno, antes de morir y cuando sus súbditos le preguntaron qué quería para su funeral, les pidió tres cosas: que su féretro lo cargaran los mejores doctores del reino; que sus manos estuvieran colgando en el recorrido funeral; y que en el recorrido dejaran sus tesoros a los lados de su camino. Intrigados, los cortesanos les preguntaron por qué pidió eso, a lo que respondió con sabiduría: "Que me carguen los doctores para que todos sepan que aún los mejores conocimientos del ser humano son nada en comparación a la muerte. Las manos afuera para que vean que me voy con las manos vacías. Y los tesoros para que reconozcan que no importa cuánto acumules, no te llevarás nada".

Ese podcast resonó conmigo. La mentalidad de trascendencia de Raj. Aun si no lo hubiera conocido, si oyera esa historia, podría imaginar a un hombre que trasciende su propio camino. Y ese pensamiento se lo hago saber.

—Creo que es realmente importante entender que vienes a este mundo con nada y te vas con nada, así que el único tiempo que tienes es éste y tu elección es con quién empleas ese tiempo, lo que haces con él. Diferentes personas tienen prioridades diferentes, y creo que para mí... La siguiente cuestión es: yo realmente trato mi Southern States como mi hijo, como mi familia, así que trato a todos como si fueran parte de mi familia. No parte de mi familia personal, pero sí parte de mi familia Southern States. Por eso, creo que una de las razones por la que les agrado es esa cohesividad.

Le comparto que creo que por eso es por lo que hemos resonado desde el inicio. Contrasto una diferencia en que, para mí, la directiva de Diram y muchos de los que trabajan conmigo me han acompañado por más de quince años. No son parte de mi familia, pero sí los considero como tal. Hemos viajado juntos, hemos experimentado los mismos eventos impactantes, los buenos y los malos, y conozco a sus esposas y a sus hijos, así que son como parte de la familia. Le hago saber con orgullo lo que yo he creado y mantenido.

—Una vez que inicias tu empresa, es como tu propio hijo y tienes que cuidar de él. Quieres que trascienda para que la empresa no muera contigo. Bueno, me habías hecho la pregunta de por qué estoy haciendo cosas a nivel internacional. Y una de las cosas que la gente encuentra refrescante en Southern States es que no tenemos la actitud estadounidense, porque la actitud estadounidense es que todo el mundo fuera de Estados Unidos tiene su propia manera de hacer las cosas. Y no solo eso, sino que también tratan de proteger su conocimiento, su tecnología, escriben contratos muy largos y todo eso. Lo que yo hago es estrecharte la mano y darte mi palabra; eso es todo. No me enfoco en los contratos; por mucho que escribas ahí, algo va a faltar, así que yo doy mi palabra. Y ese es el tipo de personas con las que yo hago negocios. Entonces, por ejemplo, sabes que estamos trabajando con Mitsubishi. Tenemos una alianza estratégica con ellos y tenemos bastante conocimiento sobre interruptores y otras cosas, así que estamos diseñando uno para ellos. En un entorno norteamericano normal, tendríamos que fijarnos en quién tiene la patente y cómo hacerlo funcionar. Yo digo: “No perdamos el tiempo, tenemos el conocimiento, los ayudamos y ellos nos ayudan”. Así es como hago negocios. Probablemente hayas visto algo de eso. Dale a la gente algo de responsabilidad, deja que lo manejen, observa hasta dónde te lleva, ayúdalos, si puedes, y ellos saldrán adelante. Como tú dijiste: “La calabaza saldrá de ahí”.

—Exactamente. “Si quieres poner la calabaza primero, tienes que hacer que la rueda gire antes, y entonces todo se acomodará” —termino mi refrán que ha sido como un mote en mi empresa.

—Cuando empezamos esta relación, si fuera solamente una compañía norteamericana, sería diferente, y más si fuera una compañía norteamericana perteneciente a una persona norteamericana que nació en ese sistema. Para mí, ha sido una gran experiencia debido a muchas razones, pero creo que una de ellas es que no es una compañía norteamericana tradicional, sino que comparte unos valores diferentes. El conocimiento puede surgir en cualquier parte.

Recuerdo, y le hago saber, que siempre le digo a mis empleados que el cien por ciento de cero sigue siendo cero. Por lo tanto, soy alguien a quien le gusta compartir el éxito. Es algo bueno, porque sigues teniendo éxito, así que hay que ser generosos al compartir para que todos sean felices y exitosos. Tratando de conseguir solo lo que tú quieres, no logras nada.

Le comparto que entiendo la necesidad de los abogados, pero mis apretones de mano son mucho más valiosos que los contratos. Porque si yo quiero hacer algo malo, el contrato no significará nada. Mi padre me dijo que lo único que tengo que mantener limpio es mi apellido. Puedo heredar a mi hijo dinero o incluso la compañía, pero si le heredo un mal apellido, eso quedará marcado. Para mí, ha sido importante contratar a personas cuyos valores éticos estén en primer lugar y sus valores profesionales estén en segundo lugar. Cada profesional que contratas es parte de tu ética y moral. Es lo que les he tratado de transmitir a mis hijos, Luis y Karla. Ahora, ambos trabajan para otras empresas.

Comparte la idea de que tengan experiencia fuera de la empresa. Y me dice que, al igual que sus socios de Italia y Canadá, sus hijos trabajaron primero fuera de la compañía y ahora trabajan con sus padres. Y me comenta que busca construir una red de compañías interconectadas que puedan competir con las de Siemens y ABB.

—Sólo tenemos que trabajar juntos. Y eso es lo que estoy haciendo; en eso he estado invirtiendo —me aclara.

Me comenta que buscará reunir a todos sus socios una vez al año para hacer una reunión para dialogar sobre tendencias regionales y exportar las ideas de cada uno a todos. Con su pensamiento global, estoy seguro de que lo logrará. Sé que la puntualidad es uno de sus valores y, por lo tanto, le comento que es tiempo de cerrar la entrevista, pues tenemos al grupo esperándonos.

Le agradezco su tiempo y le hago saber que estoy muy honrado de que haya compartido conmigo esas experiencias. Y que estoy muy agradecido y emocionado por la aventura que se avecina para los dos. Esperamos un futuro brillante para ambas empresas. Le digo que estoy seguro de que nos estamos montando en la ola a tiempo y, como metáfora, que tenemos una gran tabla y con nuestras características y valores estamos seguros de que lo haremos. Él lo confirma.

Nos retiramos al bar para reunirnos con el resto del equipo y celebrar la nueva fusión. Raj nos acompaña un rato y pide un vaso con agua mineral y una rodaja de limón. El resto pedimos cervezas locales y posteriormente bebidas más fuertes.

Yo me quedo reflexionando con esas horas de sabiduría, de cultura oriental, de esa tropicalización excelsa de ambos extremos culturales. Una vida circular oriental y una vida vertical occidental. De maximizar utilidades y trascender personas y generaciones.

Me siento agradecido de que hayamos encontrado a un socio como él, una persona pragmática, en cierta manera como un Mr. Spock, con una visión lógica, buscando siempre ver la versión simplificada de las situaciones, sin sentimentalismos. Es muy diferente a una persona sin principios, mismos que, por el contrario, tiene muy claros y muy altos.

Raj está siempre buscando cómo pensar fuera de la caja y se mantiene actualizado. Nutre de una fuerte visión para el futuro. Vive sin pelearse por el *commodity* o la fruta bajita que todos están buscando. Innova y va por las frutas nuevas y más altas, tal vez no tan grandes, pero más jugosas.

Un hombre de negocios estricto pero muy decente, que busca maximizar la utilidad, pero siempre dejando que la otra parte también gane. Las utilidades no son para él, sino para ser reservado e invertir para proteger a su empresa en tiempos difíciles. Por eso, los negocios que hace y los asociados que tiene duran años con él.

Cree que su compañía, y en general todas, deberían administrarse para que duraran para siempre. "Solo somos mayordomos del negocio durante nuestro tiempo, y el negocio debería durar mucho más, después de que ya no estemos". Alguien sumamente familiar y generoso, orgulloso de sus raíces. Su relación familiar acapara toda su emotividad.

Una ojeada a Raj

"Si tu negocio no crece ni busca nuevas oportunidades, está muriendo".
Si no está en movimiento continuo, está en una sola dirección hacia la desaparición. Sin que esté en la entrevista, recuerdo que el mismo Raj menciona que toda empresa debería ser una máquina de generación de efectivo perpetua, siempre que esté bien administrada. Para esto, es indispensable adaptarse a las nuevas condiciones de mercado.

"La postura que nos hace pensar: 'Soy el dueño de este negocio' es incorrecta. La forma en la que tienes que pensar es: 'Creé algo, me beneficié de ello, pero ahora pertenece a una comunidad mucho más amplia y tiene que seguir creciendo bajo mi cuidado'".
Típicamente, pensamos: "Como yo lo fundé y es mío, puedo hacer con él lo que quiera". Aun en mi curso de formación de consejos en el IPADE, esta visión de trascender a nosotros mismos no es tan conocida y la compartí con todos y al menos reflexionamos sobre ella. Y, aun si decides vender tu negocio, debes buscar a quien sea capaz de mantener andando y creciendo esa máquina. Esta precisión amerita un caso o un ensayo económico aparte.

"Si su personalidad encaja, si es respetado por su experiencia y si tiene cosas buenas que ofrecer".
Cuando se piensa en sucesión, se piensa generalmente en la siguiente generación familiar. Aun cuando ésta tiene la ventaja de contar con el apellido, de las relaciones y de haber vivido en la misma casa con el dueño o fundador, se debe considerar si en realidad es la mejor opción. Cuesta; no será una opción sencilla, pero considero apropiado tomarla al menos en cuenta. El o la que maneje el negocio no necesariamente debe ser un familiar, sino a la persona idónea para perpetuar el negocio.

"Cuando perciben el sufrimiento, quieren hacer algo para curarlo".
No creo que haya alguna persona que sea ajena al sufrimiento. Incluso hasta cuando vemos a un animal sufrir, al menos sentimos algo. Pero, muy pocas personas deciden dejar su posición de confort para realmente hacer algo para disminuirlo. Nuestro país y el mundo en general vive la consecuencia de esto. ¿Cuán diferente sería si, como Shelly, nos decidiéramos a actuar?

"Es importante que nos demos cuenta de que cada uno de nosotros, sin prestar atención a la cultura, al país de donde provenimos, quién es cada uno... somos individuos".
"Piensa en ellos como individuos, toma en cuenta sus nombres, sus experiencias...".
Más ahora en un mundo tan global, ¿qué mejor consejo que el de alguien que nació en un campo de refugiados, emigró a un país totalmente distinto y que ahora fusiona empresas de todos los continentes? Alguien que, en lugar de avergonzarse por tener acento, se enorgullece del mismo. De todas las latitudes y de todos los estratos, todos somos individuos, todos tenemos una historia interesante que contar y éstas entrevistas lo demuestran. Tratar a todos como individuos nos hace mejores individuos.

"Si alguien no es capaz de respetar quién eres, entonces no vale la pena ser amigo de esa persona ni darle tu respeto. Si quieren que los respetes, tienen que respetarte".
"Si alguien no te respeta, entonces no merece tu respeto".
Idiomas, instrumentos musicales, deportes, carreras profesionales, todo sin duda importantísimo. Considero que lo primero que debemos infundir en nuestros hijos es su amor por ellos mismos y por su alrededor: su familia, su casa, su colegio, su empresa, su país. Vivimos en un México que ha olvidado esto. Se emula y admira más a alguien que ha atropellado a las personas o a las leyes que a aquel que es fiel y firme en sus convicciones y decide mantenerlas.

"La razón principal por la cual yo creo que tengo el equipo que tengo es porque compartimos los mismos valores, la misma ética, el mismo sentido de justicia".
Tengo dos consideraciones a esta sentencia. La primera es que difícilmente puedes lograr el crecimiento que una empresa requiere con personal que no comparte tus mismos valores ni tu ética de trabajo. La segunda es que esto no solo aplica al equipo de trabajo, sino a todo tu círculo social. Amistades que discrepen de tu manera autentica de ser son la muerte anunciada de un problema futuro.

"Pienso que las mujeres deben ser económicamente independientes".
Todas las culturas, desde el nacimiento de la agricultura, se han convertido en sociedades machistas donde la mujer es considerada como un eje fundamental, pero dependiente del hombre. El ejemplo de Raj, que vivió con una mujer independiente y educó a otra para serlo, es algo digno de emular. Nuestro México, sin querer, obliga a que más del sesenta por ciento de las mujeres tengan que ser económicamente independientes. Considero que el objetivo tendría que ser que no fueran independientes por necesidad, sino por satisfacción.

"La mayor razón del éxito es tener un buen ambiente familiar y tener a la gente a tu alrededor feliz y realizada".
¿Qué caso tiene tener éxito, si no se es feliz? Dinero, poder, fama, sexo son nada en comparación a un ambiente de fraternidad, de amor, de paz y todo esto se resume en felicidad. Las relaciones familiares y de amistad son, a final de cuenta, incluso comprobadas en estudios sociológicos, la principal fuente de felicidad.

"El control de mi propio tiempo, esa es la mayor libertad que puedes tener".
"La manera en la que lo gastas [tu tiempo] dice mucho acerca de cuáles son tus prioridades".
El tiempo es el recurso más escaso que tenemos. Buscar la manera de que podamos decidir qué hacer con él es, sin duda, algo a lo que

debemos a aspirar. En la cultura americana, se trabaja en vida para poderse retirar. Considero, y así he intentado vivir, que no es necesario estar retirado para decidir qué hacer con tu tiempo, y sobre todo en qué invertirlo. En mi caso, en mis amigos, en mi familia, en experiencias alrededor del mundo y en mí, reconozco que me falta mucho para llegar a la paz que respira Raj, pero el rumbo y las enseñanzas ya las tenemos.

Don Khalifa Abdel Fettah

El guía de Marruecos
El arte de la atención al cliente

25 de octubre de 2021

En abril de 2012 cumplimos el sueño de Karla de visitar Marruecos. Por temas de vuelos, llegamos un día después de lo agendado. En el aeropuerto de Casablanca nos esperaba con una gran sonrisa y un ramo de flores quien sería nuestro guía en los siguientes siete días y por más de mil kilómetros recorridos en ese encantador país.

—No se preocupen de nada, que yo me encargaré de todo y, a pesar de la lluvia que cae el día de hoy, recuperaremos el día perdido —con mucha confianza y seguridad nos lo hizo saber.

Estando en Casablanca, nos invitó a comer a su casa y, aunque habló en árabe, entendí perfectamente que su esposa le reclamó que por qué tenía que llevar invitados sin avisar y que no tenía nada que ofrecernos. Aun así, nos llevó y la encontramos a ella en piyama y cocinando lo único que tenía en el refrigerador.

Nos mostró el cuarto de su hijo, que se mantiene idéntico desde el día que falleció. Nos contó la desgarradora historia de su muerte. Khalifa no era el mismo que conocíamos, él se consideraba un mal musulmán. Tomaba, se desvelaba e incluso, supongo sin que me conste, era mujeriego. En una discusión con su mujer, él se salió de su casa, dando un portazo a la puerta y maldiciéndola.

Tiempo después, recibió una llamada: "Su hijo acaba de ser atropellado violentamente y falleció". ¿Qué mayor maldición que la muerte de un hijo? A partir de ese momento, o cuando menos eso entendimos, Khalifa decidió dejar atrás esa vida y desde entonces es un hombre recto y cumplidor de los preceptos del Corán.

Atendió a Karla en cada momento, como un atento enfermero y diligente concierge. Desde visitas a centros de salud, ir las más recónditas tiendas para encontrar un detalle único, hasta llamar a los restaurantes para que el pescado a la sal estuviera listo cuando llegáramos a la playa.

Fueron tantas las atenciones que tuvo con nosotros, que nos despertó un cariño muy especial. Nos mantuvimos en contacto y nuevamente, en 2018, lo contratamos directamente para que nos organizara otro viaje, pero ahora con mis hijos, previo al Mundial. Las travesías de ese viaje, que fueron muchas, están narradas en *Marco Polo se convierte en Odiseo.*

En ambos viajes encontramos a un hombre justo, simpático, enamorado de su país y de su profesión, con quien guardo una amistad a través del Atlántico; y que además está escribiendo poesía, misma que me comparte con frecuencia. Estos poemas están ahora impresos en un libro que se llama *Pasos.*

Es por todo eso que decidí invitarlo a este proyecto realizando su entrevista de manera virtual. Acordamos una hora conveniente para ambos, por la diferencia de horarios.

Él está en un café marroquí, como todos los que vimos en los dos viajes previos, con sillas enfiladas viendo a la calle y sólo hombres sentados en ellas. Se conectó sin problemas, a pesar de que había dicho que no era apto para la tecnología. Lo acompaña un amigo de él que también habla español. Ambos disfrutan de su café. Fuman y, por el número de colillas en el cenicero, llevan varios cigarros. Él viste ropa occidental (una camisa de botones gris) y no porta sus lentes.

—¿Cómo has estado, Khalifa? —inicio la conversación.

—Bueno, como ves, las cosas están aquí muy mal. Hará casi tres años que ya no trabajamos. Estamos en paro. ¡En paro! —revela con tono de alarma—. Empezaremos a practicar la... —no alcanzo a distinguir la palabra que me indicó.

—¿La cuál? —pregunto.

—La mendicidad. Estamos practicando para ser mendigos —con una carcajada me lo hace saber y su compañero lo acompaña.

—¿Tienes experiencia en eso? —le pregunto irónicamente.

—Experiencia todavía no, pero hay una escuela: la vida.

—La puerta de la mezquita —lo interrumpe su amigo—. El libro de los libros.

—El libro de los libros... La vida... El libro de los libros... —vuelve a retomar la conversación Khalifa.

—¿Cómo la pasaste el fin de año? —Por la fecha de la entrevista, considero prudente preguntar.

—Bueno, el fin de año con unos amigos, tranquilamente. Ya sin tomar nada. Solo hago... como buen musulmán.

—Como buen musulmán —le recalco y le hago saber que yo también dejé de tomar por un año.

—¡Ah! Sí que tienes cara de jovencito ahora. Dios te bendiga.

Recuerda que en 2018 estábamos promoviendo la cerveza Reactiva y me pregunta cómo está Karla, cómo están mis hijos, haciendo hincapié en Karla hija. Le comento la situación en la que estuvimos separados por un tiempo y que ya estamos juntos, haciendo un experimento nuevamente, de lo que se alegra.

—No hay mal que por bien no venga —me dice—. Tienes bonitos cuadros. —Mira los cuadros que están detrás de mí en la sala. Decido voltear la computadora y le enseño el enorme collar de bolas que compramos junto con él en Marrakech, que prende en la pared principal de la sala. Recorro las muchas cosas que hemos traído en los viajes con él, todas ellas valiosas y despiertan admiración en todos los que visitan la casa. Me comenta que le da gusto que tantas obras adornen mi casa. Le reitero la intención de la entrevista y con mucha risa me responde:

—De mi vida sólo recuerdo las cosas malas que hice en mi vivir. Solo de las malas aventuras, la delincuencia —dice riéndose jocosamente.

—Bueno, pues de eso, si de eso es de lo que quieres hablar, adelante —lo invito a que comience.

—No, la delincuencia fue infantil, de adulto ya no tanto. A veces me cuesta mucho, pero no, digo, que no me interesa, pero prefiero seguir así, con toda la espontaneidad. Y soy muy romántico, aunque al romanticismo hoy día ya nadie lo quiere. El romanticismo casi va a desaparecer con la nueva generación, porque no es nada romántica. ¿Sabes? Todo es material, bueno, mis palabras emanan del pasado, de un pasado, pues no sé, no digo alegre, triste o la mezcla, pero luchamos.

Le recuerdo que he recibido muchos de sus poemas y que son poemas que evocan el amor por su país y su gente, y que son una muestra genuina de su espontaneidad y romanticismo. Cada vez que los recibo, empatizo con él.

—Te estoy mandando cosas que escribo al instante, sin revisar. Ahora quiero organizarlos y enlistarlos de nuevo. No, digo, corregirlos, no sé, alguna falta gramatical o la mala posición de alguna letra, para organizarlos y después publicarlos —me explica.

—¿Y esos los estás escribiendo en árabe o en español?

—No, en español —responde tranquilamente y yo me quedo asombrado de que esa emoción la pueda trasladar en su segundo idioma.

—¿Desde cuándo comenzaste a hacerlo? —ahora que yo también estoy escribiendo, quiero saber desde cuándo le surgió a él ese gusto.

—Bueno, yo normalmente tenía esta atracción, este deseo de escribir, desde hace mucho tiempo. Pero me desvié por... bueno, me gustaba mucho la juerga. Me gustaba mucho todo lo que es peligroso, malo. Yo jugaba en casinos; me gusta la adrenalina.

—¿Sí?

—Ahora que estoy, bueno, reposando, no tengo ya... —Sin terminar la frase, tira una carcajada—. Me retiré. Estoy jubilado de las cosas malas desde hace como casi diez años. De repente hice un viaje con un chileno que es también... es una persona que viaja mucho. Ha visitado casi cincuenta países. Y de ahí empezamos a hablar no sé qué, tal y tal, y me comentó que acaba de escribir un libro, así que de ahí me llegó de nuevo la inspiración de escribir reflexiones.

—Están muy buenas. Regresamos a la juerga luego, pero ¿cómo inició tu profesión de guía de turismo?

—No, yo antes daba clases...

—Ah, ¿eras profesor?

—Durante tres años, de español, del 85 al 88. Después viajé a España. Estaba casado. Me casé en el 83 y en el 85 tenía un hijo. Bueno, lo que ganaba era muy mediocre. De repente dejé la enseñanza, que fue solamente un servicio que llamamos aquí "servicio civil". De ahí viajé a España; otra experiencia en España; casi un año en España. Regresé aquí y en la universidad había un nuevo departamento que se llama de Lingüística que quise cursar para profundizar mis estudios. Pero las cosas no iban como yo quería y después, ya en el 90, estaba con amigos, pasando la noche con unos amigos. Al día siguiente me fui a un restaurante donde tenía un hermano que trabajaba de cocinero. Y ahí me encontré por casualidad con un amigo, así, sentado —dice señalando las sillas donde se encuentran—; me puse a un lado de él y estaba delante de él un periódico, como si acariciara a aquel periódico. De repente, vi un anuncio de guías. Sin pensarlo, me presenté al concurso. ¡Ya está! Fue en diez minutos. Ya, saqué el permiso de guías en los noventa, en febrero del 90.

—Fue fortuito.

—Sí, fortuito.

—¿Y qué te había motivado a estudiar español?

—¿Cómo? El español, no, nada. El español es otra historia. Yo crecí en un pueblo romano que se llama Volubilis.

Recuerdo que lo visitamos en los dos viajes que hice. Ruinas romanas muy bien conservadas. En la primera ocasión, prácticamente éramos los únicos en el parque nacional. En la segunda, con mis hijos, las recorrimos completas. Muy bien conservadas. Puedes imaginar a la sociedad romana caminando entre ellas, en sus baños y también vomitando en sus vomitorios para seguir comiendo. Bueno, esa última parte tal vez no sea tan buena de imaginar.

—Mi padre trabajaba en la arqueología —continúa la conversación—, siempre pensé que yo sería arqueólogo. Al ir a la universidad, entrando, no tenía ni una idea de cómo funcionaba el tema de la inscripción, y había diferentes, como cuartos, departamentos, y en el Departamento de Historia y Geografía había una fila larguísima, y a mí no me gusta esperar. Vi que había una oficina sin fila y pregunté a un chico cuál era y me dijo: "Ahí es el Departamento de Español". No había gente. Pues de repente, ¡he cambiado de decisión!

»Hasta el chico se quedó asombrado: "¿Tú quieres inscribirte en Geografía e Historia y de repente te quieres cambiar porque no quieres hacer la fila?" Y lo dicho: por la fila me cambié. Me inscribí tres meses. El profesor hablaba y yo no sabía de qué trataba, no sabía nada, o sea que todo pasó por casualidad. Toda mi vida es casualidad. Todas las cosas que hice en mi vida fueron por casualidad, ninguna cosa fue tratada. No me gusta tratar. Hasta cuando invito gente, digo a mi esposa que voy a tener a tres personas y de repente son veinte. Todo pasa bien, sin organizar nada.

—¿Cómo van saliendo las cosas?

—Las cosas salen bien. Si salen mal, no importa.

Me comenta que su padre no era arqueólogo, sino solo jefe de obras, y me dice:

—Mira, cuando me hablas de mi vida social, está muy arruinada. No quiero meterme en la vida de mis padres porque hemos crecido bien. No nos faltaba nada. Y de repente, un cambio radical: mis hermanos; bueno, no digo... la mayoría no han tenido un buen futuro. Yo tengo que ayudar. Y somos nueve.

—¿Nueve? —repito asombrado.

—Y el único que ayuda, el único Dios es Dios, después de Dios, soy yo. Así que es otro tema. Pero yo... digamos, mi cara alegre... no siempre la persona alegre refleja lo que siente, lo que es por dentro. Así es. Pero yo solo vivo como rey. No tengo problemas.

—¿Y cómo haces para poner tu cara alegre por fuera, cuando posiblemente por dentro no lo estés?

—Porque vivo el mal de los demás, el mal de los otros. Por eso no estás bien. Por dentro no estás bien. Porque vives el mal de los demás, de tus hermanos, el mal de la situación, el mal de tal... Entonces no digo que te amarga, pero te jode la vida un poco.

—¿Y cómo le haces para mantener ese entusiasmo, sabiendo que los demás están...?

—¡Ah! Dios mediante. Así. Yo no sé cómo mantengo. Yo ganaba mucho dinero, pero gastaba el doble de lo que ganaba. Es otro problema también.

—Ah, bueno, sí me acuerdo que me platicaste, ¿no?, ahorita regresando a la juerga, que pues, sé que te encantaba —le hago el comentario.

—Otra cosa que aquí he mantenido, que me ha salvado, que yo he salvado, gracias a Dios, es la credibilidad, que es muy importante. El dinero no importa. Lo gastas, lo puedes recuperar; no importa. Pero la credibilidad, si la pierdes, no la puedes recuperar.

—Así es. ¿Y cómo mantienes esa credibilidad? Yo me acuerdo de que, pues hemos ido dos veces contigo, más la gente que te he mandado, y de todos siempre hay una opinión muy buena de Khalifa. ¿Qué haces para eso?

—Me gusta. No es un esfuerzo, es natural. Me gusta la palabra, me gusta la promesa, me gusta la limpieza, me gusta cumplir mis deberes con la gente, dejar el amor propio. Esas cosas buenas se hacen con sacrificio. Si tú no te sacrificas, no puedes compensar, no puedes estar bien con toda la gente; pero intentas. El idealismo... No llegas al idealismo, ¿sabes? Nunca puedes encontrar una vida ideal, ni con tanto dinero que puedas tener. La familia grande, lo que sea, los hijos, de todo... siempre falta algo. Así que la vida es así. Todo es relativo.

—De esa profesión de guía, yo me acuerdo perfectamente de que me invitaste a tu casa, así como ahorita lo mencionaste, que le hablaste a tu señora. Y yo reconocí que, aunque le hablaste en árabe, le estabas diciendo que le ibas a caer de sorpresa con unos clientes. Tu señora estaba en piyama. No sé si te acuerdas.

—Ah, no me acuerdo, pero mi señora es así. —Y diciendo eso, él y su amigo se ríen profusamente.

—No hace falta recordar; lo recuerda todos los días —dice la tercera persona en la llamada.

—Yo sí lo recuerdo. Íbamos no me acuerdo para dónde y me dijiste: "Señor Luis, usted ya ha ido a muchas iglesias y a muchas catedrales. Lo invito mejor a mi casa". Le marcaste a tu señora. Ahí en el teléfono, en árabe, por el tono de voz de ella y el tuyo, yo intuí que le estabas diciendo que ibas a caer de sorpresa con gente. Llegamos ahí, estaba ella en piyama con su hermana, sacó unos...

—Con mi hija.

—Ah, ¿con tu hija? ¡Ah, sí! Eran tu hija y tu yerno. Llegó después tu yerno. Ahí estaban en piyama. Nos freímos unos pescados.

—Los buenos momentos se quedan grabados.

—Sí. Y me imagino que Khalifa es así, ¿no?, o sea, así como dijiste al principio: espontáneo. "Oye, tengo ganas de ir... Llego".

—Espontáneo. Me gustan los invitados. Me gusta no seguir a la gente a hacer lo mismo. Me gusta hacer cosas distintas. Cosas que se te graben, como un tatuaje.

—Y luego, en otra ocasión, íbamos en el carro y dijiste: "Oye, en lugar de ir para allá al castillo que tienen reservado...", y te paraste en una carnicería, compraste un pedazo de carne molida y fuimos a casa de... pues de quién sabe quiénes eran ahí; unas señoras a las que les diste un dinero para que hicieran la carne molida. Y la comimos afuera para tener la experiencia de una comida en casa de marroquís. No sé si te acuerdas tampoco.

—No, no me acuerdo —me responde, e imagino que escenas como esas tiene tantas que no las puede recordar todas. Pero yo sí la tengo presente y vívida.

—¿Cuántos años estuviste de guía?

—Treinta años.

—Supongo yo que es más fácil para el turista acordarse de esa aventura que para ti, que las viviste todos los días, ¿no?

—Para mí, al turista, cuando está en tus manos, hay que marcarlo. No por las visitas o por la historia que pueden leer en los libros; hay que sacarle de su contexto y ponerle en otro contexto, cambiarle un poco las ideas que tiene, o bien, algunos prejuicios y acercarle a tu vida. El hecho de invitar a gente a casa es para tranquilizar también a la persona, para que sepa con quién está, y también tener una idea más clara de la persona con quien está hablando, la persona que ha conocido. Es así.

—Tú eres así, pero supongo que también ha de haber habido clientes que hubieran preferido mantenerse al *script*, al... —Y sin dejarme terminar, me contesta:

—No, conmigo no. Yo hago las cosas sorpresa. "Vamos a visitar una casa de un autóctono". De repente, están en mi casa. ¡Ya está!

—Sí. De esas historias (que supongo que tienes treinta por trescientos, cientos de historias interesantísimas), ¿cuáles son las que tú más recuerdas? Alguna historia que tú digas: "De ésta me acuerdo mucho, la recuerdo muy bien".

—¿Como guía o como persona?

—De las dos.

—No. ¿Como guía o como persona? Usted elige. —Me invita a que sea yo el que decida.

—Primero como guía —propone la otra persona.

—Empezamos como guía —asiento.

—Como guía; pues las personas, por las que he ganado dinero... Sí, una vez, te voy a contar una historia: Tenía un amigo muy reservado y callado, y estábamos hablando con un grupo de personas, extranjeros. De repente, hubo una pregunta a mi amigo: "¿Cuál es la nacionalidad que te gusta mucho?". De repente. Como el otro, no me acuerdo qué era, argentino, mexicano o no sé qué, y para ser galante con él, le contesté: "Pues bueno, a la nacionalidad de la persona con la cual estamos hablando", para decirle que es la mejor. "¿Quieres ignorar o mientes?". Y le digo al señor: "Mira, en mi trabajo recuerdo a las personas con quien me he ganado la vida", y se quedó el cliente asombrado. Es la realidad.

»Pero el lado humano es otra cosa, porque hay gente a quien he conocido hace treinta años y todavía estoy en contacto con ellos. Te digo una cosa: una vez estaba con un grupo de Canarias y un señor se puso enfermo. No tenía seguro. Estaba en la clínica. "¿Cómo vamos a sacarlo a él?", se preguntaron sus familiares. Yo he pagado para él la clínica. Termina la historia. El señor se ha ido a su casa y tal. Un día llamó una chica, era su hija: "Hola, ¿eres Khalifa?"; le digo que sí. "Perdona la molestia, es que mi padre no llevaba con él el seguro y ahora te quiero mandar el dinero que gastaste por mi papá." He dicho: "No. No tienen que mandar nada. Yo no te voy a dar ningún código para que me mandes el dinero; yo lo hice para mí. Yo me puse en su lugar. Dios me pagará. No todo se paga". Y ahí ya hemos cortado. Se quedó así, asombrada. Hay que marcar. El dinero no lo es todo.

—Justamente, parte de la razón por la que estoy hablando contigo es porque tú nos marcaste. La primera vez que fuimos, ¿sí te acuerdas?, estuvimos con Karla dos veces en el hospital y luego, una noche en Marrakech, tuviste que llevar a otro doctor.

Evoco esas noches que, aun a las tres de la mañana, estaba pendiente de nosotros, sin que esto estuviera en el *job description*. Cualquier otro, a las seis de la tarde que nos dejaba en el hotel, hubiera dicho que terminaba su trabajo. Él no. Su compromiso era completo y siempre dispuesto a estar presente, siempre. Con la camisa bien puesta y dispuesto a quitársela por sus clientes. Qué diferente sería el mundo si todos tuviéramos esa actitud.

—Sí. Recordaba. Sí, Karla es una buena persona, ¿sabes? Tiene mucho amor. Es una persona muy cariñosa, ¿sabes? Y hasta hoy día, cuando me marca, me escribe algún mensaje, hace sentir este amor. Siempre con ganas de volver a Marruecos. Esto me marca. Esto me afecta.

—Y esta historia que acabas de comentar, pues representa lo que es Khalifa: una persona desprendida, comprometida con su trabajo, con su cliente. ¿Y como persona? Ahorita dijiste que ibas a empezar como guía, ¿y como persona, alguna historia que te haya marcado a ti?

—No sé... Son muchas historias. No sé cómo poder empezar. —Y hay un silencio un poco prolongado antes de que Khalifa vuelva a hablar.

—No sé cómo empezar. Es que no me acuerdo ahora, cómo decirte... No tengo ninguna historia ahora por el momento para... No, es que, como persona, yo hablo con el cliente siempre con mucha claridad y espontaneidad, entonces no le hablo con hipocresía ni por... Me gusta el respeto, ¿sabes? Me gusta el respeto. Así que no me gustan los rodeos, no me gusta... no quiero decir "mentir"... acariciar, ¿sabes? Me gusta ser claro. Para mí, esto, antes de ganar, hay que ser muy claro con él. También él es una persona, es humano. Tienes que estar a la altura de la confianza del señor, ¿sabes? Hay una sensibilidad también. Existe la sensibilidad. Yo soy una persona muy sensible. También, no me gustan algunas maneras aquí, maneras con que la gente se comporta con la gente. Una manera, digamos, comercial. Eso no me gusta. Me gusta la personalidad en todo, porque un acto sin personalidad para mí no vale nada; es basura. No vale nada.

—¿A qué le llamas personalidad?

—La personalidad es ser claro. Es ser...

—Humano, también —dice la tercera persona.

—... es ser humano. Es no engañar. No me gusta engañar. A modo de ejemplo, en nuestro contexto: un comerciante quiere vender esta botella que es de vidrio. Te dice que es de otro material que no existe, por ejemplo; eso no me gusta. Me gusta decir la verdad. ¡Ya está! No me gusta engañar. El caso del señor de Fes, hasta hoy en día, siempre recuerda lo que ha hecho y siempre yo le digo que cayó en una persona que... no debes de hacer esas cosas. Él nunca ha olvidado. Siempre me comenta, cada vez, porque le duele. ¿Entiendes?

Claro que lo recuerdo. La apuesta que hicimos con el hebreo que vende antigüedades en Fes y no cumplió su palabra. La "Puerta del quinto partido", que debió haber enviado gratis, por la derrota de México ante Brasil. Y recuerdo que se lo dije en persona y se lo envié por escrito: "Tú vendes antigüedades. Hiciste una promesa, hiciste una apuesta que ahora no quieres cumplir".

Su amigo interviene en árabe y comienza a hablar con Khalifa. Y luego me lo traduce al español: "Es mentiroso. No cumple su palabra. No me gustan sus maneras, no. No me gustan".

—Es buena persona, pero en el comercio... —busca explicar Khalifa.

—No, es una pegatina —sentencia Khalinou, su amigo.

—¿Lo sigues viendo al hebreo? —pregunto.

—Sí. Lo veo de vez en cuando, sí. Cada vez que yo lo veo... me da algo de pena, porque yo le hice mucha publicidad, una buena publicidad, antes de que haya ocurrido. A él no le gusta nada, cuando yo hablo de él, de todo lo que ha hecho contigo y todo eso.

—Obviamente, como tú lo dices, pues hay que tomar las cosas buenas, aunque hayan salido malas. Y de ahí hice la historia de la mesa, del quinto partido y cuento la historia del hebreo a los clientes que visitan mi oficina. Y pues, bueno, a seguir adelante.

Decido cambiar el tema:

—Tú, como marroquí, de todas las ciudades que presentas con todo el cariño y con todo el orgullo, ¿cuál es la ciudad que más te gusta y por qué? —le pregunto.

—Cada ciudad aquí tiene su encanto, ¿sabes?, cada ciudad tiene su encanto. Me gusta vivir más tiempo en Casablanca que en otras ciudades. Quizás porque yo aquí vivo como incógnito, fuera del estrés del trabajo. No como Fes. En Fes todo el mundo me conoce. Marrakech, igual. Aunque Marrakech ahora es una ciudad un poco más grande, pero estás muy conocido. Vas por la medina, te conoce la gente; caminas por algún café o no sé qué, también tienes un conocido. Casablanca no, te pierdes; es una ciudad que te absorbe, pero vives fuera, digamos, del trabajo. Eso es.

—Y del otro lado, ¿cómo te sientes cuando vas caminando por la medina de Fes y que todo mundo te conozca? —inquiero para profundizar.

—Me traslado a esas caminatas en las medinas, que son como los mercados bardeados y repletos de puestos multicolores y con todos los aromas posibles. Gente gritando para venderte aves vivas o tapetes bien elaborados. Antiquísimas lámparas de latón, de donde podría salir el genio de Aladino o fundas para celulares. Las caminatas se alargan, pues hay que abrazarse en cada puesto. Khalifa va saludando a sus comerciantes y ellos lo detienen para saludarlo.

—Me gusta caminar solo por la medina de Fes. Así voy, desconocido, pero cuando estoy con la gente es normal. Estoy expuesto a mucha... Todo mundo me conoce. Hay gente que me saluda, pero a lo mejor yo no la conozco, pero ella me conoce. No puedo conocer a todo el mundo, pero soy muy conocido. Yo soy muy conocido por el trabajo, por todo el país.

—Sí, a eso es a lo que me refiero. ¿Sientes algún orgullo o satisfacción de saber que todos...?

Sin dejarme terminar la frase con “te conocen”, me responde:

—Sí, por supuesto. Porque cualquier servicio que yo necesite, pagado o no, está hecho. Sin problemas. Solo por teléfono. Esto es un orgullo para mí; me gusta, sí.

—¿Y a qué le atribuyes que Khalifa haya podido lograr eso?, que todo mundo lo conozca y que todo mundo lo conozca bien y que todo mundo esté dispuesto a ayudarte.

—También hay un poco de generosidad. Sobre todo, con la gente pobre. Y también de personalidad y de credibilidad con la gente que tiene poder, que tiene dinero y que tiene tal. A mí no me importa, son para mí todos iguales. Así que yo no distingo entre rico y pobre. Me comporto igual con toda la gente, igual.

—¿Y con tu señora también? —brinco a un tema que puede ser espinoso.

—¡Con mi señora! Bueno, mi señora es otra onda, como todas las señoras con los años. La señora vive un contexto muy cerrado, no como yo. Yo vivo un mundo abierto, pero es difícil convencerla, ¿sabes? La señora, bueno, no sé, no está de acuerdo con muchos de mis comportamientos. Es normal. Pero intento equilibrar, me someto un poco; hay que humillarse y resignarse a la realidad. Nada más porque soy bueno, si no, puedo abandonar la casa; que además no tengo casa a dónde ir, por eso me resigno. —Los tres reímos al unísono y continúa—. No como el señor Luis. Yo no tengo casa; si tuviera casa, a lo mejor yo puedo tomar alguna decisión, puedo ser otra persona. Pero no tengo alternativa.

—Ah, ¿pero estás ahí porque no tienes alternativa o por otra convicción?

—No, ninguna convicción. No tengo alternativa y además soy una persona muy sensible. No

me gusta dañar a los demás, así que aguanto.

—¿Eso es a partir del nuevo Khalifa, después de la juerga o siempre?

—No. Siempre. Yo antes, con la juerga, pagaba mi libertad.

—Paz social —dice la tercera persona.

—Buenos regalos para la mujer, dinero y todo esto. Mentiras grandes, buenas. Ahora no, no puedo hacer esas cosas. —Y se ríe con su contagiosa risa—. Es otra época. Ahora la economía está muy floja. Así que no puedo... —dice también riéndose.

—¿Pero qué cambió? ¿La economía o alguna convicción de Khalifa?

—¿Cómo? No, ninguna convicción. No tengo convicción, no. Tengo convicciones interiores, pero están frenadas.

—Por eso, pero ¿qué fue lo que te motivó a detener la juerga? ¿La falta de economía u otra cosa?

—No, no, no. No es la economía, no es nada, porque a mí me gustan las aventuras. Me gusta, digamos, el mundo agitado y todo esto. Pero vienen muchos años. Ahora tengo fobia de todo lo que he vivido. No puedo pensar en todo lo que he vivido. El vino que he tomado, las cervezas que he tomado, la cantidad de paquetes de tabaco que he fumado, las charlas que llevé con la gente, horas y horas, todo esto... No aguanto más. Y también llega, no siempre... la rueda de la vida para. No sigue igual, con la misma velocidad. Tengo que retirarme y hablar con mi espejo de todo, reconocer que a veces soy culpable de muchas cosas. Tengo que parar también por mi credibilidad, que es más importante.

—¿Y en ese mirar al espejo, te perdonaste?

—Yo sí. Tienes que perdonarte siempre. Si no, no puedes vivir. Te vas a suicidar. Así que perdónate, porque Dios perdona. Y cuando paras, y cuando quieres hacer el bien, Dios te ayuda a hacer el bien contigo y con los demás. Nunca es tarde. Mientras vivimos, nunca es tarde.

—No puedes vivir en remordimiento —dice su amigo.

—Sí. Por supuesto. No puedes vivir con el remordimiento —reitera Khalifa.

—Hay que hacer la paz contigo mismo —añade Khalinou.

—Recuerdo la historia muy triste de la muerte de tu hijo. ¿Eso fue lo que detonó que detuvieras la juerga? —Hago esa pregunta tragándome un nudo en la garganta.

—No. Yo paré la juerga antes de la muerte. Y la volví a empezar después de la muerte de mi hijo, de repente, tres años después de la muerte y de una manera...

—Fuerte —dice la tercera persona.

—... salvaje. Y después me calmé. ¡Ya está! —dice con cara y voz tranquilas.

—¿Ese regreso a la juerga fue por coraje o a qué le atribuyes que hayas regresado tan fuerte?

—No. Es una juerga para... Te escapas de la realidad; una fuga.

—Era un escape.

—Sí, un escape, exactamente.

—Al principio de la plática me dijiste: "Como buen musulmán, estoy sin vino". Pero en ese entonces, a pesar de que eras musulmán, como quiera tomabas —observo.

—Musulmán de pacotilla, porque musulmán hay que practicar.

—Ahora sí eres un musulmán.

—Es difícil. Es difícil ser musulmán. No todos somos musulmanes de verdad, pero la fe está plantada en nuestro corazón. Musulmanes sí, pero la teoría. Todo mundo es musulmán porque ha nacido musulmán, pero si quieres ser musulmán de verdad, tienes que practicar.

—Y esa fe con la que ahora prácticas, ¿de dónde la adquieres?

—¿De dónde? ¿La tengo de dónde? Primero es una fe innata, después es una convicción. Eso y la lectura también. El Corán también. Para mí, el Corán es el libro sagrado que también habla de temas... Yo no dudo.

—Tú no dudas.

—No dudo. En el Corán no dudo, porque hay que leer primero para poder hablar del Corán. Mientras que con una persona que no ha leído el Corán yo no puedo conversar, porque debe tener idea y después se puede hablar. Porque el Corán no puede engañar a un millar y medio de personas. El Profeta no es, no vamos a decir que el más inteligente de la humanidad, pero su idea ha convencido a todo este millar y medio de personas. La diferencia entre vida social y religión. Hablamos de religión, es así; hablamos de filosofía, cada uno, es más difícil. Cada uno tiene filosofía de la vida. Pero la religión es la conducta. La filosofía es el pensamiento.

Reconozco que no he leído el Corán, pero sin decírselo, discrepo con que el mensaje sea el verdadero sólo porque hay millón y medio de creyentes. Al igual que todas las religiones importantes, considero que tiene principios muy sólidos y que el seguirlos te debe llevar a un camino de paz. Recuerdo que, en todos los lugares, Khalifa se lavaba bien manos y brazos hasta los codos, además de sus cinco oraciones diarias mientras estaba con nosotros.

—¿Y cuál es tu filosofía? —le pregunto, ya que acaba de sacar el tema.

—Mi filosofía es vivir bien, cuidarse bien y tener buenos amigos; también querer a la gente que te quiere y a la gente que no te quiere. Es mi filosofía. Mi filosofía resumida es la paz conmigo y con los demás.

—Ahorita que mencionas amigos, yo recuerdo que tú eres una persona sumamente amigable, amistosa y que tienes amigos por todos lados. ¿A esos amigos, los conservas de cada ciudad?

—Hay que conservar a los amigos con el acto, no solamente con la palabra. El acto es muy importante porque con él materializas la relación. Porque no puedes decir a una persona que toma vino que tú eres ateo o que tú no crees en Dios, o que tú no tal... No puedes hablar como obispo o como un predicador. A esta persona la tienes que ayudar primero, prepararle el contexto; después puedes hablar de una manera. Unir el acto con la palabra, no solamente la palabra. La palabra todo mundo habla, ¿pero quién actúa? Hay que actuar. Hay que demostrar, mantener, no como los borrachos. Los borrachos que hablan a casa y dicen: "Te quiero hasta la muerte", una vez que se despiertan, te dejan antes de morir... —y los dos se ríen casi hasta la muerte.

—¿Tienes amigos todavía de tu infancia o son los que recientemente has venido adquiriendo?

—Mira, yo siempre busco a mis amigos que recuerdo, que me vienen a la cabeza o los que no me vienen a la cabeza; a todos.

Yo tengo amigos de hace sesenta años. Yo los busco, no ellos a mí, porque yo perdono también. La situación suya no es como la mía, por supuesto. Así que están perdonados. Pero yo los busco. Tengo muchos amigos.

—Tú me has buscado —confirma su amigo—. A mí me ha buscado después de veinte años de no vernos —me dice.

—¡Ahí está la prueba! —les hago ver a los dos.

—Nos conocimos en la universidad —prosigue su amigo—. Él me buscó. No nos vimos por veinte años y un día me mandó un mensaje por Facebook, y ahí empezamos de nuevo a vernos mucho.

—¿Y qué te gusta hacer con tus amigos?

—Me gusta hablar, me gusta ayudar si puedo ayudar, me gusta charlar. Me gusta visitarlo en su casa. Me gusta ver a sus hijos. Me gusta... Bueno, así es.

—Por ejemplo, recuerdo ahorita que para Navidad mandaste un video a tus amigos del mundo. Y entiendo entonces que, por tu profesión, conoces gente, aunque sea de habla hispana, de todos lados del mundo, ¿no?, que han estado contigo alrededor de estos treinta años.

—Yo siempre mando a la gente que responde como a la gente que no responde. Da igual.

—O sea, tú se lo mandas, te conteste o no te conteste. Si para ti, tú lo consideras tu amigo, tú se lo mandas.

—Exactamente. ¡Ya está!

—¿Pero tienes preferencia por aquellos que te corresponden algo, que te contestan?

—No tengo preferencia. No, ninguna preferencia. La amistad no debe de tener preferencias. ¿Por qué preferencia? Porque tu sentimiento es uno. ¿Por qué vas a crear varios sentimientos? Vas a sufrir.

—Yo tengo aquí una libreta apuntada de un montón de dichos, supongo dichos marroquís, que durante los recorridos Khalifa va mencionando. ¿Es parte de esa cultura marroquí, o es algo que personalmente haces tú, el tratar de aventar esos dichos?

—Hay muchos dichos que son míos. Y hay otros dichos de la vida. Y hay otros dichos que, bueno, que sacamos de conocidos que emanan de la realidad social nuestra.

—*Okay*. Entonces, esos que me están diciendo son algunos que no necesariamente son

proverbio marroquí. Es un dicho de Khalifa, que lo va sacando para cada ocasión.

—Sí. Como algunas anécdotas. Cuando yo hablo con algunos clientes, para guiar un poco, les digo: "Mira, yo cuando digo a mi mujer que voy a tener otra esposa, me dice 'te mato'; yo le contesto: '¿No ves que estoy muerto?'". —Y todos soltamos una carcajada al mismo tiempo.

—Hay mucha relación entre la cultura marroquí y la mexicana —dice el amigo—. Somos muy comunes en muchas cosas. Por ejemplo, en el concepto de familia, somos muy pinches, como los mexicanos; nos gusta todo lo gratis, etcétera. El marroquí estándar es como el mexicano estándar. No le gusta respetar reglas ni hacer colas, le hubiera gustado agarrar cualquier cosa gratis y ya. O sea, eso es cultura popular del tercer mundo.

El amigo lleva quince años casado con una mexicana y es por eso que habla con esa certidumbre de estos temas.

—Y tú, Khalifa, ¿cuánto llevas con tu señora?

—Treinta y nueve de casado y sesenta y cuatro de vida. Tengo catorce, con cincuenta años de experiencia. —Y vuelve a reír.

—Dentro de esas experiencias, cuéntanos alguna de las parrandas que más te acuerdes.

—Pero siempre he sacado las buenas experiencias; las malas, las dejo.

Se hace un silencio ensordecedor y de repente continúa:

—La vida es una juerga. La vida me gusta como juerga. No tengo una juerga determinada; muchas juergas buenas. Toda mi vida es una juerga, señor —explica riéndose nuevamente.

—Todavía no he hablado —dice el amigo.

—La juerga todavía sigue. Hay muchas juergas. La más grande, la más juerga, bueno, aquí que me marcó también, fue con ciento ochenta mexicanas: 15 de septiembre, fiesta nacional de México; en un restaurante-bar panorámico de la costa de Casablanca, y me fui con unas cuantas, como veinte mujeres. Y las veinte mujeres, todas, bueno, tenía buen contacto con todas. Así, me quedé con ninguna.

—O sea, de ciento ochenta escogiste a veinte, y de esas veinte, ninguna.

—Ciento ochenta. Me quedé con veinte en un bar; se llama Armstrong, con música live.

—¿Y luego qué?

—Y recuerdo a una que es de Houston. Una vez me marcó y me dijo: "Te echo de menos", le contesto: "El tiempo cura". Es verdad... El tiempo cura.

—¿Tú crees que haya sido el tiempo o que lo hayas hecho ya consciente?

—Bueno, si yo tuviera helicóptero, primero voy a hacer escala en México a visitar al señor Luis, visitar a los demás que he conocido en México, no como un guía, como persona, y después iría a Houston a visitar Estados Unidos, y por todo el mundo. Como mariposa. Me gusta vivir como la mariposa. Pero no morir como la mariposa. Vivir como la mariposa.

—¿Por qué dices que no quieres morir como una mariposa? ¿Cómo muere la mariposa?

—La mariposa es frágil. En cualquier escala puede morir. Nosotros tenemos que volar y por eso nos gusta. De acero, para poder ver a todos los amigos.

—¿Eso lo tienes como propósito, como sueño?

—Mi sueño es unir a toda la gente que he conocido. Si yo tuviera dinero, podría reunir a todos mis amigos y gastar todo el dinero, y decir: "Ahora está Khalifa... su dinero está todo desaparecido. Ya estoy. Ciao". Seguramente que se van a quedar conmigo unos cuántos, dos o tres. ¿Y los demás? ¿Se van a ir? —Se ríe con su amigo—. Esto me gusta, esta experiencia. Te lo juro.

—¿Sí?

—Yo no tengo problema en esto.

—Vuelves a hablar de dinero. Y ahorita, en estos tres años que dices que no ha habido trabajo, el dinero seguramente se ha venido disminuyendo.

—No hay trabajo, no hay ingreso, no hay nada. ¿Qué le vamos a hacer? Es la realidad.

—¿Y qué haces?

—¿Qué hago? ¿Qué hago yo? Nada. Estoy subiendo y bajando las escaleras. —Y nuevamente ríe, aunque ahora es más sarcásticamente.

—Esperando encontrar un dólar —dice su amigo.

—¿Qué le vamos a hacer? Hay que tener la cara de rico y ya está. Es la realidad. Está muy duro, pero yo no pienso en esas cosas.

Debido a Marruecos cerrado por el COVID, Khalifa comenta cómo sus pequeños ahorros han desaparecido. Me cuenta que de las pocas excursiones que había promovido ha tenido que devolver el dinero, aunque le pierda, pues su credibilidad es lo más importante.

—¿El recuerdo más grato de tu niñez?

—Ah, de mi niñez... El más grato... Una vez estuve con mi hermano, por una fiesta de verano, y había mucho polvo, muchas carpas, mucha gente. Y tenía sed. Yo de chico estaba buscando una gota de saliva para poder tener la, digamos... devolver el alma. Pensaba que el alma se me iba a salir. ¿Entiendes? Tenía miedo de que mi hermano se fuera a perder. Lo tenía en la mano, así. Yo niño, tenía como ocho años, y tenía una moneda en la mano. De repente, cerraba el ojo y no había saliva. Al abrir el ojo, de repente, me encontré con un señor vestido de rojo, muy limpio, dentro de un contexto lleno de polvo, no digo suciedad, sino de polvo. Y un señor que me entrega el agua así; yo saqué el agua de él. Era un señor alto y muy guapo, el aguador. Usaba una ropa roja y muy limpia. Y me entregó el vasito de agua. Yo saqué el vaso e hice un trago. Nada más que un trago. Un trago, como para poner el alma en su sitio, para que no salga. Y le entregué la moneda. Y de ahí, fue una cosa que me ha marcado de mi niñez. Increíble. Es un ángel que ha caído.

Me sorprende su recuerdo, pues sigue demostrando a alguien protector. Aún en sueños y en el desierto, los demás están primero que él. Me reitera que es el mayor de nueve hermanos.

—¿Eso crees que siempre haya sido ese individuo protector?

—Yo sé que estoy siempre protegido por Dios, a pesar de la maldad que causé para mí, pero Dios me protege. Cuando las cosas se cierran, de repente te abre. Por eso, no tengo miedo.

—Unas se cierran y otras se abren.

—Sí. Exactamente.

Comenta que aún no es abuelo, lo desea, pero prefiere no meterse. “Es su vida”, dice. Su hija sigue viviendo en su casa, con su marido.

—Y en los momentos en que escribes, ¿estás solo, estás acompañado?

—No. Puedo tener conmigo a diez personas hablando y yo escribo. No tengo problemas. Yo puedo dormir en el ruido. No tengo problemas. Yo escribo al instante, nada más viene la idea y yo la pongo; sin problemas. No pierdo la concentración. Yo escribo en cualquier momento.

—Totalmente espontáneo.

—Espontáneo. No tengo un problema.

—O sea, el sueño de juntar a todos los amigos de todos lados, pues obviamente es un sueño; pero ¿algo que realmente sí pueda ser factible de hacer que te gustaría todavía hacer?

—Sí. Pues me gusta hacer el bien.

—Pero, así como la película ésta, a lo mejor la viste, de Morgan Freeman, *The Bucket List*, ¿qué te falta por hacer?, ¿por cumplir?

—¿Qué me falta? Me falta dormir bien, comer bien y hasta ahí. Tener lo suficiente para terminar la vida. No tengo cosas... No tengo sueño, sueño.

—¿No has pensado en una lista de cosas que te falte por hacer?

—No, no. Ya la lista está cerrada. —Se ríe, como en toda la conversación—. No tengo.

—¿Pero por qué está cerrada? ¿Porque ya hiciste todo?

—No, bueno, no hice todo. Por ejemplo, tengo que hacer una cosa, escribir cosas así, que no he podido, que no hice antes.

—Publicar un libro —dice el amigo.

—Sí. Publicar algún libro, por supuesto.

—¿Qué más, Khalifa? ¿Qué más te gustaría contarme?

—Me gustaría verte otra vez aquí en Marruecos o en México. Hacer una fiesta en México, con Luis Junior, con Karla, o ver el partido de Marruecos-México...

Y aunque no se lo digo, yo también pienso en proyectos similares. Juntar a mis primos, a mis amigos y estar reunidos siempre. Y también el futbol, ver muchos partidos de futbol y en general, de todos los deportes. Y desde luego, visitar Marruecos nuevamente.

—Una vez... Aunque todavía te falta mucho por hacer, como musulmán, ¿qué crees que pase una vez que termine esta vida?

—Mira, el mundo no ha vivido así, solo. Hay una fuerza. La fuerza para nosotros es Dios. Es Alá. Es el único creador. Este Alá no tiene hijo, no tiene mujer, no tiene... ¿Cómo ha creado a Adán? Nada. Puede crear cualquier otra, digamos, crianza en cualquier momento. Puede hacer desaparecer el mundo en un lapso de tiempo cualquiera, pero siempre este mundo está organizado y tiene sus leyes. Si no, vamos a vivir como los animales de la jungla. Y Dios nos dio el cerebro para distinguir lo malo del bien, las dualidades. Así que no podemos evitar el mal, pero lo podemos ganar por el bien... —Guarda un silencio absoluto al terminar la frase que me apena interrumpir.

—Muy bien. ¿Pero tú crees que existías antes?

—No, no creo que existiese el antes.

—No. ¿Y tampoco vas a existir después? —replanteo la pregunta.

—Existir o en el Paraíso o en el Infierno.

—¿Tú sí crees eso?

—Yo creo en eso, porque en este mundo de injusticia, seguramente que va a haber una justicia.

—Pero tú dices que ya te has perdonado a ti mismo, por lo tanto, ¿quién va a...?

—Yo no me he perdonado a mí. No soy yo quién va a perdonarme a mí. Es Dios quien va a perdonarme o no. Yo pido que Dios me perdone. Pero yo no puedo perdonarme a mí.

—¿No?

—No tengo derecho de perdonarme a mí. Tampoco tengo el derecho de decirme: "Yo soy el mejor, yo soy el bueno", porque sólo Dios sabe nuestros interiores. No sé si has leído el tema, lo que había escrito del espejo.

—¿Cuál? ¿Cómo se llama?

—*El espejo*, te lo voy a mandar, te lo voy a mandar.

Y Khalifa y su amigo comienzan a hablar entre sí en árabe.

—¿Qué están tomando? ¿Café o té? —los interrumpo para regresarlos al tema, pero en esta ocasión no me traducen lo que hablaron.

—Estoy fumando. Este amigo me mata. Estoy fumando otra vez.

—Malas amistades —concuerda el amigo—. Son mejores que las buenas —continúa—. Las malas amistades son mejores que las buenas.

Concuerdo con Khalinou, si lo que quieres es juerga. El tiempo programado de la reunión está expirando, así que, aunque me quedan muchas ganas de seguir conversando con él y aprovechar también las intervenciones espontáneas de su amigo, tengo que ir cerrando la reunión.

Me felicita por la educación que le he dado a mis hijos y espera que sepan comportarse bien conmigo; recibo con orgullo el halago. En eso y por casualidad llega Karla y la pongo en la computadora para que se saluden. Ambos, cada uno a su personal estilo, se saludan y se despiden de forma muy efusiva.

Nos despedimos con alegría y con nostalgia. Me da mucho gusto saludar a un hombre tan alegre a pesar de las adversidades de la vida. Una entrevista con alguien que habla en su segundo idioma, pero que concentra muy bien sus ideas. Con un acento extranjero, al que el árabe le da un sabor que lo hace más delicioso. La primera entrevista en la que aparece alguien que no estaba "invitado", pero que le dio también un sabor distinto. El café que tomaban, aun a la distancia, emanaba un aroma que evocaba esos distintivos olores de sitios milenarios que han visto desfilar decenas de culturas, enlazándose en una rica experiencia sensorial. Una entrevista digital, pero en la que abundaron las risas y el buen humor.

Encuentro a un hombre comprometido con su religión, con su profesión, con su país y consigo mismo. Dispuesto siempre a dar generosamente su dinero, sus conocimientos, su optimismo y, sobre todo, su contagiosa risa, que solo alguien que se ha perdonado a sí mismo es capaz de transmitir de esa manera.

Una ojeada a Khalifa

"Las cosas salen bien. Si salen mal, no importa".
La palabra en árabe zuhurat se traduce más o menos como "abierto a todo"; no es exactamente destino, sino una creencia en un universo amigable. Si algo sale bien, es zuhurat. Pero aun cuando algo sale mal, también es zuhurat; algo bueno está escondido que será descubierto después.

"El dinero no importa. Lo gastas, lo puedes recuperar; no importa. Pero la credibilidad, si la pierdes, no la puedes recuperar".
Dos lecciones en una. Sin despreciar la parte material y esencial del dinero, nos dice que aun si no se tiene, se puede volver a hacer y no es en lo que nos debemos enfocar. Por otro lado, tu nombre, tu apellido, tu manera de ser es lo más importante a cuidar. Una vez que pierdes tu "crédito", quedas a la deriva.

"Los buenos momentos se quedan grabados".
"Hay que marcar".
Hacerte sentir único creo que es la clave de la atención al cliente. Eso hace que se te quede grabado o tatuado un evento. No necesariamente un monumento o un paisaje natural, que también lo pueden lograr, sino aquellas acciones "fuera de programa", inesperadas y dedicadas para ti, que te hacen sentir así: único y por lo tanto marcado.

"Hay que conservar a los amigos con el acto, no solamente con la palabra. El acto es muy importante, porque con él materializas la relación".
No sólo debemos conservar a los amigos con el acto, sino a todos los que nos rodean. Y qué importante que aquello que sentimos por los demás lo expresemos, lo verbalicemos, lo hagamos acción y no sólo pensamiento. No hay excusa en este mundo conectado para no hacerlo. Pero no solamente hacerlo a través de una red social, pues

nos puede conectar, pero al mismo tiempo alejar de manera personal y directa.

"Yo no distingo entre rico y pobre. Me comporto igual con toda la gente, igual".
Qué difícil es a veces no hacer esa distinción y a todos y con todos tener el mismo trato. Todos somos seres humanos con independencia de nuestra raza, posición y creencia. Llamar al mesero o a la persona que te pide tu identificación al entrar al aeropuerto por su nombre hace una diferencia para ellos, pero principalmente a uno mismo.

"Mi filosofía es vivir bien, cuidarse bien y tener buenos amigos; también querer a la gente que te quiere y a la gente que no te quiere".
La primera parte de su filosofía parecería que todos la pudiéramos adoptar, aunque no siempre nos cuidamos ni nos rodeamos de buenos amigos. Pero lo que me llama más la atención es la última frase, sin lugar a duda la más difícil de llevar a cabo.

"Perdónate, porque Dios perdona. Y cuando paras, y cuando quieres hacer el bien, Dios te ayuda a hacer el bien contigo y con los demás. Nunca es tarde. Mientras vivimos, nunca es tarde".
¡Qué difícil es perdonar! Pero más difícil que todo es perdonarnos a nosotros mismos. Khalifa nos alienta de dos maneras: Si Dios es capaz de perdonar todo y a todos, ¿por qué nosotros no? Y nos da un recurso más: ¡Nunca es tarde! Todos los minutos son buenos para intentarlo.

La Cava Del Rey

Don Reynaldo Farías Montemayor

El amigo de los amigos
El anfitrión del buen trato

3 de noviembre de 2021

Mi padre tiene muy pocos amigos; y de esos muy pocos, escogí a uno para que fuera padrino de mi boda civil; uno que, contrario a mi papá, tiene decenas de amigos. Conserva un porte inconfundible, una voz ronca y potente, un bigote largo y bien peinado y una disciplina digna de un campamento estoico. Me lo topaba en el gimnasio del club deportivo todos los días a las seis de la mañana, cuando él prácticamente ya había acabado su rutina de ejercicio. Abrían a las cinco y yo creo que le daban las llaves a él para asegurarse de que estuviera abierto. Lo veía platicar con todos los socios que a esa temprana hora estaban iniciando su día. Se bañaba en las regaderas del club y, mientras se secaba, seguía platicando con aquel que fuera pasando para luego, invariablemente, desayunar puntual con un grupo que se reunía en la misma mesa del restaurante.

Los amigos fueron partiendo y la mesa iba quedando incompleta, pero no dejaba la rutina. Su único cambio fue que ahora se sentaba a leer el periódico en el recibidor de los vestidores mientras esperaba a los que fueran quedando para bajar a desayunar. A todos y cada uno de los que pasábamos nos saludaba efusivamente.

Todos los años corría la invitación abierta para acompañarlo a festejar su cumpleaños; anteriormente en la Unión Ganadera y luego en una quinta por la Huasteca, a la que acudí varias veces. Eran fiestas que iniciaban con el desayuno y terminaban con la cena. Desfilaban deliciosos tamales, menudo, asado de puerco, cortadillo, picadillo y todo tipo de guisos para luego ir dando mayor forma a la comida y la cena. Además, había enormes cantidades de cervezas y todo tipo de licores. Eran grandes pachangas cada 6 de enero en las que hubo días en que la temperatura se ponía celosa de su popularidad y decidía ponernos a prueba descendiendo a niveles de ceros. Aun así, eran todas muy concurridas y repletas de amistad, camaradería y buenos deseos.

Mi padrino Reynaldo es la única persona que todos los 21 de noviembre me ha llamado por teléfono para felicitarme por un aniversario más de bodas. Así que, además de amigo de mi padre, se fue convirtiendo en amigo propio, por lo que quería que estuviera presente en esta colección.

Le llamé a su celular para comentarle sobre el proyecto y, me atrevería a decir que encantado y gustoso, aceptó la invitación. Me citó en su oficina a las ocho de la mañana. Llegué puntual. El guardia ya me esperaba; me abrió las rejas para que me estacionara adentro y me indicó que el ingeniero Farías me esperaba en su oficina, subiendo las escaleras.

Es una oficina amplia, decorada con un estilo mexicano norestense, con un gran cuadro al óleo con un imponente Cerro de la Silla colgando en la pared principal de su oficina. Se levanta de su gran escritorio de madera para darme la bienvenida. Viste una camisa a cuadros, un pantalón café y botas. Me enseña que tras la puerta de la oficina tiene otro cuarto, que es un magnífico bar con una barra bien surtida y un letrero nombrando el lugar: *La Cava del Rey*. Un piano, una mesa de billar que hoy está repleta de botellas de tequila que tal vez servirán de regalo para las Navidades o para solamente hacer un inventario de éstas. El bar está decorado con cuadros y recuerdos de amigos y de lugares que ha visitado.

Regresamos a la oficina y me invita a sentarme en una cómoda sala. Me agradece mucho que lo tome en cuenta y le comento un poco sobre las experiencias que me he llevado en la recopilación de entrevistas y luego en darles forma. Que me ha dado muchas satisfacciones en todas las facetas, desde la entrevista, al escribirla y luego, al regresar con ellos y mostrarles lo escrito. Aunque nadie más vaya a leer el libro, para mí, ha sido ya una gran satisfacción.

—Creo que tienes mucha razón en esto. Siempre es bueno hablar con gente mayor, eso te lo puedo escribir con letras de oro y la chingada. Yo, gran parte de lo que sé y lo que hago, me lo enseñaron gentes que mis amigos me criticaron: "¿Qué chingados andas haciendo con esos viejillos, tomándote el café y la chingada? Vente con nosotros y que esto y que lo otro", y yo les decía: "Sí, nada más que estos sí me enseñan y ustedes no me enseñan ni madre, pues que chingaos". —Con ese tono completamente norteño y regiomontano de hablar, comenzó su plática—. De lo bueno que tienen los amigos, tú lo detectas en media hora. No necesitas hablar más ni checar más para saber sobre las gentes con las que te juntas. Sin embargo, con la gente mayor tienes que darte tiempo, irte despacito y la chingada, y esto y lo otro. Y tal vez, como dices tú, preguntarles: "¿Y por qué? ¿Y por qué?"; entonces, la gente que tiene experiencia te dice las cosas de la mejor forma.

—¿Desde qué edad te empezaste a juntar con gente mayor? —aprovechando que él mismo inició el tema, le cuestiono.

—Pues, ¿qué te puedo decir? Pues de toda mi vida. Tuvimos la oportunidad de convivir con todos mis tíos. Por el lado de papá, papá tenía un hermano y cinco hermanas, todas casadas, y mi abuelo tuvo la dicha de darle una casa a cada hijo. Como papá era el hombre mayor, la casa de mi papá estaba pegada con mis abuelos. O sea, a toda madre. El que más lejos vivía, vivía a cuatro cuadras. O sea, nosotros convivimos con los mayores.

—¿Y cómo era tu relación con tus tíos y abuelos?

—Mi abuelo sí era muy estricto. Papá era estricto solamente, pero sin llegar a mayores. No nos pegó nunca ni nada, verdad. A lo más: "Esto sí", o "Esto no". Pocas palabras. Mi abuelo, con el poco tiempo que estuvimos con él... Porque él fue director de Ferrocarriles Nacionales a nivel nacional, o sea, el cabrón tenía carro de ferrocarril y recorría todo el chingao' país —muy orgulloso me lo hace saber, para continuar la historia—. Entonces, el poquito tiempo que estaba, pues convivíamos. Ahí lo veíamos, íbamos a casa de mamá Tere y la chingada. Y al otro lado vivía otro ferrocarrilero que me quería mucho. Tenía puros hijos mayores y yo era un huerco. Y la mayor parte eran mujeres y todas me decían "Cacoche" y "Véngase conmigo".

—¿Cacoche? —asombrado le pregunto por qué ese apodo.

—Sí, Cacoche; la verdad no sé por qué. Yo les decía "papá Ney" y "mamá Panchita"; haz de cuenta que eran otros papás. Yo tuve suerte. Yo sé que tú tienes un papá y una mamá, pero yo tuve cinco, porque teníamos a papá José y a mamá Tere. Los tenía pegados a papá Ney y mamá Panchita, los tenía pegados. Tenía a tía Alma, la hermana más chica de papá; haz de cuenta que ella me quería como a un hijo. Y la mamá del gordo Tamez me decía mijo y mijo. Eran muy amigos; aquí vivían en el barrio de 20 de noviembre. Entonces, yo soy muy afortunado porque tuve muchos papás y muchas mamás; pero no nada más de decirlo, me querían de a madre y me buscaban y me procuraban. En eso soy muy afortunado. Luego, ya que nos casamos y los hijos, fue evolucionando. Y bueno, tú me conoces muy bien, que tengo la mayor cantidad de amigos, pero de AMIGOS —resalta la palabra amigos—. Conocidos tengo un chingamadral. Pero de amigos, yo dudo que una persona tenga...

—Tantos amigos —intento completar la frase que parecía que se le quedaba en la lengua.

—Exacto. Porque, por lo que tú quieras, por el carácter, no sabes.

—Justamente te iba a preguntar eso. ¿A qué le atribuyes que tengas esa enorme cantidad de amigos?

—Uno, es el trato. El trato. Yo trato a todo mundo de la mejor manera posible. Desde el que me abre la puerta donde sea, hasta el mero mero. Los trato igual; busco la manera en todo lo que yo pueda. Esa es otra de las reglas que yo tengo: ayudar a toda la gente que yo pueda. Y me da maravillosos resultados, querido sobrino —con mucha ternura me lo dice y me impacta que lo haya hecho de manera tan natural. Pero, sin que pueda interrumpirlo, continúa—. Porque ayudo, y yo no creo que no tarde ni cinco minutos en ya dar la vuelta y me hablan y me dicen que hay esto o que hay otro y yo volteo y "Diosito, pues gracias". Tengo un contacto directo con Dios, rezo en la mañana y en la noche. Y pido por todos: por los enfermos, por los que ya se murieron. Claro que los que ya se murieron, los que murieron que impactaron en mi vida. O sea, esa es la situación. Entonces, esa es parte de las cosas: ser sincero en todos sentidos, no ofender a nadie. Y yo soy mal hablado, así es, pero no ofensivo. A mí no me has oído decir: "Mira este pendejo", ¿por qué?, porque no me nace.

Me consta que aun cuando salen muchas "malas palabras" de su boca, ninguna de ellas suena ofensiva, ni mucho menos. Al contrario, ensalzan su manera de hablar, dándole un toque genuino a la charla. Recuerdo que mi suegro también hablaba usando muchas de las palabras que anteriormente no estábamos acostumbrados a escuchar, sin que sonaran agresivas. Desafortunadamente, hoy las nuevas generaciones, y sobre todo las niñas, las usan sin el mayor recato y, en mi opinión, no suenan bien en ellas.

—¿Y tu papá era así?

—Papá... papá era muy... —Se detiene para hacer una pausa—. Papá... Te digo, era estricto. Nada más una cosa. Nosotros, hasta para salir a la banqueta, no era pedir permiso, pero sí cuando menos avisar: "Oye, papá, voy a salir". Esa rutina la tuvimos siempre. Y tanto, que un día, yo tendría unos quince años, mi hermano José Luis dieciséis, y un día, nos dice papá: "Hoy, hijos, les quiero decir esta cosa: de aquí para adelante pueden salir a donde quieran, pero le tienen que avisar a su mamá". O sea, oye, pues nos quedamos así asustados. ¿Cómo? ¿De no salir a la banqueta a donde queramos? Claro, me fui con mamá a preguntarle qué pasó con papá. Fíjate lo que nos dijo: "No, pues, mijito, ya platicó conmigo y vimos que ustedes han sido buenas gentes, responsables y todo". Fue un cambio. Papá evolucionó de ser papá, poco a poco a ser mi amigo. Yo ya lo disfruté de otra forma, definitivamente.

—¿También se llamaba Reynaldo?

—No. Se llamaba Luis. Luis Farías Páez.

—Entonces, tú eres el primer Reynaldo.

—Sí. Yo creo que me pusieron porque nací el 6 de enero, verda'. Ya ahorita hay tres: Reynaldo hijo y Reynaldo nieto.

—¿Dices que fue a los quince o dieciséis?

—Bueno, a los dieciséis nos dijo eso, pero nos tardamos en asimilar y en ir viendo. Y duro y duro y ya nos casamos. Y con los nietos comenzó a ser diferente, ¿verdad? E inclusive, no que fuera mal trato o buen trato, siempre fue buen trato, pero convivimos cada vez más. Para él, su trabajo era infalible. Era ferrocarrilero; el taller donde trabajaba estaba a cuatro cuadras de la casa. Tocaban: "Eh, ¿aquí vive Luis el eléctrico?", porque papá era él más fregón en la cosa de la electricidad. A esas gentes les llamaban los "llamadores"; no hacían más que ir a avisar: "Ey, te hablan". Papá se levantaba a esas horas; nunca lo oí repelar. Se ponía la yompa y todo el overol de mezclilla. Se jubila y entonces tuvo más tiempo de convivir. A nosotros nos gustaba mucho la pesca, porque el hermano de él, el tío José, nos llevaba desde huercos. Nos íbamos en el autobús a Zuazua. En aquel tiempo, hacías unas dos horas y estaba cerquita el río, donde íbamos a pescar mojarras y la chingada. Comenzamos a llevar a papá y se enamoró de la pesca y ya convivíamos de otra forma. Es más, algunos de sus amigos nos decían: "Oye, ¿por qué le hablas así a tu papá?". "Sí, ya sé que es mi papá, sin faltarle al respeto, lo trato como él a mí: 'Oye, Rey, ven pa' ca'". Es decir, no se quitó el respeto, porque el respeto siempre hubo; se quitó...

—La formalidad —intento completar la frase.

—Sí, por eso lo disfruté a todo dar. Yo me lo llevaba a papá y a mi mamá a las fiestas de mi generación, y muchos de mis amigos convivían más con mis papás que con los suyos. ¿Y por qué? Pues por la diferencia de trato.

Evoco algunos de los viajes en los que he decidido invitar a mis papás y cómo los disfrutan. Como lo he mencionado en otras ocasiones, es difícil decidir quién se divierte más, el invitado o el invitador. Y por mera curiosidad, dado que la oficina está en una casa y en un barrio antiguo, le pregunto si es la misma casa. Y descubro que su pasado está íntimamente ligado al Monterrey antiguo; una muestra más de su regiomontaneidad.

—No, nosotros vivíamos en Madero 1422 poniente. O sea, ¿no sé si ubicas la escuela Calles?

—Sí, claro —le respondo de inmediato.

—A media cuadra, ahí vivíamos nosotros. Yo salí de esa casa para casarme y me fui a vivir a la Vista Hermosa. De ahí a un departamentito. Ya que nació Rey, rentamos, también de renta, otro más, pero ya con tres recámaras, ahí por la iglesia de Lourdes. De ahí, ya cincuenta y tantos años, compré el terreno en Gomez Morín, que antes era la carretera a Chipinque, y desde entonces ahí estamos.

—¿Junto con tus cuñados? —le pregunto, conociendo a dos de ellos y que sus casas están atrás de la mía.

—Bueno, originalmente nada más con Javier. Ya luego, los cuñados se fueron y compraron cerquita. Nosotros lo disfrutamos. Pero a este barrio lo quiero mucho. Fíjate, me juntaba con mi compadre Armando Hinojosa, que él se cambió de un año a la casa pegada a nosotros. Yo nací el 6 de enero del 39 y él nació el 4 de febrero, también del 39. Tenía un año cuando él se cambió. O sea, yo me he juntado con él toda la vida. Es más que mi hermano.

—¿Podrías decir que es tu mejor amigo del universo tan grande de amigos que tienes?

—Sí, porque ya pasó de la amistad a una hermandad. Es otra situación, definitivamente. Es más, así lo presumo: "Es mi hermano", y me dicen: "Oye, pero él se apellida Hinojosa Mercado". "Es mi hermano porque yo quiero".

—Porque yo lo escogí —intento corregir la frase—. Más que querer, fue escoger, ¿no crees?

—Exacto, porque yo lo escogí. Esa es la situación, de ahí se cambiaron a una casa de 20 noviembre; ésta es 5 de mayo, de 15 de mayo a la media cuadra. De este barrio, pues nos juntábamos. Yo venía con él y él iba conmigo. Yo a este barrio lo conocía perfectamente. Aquí vivían los cuates Kifuri, Michelle Kuri, Pablo Careaga, los papás, más bien los abuelos, de Hernán Guajardo y aquí vivían los Guerra Sepúlveda. La casa era de allí pa' allá, esto lo hice yo nuevo. Luego, ellos se mudaron a la Del Valle. A mí me estaba yendo muy bien. Los avalúos tenían mucho trabajo, ya tenía gentes trabajando y dije: "Voy a irla a ver". Y la compré y punto.

Me lo dice con tanto cariño, casi como si fuera ayer, que imagino que aquellos regiomontanos otoñales que lean estas líneas evocarán estos barrios de la colonia María Luisa y cercanos a los panteones.

—¿Desde cuándo estás aquí?

—Tenemos, yo creo, que unos treinta y tantos años.

—Me comentaste que tu papá fue ingeniero electricista.

—No, técnico electricista —me aclara.

—Bueno, lo que quiero decir: tú ingeniero civil y tu hermano abogado. ¿A qué atribuyes esa diferencia?

—Cuando yo estudié, el auge era Ingeniero Mecánico Electricista. Era el tiempo de Hojalata y Lámina y mi papá me decía que estudiara eso. Yo le dije: "No, voy a estudiar Ingeniero Civil", ¿por qué?, quién sabe. Pero yo dije: "Voy a estudiar Ingeniero Civil". Y pues, la única manera era la universidad. Se pagaba, en aquel tiempo, quince pesos mensuales o no sé qué chingada, era una cosa regalada. Y en el tiempo que iba a pasar a estudiar, me dice papá: "Oye, mijo, he escuchado mucho del Tecnológico. ¿Por qué no vas a ver?". "Pos déjame ir". Cuando regresé, le dije: "Pues, mira, sí puedo estudiar". El semestre era de tres mil pesos, que era lo que ganaba papá al mes. "Pero se me hace que ustedes se mueren, porque no hay con qué chingao'. Yo sí puedo, pero se me hace que no, se fregó la barca de oro, y a la universidad". A mí me costó la carrera, los libros, el título y todo, sobrino, mil doscientos cincuenta pesos, pero fue una dicha poder hacerlo. Porque a mí la carrera me ha dado muchas, pero muchas, satisfacciones, definitivamente, verdad.

Y no puedo dejar de evocar que, en mi caso, también mi carrera me ha dado muchísimo. No solo la posibilidad de darle el gusto a mis padres de haber estudiado Ingeniería Eléctrica, y que además es el sustento que me permitió fundar Diram, sino que a gran parte de mis amigos los encontré ahí. Ambos valoramos mucho los estudios, porque encontramos claras correlaciones entre haberlos realizado y la prosperidad personal, social y económica.

—¿Alguno de tus hijos es también ingeniero civil?

—No. Y aunque están aquí, no trabajan conmigo. Cada uno en lo suyo. Déjame explicarte. La oficina de Rey, igual a ésta, está aquí enfrente de la mía, y la de Luis Arturo está aquí abajo, que son los dos hombres. Rey, cuando iba a entrar, me dijo: "Papá, yo no quiero ser ingeniero civil". "Ni yo quiero que seas", le contesté, "Lo único que quiero es que estudies". Y siempre lo hizo y bien, muy estudioso. En el Colegio Americano le dijeron: "Usted puede entrar a cualquier universidad de Estados Unidos sin pedir permiso ni la chingada. Usted solo va y preséntese y presente este papel, ya sea Harvard o la que sea". Siempre fue muy buen estudiante, igual que Claudia; sacaron premios y la chingada y todo. Entonces, estudió Ingeniero Industrial y de Sistemas; ya había más variedad.

—¿Y tú también eras así muy dedicado, o eso lo sacó a la mamá?

—Su mamá siempre sacó los primeros lugares. Yo siempre fui "término medio", de setenta; los cienes no eran para mí. Ellos dos salieron a su mamá, los otros dos cabrones salieron a mí. Muy bien, eso implica, mi querido sobrino, cuando eres así de estudioso, te limita a...

—¿Pierdes otras cosas? —me atrevo a completar la frase.

—Ándale, esa es la palabra. Pierdes otras cosas, que luego las agarras, pero luego. Haz de cuenta, Luis Arturo, ahí en el mismo Colegio Americano, chinga a cada ratito. "Oiga", nos mandaban un recado, "Es que Luis Arturo...". Hasta que un día les dijo Morena: "A mí ya no me hablen, si lo quieren correr, córranlo, hagan lo que quieran, pero ya no me estén hablando". Y lo que es el carácter, por eso te digo, el carácter y el trato y las cosas, son importantes. Tenemos cartas de las profesoras: "Ey, Luis Arturo, ojalá pueda seguir siendo tu maestra y la chingada". Te quedas: "¿Qué es esto? Me hablan para correrlo y la profesora lo quiere mucho". Por eso te digo: es el trato lo que te ayuda. Te ayuda mucho, mucho.

—¿Estos dos salieron más amigueros, más tratables? —le pregunto, imaginando una diferencia entre sus hijos.

—Sí, salieron más a mí. Y no que los otros no. A Rey le hablas de ganado y ya no lo paras. Yo me lo llevaba desde que estaba en primaria; me lo llevaba en el autobús. Yo iba todos los viernes al rancho. Primero sembrábamos algodón y luego sorgo. Y luego, viendo que no funcionaba (para mí como ingeniero, que tú quieres hacer las cosas, pero con resultados), hacíamos la inversión, sembrábamos, fumigábamos y todo y luego, si no llovía, cero. Hasta que dije: "Esto no es para mí". Le cambiamos a ganadería y eso ha ido jalando y Rey se enamoró del rancho. Es más, dijo: "Yo me voy a ir a vivir al rancho" y le dije: "Eit, no. El dinero del rancho, todas las inversiones, han salido de Monterrey, así que te quedas aquí, generas aquí y allá vas a divertirte y a hacer otras cosas". Con Rey te pones a hablar de ganado, así como estás hablando conmigo, y te puedo decir que puede amanecer y feliz, y esa es una de las cosas que le apasionan.

—¿El rancho lo empezaste tú?

—No, el rancho era de mi suegra. Y lo repartió entre los seis hijos, y a Morena le toca su pedazo y la chingada.

—¿Pero el ganado lo empezaron ustedes?

—Esos terrenos los comenzamos a sembrar. Dejamos eso y comenzamos con la ganadería. Mi suegra también tenía ganado. Sembraba algo, pero más ganado. Nos regaló cincuenta vacas y dos toros y con eso comenzamos.

—¿Y a ti también te gustó?

—A mí me encantó y me sigue gustando. Desafortunadamente, la inseguridad, pues ya no se puede ir igual.

Le comento que yo también quería tener un rancho con animales y estudiar Agronomía o Zootecnia, pero mi papá no lo permitió. Hoy puedo decir que con el dinero que he generado como ingeniero eléctrico he comprado mi rancho y sus animales. Que, más que negocio, son un gusto. Empatizamos con que nos sucedió un evento similar.

—Ahí está la cuestión. Dices: "Qué suerte, de una carrera a otra", pero hay más atrás. Yo empecé en construcción, trabajé en la junta de mejoras por cinco años. Primero en proyectos, luego en promoción de obras; me tocó la dicha. Fue un proyecto enorme, de promover Ruiz Cortines, de Gonzalitos hasta la carretera que te llevaba a Roma. Ruiz Cortines la promovió la persona con la que estás hablando. —Hace un gesto orgulloso señalándose el pecho—. Y ahí me tocó conocer a todos los chingados propietarios: desde gentes que tenían un tejabán, hasta las grandes fábricas. Fueron muchas satisfacciones y me dejó muchos amigos. Y volvemos a lo mismo: por el trato.

»Me tocó una persona muy humilde. Había que explicarles primero que se iba a hacer la obra, porque se iba a hacer. Y ya que terminabas, explicarles que les ibas a cobrar. Para muchas gentes, eso era lo más difícil. Para Cydsa, pues le valía madres. "Encantado de que me hagas la avenida. Te pago el doble y listo". No se me olvida una persona que me metí como tres cuartos de hora explicándole todo y luego, ya que acabé, me dice: "Oiga, ingeniero, quiero que sepa que no le entendí ni madres". Yo, tranquilo, haz de cuenta que me había aplaudido. "No, mire, no se mortifique", y ahí vamos otra vez. Y a mí ese tipo de situaciones me hizo cambiar el carácter, pues yo era, pues, estricto. En las cosas de ingeniería tienes que hacer las cosas, échale ganas y esto y lo otro y todo, pero tranquilo, no te alteres. Al momento en que tú te alteras, el que pierdes eres tú. Entonces, esa situación me ayudó mucho, me enseñó, te digo. Dejé cientos de amigos que los he disfrutado enormemente. Luego me tocó promover Bernardo Reyes de Ruiz Cortines al arroyo del Topo; una obra más chica, pero vela cómo está ahorita: al mero centavo, funcionando las rotondas y todo. Ese fue un proyecto que hizo Bernardo Reyes cuando fue gobernador y me imagino que trajo urbanistas franceses y la chingada. Y fue nada menos hace cincuenta años.

—Pero ¿cuál era específicamente tu trabajo? —intrigado le pregunto y reconozco la versatilidad de esa avenida.

—Promover la obra —me responde, por primera vez muy directo.

—¿Como si hoy se fuera a promover la obra de ampliar carriles en Vasconcelos? —tratando de traer al presente ese trabajo le pregunto.

—Exacto. Convencer a la gente, hablar con todos, tener los planos, proyectos y todo. Y saber todo. No solo que ibas a instalar drenaje, sino qué diámetro de la tubería y todo. A mí sí me sirvió, como cultura general, porque dominas todo. Me tocó también ser supervisor de los Condominios Constitución. Me tocó supervisarle a Constructora Lobería; cada una tenía quince edificios de los cuarenta y cinco que había. Les dieron un año para hacerla. Nosotros fuimos los únicos que acabamos a tiempo. Fue una situación fabulosa de conocimientos. Yo agarré de aquí, de allá, todos lados, y me sirvió mucho, porque me permite ayudar a mucha gente.

—Me imagino que, además del trato, ¿qué otra característica consideras que hubo para que lograras ese éxito? ¿Capacidad de vender, el conocimiento general, el entusiasmo que le ponías? —Me atrevo a sugerir algunas que considero tiene.

—Sí, sí. —Se levanta hasta del asiento de la emoción—. Mira, primero tenías que estar empapado de la obra, saber todo, ¿verdad? Y tratar de decírselo. Cuando tienes facilidad de palabra, pues es lo que necesitas, pues no puedes ser un promotor que no hable. ¿Qué puede transmitir? Nada.

—¿Esa seguridad para poder hablar te la daba el conocimiento?

—Exacto. Poco a poco fui agarrando más conocimiento. Y la ventaja es que lo pude transmitir.

—¿De ahí fue que se te ocurrió la idea de los avalúos o pasó más tiempo?

—No. Trabajando en la junta de mejoras, me dice el licenciado Jesús Montaño (que se había casado con una prima hermana mía, Angelina Pedraza Farías), me dice: "Oye, Reynaldo, fíjate que me ofrecieron un trabajo y lo acepté. De delegado fiduciario de Financiera de Fomento y fíjate que se requiere un ingeniero que haga avalúos". Yo le contesté: "Lo único que te digo es que no sé qué significa un avaluó, pero si otro lo hace, yo lo hago" —con un tono seguro de sí mismo me lo cuenta y continúa su historia de cómo es que se hizo valuador—. Y comencé a meterme y a estudiar, porque había muy pocos valuadores, pero sí había algunos que antes les decían coyotes, solo a comprar y vender. "Entonces, ¿cómo le haces?", preguntas, y mira, es esto y checas y ves y todo y comenzó. Y, mi querido sobrino, comenzamos de cero y tuve la dicha de darle la vuelta a todo. En aquel entonces, había un Instituto Mexicano de Valuación de Nuevo León, con un reglamento de que debías tener treinta años o más, estar recibido, con título registrado y tres años de experiencia. Coincidentemente, cuando cumplí treinta años se cumplían los tres años.

—¿Ya te habías casado?

—Sí. Comencé, y al año eché pa' fuera al secretario del instituto. ¿Qué te puedo decir? Éramos unos veinticinco valuadores y dicen: "Oye, ya se fue el arquitecto, ¿a quién ponemos?". —Después de una sonora carcajada, continúa—. No sé quién fue el cabrón que dijo: "A Reynaldo". Y yo pa' dentro: "¿Qué pasará, chinga? Algo debo de tener pa' que me estén ofreciendo, pues apenas llevo un año", y había gentes que llevaban más tiempo. Lo que no sabía era la chinga que era ser secretario. Tenías que hacer, llevar, redactar y hacer mandados y hacer toda la cuestión.

—¿Pensaste que iba a ser al revés?

—Pues, más o menos. Aquí todo lo tenías que hacer tú. Me sirvió de maravilla, sobrino. A cada punto y coma. ¡Así que a toda madre! —con sus características frases y optimismo me lo señala, para continuar contando sobre su ascenso. Yo lo escucho, contagiado de su emoción—. Vienen las elecciones y el otro puesto importante, pero no de tanto trabajo, era el vocal de estudios técnicos. Las primeras tres juntas del mes eran lunes y siguen siendo. Eran juntas técnicas, es decir, se presentaban avalúos y se analizaban y esto y otro. Y me proponen de vocal y salimos. Bueno, pues a toda madre, los tres años que duraba el tiempo. Y luego me dicen: "Oye, ¿por qué no le atoras a la presidencia?". Y les contesté: "Ustedes me propusieron para esto. Si ustedes quieren que yo sea presidente, pues ustedes háganlo". Y me dijeron: "Ya tenemos todo amarrado". Pero la persona que mandaba en todo era el ingeniero Agustín González Torres, y no sabía de eso y le había dicho al Joel González, un muy buen amigo mío y la chingada: "Oye, tú vas a ser el próximo". Me toca estar sentado con Joel, así como estamos sentados ahorita tú y yo. Y nos saludamos y me dice que está muy contento con las elecciones, que ya le había dicho Agustín que él era el que seguía. Y le contesté: "No te emociones, no vas a ganar". Y él no lo creyó, pensó que con el voto de Agustín era suficiente. A la hora, lo que le dije, veinticinco votos a mi favor y tres para él, el de él, el de Agustín y de otro incondicional. Y ya con la presidencia, me dijeron: "Pues síguele, porque sí hay chance de una reelección". Nos echamos los otros tres años.

—¿Qué diferencia hay entre esa política, que debió haber mucha, y la amistad a la que tú estabas acostumbrado? —intrigado le pregunto, tratando de establecer la coexistencia o diferencia entre el poder político y el poder de las relaciones personales.

—A ver, explícame mejor.

—Supongo yo que en la política el trato no puede ser tan directo. Hay que cuidarse de lo que dices. ¿O no es así?

—Tienes que ser autentico, sincero. Conmigo no va ni la mentira ni nada; es esto y punto. —Y, aunque su respuesta me satisface, por dentro pienso que yo jamás podría ser un político de carrera.

Me cuenta cómo pasó luego a la dirigencia nacional y luego a tesorero de las Américas. Y sigue siendo el más "viejillo" en activo, como él mismo se autodenominó.

—¿Qué te mantiene activo, hablando de eso? —Encuentro a una persona sumamente dinámica.

—Pues, nunca he dejado de trabajar, de estar al pendiente y, vuelvo a lo mismo, a intentar ayudar a los que más pueda. Los trabajos de valuación antes los consultaba con mis compañeros para amacizar el valor, pero ya se me murieron todos. Pero sigue siendo apasionante. Y otra cosa: puedes conocer a mucha gente y hacer...

—¿Negocios? —interrumpo ante la pausa que hace para buscar la palabra.

—Sí, pero los negocios no son lo más importante. El dinero te cae, si haces bien las cosas. Haces amigos. Amigos, pero de a madre. A mí me decían: "¿Por qué no vendes, si sabes dónde está la diferencia?". Nunca quise. Porque si tú haces un avaluó, habrá un conflicto de intereses. ¿Cómo le quitas a la persona la duda de que no bajé el precio para venderla? Entonces, yo solo me dediqué a valuar la propiedad, y defiendo mi trabajo. A lo mejor me puedo equivocar, tampoco soy infalible. Pero no me meto hacer negocios, ni pido, ni doy comisión. Yo te puedo regalar mi trabajo, si quiero. De otra forma, pierdes la seriedad, pierdes la credibilidad —con aire de completa satisfacción me lo hace saber.

—Y así como me citaste hoy a las ocho, siempre estás a esta hora. Durante muchos años, nos vimos a las cinco de la mañana en el Campestre —le recuerdo tantos días que nos vimos temprano para hacer ejercicio en ese club deportivo.

—Yo sigo a las cinco de la mañana, sigo yendo al Campestre. Antes me quedaba a almorzar, pero ya no hay gente que esté a esa hora; van más tarde. A las seis veinticinco me voy a la casa, almuerzo; a las ocho estoy aquí; y, si hay trabajo en la tarde, me regreso. Mayela, mi secretaria, me dice: "Ingeniero, ¿para qué regresa, si ya no hay nada?". Pero yo no dejo de venir, estoy feliz. Y vas haciendo los ajustes al horario. Yo siempre he sido muy ordenando para mis cosas. Si tú ves mi agenda, ahí tengo programadas todas mis cosas. Está apuntado: la comida con amigos, la boda de un sobrino. Por eso para mí es muy fácil hablarle por teléfono a tu mamá el día que cumple años. Entonces, esa es la situación, todo lo tengo registrado. Es un orden que me ha dado magníficos resultados.

Y soy testigo de que desde que lo conozco ha felicitado por teléfono a mis papás el día de su cumpleaños y a mí también en mi aniversario, y aprovecho esto para hacerle una pregunta que deseaba hacerle.

—Justamente, es algo que te quería preguntar. ¿Qué te motiva? No solo el orden para recordarlo, sino para que, durante veintisiete años, yo haya recibido una llamada tuya para felicitarme por el aniversario de bodas. Y sé que la única llamada que no va a faltar es la de Reynaldo Farías.

—Así es. No te imaginas el gusto que les da cuando les hablas por una situación de este tipo. Me voy al extremo con unos ahijados. Y fíjate lo que me dijo: "Tío, no sabes lo que te lo agradezco, porque ni mis papás se acuerdan del día de mi boda". Y te sientes a toda madre. Qué bueno que lo hago, porque estoy haciendo feliz a una persona y, como en el caso tuyo, no se te olvida. Y pues te sientes chingón, ¿a poco no? —me hace la pregunta, a la que respondo afirmativamente.

—Quien da el amor es quien recibe al amor. Quien da odio es quien recibe el odio —hago esta afirmación, para complementar su comentario.

—Exacto. Tú das problemas, recibes problemas de inmediato. Das afecto, recibes afecto. Das cariño, recibes cariño. Das atenciones y recibes atenciones y de inmediato. Eso, mi querido sobrino, es automático. Yo pienso que es el poder de la mente. La mente es lo más chingón, lo más poderoso que puede haber. Piensas que vas a hacer esto, que lo otro, que la chingada y a los cinco minutos recibes el telefonazo: "Oye, Reynaldo, fíjate que...", de repente hay gentes que tienes uno o dos años sin verlas y te acuerdas de ellas por una cosa o por otra y haz de cuenta que hay una interconexión. No sé si a ti te ha sucedido.

—Sí me ha tocado experimentarla —respondo, pues sí he sido testigo de estos eventos.

—Son de las cosas que aprendes. Le sacas provecho, definitivamente, y dices: "Estas son las cosas que debo seguir haciendo".

—Todos los 6 de enero haces un *open house* y recibes a cantidad de tus amigos desde a desayunar hasta la noche. Además de celebrar un año más de vida adicional y celebrar a la amistad, ¿te gusta ser el centro de atención? —me atrevo a preguntar si hay una razón más personal.

—No, no, no —contesta enérgicamente—. Si tú me ves que ando en chinga ahí, no es pa' lucirme, para nada. Es simple y sencillamente que quiero que a todos mis amigos que están ahí no les falte nada.

Para mí es una chinga, porque ese día comienzo desde las tres o cuatro de la mañana, y esto y aquello y muévele y acarreando, ya me quedo tranquilo cuando veo que todo salió bien. Esa fiesta, sobrino, la espera mucha gente. Por eso es para mí casi una obligación, aunque sea una chinga; por eso la sigo manteniendo. Están deseosos de pasársela a gusto y por eso hago una cosa sencilla y todo y yo me la paso a toda madre.

—¿Has pensado que, tal vez, tú la disfrutas más que todos los demás?

—Por supuesto. Es una chinga la que me pongo, pero disfruto mucho poderme sentar un ratito contigo, un ratito con mi tío Carlos, otro ratito con éste, con el otro y ves con el gusto que las gentes te dicen: "Gracias por la fiesta". Yo recibo. Olvídate de los regalos, que es una cantidad enorme, pero más que todo es la satisfacción, los comentarios tan hermosos que te hacen. Yo recopilo también las tarjetas, se te ruedan las lágrimas, donde la gente te transmite en muy poquitas palabras lo que siente de agradecimiento por ti. Por lo que yo les doy. No es que sea una fiesta ostentosa, no les digo vayan de etiqueta. No a la chingada, vente como te de tu gana, a pasarte un rato a gusto.

—¿Y eso que estás desde las cinco de la mañana hasta...?

Y, sin dejarme terminar la pregunta, me responde:

—Hasta que reviente el cuajo. Yo ya me voy, por la misma edad, como a las seis de la tarde a descansar a la casa. Y luego le siguen los hijos.

—Entran de relevo.

—Sí. Y también se van llegando otras generaciones. A veces, me preguntan o me avisan: "No puedo ir porque tengo que quedarme con mis hijos". "Tráetelos", es mi respuesta. "Quiero ir", "Tráetelo a la fiesta a la chingada y ahí va haciendo bola y van haciendo amigos y todo". Eso es muy importante, sobrino, el tratar con las gentes. Eso es lo que me está pasando a mí, se me están yendo los amigos y yo en son de broma les digo: "Traite a tus hijos, para platicar con ellos, porque tú ya ni platicas, ni nada o ya te moriste a la madre", entonces es una dicha el poder tener la confianza contigo...

—De trasladar generaciones —me atrevo a decirle. Y pienso en todas estas entrevistas y cómo la gran mayoría de los personajes se van quedando sin sus amigos, pero siguen buscando a aquellos que les quedan.

—Pues sí. De estar con otros más jóvenes. Y con todos los de siempre. Con los de avalúos, con los de la generación, con los del consejo consultivo, de la facultad donde yo soy el presidente desde hace veinte años, y es una hermosura poderle regresar a la universidad una pequeña parte de lo que a mí me dio —dice riéndose— porque a mí me regaló una profesión fabulosa en la que me ha ido de maravilla.

Entra Mayela, disculpándose que lo moleste, preguntando que si va a ir al golf. Y responde afirmativamente con un monosílabo: "Sí".

—Te digo, son todas esas cosas que me mantienen activo. Yo aquí tengo cinco o seis gorras, ahorita te atiendo a ti y ahorita ya entraron para confirmar el golf, porque es el día que voy. Y me puedes hablar y pedirme: "Oye, Reynaldo, quiero que sea en la tarde", y te contestaré: "No".

—¿El golf es sagrado?

—No es el golf. Los compromisos de satisfacción para mí no los cambio. Más que ir a jugar golf, vale madre, y más ya como juego. Es ir a convivir con las personas que yo quiero. Y nunca, y no es presunción, yo creo que, si he llegado tarde a tres citas en mi vida, son muchas.

—Casi es una disciplina militar.

—No es una disciplina. Oye, porque me dicen de una fiesta a las dos de la tarde, que es comida y lo otro, yo siempre checo: "Oye, ya tenía desde hace un mes. Estoy checando un día para hacerme los exámenes que semestralmente me tocan, de lípidos y la chingada y tienes que guardar una dieta de catorce horas, así que me voy a comer a las dos y a las cinco me vengo". Iban a presentar una cosa de música y unos cantantes de ópera y la chingada. "Oye, ¿por qué te fuiste?", muy simple, porque yo ya tenía otro compromiso y tengo mi programa. Nunca salgo de la casa, sobrino, si no tengo perfectamente bien definido qué voy a hacer en el día.

—Pero, ningún día es igual para ti, ¿o sí?

—Todos son diferentes, pero, así es. Si, por decir, tengo junta el viernes, tengo que estar a las ocho, bueno, antes de las ocho, porque a las ocho empieza el almuerzo. Ya sé por dónde me voy a ir, o sea todo. Yo salgo de la casa y ya he hecho del baño, del uno y del dos y todo, en perfecto orden. Y eso me ha ayudado a...

Pienso en tener esa estructura que da esa estabilidad. O sea, ningún día es igual, pero todos tienen el mismo denominador, todos ya están ordenados. Y me recalca que todo lo tiene apuntado, y aclara que no en una computadora, sino manualmente y año tras año los vuelve a transcribir. Viajo a mi estante, donde yo también tengo guardadas todas las agendas desde el 93 para acá.

—La computadora no me sirve más que para quemar discos. Ahí la tengo de adorno, a toda madre. Yo la agenda la tengo a mano. Eso lo aprendí de, precisamente, el licenciado Jesús Montaño; él apenas se sentaba en su escritorio. Por ejemplo, hoy cita con Luis Ramón, ya vino Luis Ramón —hace el gesto de una cruz— tacha. Lo que quedaba era lo primero que apuntaba al día siguiente. Yo lo sigo haciendo y me da maravillosos resultados. Haz de cuenta en las bodas, oye, es una chingadera que te digan unos tres o cinco días antes: "Oye, es que te quiero invitar a una boda". "No la chingues, tienes dos años programando el evento y me vienes a decir hasta hoy". Entonces les digo: "A la gente que quieres que de verdad venga, diles. Olvídate de la chingada invitación; diles: 'Oye, primo o tío Reynaldo, quiero que estés'. Si me insistes, aunque ya en la noche ya no salimos mi vieja y yo, pero sí me dices: 'Te quiero invitar a cenar', te voy a contestar: 'Invítame a comer, sobrino. O invítame a almorzar y ajustamos el día'. Y ya si me dices: 'Comenzamos a las dos y no sabemos a qué horas vamos a acabar', ya con eso".

Asiento y confirmo que en las ocasiones en las que lo he invitado con tiempo ha asistido a dos de mis fiestas.

Cambiamos el tema y me comenta quiénes son compañeros de golf.

—Con Reynaldo, mi hijo, juego los domingos en el Campestre, la primera salida a las siete veinte de la mañana. Pericles, el esposo de

Gaby, viene Pancho Moncayo y su hijo. O sea, el horario ya lo tenemos allá. Y acá es José Luis Treviño Manrique, Ramiro Garza Villarreal, Luis Omar Solís y vamos a Valle Alto; somos cuatro o cinco.

—¿Con estos has jugado toda la vida?

—No toda la vida, porque con los que empecé a jugar ya se me murieron todos y los que no, ya no juegan. Pero la mayor parte ya se murieron. Esa es la situación, y hemos venido ajustando.

Comentamos entre risas que por eso es por lo que estoy acelerando las entrevistas, pues los protagonistas tienen prisa. Y entre las risas, me interrumpe para ofrecerme de tomar y le comento que en las entrevistas me han tocado personajes que tienen muchos amigos como él mismo, hasta otros que tienen muy pocos, como mi papá, que solo tiene uno y que es él. Como si fueran polos opuestos, infinitos amigos a solo uno.

—Y, sin embargo, cada día que hablamos, medio lo regaño: "No la chingues, compadre, tienes todo el tiempo del mundo. Vente a la oficina y nos tomamos un refresco, una cerveza, lo que sea". Antes venía con cierta regularidad, o sea, no se pasaba el mes sin que viniera —retoma la plática, añorando, porque mi papá ya no va.

—Pues él tiene sus cosas, porque mi mamá es lo opuesto. Al igual que tú, tiene veinticinco mil amigas. No tantas como tú, pero están las que juegan cartas, las que rezan en la mañana, las que rezan en la tarde, las que rezan en la noche, las que rezan y juegan —y soltamos una carcajada por tanto rezo.

—¡Qué bueno!, porque las mujeres deben estar ocupadas. Porque una mujer desocupada no te crea más que problemas. Hay que mantenerlas ocupadas. Pero ya me desvié, síguele. —Me invita a continuar, pero también pienso que, para no meterse más hondo en un tema sin salida, es que decide él mismo cambiar el tema.

—Era por el tema de tus amigos que ya no están, y tienes además sobre tu piano el letrero de "Cuando un amigo se va". —Preciso que, sobre el piano de su bar, tiene ese letrero, recordando a todos aquellos que se adelantaron.

—Me lo mandó, precisamente hace muchos años, un amigo de la facultad que ya se murió.

—¿Tú tocas el piano? —le pregunto, pues se me hizo lógico que lo hiciera, si el piano está ahí.

—No toco ningún instrumento. Ese piano lo tocan los que le sepan. Está para eso y cantamos y zonceamos.

—Si la reunión hubiera sido ayer, teniendo el panteón aquí enfrente...

Sin dejarme terminar mi idea de la cantidad de carros estacionados por haber sido 2 de noviembre, me dice:

—Es una locura, definitivamente. A la hora que yo llego, no tengo problema, porque todavía no empieza. Hay gente que me dice: "Oye, Reynaldo, voy al panteón. ¿Me puedo estacionar contigo?". "Sí, pues vente". Pues, ¿qué le haces?

—No es el caso, pero, suponiendo que pudieras elegir, ¿a ti qué te gustaría que te pusieran en ese altar, cuando ya no estés? —le pregunto, aprovechando el tema del panteón y Día de Muertos.

—Jijo. —Cambia de semblante—. Pues no sé, porque no lo he pensado, porque no lo tengo programado morirme todavía —responde riéndose—. Pero nada. Yo le decía a Morena: "Yo quiero que sea alegre, no quiero que anden llorando. Quiero que llegue el mariachi y que toquen 'Amor perdido' y la chingada", que es la canción que me gusta a mí. Gran parte de mi vida es la música. Yo no puedo estar sin la música.

—¿De qué tipo?

—De todo. Piano, boleros; todos. Es una ventaja con estos chingados USB, cuatro mil y pico de canciones. Lo pongo en la camioneta y lo prendo y tienes la ventaja que le pones la función "alterno" y toca el veinte y luego la dos mil, entonces no te aburres. Es una de las cosas que nos une ahí en el club, en El Confesionario, donde estamos, el único lugar donde voy los lunes a comer.

—¿El Confesionario? —asombrado le pregunto.

—Sí, es un club privado que hicimos un grupo de amigos hace veinte años y ahí lo seguimos teniendo. Has de haber oído de La Cartuja. Ese me tocó a mí ser el primer presidente. Era un grupo de ocho amigos que comíamos todos los lunes en la Quinta Calderón. Dijimos: "Es un pedo venir aquí y luego a otro restaurante y luego a otro; pues vamos a hacer un club. Cada uno que invite a diez amigos, a los mejores que tenga". Y así hicimos La Cartuja y me tocó a mí ser el primer presidente.

—Ahí sí he ido muchas veces. —Pues es el club de mi tío Chuy Cavazos y al que hemos ido varias veces a jugar dominó.

—Sí, pues ahí está Chuy. Hace unos veinte años me salí. "Oye, Reynaldo, no la chingues, no te salgas", me dijeron. Pero ya no me gusta el trato. Yo soy mal hablado, pero ya no me gusta cómo se llevan unas cuatro gentes. Lo peor que puedes oír se lo decían cada rato. Nos salimos dieciséis y se quedaron otros dieciséis. Ya socios de aquel tiempo, ya no queda ninguno. Chuy es nuevo. Y les dije: "Vamos a hacer otro club y con otro reglamento. Respeto absoluto al otro socio, nada de insultos, nada de nada". A todos nos gusta la música y va Pablito a tocarnos el piano, cantamos y todo.

—¿Y rentaron una casa o cómo le hicieron?

—Al principio rentamos un taller y lo estuvimos arreglando y luego lo compramos. Hicimos una inmobiliaria que se llama justamente Inmobiliaria El Confesionario; son cincuenta acciones, unos tienen cinco acciones. Este sí es de nosotros, La Cartuja no, ellos siempre han pagado renta.

—¿El nombre de El Confesionario es porque van a confesarse entre ustedes?

—No'mbre, era pura guasa. Lo que pasa es que estuvimos cuando el compadre Ricardo Cavazos era dirigente del Seguro Social y lo estábamos esperando y viendo los letreros que había por la banqueta —dice riéndose— aparece El Confesionario. "Me gusta ese nombre". Hicimos una encuesta y ganó.

—Está trascendiendo esa tradición con tus hijos, ¿están ellos ahí?

—Fíjate que no. Ni aquí, ni allá en La Cartuja. Los hijos iban si hacías alguna fiesta, pero lo hijos no van.

—A Reynaldo y a Luis, ¿les gusta también hacer fiestas como a ti? —pregunto tratando de descubrir qué trascendió de ese Reynaldo fiestero.

—Pues, la verdad no. Les gusta hacer fiestas, pero lo normal, no del tamaño de las mías, definitivamente. Y te lo digo a ti, sobrino. ¿Quieres que la gente nunca se olvide de ti? Haz fiestas. Me puedes decir: "Es que yo ya me recibí en Harvard y saqué cienes y la chingada", y pasará muy rápido que digan: "¿Quién es este cabrón?". Tienes que hacer fiestas.

Le comento que tengo súper presente que en mi fiesta de cuarenta y cinco años y donde, justamente, presenté mi primero libro, me dijo, y lo tengo muy grabado: "La vida es una serie de eventos olvidables, y las fiestas son las que marcan los momentos inolvidables". Y es una lección que no he olvidado y he buscado la manera de mantenerla, además de que me gusta organizar las fiestas, al igual que a él.

Le recuerdo, además, que en la llegada a sus fiestas decía, cuando la gente iba llegando tarde: "Ya si pa'l pedo eres huevón, ¿qué esperas de la vida?". Una frase que he utilizado cientos de veces en mis fiestas y en otros eventos.

Comentamos que por la pandemia hemos tenido que cancelar, o al menos reducir, el número de invitados a las fiestas. A pesar de que muchas personas le preguntan por la próxima, él prefiere no hacerlas, por miedo a que alguien se enferme. Me aclara que recibe a muy poca gente y le agradezco que haya tenido esta deferencia conmigo.

—Regresando al tema de tu papá, y ahorita que mencionaste a Reynaldo tu hijo, la voz, tu trato, tu bigote, tu personalidad, te dan un aura que, sin lugar a duda, se traslada a distancia. Ahorita, hablando de distancia, ¿tu papá tenía esa misma personalidad?

—Fíjate que sí. Papá siempre fue amable, atento al extremo y siempre, siempre, elegante en aquel tiempo.

Se para para ir a buscar algo y me muestra unas fotografías (retratos, como se les llamaba en ese entonces) y me muestra una foto con su papá y mamá de novios y su abuelo.

—Mi abuelo, que nunca vi que no fuera de traje, siempre muy bien arreglado. Eso me lo dijo un tío: "Tu papá tenía treinta trajes, uno para cada día del mes". Salía del trabajo, se cambiaba la yompa y siempre impecablemente vestido. “A la hora que se casó”, me decía mi tío, “nos regaló trajes a todos, se acabó los trajes, se acabó la elegancia y hasta dejó de fumar”. No sé si por el ejemplo o para no gastar en la cuestión de cigarros. Él siempre llevó una rutina de orden, siempre metódico.

—Como hijo y luego como padre, ¿cómo superas esa barrera o altura que te pone ese papá tan exitoso? —le pregunto, pues es una preocupación genuina que tengo.

—Pues tienes que buscar la forma, sobrino. Hay cosas para mí de papá inolvidables. Si me trato de recordar, me acuerdo de todo, pero una de las cosas que tengo más presente es que, cuando íbamos a visitar a papá y a mamá, papá, invariablemente, salía a despedirnos hasta la banqueta. Esa casa se la construimos mi hermano y yo. Y ahora, cuando llegan los hijos, que me dicen: “Ya me voy, yo cierro”, yo les digo: “Para nada. Yo te acompaño”. Si papá lo hacía, ¿por qué yo no lo voy a hacer? ¿A poco no te sientes a toda madre que te despidan hasta la puerta? Ahora que mis hijos salen de reversa en el carro, levantan la mano y yo sigo ahí. Son las cosas, sobrino, que agarras y, claro, se pueden hacer. Hay muchas cosas que ya no se usan o simplemente no se pueden hacer.

—De acuerdo. Y en esas personalidades tan impactantes, ahorita mencionaste a tu hermano y que, entre los dos, le hicieron la casa y ambos tienen una fuerte personalidad. ¿Cómo hicieron para mantener esa relación? Muchas veces hay familias en las que los hermanos no se pueden ni ver.

—Pues, es un tema difícil de tratar, porque yo creo que no hay ningunos hermanos que no hayan tenido algún problema.

Comenta cómo siendo el ingeniero civil se encargó de la construcción de la casa y, posteriormente, de un edificio que pusieron a nombre de los hijos. Y cómo la relación fraternal se ha mantenido a veces fracturada por temas económicos. Percibo que es algo que le molesta y le duele al mismo tiempo.

—Los hijos me dicen: “Oye, papá, este, no puede ser posible. A todos nos traes con carro nuevo y tú andas en el carro viejo”. El verde que tú has visto.

Y claro que recuerdo ese "galeón" verde estacionado temprano en el club. Al igual que él, yo traigo el carro más antiguo de la empresa. Y me dice:

—Yo ando a toda madre. Bueno, compren uno, ya para que dejen de molestar, compren uno, ahí ta' el dinero. Compraron el chingado 300 ese, deportivo, que lo uso muy poco. Pero hay gente que no puede y solo por aparentar compran a plazos. Yo me saqué de la bolsa el dinero y listo. Son de las cosas que no entiendes, querido sobrino.

—Pero ¿cómo lidias con eso? Y te lo pregunto en particular para mí, pero en general para cualquiera que tenga una distancia tan grande económica.

—Primero tienes que entender y escuchar sin al-te-rar-te —lo dice separando la palabra en sílabas— porque si te alteras, el que pierdes eres tú. A lo mejor la otra persona lo que quiere es que te molestes. Cuando alguien me dice algo, aunque sea feo, me digo: "Farías, quédate callado, deja que pase el tiempo". Y cuando pasa el tiempo y regresan contigo, "Y es que necesito esto" y, claro, a la hora que necesitan tocan la puerta. Y hay que abrirles, sobrino, hay que abrirles, punto. "¿Qué pasó? ¿cuál es el problema?". "Es que mira, si tú y esto y lo otro". "Sí, claro, en lo que pueda, lo voy a hacer". Ayudarles en todo lo que se pueda.

—¿Hasta cuándo o hasta cuánto? —insisto.

—Hasta que no te agarren de pendejo. Te hablo de aguantarles de palabra, si te están insultando, los mandas a la chingada.

—¿Y hasta cuándo o cuánto los ayudas económicamente? —vuelvo a insistir en un tema que para mí es muy relevante, pues mucha gente se acerca conmigo a pedir ayuda.

—Según la necesidad y si realmente justifica. Si es para una enfermedad, con mucho gusto. Según el porqué. Esta es la situación que tienes que analizar. Te repito, tranquilo, sin altearte. Escucharlo, tranquilo —con un tono más suave me hace esa sugerencia y continúa.

—Casi siempre, al que ya has ayudado y en algún momento no pudiste o decidiste ya no hacerlo, son los primeros en insultarte y hablar mal de ti. Pero se les olvida y regresan cuando lo necesitan.

Pero eso, sobrino, no lo puedes cambiar. Yo no te puedo cambiar a ti, ni tu papá te puede cambiar, ni tu mamá te puede cambiar.

—Nadie puede cambiar a nadie, más que uno mismo, ¿no crees? —me atrevo a cuestionarlo en algo que he venido descubriendo.

—Definitivamente. Si tú no quieres, no se va a hacer absolutamente nada. ¿Qué es lo que debe uno hacer? Antes que nada, hay que oír: "Dime, esto, lo otro". Al estar oyendo, sobrino, te da tiempo de pensar: "¿Pa' dónde va a este cabrón? ¿O va pa' otro lado?". "A ver, hermano, te voy a ayudar bajo este condicionamiento". Ni siempre es dinero, y si es dinero, lo sacas y ya. Le preguntas: "¿Cuándo me lo vas a devolver?" o es un regalo y se chingó la vaca y punto. ¿Cortar para qué? Dejas una herida y luego... —Y sin terminar la frase, cambia de tema. Al mismo tiempo, yo reflexiono en todo lo que acaba de decir y que también ha pasado decenas de veces por mi cabeza—. A mí me dijo mi suegra tres cosas (ya se me olvidó una). La primera: "No le des el aval a nadie". Yo nada más a una persona se lo he dado, a un compadre muy querido. Ha sido la única vez que no lo he cumplido. La segunda fue: "No te asocies con nadie y menos con tus hermanos". Porque das pie a que haya un chingo de problemas.

Le comento que no había tenido socios hasta recientemente. Y creo que más que no asociarte con nadie, es importante fijarte las razones por las que quieres o te piden asociarse. Y desde luego que las asociaciones con familiares serán siempre complejas.

Me pide una disculpa para pasar al baño. Mientras tanto, yo ojeo una revista que está en la mesita esquinera y encuentro a Reynaldo Jr. como presidente de la asociación del ganado que ellos tienen. Al regresar, continúa reiterando que es mejor no tener sociedades con familiares, pero que no ha cumplido al centavo esa máxima de no ser socios con otras personas. Recuerda su sociedad con don Lupe Martínez Ugarte, con quien mantenía una amistad fabulosa y es el dueño de la quinta en Santa Catarina, donde hacía sus fiestas y cómo de ésta ha logrado desarrollos de bienes raíces exitosos.

Yo, por mi parte, le comparto que mi socio solo se asocia con la persona que tenga los mismos valores que él, más que con el negocio.

—Entiendo entonces que esa desobediencia al consejo de tu suegra ha servido —me atrevo a preguntarle.

—Sí, fíjate cómo son las cosas. Y me llega muy buen dinero y ya sin impuestos —entre risas y satisfacción me lo hace saber.

Me comenta que decidieron que a cada uno de sus hijos, cuando se casaran, les regalarían su boda, un carro y una casa amueblada. Y pudo hacerlo con los cuatro. Que ya comenzó a repartir también el dinero y propiedades. Piensa que por haber estado más tiempo con él, le ha dado más a los grandes, por lo que intentará compensar de alguna manera. Pero me aclara enfáticamente: "Sobrino, los puntos sobres las íes los debes de poner siempre para que no quede duda de las chingaderas".

—¿Estás en el entendido de que, aun en esta repartición, puede haber problemas entre ellos cuatro cuando ya no estés? —le pregunto.

—No, porque ya repartí a mi gusto. De que puede pasar algo, sí. Pero ya están acostumbrados a convivir entre ellos. Y saben qué es de quién, porque yo quise y se chingó la barca de oro. No tengo que darles ninguna explicación. Y ahora lo que me está sobrando de los fraccionamientos se lo voy a dar directamente a los nietos. Yo ya lo voy a escriturar a los nietos, no se lo voy a dar a sus papás; cada uno sabrá qué hacer. Pero esa es la única manera.

Reflexiono en que he encontrado distintas respuestas y diametralmente opuestas a esta misma pregunta. Considero que no habrá una decisión correcta y cada caso será distinto. Y decido dirigir la conversación a su relación con su mujer.

—¿Cuánto llevas de casado con la tía Morena?

—Acabamos de cumplir, ahora el 11 de octubre, cincuenta y ocho años.

—¿Cuál ha sido el secreto?

Respira, incluso cierra los ojos y guarda mucho silencio antes de contestar esa complicada pregunta.

—Aprender a escuchar, a consecuentar y tratar de olvidar, o sea, no de olvidar, sino evitar pleitos y discusiones pendejas. Porque los dos somos de carácter fuerte. Pero yo me considero mucho más razonable. Los De la Garza son explosivos, tienen un corazón del tamaño del mundo, lo que quieras tú. Si tienes un problema y le hablas a tu madrina, te contesta: "Ahí voy. ahorita yo te pongo la inyección, yo tengo esto", lo que sea. Inmediatamente busca la manera de ayudar, pero son explosivos. Yo los he visto, yo he convivido con ellos, donde sentados en la mesa un hermano le dice al otro: "Vas y chingas a tu madre", y a los diez minutos están como si nada. Pero es que revientan en un segundo. Y eso te trae muchos problemas, si caes en el juego de los pleitos. Por eso te digo: tú no te enojes y si te vienen a tocar la puerta a ti, no son pendejos, saben que te tocan a ti porque les puedes ayudar, no le van a tocar al del otro lado. Y esa es la situación.

—Y cuando ha habido algo en el que no estés de acuerdo con ella, ¿cómo lo resuelves? ¿Lo negocias, lo limas?

—Siempre da tiempo. Yo sé que en el momento en que se altere ella, quédate callado y déjala. A la media hora es otra, es otra ella, es otra situación. Puedes hablar, puedes decir, pero no caigas en el juego de pelear, porque el que pierdes eres tú. Cuando recién casado, nos dábamos unos agarrones jijos de la mañana. Y pensaba: "¿A dónde chingados voy con estos pleitos?", y se me ocurrió, siempre he pensado, y generalmente siempre razono bien, decirle: "Mira, vieja, vamos a hacer una cosa: el día que tú estés molesta conmigo y me reclames y me digas, yo me voy a quedar callado y el día que yo te quiera decir algo, te quedas callada". A partir de esa fecha, se acabaron los problemas, porque para pelear, sobrino, se requieren dos. Si solo es uno, ¿qué chingados te puede decir? "Es que tú eres un hijo de la chingada, sobrino, no es que tú y que yo", y a los cinco minutos le vas bajando, bajando, si no recibes respuesta. Se diluyen las cosas.

—Pero tiene que haber esa voluntad de las dos partes, ¿no crees?

—Por eso entra la inteligencia; y esa es la que nunca debemos perder. Las cosas hay que pensarlas y mucho. Hay unas cosas que decides, y correctamente, en cinco minutos. Pero hay otras que: "Pérate, ¿y si le doy pa' acá y si le doy pa' allá y si digo esto y si digo lo otro?". Y si le piensas un poquito más, generalmente tomas la correcta. Yo ya he llegado a la conclusión, y se los digo a todos mis amigos: "No pelees, deja que se diluya la situación". Ahora, problema que se presente, resuélvelo en ese momento. No lo dejes pa' mañana. Mañana se hace más grande. Y si lo dejas pa' un año, se hace del tamaño del mundo.

—¿Y con tus amigos es lo mismo?

—Para mí es lo mismo. La misma estrategia, la misma cuestión. Rey se enoja conmigo, me dice: "Papá, es que tú le tienes mucha confianza a las gentes y todo", "Sí, mijito, ¿cuál es el problema?", "Es que te pueden chingar", "Bueno, si me chingan, el problema es de él y no mío y nada más una vez. Con ese señor no me voy a pelear, pero estará fuera de mi medio". Para mí, las gentes que son mis amigos llenan todos los requisitos. Así como estamos hablando tú y yo, tú me entiendes y yo te entiendo y la chingada, eso es la cuestión.

—Y entonces, ¿tú qué crees que mate al amor? Porque seguramente tienes un montón de amigos que ya mataron la amistad o su amor.

—¿Qué creo que mate al amor? La mayor parte de las veces, creo yo, que son las desatenciones. Problemas que dejan que se hagan grandes. Si tú no le pones atención a tu mujer y tu mujer no te pone atención a ti, ¿qué es lo que pasa, sobrino? Lo que no te dan en la casa, lo buscas afuera. Y a la hora de la hora, se quedan sin lo de adentro y sin lo de afuera. Ese el grave error, definitivamente. Muchas cosas, porque a una cosa sencilla la dejaste crecer. Es la cuestión que yo he seguido y a la fecha me ha dado, no buenos resultados, maravillosos resultados. Porque hay gentes que son amigos tuyos y son muy difíciles, muy difíciles, pero contigo no. Y ves que este cabrón trata a aquel y cómo le hace con el otro. Un día pasó en La Cartuja con un pelado que ya se murió y a todos les hablaba de la chingada y un día conmigo también llegó así y le dije: "A mí no me hables así. O me hablas tranquilo o no me hablas", y se cortó el problema en el momento.

—Y si no lo entendió, será su problema —pienso y se lo hago saber.

—Exacto, volvemos a lo mismo, el problema era de él. Tanto tuve la razón, que siguió la amistad. Con unas gentes tienes que convivir, aun viendo que son difíciles, que son complicados. Nada más que nunca te pierdan el respeto, ni tú a ellos. El problema, sobrino, es del que lo tiene. Por decir, si yo soy cabrón y tú eres mi amigo, como lo eres, porque vas a sufrir y decir: “No, que la chingada, Reynaldo”. El problema es del que lo tiene. Y así le podemos seguir.

He estado tan entretenido y tan a gusto, que no he caído en cuenta de que el tiempo ha avanzado como corredor de cien metros en la pista de tartán. Y trato de hacer las últimas preguntas, una vez que él se ha levantado de su sillón:

—Sí, ya sé que se va el tiempo. Ahorita, con todas estas botellas de tequila que tienes sobre la mesa, el alcohol genera un problema grave, generalmente. Y organizas las fiestas y hay gente que se la pasan de copas, ya sea en esta oficina o en la fiesta. Y como lo dices, nadie te invita a desayunar, siempre te invitan una cerveza o una copa. ¿Cómo lidias y más en un ambiente tan fiestero, con amigos que no saben tomar o se les pasaron las copas?

—Tú has vivido muchas de las fiestas mías. El alcohol te causa problemas cuando no traes nada en el estómago. Y una recomendación, y esa síguela, no necesitas apuntarla: cada vez que ofrezcas una cerveza o un tequila, dales algo de comer. En las cantinas viejas, pedías una cerveza y te llegaban con un taco. No te preguntaban, te lo traían. Tú llegas a mis fiestas y hay menudo, tamales de todo y comida todo el día. Es la única manera de que la gente no se emborrache. Esas gentes que te dicen: “Vamos a cenar a las once”, “Sí, cabrón, pero le estás dando de tomar desde las nueve y no hay nada de comida”, y ahí es donde se cuatrapean las cosas. Según lo que sea, si es una cosa sencilla, das una cosa sencilla, y si es algo más elaborado, pues das quesos y jamones y la chingada. Tú dales de comer y se acabó el problema.

—Última pregunta. Obviamente, tú eres un hombre completamente satisfecho profesionalmente, familiarmente, con la mayor cantidad de amigos. ¿Qué te falta por hacer?

—Me río porque lo único que me hubiera gustado conseguir es hablar inglés y nunca pude. Y tampoco me voy a poner a estudiar. Me hubiera gustado saber hablarlo. Tampoco nunca lo necesité, me di a entender y en todos sentidos. Eso es la única cosa. En todas las cosas, sobrino, yo estoy más que satisfecho y te lo vuelvo a decir: tengo una hermosa familia, tengo los mejores amigos y muchos. Y no nada más me lo demuestran, me lo dicen. Ayer, mi amigo Goyo Farías, exrector de la universidad, me dice: “Es que, Rey, tú le pones a todo, siempre le estás poniendo algo más que lo hace más agradable. Todos estamos felices de estar contigo porque siempre estás pensando en cómo agradar más”. A veces, en la botana de los martes, que antes venía tu papá, les digo: “Vénganse, porque los quiero ver, ya puse una mesa nueva”. Yo te puedo recibir sonriente, pero con el puro tono o con el semblante mandas a la chingada todo. Y la otra cosa que también la repito: “Lo que sientas por una persona, díselo, no te lo quedes guardado”. Eso y nada es la misma cosa. “Es que yo te quiero mucho”, “Pues sí, cabrón, pero nunca me dices. ¿Qué gano con me quieras? A mí nunca me has dicho que me quieres o que me admiras. Lo que sientas, dilo”. Y esas cosas te ayudan mucho. Uno tiene miedo. Que van a pensar que si soy joto porque lo quiero mucho. Es un sentimiento que nos dijo Diosito: “Quiere a tu prójimo como a ti mismo”, pues quiérelo. Si tú te quieres mucho, igualmente quiérelo y se chingó la barca de oro.

Y tal y como lo comentó, me despide hasta la puerta, no sin antes decirme que con todo el gusto me vuelve a recibir y, es más, para que me regale uno de sus libros que ha escrito y de los cuales no hablamos, tengo que pasar nuevamente a visitarlo. Pero, eso sí, la siguiente la haremos en el bar.

Me despido de mi padrino de bodas. El único amigo de mi papá, quien a su vez tiene más amigos que nadie. Alguien siempre dispuesto a ayudar a todos y estar al pendiente de detalles que te hagan sentir especial.

Un hijo obediente y que recuerda con cariño a sus antepasados. Un ingeniero que ejerce su profesión con pasión. Un regiomontano en el que el Piporro se queda corto. El amigo que resume en el trato, en la ayuda y en la música su andar. Un personaje con personalidad propia, inconfundible, que va generando empatía a su paso.

Un par de días después de la entrevista, me marca Mayela la secretaria y me lo pasa al teléfono:

—Sobrino, me quedé pensando en lo que te comenté de cómo seguir juntos con la mujer y en Catón encontré la respuesta perfecta. Te voy a enviar uno de los artículos de *Política y cosas peores* de Armando Fuentes Aguirre. —Y, atacado de la risa, me dice—: ¿Ya ves? Más o menos tenía razón, hay que evitar las peleas de cualquier manera posible.

En el artículo, *Hierba mágica*, Catón cuenta la historia de don Eduwiges, el yerbero más famoso de Saltillo. Acudió a él una muchacha que, enamorada de su marido, fue a pedirle una poción que le asegurara evitar pleitos, pues el marido le salió pleitista y ella no se quedaba atrás. El yerbero le entregó un cucurucho con unas hierbas mágicas y que las hirviera y dejara enfriar el cocimiento. Le aconsejó que cuando iniciara su marido el pleito, ella debía darle un trago a la benéfica poción.

—¿Grande o chico? —preguntó ella.

—Grande o chico, es igual —respondió don Eduwiges—. Lo importante es que no te lo pases. Déjatelo en la boca. Con eso se acabarán los pleitos.

Y se acabaron. Para pelear se necesitan dos y a las voces de furia del marido, la muchacha no respondía ya. Estaba ocupada en retener en la boca el trago de la mágica hierba prodigiosa. El marido se avergonzaba de los excesos de su colera ante el manso silencio de su esposa. Y ella no se cansaba de dar las gracias a don Eduwiges por la eficaz virtud de la hierbita que le había recetado. El yerbero solo sonreía.

Una historia más, que, si bien no fue de mi padrino Reynaldo, también lo hubiera creído. Para mí, un ejemplo más de un hombre que jamás pierde la oportunidad de hacerte recordar a través de un detalle.

Una ojeada al padrino Reynaldo

"El trato. Yo trato a todo el mundo de la mejor manera posible".
Qué palabra tan simple y que resuelve muchos conflictos. Soy testigo de que las veces en que he intentado conseguir algo, a pesar de que lo consiga, por medio de coerción, indiferencia, arrogancia o similares, no es lo mismo. Y generalmente es más sencillo, más rápido y con más beneficios cuando lo haces con amabilidad, respeto y trato.

"Busco la manera [de ayudar] en todo lo que yo pueda. Esa es otra de las reglas que yo tengo: ayudar a toda la gente que yo pueda".
Qué mejor manera de realizarte que hacer algo por los demás. Es en el servicio en el que típicamente florecemos más. Y el mejor acto de servicio es ofrecer la suprema versión de tu propio ser.

"Con Rey te pones a hablar de ganado, así como estás hablando conmigo, y te puedo decir que puede amanecer y feliz, y esa es una de las cosas que le apasionan".
Una vida sin pasión es una vida muerta; es una vida sin propósito y sin destino. Cuando se descubre la vocación, hay que asumirla, hay que implementarla. Ahí es cuando te realizas de ser plenamente lo que eres; por lo que no necesitas llenar tu vida con otros temas, si con tu tema te llenas.

"Yo siempre he sido muy ordenado para mis cosas".
"Si tú ves mi agenda, ahí tengo programadas todas mis cosas".
"La agenda la tengo a mano".
"Es un orden que me ha dado magníficos resultados".
A pesar de que puedo ser improvisado, generalmente soy también una persona sumamente ordenada y estructurada. Llego puntual a mis citas, cancelo aquellas a las que será imposible asistir. Anteriormente, tenía mi agenda de escritorio, donde apuntaba, al igual que él, todos mis compromisos. Considero como una invitación a los lectores al

orden en nuestras vidas. A mí también el orden me ha dado magníficos resultados.

"Tú das problemas, recibes problemas de inmediato. Das afecto, recibes afecto. Das cariño, recibes cariño. Das atenciones y recibes atenciones y de inmediato. Eso, mi querido sobrino, es automático".
Parece una ley de la física o química muy simple. Lo que des, recibes.

"¿Quieres que la gente nunca se olvide de ti? Haz fiestas".
"La vida es una serie de eventos olvidables, y las fiestas son las que marcan los momentos inolvidables".
Aun antes de conocer esta máxima de mi padrino, me ha gustado ser anfitrión. Y cuando se trata de fiestas, me gusta que sean únicas, donde aquellos que asistieron pasen buenos momentos con buena comida y buena bebida. Generalmente, son momentos de reunión para muchos que, de otra manera, no se hubieran visto. Las fiestas generan un antes y un después. No a todos nos gusta organizar fiestas, pero aquellos a los que sí, los exhorto a que no dejen pasar la oportunidad de realizarlas.

"Papá, invariablemente, salía a despedirnos hasta la banqueta".
Qué gesto tan delicado y que te hace sentir tan bien recibido. Recuerdo que mi abuelo Jesús, también con ganas de que no nos fuéramos, nos despedía en la puerta del rancho, cuando nos regresábamos de las vacaciones en Aguascalientes.

"No le des el aval a nadie".
"No te asocies con nadie y menos con tus hermanos".
Con el primer consejo de la suegra de mi padrino estoy totalmente de acuerdo. Será mejor "regalar" lo que te piden a dar tu palabra por alguien más, que es justamente lo que un aval significa. Al segundo consejo él reconoció que no lo siguió al pie de la letra. Con lo que hay que tener cuidado es con quién te asocias. Tiene que ser alguien con quien compartas valores, ética y sentido de justicia.

"Cada vez que ofrezcas una cerveza o un tequila, dales algo de comer. [...] Es la única manera de que la gente no se emborrache".
No sé si sea completamente verdad, pero vale la pena intentarlo. Además, un taquito siempre se antoja. Pero considero que el consejo va más allá: en distinguir entre el gusto por tomar y llegar a emborracharse. El taco es una excusa para mantener el orden en la manera de tomar.

"Aprender a escuchar, a consecuentar y tratar de olvidar".
Escuchar es conceder la oportunidad de que el otro tenga razón. Creo que lo que es más complicado de llevar a cabo es esto último. Podemos ser muy atentos y escuchar, e incluso aceptar lo que nos piden los demás, pero olvidar lo que nos han hecho cuesta mucho trabajo. Y creo que más que olvidarlo, lo verdaderamente importante sería perdonarlo. Para olvidarlo, hay que perdonarlo primero y luego agradecer que haya sucedido. Entonces, creo que se puede olvidar o, cuando menos, modificar.

"Los puntos sobre las íes los debes de poner siempre para que no quede duda de las chingaderas".
La claridad es fundamental en toda conversación, comunicación y relación. Mi abuelo decía: "Más vale una colorada que mil descoloridas". Aquello que no está claro, bien comunicado ni bien comprendido tiende a generar problemas posteriormente. Muchas veces, por miedo no somos claros y luego lo tenemos que pagar con creces.

"Siempre da tiempo. Yo sé que en el momento en que se altere ella, quédate callado y déjala".
Como aquel anuncio de televisión mexicana, antes de hablar cuenta hasta diez. Pero creo que todavía más efectiva será la receta del yerbero saltillense. Quedarse callado en los momentos de discusión, cuando los ánimos bajan, es posible que sea más provechoso que lo que uno pueda decir lo que tenga que decir. Podría esto parecer contradictorio con la máxima anterior, pero creo que más bien son complementarias.

"Las cosas hay que pensarlas y mucho".
"Problema que se presente, resuélvelo en ese momento".
Parecerían también consejos opuestos a los anteriores, pero más bien creo que no solo son complementarios, sino necesarios y en serie ambos. No dejar que los problemas se agudicen pensando que se resolverán solos, pero al mismo tiempo pensar muy bien lo que se va a decir antes de hacerlo. Una vez dicho algo, ya no se puede borrar. Los valores de la inteligencia y de la prudencia son claves para mantener el equilibrio entre estas dos máximas.

"¿Qué creo que mate al amor? La mayor parte de las veces, creo yo, que son las desatenciones. Problemas que dejan que se hagan grandes".
Así como nace, el amor también puede morir. De hecho, hay algunas actitudes que matan el amor poco a poco, y una de las principales es la desatención. Una relación es como una flor delicada que necesita esfuerzo y dedicación para que siga estando fresca, hermosa y saludable. No se vale vivir en piloto automático, hay que estar atento a todos los detalles. Y las desatenciones no solo matan el amor; éstas se trasladan a otros ámbitos de la vida: personal, laboral, financiero, social y familiar.

"Lo que sientas por una persona, díselo, no te lo quedes guardado".
¿Cuántas veces un falso pudor o una fingida pena evitan que demostremos lo que realmente sentimos por alguien más? Los sentimientos guardados prácticamente no sirven de nada, mientras que aquellos que demostramos generan en los demás, pero sobre todo en nosotros mismos, una alegría indescriptible.

Doña Yvonne Margarita Vargas Gireud de Zorrilla

Una dama con una vida integral. Las cuatro estaciones vividas a plenitud. Una mirada interior a la mitad del invierno.

14 de febrero de 2022

Por motivos que sólo el destino entiende, conocí a Joel, que es el esposo de una de las mejores amigas de Karla. La curiosa coincidencia de que él fuera primo de mis primos González Vargas generó entre nosotros una conexión especial que fue creciendo con el tiempo.

Con él hicimos varios ascensos y cumbres en las sierras alrededor de Monterrey, antes de que abandonara ese deporte heredado por su padre y lo cambiara por el golf. Actualmente es un consumado golfista y hemos viajado juntos a varias playas para conocer sus campos y ensayar nuestros mejores tiros.

Doña Yvonne, madre de Joel, era la hermana mayor de mi tía María Elena, esposa de mi tío Miguel González y de don José Vargas, padre de mi querido amigo Pablo, quien, sin lugar a duda, me habría gustado que formara parte de este proyecto. Así que había muchas conexiones alrededor de ella por las cuales quería entrevistarla; además de que por sí misma valía la pena incluirla aquí.

Joel habló con ella para comentarle del proyecto y ella con gusto aceptó. La contacté por WhatsApp directamente y concertamos la reunión. Me citó en su casa y me recibe, elegantísima, en la puerta de ésta. Viste pantalón de color verde olivo, una blusa que hace juego y un saco de cuadros negros y blancos, sumamente bien coordinado, con su cabellera plateada muy bien acomodada y peinada, y la cara sutilmente maquillada. Con un paso confiado, aprisa y apoyada en un bastón (que estoy seguro es un tanto inútil y sirve sólo como respaldo), nos dirigimos a su sala, un lugar amplio, acogedor y elegante, adornado de manera práctica y sin ostentación. Cuelgan de las paredes varios cuadros de paisajes de montañas y ríos de la región, pintados por ella o por artistas locales, y enormes ventanales permiten que la luz solar ilumine el lugar. Me ofrece de tomar y, con una amable sonrisa, me pide que iniciemos.

—Pues, empecemos. No traigo una lista de preguntas establecida. Cada protagonista narra un poco de su vida y sobre ésta van saliendo preguntas. Algunos se centran en una sola etapa, mientras que otros recorren la vida entera —con este comentario comienzo la entrevista.

—Mira, es muy curioso... Yo ya sabía de esto —riéndose suavemente inicia la conversación—. Según parece, en la vejez te vienen recuerdos: mucho de lo pasado y poco de lo pasado reciente. Por ejemplo: ¿qué comí ayer?, ¿qué hice ayer? Tal vez no me acuerdo, pero pregúntame de hace treinta o cuarenta o cincuenta años y me acuerdo; claro, no todos los detalles, pero sí te vuelven recuerdos que, anteriormente, por estar uno, yo creo, en vida más activa, pues ni te acordabas... y ahora sí. Entonces es el tiempo de los recuerdos. Y pues, es bonito y al mismo tiempo dices: "Como que estoy repasando toda mi vida".

Evoco el título de este libro y justamente cómo esta etapa de la vida semeja al invierno. Es una etapa de reflexión, de recogimiento, de una mirada al interior. Me cuenta que sus primeros recuerdos de niñez fueron en un racho, cerca de Torreón, que era de su padre y que le fue arrebatado con la repartición agrícola de La Laguna, en tiempos de Lázaro Cárdenas, que les quitó las haciendas a los dueños y las repartió en ejidos.

—El rancho se llamaba La Bohemia, y recuerdo que fue un tiempo muy feliz, la verdad. Yo soy la mayor, y luego mi hermano José, que tenía tres años menos, y Manena todavía ni nacía, o estaba muy bebita. La vida de rancho para un niño es lo máximo. Mi papá me llevaba en su... le decíamos "troquita", era su Pick-Up, a la labor y nos íbamos al campo —cuenta con nostalgia, añorando ese tiempo.

—¿De qué era el rancho? —pregunto.

—Algodón y trigo. Sí, eso es lo que se sembraba en La Laguna, algodón en verano y trigo en invierno. Y tenían lo que le llamaban "tajos", que son canales de agua. Mi nana me paseaba en burro por el campo. Me acuerdo de una vez que le dio un "carrizazo" al animal porque no quería caminar y se desbocó —recuerda soltando una carcajada—. Y allá voy, agarrada de las crines. Pues, ¿te imaginas? Regañaron a la pobre. Llegó un ranchero en caballo y lo detuvo, pero no me caí. Así, detallitos, me acuerdo.

—Eres de Torreón, pero tu segundo apellido suena a francés. ¿De dónde proviene? —Aprovechando que me ha respondido de manera generosa y con anécdotas y detalles ambientales, busco conocer más de su historia.

—Mi mamá nació en Torreón, pero sus papás eran franceses; vinieron de Francia los dos, de diferentes lugares. Mi abuela vino de Panyola y mi abuelo de los bajos Alpes. Mi abuelo tenía una tienda de telas y ropa. Ese grupo de franceses eran muchachos jóvenes que, más o menos, provenían de la misma región. Por ejemplo: los dueños de El Palacio de Hierro y de El Puerto de Liverpool eran de ahí. Se traían un amigo al otro y un primo al otro, y se iban a México o a Estados Unidos, según. Y ellos cayeron en México. Y en una de esas dos tiendas, no me acuerdo cuál, mi abuelo trabajaba de dependiente. Cuando los empleados ya habían trabajado un tiempo y querían independizarse, los dueños les prestaban mercancía y se las iban pagando poco a poco. Así se iban a pueblos chicos a poner su tienda. Mi abuelo se fue a Torreón y ahí puso La Francia Marítima —cuenta dando gran importancia histórica y biográfica a su relato.

—¿Así se llamaba la tienda?

—Sí. Y mi abuela se vino de diferente manera. Su mamá se quedó viuda y, entonces, una comadre de ella, la señora Dugay, apareció. Su marido ya se había venido a México. La señora le dijo a mi abuela: "Ahora sí, vente ya con los hijos". Pero mi abuela tenía miedo de venirse sola a México. ¿Te imaginas? Una francesa que no hablaba español. Mi bisabuela con mi abuela, que era una muchacha. Las dos se vinieron solas, pero con la comadre. Mi bisabuela era muy buena modista. Ella trabajó de modista y mandaba a mi abuela a comprar las telas. En ese tiempo, no había ropa hecha, toda se la hacían. Y ahí conoció a mi abuelo, en su tienda. Se casaron y nacieron cuatro hijas mujeres y un hombre. Mi mamá era Yvonne, la segunda.

—Imagino que te llamas Yvonne por ella.

—Sí, Yvonne. Ella era Yvonne Margarithe y yo Yvonne Margarita, ya más españolizada. Mi papá era Vargas, Vargas Páez. Mi abuela paterna era de Sinaloa, cerca de Mazatlán, de una hacienda que se llamaba El Espinal. Y mi abuelo era de Durango; tenían algo que le llamaban "conducta", que llevaban carros de caballos y llevaban material. Por ejemplo: como Durango era un lugar minero, llevaban otras cosas, pero, sobre todo, minerales a Mazatlán, a los barcos. Y de ahí se traían lo que traían los barcos: ropa y objetos que traían de Filipinas y de Estados Unidos y de otros lados. Entonces, él tenía que atravesar la Sierra de Durango. Se tardaba muchísimo, una o dos semanas o no sé cuánto, porque es muy abrupta esa sierra y además estaba llena de bandidos.

—Sigue estando —agrego, y mi comentario provoca la risa de ambos. Interiormente, recuerdo a cuántos otros personajes he entrevistado con padres que emigraron en busca de mejores oportunidades, sin conocer a dónde viajaban y no como potencialmente lo haríamos actualmente, a Woodlands o a Madrid y visitando el barrio antes de partir, sino en barco y a una tierra desconocida. Aun el viaje dentro del mismo México, entre Mazatlán y Durango, debió haber sido una odisea completa.

—Esa hacienda donde vivía mi abuela era de su papá, se llamaba El Espinazo; estaba más o menos cerca de Mazatlán. Mi abuelo ahí la conoció y se casaron. Se la trajo a lomo de mula por toda la sierra de Durango, hasta donde él vivía, que era la ciudad de Durango. Ahí vivieron mucho tiempo. Se hizo muy amigo del gobernador, quien luego le pidió que fuera alcalde en Lerdo, que era la principal de La Laguna, ahora ya no, pero en ese tiempo era la principal. Y se vino así. Entonces se dio cuenta que la gente estaba comprando muchos terrenos ahí, para algodón. Él también comenzó a comprar terrenos. Ya después de que salió de alcalde, se dedicó a las haciendas y todos mis tíos y mi papá también. Ahí se conocieron. Ya después, se cambiaron a Torreón, porque pasó por ahí el tren y no por Lerdo. Empezó a crecer Torreón; ahí nací yo. Y mi papá tenía esa hacienda que te digo de La Bohemia. La de mi abuela, que se quedó viuda pronto, se llamaba Las Vegas, estaba al lado de La Bohemia. Ahí pasé mis primeros años, en casa de mi abuela, doña Refugio Páez de Vargas, que ya se había quedado viuda y tenía una casa muy grande, y ahí llegaban sus hijos, de un lado y de otro. Ahí yo tuve mi primera escolaridad con una maestra en casa, porque en ese tiempo, Elías Calles cerró las escuelas católicas. Iba ahí y me daba mis clases a mí solita. Ya después, cuando se abrieron las escuelas, entré a un colegio mixto normal. En quinto año, entré al Colegio de La Paz, que era de las monjas del Verbo Encarnado. Quinto, sexto y primero de secundaria los cursé en ese colegio y ya después, mis papás me mandaron a estudiar a San Antonio, Texas, y ahí estuve seis años —Estoy seguro de que la historia que narra podría dar para un libro completo: tiempos turbulentos y experiencias únicas para salir adelante.

—¿Sola? —pregunto.

—*High School* y *College*, interna. Claro que venía en las vacaciones, ¿verdad? Y luego un año en Nueva York, donde ya casi terminaba mi carrera; pero no la terminé, porque en ese tiempo las mujeres no trabajaban —sin pena, me lo hace saber.

—¿Y qué estabas estudiando en Nueva York?

—Se llamaba *Liberal Arts* —con un refinado inglés lo presume—. Sí, me encantaba porque me iba los sábados a Nueva York. Yo no estudiaba en la ciudad, estudiaba en New Rochelle, que está en el estado de Nueva York; una ciudad muy bonita. Y eran monjas ursulinas. Y los sábados... —suspira, supongo que recordando esos fines de semana— ...me iba a Nueva York, si conseguía [ir] con alguien, o si no, me iba sola. Acudía a conocer la ciudad, a los museos, a la ópera, a todo; me gustaba mucho. En ese tiempo me encantaba Nueva York, ahora no voy ni aunque me lo pagaran.

—¿Por? —extrañado le pregunto, después de escuchar lo tanto que pareció disfrutar de la ciudad de los rascacielos.

—Porque es un acelere loco. En ese tiempo es lo que te gusta, ¿verdad?, pero ahora no —dice, riéndose pícaramente—. Hasta a prisa camina la gente. "*Come on!*", dices, "*New York, hurry up!*". ¡Ay, no, qué horror! Ya no, ya no estoy para eso —con un gesto de que ya fue suficiente me lo aclara. Vislumbro cómo el paso del tiempo provoca disfrutar más la calma que la prisa.

—¿Pero siempre con las monjas?

—Siempre. Yo le decía: "Papá, yo quiero estudiar carrera." Pero en ese tiempo, ahí en Torreón, no había opciones, no estaban ni siquiera incorporadas los colegios. Entonces, mi papá me dijo: "Bueno, pues te vamos a mandar a Monterrey, al Colegio de las Damas", que tampoco estaba incorporado, "...o te vas a Estados Unidos". Yo me quería ir a la UNAM. Me dijo: "¡No! A esa universidad no. Te vas a un colegio de monjas". Entonces, me mandaron a San Antonio, que era de monjas.

—Mencionaste que a tu padre le arrebataron parte de su patrimonio, aunque igual tú no lo recuerdas, pero cuando le quitaron ese pedazo de tierra, ¿cómo enfrentó aquella pérdida?

—Pues yo estaba muy chiquilla. No me di cuenta bien a bien, pero fue un tragedión para todo el mundo. Pero creo que sí me marcó darme cuenta de que de la nada te pueden quitar todo, pues imagínate. Le dejaron lote y medio, de diez que tenía. No eran violentos, y a mi papá lo querían mucho los trabajadores. Era buen patrón, porque algunas veces sí hubo algunos que se pelearon ahí; hubo balazos y todo, pero los Vargas no. Mi tío Juan Vargas y él se quedaron con ese pedazo, nada más. Lo trabajaron toda la vida y de eso vivimos. Me acuerdo que mi mamá me decía: "Mira, todo tiene su lado bueno. Se echaban mucho a perder los hombres aquí en La Laguna, porque tenían demasiado dinero; traían trenes enteros de puras mujeres bonitas de allá de México, imagínate. Ya te imaginas de qué tipo". Pero eso me contaban —aclara, riéndose suavemente—, a mí no me consta, pero no lo dudo —remata y los dos reímos estruendosamente—. Sí, sí, eran muy especiales los señores. Yo le decía: "No me voy a casar con uno de Torreón. Aquí están muy bien para divertirse, pero para casarse como que no. Me voy a casar con otro de otro lado". Y ella siempre me decía: "No te cases con uno de Monterrey; son sangrones y agarrados". Le decía: "Pues ni modo". Y mira dónde acabé —y ríe nuevamente.

—A pesar de la advertencia, te casaste con un regiomontano. ¿Cómo conociste al tío Agustín? —ya que sacó el tema, le pregunto.

—Fíjate, por su hermana Irma. Mi cuñada estudió conmigo en San Antonio y, cuando ya terminamos las dos, ella luego se fue a estudiar Enfermería. Yo me fui a estudiar a Nueva York. Éramos muy amigas; lo seguimos siendo. Me invitó a su casa, me dieron permiso y me vine a su casa. Agustín ya estaba trabajando, él estudió en Purdue, Ingeniero Químico, y en ese tiempo trabajaba. Primero trabajó en Altos Hornos y luego trabajó en Anderson Clayton. Después ya se salió, porque su papá compró un terreno para hacer un hotel. Hizo el Hotel Río. —Me contó que su suegro ya tenía parte del terrero y me explicó que ya había cierta tradición hotelera en la familia. Por ello, don Agustín sabía de segunda mano el oficio de hotelería y lo complementó con otros cursos. Él manejó el hotel toda su vida, hasta heredarlo a sus hijos.

Platicamos de lo diferentes, casi diametralmente opuestos, que eran su esposo Agustín y mi tío Miguel, a quien ella recuerda con mucho cariño.

—Sí, totalmente diferentes, y me servía. Cuando me enojaba yo con mi marido, le decía: "Bien me decían que son sangrones y agarrados los regiomontanos" —con una voz más ronca me lo hace saber, sin dejar de reír.

—¿De verdad? ¿Eso le decías? —un tanto incrédulo le pregunto.

—Sí, y sí es cierto. Digo, no son sangrones... Quiero decirte [que] no son simpáticos, no tratan de ser simpáticos, como los chilangos. Los chilangos, pues, de eso viven. Son simpáticos, son más corteses, más educados. Aquí son medio así, nomás —dice girando la mano—. Me acuerdo que cuando yo me vine a vivir aquí, dije: "¡De repente ya me puse fea! Nadie me echa una flor". En Torreón ya sabes cómo son. ¡Nombre, hasta a la más fea le echan una flor! Vas caminando por la calle y te dicen de todo, hasta groserías. Y aquí nada. Gente muy diferente.

—Más seca —le interrumpo.

—Sí, mucho más.

—¿Y cómo fue que te incorporaste a esta sociedad?

—Ya tenía muchas amigas, porque además de Irma, a muchas las había visto en el colegio en San Antonio, entonces ya las conocía. Y tenían un club. Me invitaron, así que luego, luego tuve amigas. ¡No!, para eso yo no he batallado. Conmigo siempre han sido lindas. Yo estuve muy contenta aquí, porque se me hace un ambiente más sano que en Torreón. En Torreón eran muy... Cuando había dinero, giraba en todo y hacían barbaridad y media. Y cuando no había, pues apriétate el pantalón y a ver qué haces, y a deber y así. Aquí no; aquí, la gente es muy ordenada en sus cosas y trabajadora, etcétera, etcétera. No tan divertido, pero más familiar.

Evoco esa cultura del trabajo original regiomontana a la que ella hace alusión, sin menospreciar a la lagunense o de otras regiones. Pero, sin lugar a duda, la creatividad, laboriosidad y frugalidad de la sociedad regia no tienen comparación.

Y ya que menciono a sus amigas, le pregunto—: ¿Cuántas te quedan?

—Ay, pues ya menos y menos cada vez. Yo tengo noventa y dos años —con una voz más melancólica responde.

—¿Noventa u dos? ¡*Wow*! Te ves enteritita, perfecta —con verdadero asombro le hago saber.

—Pues sí, pero ya no estoy tanto —acepta con una risilla que más bien denota modestia—. Mira, ya traigo bastón, pero aquí estoy, ¿verdad?

—Así es, y de verdad te ves muy bien.

—Mira, como mi marido no era nada social, es más, era totalmente antisocial, con él me iba a la sierra. Nos íbamos a esquiar y nos íbamos de viajes, pero así de salir con amigos en la noche, jamás. Pero él nunca me dijo nada de que yo no saliera. En el día, yo me iba con mis amigas a donde yo quisiera. Y pues, hacíamos lo que hacen las señoras, ¿verdad? Fiestecitas y cosas así. Aunque mi mamá sí fue muy jugadora de barajas, y a mí sí me gustaba, no jugué tanto. Con ocho hijos, me dije: "¡No! O los hijos o la baraja. No puedo estar todas las tardes jugando baraja, ¿y mis hijos qué?". Entonces la dejé. Jugaba un poco de golf cuando tenía tiempo, pero también lo dejé eventualmente, porque también el golf, si no lo juegas siquiera una o dos veces a la semana, no llegas a ningún lado, y eran cuatro horas las que le debía invertir. No me podía salir tanto de mi casa. Mi marido no era golfista. Para él, ese deporte era demasiado tranquilo y demasiado social. A él le gustaba más fuerte la cosa. Todos los días hacía gimnasia y yoga, y subía los sábados y domingos a la montaña. Eso era lo que le gustaba a él. A mí, lo que me gustó mucho fue el trabajo social. Siempre lo hacía. Eso sí me gustó y siempre lo hice.

Reconozco que retrata de manera magistral la relación de pareja y a cada integrante por separado. Me extraña que, habiendo jugado golf ella, de ocho hijos, sólo Joel y Claudia decidieran jugar. Por otro lado, mi tía María Elena comenzó a jugar por ella y, a su vez, ella le enseñó a mi tío Miguel y de ahí al resto de mis tíos González y a muchos de mis primos. El golf ha sido una actividad que los ha marcado como familia. Es curioso cómo una acción que a veces parece insignificante trasciende después a tantos y por tanto tiempo.

Le comento que mi cerebro almacena un montón de datos que parecen inútiles, y uno de ellos es que recién llegados a Monterrey, nos invitaron una tarde a su casa del Obispado, y en la entrada estaba una alfombra de cebra. Mi evocación despliega en ella una serie de recuerdos y reflexiones interesantísimas y sorpresivas.

—Pues fíjate que yo la maté —me dice riéndose picaronamente al ver mi cara de sorpresa con esa afirmación que no esperaba—. Yo fui tiradora. No mucho, porque pues ¿cuándo? Pero mi papá era cazador; de chiquilla me llevaba a la sierra de Durango y me enseñaba a tirar. Tirábamos en el campo de tiro de Torreón. Eran unas sierras así —dice moviendo las manos en señal de una montaña para tratar de ejemplificarme la escena—. Subías y bajabas. Allá, a cuatrocientos metros, veía a un venado y lo mataba. ¡Y luego para traértelo! Tenía que bajar una sierra y subirla —con el recuerdo le asoma una sonrisa en la cara—. Mi papá sí era muy buen cazador y le gustaba, pero él acostumbraba a irse toda la semana. ¡Qué bárbaro! Llegaba todo cochino, sucio y con su casco, feliz de la vida el hombre. Y a Agustín también se lo inculcaron; entonces, más o menos sabíamos tirar. Lo acompañé al África de cacería y también a subir el monte Kilimanjaro, ¿te imaginas? ¡Pero nos dieron unos rifles que cada quien...! ¡Me tumbaba casi para atrás! Pero, ¡qué bárbaro! Era un calibre muy alto el que se necesitaba para matar a esos animalones. A mí me gustaban las cebras; dije: "Pues yo quiero una; una cebrita". Empezó a correr toda la manada. Tenías que tirar trescientos metros o no sé cuánto. "Allá está, ¡mire!", me dijo el cazador. ¡*Pow*! Y ya. La maté. No te creas, luego me dio algo de tristeza... Pobrecita. —en tono más infantil lo revela.

Le comenté que cuando menos sirvió para que yo la recordara. Y aun cuando yo no soy cazador, ambos comentamos las ventajas de una caza deportiva institucional, en la que animales y su hábitat se ven beneficiados. Por otro lado, evoco cómo he observado en amigos míos que una afición tan intensa como la cacería es transmitida de generación en generación, propiciando una relación íntima entre padres e hijos.

Cambiando el tema, le cuestiono si considera que el hecho de que ella y miembros de su familia estudiaron fuera de México fue motivación para que enviara a sus hijos también a estudiar al extranjero. A lo que responde con un rotundo sí.

—Les abre el cerebro —me dice sonriendo nuevamente.

Luego me pregunta qué estudié y me comenta que tanto su padre como su hermano Pepe estudiaron también ingeniería eléctrica. Presume a su hermano José como una enciclopedia viviente.

Cuenta que, debido a que a su marido le gustaba tanto la sierra, además de tener una casita por la sierra del Jonuco, a la que siempre iban, no había conocido el río Ramos. Y ahora sale a pasear en el carro con su yerno Juan Manuel y su hija Claudia.

—Vamos Claudia, él y yo. Claudia maneja como a mil por hora. ¡Nooo!, con ella voy así mira... —Hace una señal agarrándose el cabello, como muestra de lo acelerada que se siente con ella—. Pero con Cama voy tranquila, vamos en plática y plática. Ya me llevó para todos los rumbos de Monterrey que yo ya no conocía. Está grandísima esta ciudad y, como ya salgo poco, pues cada vez menos, ¿verdad?, entonces le digo: "Pues yo quisiera un pueblito aquí, cerca de Monterrey". "Vamos a Hidalgo". ¡Nombre, está lejísimos! Atravesamos toda la ciudad. Luego, San Nicolás, Escobedo; después El Carmen, que ni siquiera sabía que existía, y luego Hidalgo. Salimos de Hidalgo y llegamos a un paredón grandísimo, lleno de americanos y canadienses trepándose ahí, como moscas. Impresionante. Felices ellos. Todos amarrados, gracias a Dios, porque me cuentan que se cayeron dos y se mataron.

—¿Pero ustedes no escalaron así?

—No, gracias a Dios. Agustín nunca fue escalador. Sí sabía escalar y le gustaba pedacitos, pero no era de los que todo pueden escalar, no.

Le comento que cuando Joel estaba subiendo sierras, yo fui con él un par de veces. Incluso hasta con Luis, mi hijo, fuimos. Es más, de ahí de su casa de Jonuco, subimos un par de veces. Experiencias muy bonitas y los paisajes que rodean Monterrey son hermosos. Verlos todos los días impide que nos asombremos de lo que tenemos y no lo apreciemos como deberíamos. Cada extranjero que nos visita se queda verdaderamente asombrado de ver las majestuosas montañas que nos circundan.

—Sí, ahorita está de moda. Todos andan en la sierra, porque vieron que Monterrey es una ciudad grande y los chavos ahora son más deportistas y descubrieron las montañas. Están hermosas aquí. Yo conozco todas alrededor, todas, pero a pie. A mí no me gustaba subir —riéndose, devela una expresión de honestidad—, pero por seguir al viejo...

—Sí, sí. Yo recuerdo que Diana, tu hija, fue la primera deportista. Aquí antes nadie hacía deporte.

—Sí. Teníamos ahí el gimnasio y ahora tengo un gimnasito aquí abajo. Todavía hace dos años tenía clase de gimnasia con señoras ya viejitas, como yo. Cuarenta y cinco años hice gimnasia, porque a mi marido le encantaba, y por darle gusto yo también la practicaba. Y, bueno, como soy floja, apenas con clase, ¿verdad? Entonces, como yo las organizaba, pues tenía que ir.

—Ah, eres floja para hacerlo tú sola, pero una vez que está el maestro, ya lo haces.

—Ah, sí. Yo cumplía a diario. Pero quiero decir que me tengo que forzar. No es como él, que le gustaba. Él se iba en la mañana al gimnasio a hacer pesas, a hacer que quién sabe qué, correr, lo que fuera. Y en la noche daba su clase de yoga, pero porque le gustaba a él, a mí no. Yo me tengo que forzar, pero lo hago porque yo sé que es bueno. Por eso, gracias a Dios, estoy bien. Pero era más bien gusto de él que mío.

Me responde con un sonoro y seguro "no", a mi pregunta: "¿Hacían la clase de yoga juntos?". Y me cuenta que, aunque ahora el yoga es muy famoso y todos lo hacen, a ella nunca le gustó. Su marido aprendió de una maestra americana y luego él fue el primer maestro de yoga en Monterrey. Ella prefirió su clase de gimnasia para señoras, y también fue la promotora de la misma. Llegó a tener treinta o cuarenta y cinco señoras haciendo gimnasia con ella. Hoy quedan cinco o seis, y muchas veces se conforma con subirse a la bicicleta estacionaria.

—Tengo una bicicleta estacionaria y a la fuerza me subo. Me tengo que decir: "Si no te subes, no comes"; no se me da. Yo siempre jugué cosas de muchacha. Tampoco creas que estaba sentada, no. Había basquetbol y vóleibol y lo que juega uno. Tenis, un poco; nadaba y echaba clavados y todo, por diversión, pero así que me encantara o que me sintiera que debía de entrenar como ahora, no. Muchas cosas tiene que hacerlas uno a la fuercita un poquito, ¿verdad? A nadie le gustan tantas cosas. —Me lo hace saber con gran elocuencia y reconozco gran aprendizaje.

—Pero tus hijos saben de todo y lo hacen más o menos bien.

—Sí, su papá les enseñó muchas cosas. Yo les enseñaba cultura y religión; él les enseñaba deportes —vuelve a reír— y a trabajar —dice más seriamente.

—Ahorita que mencionas a la religión, ¿consideras que eso tuvo que ver porque asististe a colegios de monjas?

—Pues yo creo que sí, la verdad. Bueno, ya ahora pertenezco al Opus Dei, pero siempre he sido así, un poco... me gusta. Sesenta años voy a cumplir este año de estar en el Opus.

—¿Y qué te motivó a esa orden, si no habías estado en esa orden?

—No es orden, ¿eh? —muy celosa me corrige—. Es un instituto, porque es laico. Alguien me invitó y empecé a oír, y me gustó. En ese tiempo, nadie sabía lo que era. Yo misma dije: "¿Monjas vestidas con ropa normal? Qué raro". No eran monjas. Ahorita Andrea, mi hija, es numeraria. Y es totalmente normalita, común y corriente. Simpática como ella sola. He sido muy feliz. Me ha hecho mucho, mucho provecho, mucho, mucho, porque siempre estoy contenta. Y cuando uno hace lo que cree que debe hacer, eso te da felicidad. Porque todo se acaba, mi rey —me advierte con una risa y remata diciendo—: Todo se acaba, créemelo. Sí, yo he estado muy contenta y he tenido aquí círculos en mi casa y todo. Ahorita, pues todo es por Zoom, pero yo sigo recibiendo formación. Siempre tienes quién te dé información: círculos o retiro, y con quién hablar. Ahí es muy bonito, porque yo también recibo charlas. Entonces echas ahí fuera todo, lo bueno, lo malo y todo. Y eso te mantiene muy bien —me lo hace saber con gran satisfacción y orgullosa, y encuentro otra interesante faceta de ella, la cual ha permeado a su familia con equilibrio y detalle.

Me explica que dejó de dar las charlas porque la memoria a veces se le va. Cuenta también que se siente libre en el instituto; jamás le dicen cómo vivir, qué hacer, en qué trabajar o gastar, ni cómo vestirse. Sólo hay que obedecer dos reglas: acudir a tomar formación y hacer apostolado. La formación es en las pláticas y retiros, y ella las sigue tomando. El apostolado es personal. Por su formación en Estados Unidos, se considera "medio liberalona" y admite que no hubiera aguantado en un ambiente más restrictivo.

—No tienes que hacer gran cosa; ni ir a los lugares, ni conferencias grandes, ni nada de nada. No es el estilo, pero es un estilo. No es que estén mal otras formas. Cada quien tiene su estilo, su manera de hacer las cosas. Ahorita no tengo más chamba que recibir charlas. Vienen las señoras o me hablan por teléfono: "¿Cómo estás?". Y me platican todas sus cosas. ¡No, yo no les pregunto!, pero a las señoras les encanta hablar, ya sabes. Y te echan fuera todo, porque ya saben que tú... o sea yo, soy muy calladita. No puedes decirle a nadie, ni a las directoras ni a nadie. Y si quieres decir algo, porque consideras que alguna lo necesita, tengo que pedirle permiso a la señora: "Oye, ¿puedo contar esto para ver qué consejos me pueden dar, o lo que sea?". "¡Sí!". Si me dicen que no, no. Como si fuera confesión, haz de cuenta. Entonces, pues eso te da mucha libertad. Muy a gusto, ¿verdad?, porque tienes un desfogadero... "desaguadero", como le decía Santa Teresa. Y ya sabes que ahí se queda. Eso es lo que a mi edad hago. Y te van quitando cosas, porque pues, con la edad ya también se te va la onda y todo, ¿verdad?

—Desconozco qué es una numeraria, ahora que has mencionado a tu hija Andrea –con sinceridad admito.

—Mira, hay numerarias, supernumerarias y agregadas. Las numerarias viven en la obra y dan todo su dinero, su trabajo y su tiempo a la obra. Esa es Andrea. Las supernumerarias viven en su casa; siguen solteras o casadas o con hijos o sin hijos, o como sea, y dan lo que pueden, tanto de ayuda o de tiempo y de trabajo, lo que sea o lo que pueden. Y las agregadas también son como numerarias, pero no viven en la obra. Viven en su casa, porque tienen una mamá enferma o porque no les gusta vivir con otras mujeres o por lo que tú quieras y gustes.

Suena el teléfono y es una de sus hijas, a quien le pide que le llame después, pues está ocupada.

—¿Con todas tus hijas te llevas igual de bien?

—Ay, sí. Las adoro, y son bien buenas hijas.

—¿Hay alguna preferencia? —intentando explorar más profundo le pregunto.

—¡N'hombre, qué esperanzas! A todas les digo que son mis preferidas. Cada quien tiene su estilo. Mira, ahorita en la mañana me acompañó toda la mañana Diana. Es muy eficaz y muy así para todo eso —tronando los dedos en señal de rapidez, me explica la manera de ser de su hija—. Luego, Camila es apapachona y haz de cuenta que es mi mamá, me regaña y me dice: "No hagas esto y lo otro" y "¡Mamá, ponte y no sé qué!". Claudia es muy leal, en todo me apoya. Y Andrea también, lo que puede, pero pues me viene a ver muy seguido. Son muy lindas. Los hombres también, pero son un poquito más despegados, como es natural, ¿verdad? Pero sí, también muy lindos.

—Y en tu opinión, ¿habría algo de malo si hubiera algún consentido? —aprovecho para desafiarla.

—Yo pienso que sí. Los hijos sienten mucho eso. Mira, no es que tenga uno consentido. A veces los tratas diferente porque son diferentes. Hay gente a la que no le gusta que estés encimada y hay que gente a la que sí. Por ejemplo, Diego es muy apapachón, viene y me abraza. "Me vas a romper un hueso, Dieguito". Y René, qué esperanzas, ¿verdad? Pero no pienso que me quiere menos o que me quiere más, sino que es su estilo de ser. Joel y Víctor también son del estilo.

Más que responder, ilustra su propia vida. Se dirige claramente hacia hablar de estilos y no de grados. Pero intento no darle escapatoria.

—Me queda claro que tú no lo tienes, pero ¿tú considerarías que habría algo de malo si algún papá tuviera un hijo consentido?

—Pues, mira —suspira y toma aire para continuar—, ¿cómo te diría? Hay unos hijos que son verdaderamente muy desprendidos y muy feos. Entonces, si unos son muy cariñosos y muy buenos, pues... me supongo que los quieres más, ¿verdad? Pero no sé. No sé si será malo o bueno; yo creo que es natural. Sencillamente, si uno te trata mal y nunca te ve, y el otro sí te ve y te trata bien... ¡Ah, Chihuahua!, pues necesitaría ser inhumano para no sentir.

—¿Sentir esa diferencia o esa afinidad, ¿no? —intento mantener ese hilo.

—Sí. Pero que no dependa de ti, que no sienta el hijo frialdad, o porque tiene más o porque es más. No sé, porque cada hijo es diferente. No lo puedes querer de la misma manera ni por la misma razón. Mis hijos son muy diferentes y a cada quien lo debe uno querer como es, así como Dios nos quiere a nosotros. ¿Te imaginas si nos quisiera por lindos? Pues a nadie querría, ¿verdad? Nos quiere porque somos sus hijos. Así trato de querer a los míos. Pero no tengo problema, porque sí son buenos, la verdad.

Le comento que desde que nacieron mis hijos pusimos de ejemplo la educación de la familia Zorrilla. Observamos que a los Zorrilla les dieron educación en diferentes colegios y en el extranjero; idiomas, instrumentos musicales, deportes y un trato familiar muy presente.

—Gracias. Sí, pues mira, mi marido y yo en eso nos ayudamos bastante. Él se encargaba de unas cosas y yo de otras —ríe nuevamente y su risa es tan contagiosa que me provoca reír a mí también—. Él me los educó en cosas de trabajo, cosas de deportes, cosas así, de dineros y eso. Y yo me encargué de todo lo que fuera familiar, unión y ese tipo de cosas también. Entonces sí nos ayudamos.

—¿Y se siguen llevando todos?

—Sí, se llevan bien. No están unos encima de otros, no, pero sí se llevan bien. Yo he trabajado mucho eso: la unión familiar. Mucho, por muchos años, hasta últimamente por la pandemia, pero si no, todos los sábados tenía comida familiar. Y es una lata, porque ya llegaban a ser diez o veinte gentes. Entonces, desde el miércoles empezaba a pensar: "¿Qué les doy ahora?". Y hacía el menudo y la muchacha iba el jueves y empezaba a cocinar el viernes, y después el sábado. Luego tenía que traer una extra para servir. Y siempre les daba bien bonita servida la comida, la mesa y todo. Es mucho trabajo, ¿no? Ahorita me dicen: "Oye, mamá, ¿cuándo empezarán otra vez?". "¡Ay!, ya me da flojera de hacer...".

Ella y yo reímos; pero ambos reconocemos que son muestras claras de la unión y la armonía familiar.

—"Se me hace que ya se acabaron". "¡No, mamá! ¡No empieces!" —ríe otra vez al recordar los reclamos que le hace su familia.

—Tú hacías tu parte para que vinieran con gusto.

—Sí, sí, y mi marido, aunque no era social, siempre estaba presente. Sí, siempre estaba presente. Y él también decía que era muy importante la unión familiar. Cuando hay pleitos de familia es tan feo. ¡Ay!, a mí me mataría que no se llevaran bien. Deveras. Me mataría. Sí se llevan bien. No es que sean así de los que: "¡Ay, hola!", y abrazos y besos, pero se llevan muy bien; se respetan mucho — afirma, confirmando la solidez familiar. Se endereza en su sillón nuevamente.

—Yo he sido testigo de esa unión —le corroboro—. Ahorita que repites otra vez que tu marido no era social, nada social, ¿cómo lidiabas tú con eso, con una personalidad como la tuya, que al contrario, es bastante social?

—Pues en el día disfrutaba. Yo soy muy pachanguera, tipo Torreón, ¿verdad? Con mis amigas: "¡Vámonos pa' todos lados!". Digo, relativamente, pues ¿qué puedes hacer con ocho hijos? Tampoco creas que muchote, pero sí. Cuando quería que lo acompañara a la sierra, iba, y salíamos mucho de viaje. Ese tipo de cosas sí le gustaban. Y cuando eran comidas, tipo de familia, siempre estaba presente. Siempre. A todo lo de familia siempre me acompañaba; a misa y todo, los domingos. No era tan religioso como yo.

—¿Por no ser religioso no se "molestó", entre comillas, de que Andrea haya tomado esa decisión?

—No —y arrepintiéndose cambia de opinión—. Un poquito, porque era su chiquita y no quería que se fuera todavía. "Es que no ha trabajado", me decía. Le respondí: "Pues tampoco Diana trabajó y se casó y no le dijiste nada". Y discutimos un poquito ahí. Entonces le dije: "A ver. Yo siempre te he apoyado en todo, ¿sí o no?". "Sí". "Bueno, entonces ahora aguante vara". Y aguantó.

Provocando la risa de ambos, su comentario nos hace distraernos un poco de la conversación. Desde luego, pasa por mi mente lo difícil que debe ser soltar a un hijo, y más en una actividad que, es posible, no fue la que soñaste para él o ella. Pero finalmente son las vidas de ellos y no las nuestras.

—Es que, para los papás, soltar a las hijas... ¡Ay, qué difícil es! Pero, pues hombre, iba a estar más feliz que con marido. Nunca sabes cómo le va a ir, ¿verdad? Yo, por ejemplo, con Andrea estoy perfectamente segura de que va a ser feliz siempre y que la van a cuidar hasta el último día. Cosa que con las otras hijas no te puedo asegurar. Pero nunca sabes. O se puede quedar viuda o se puede... no sé, cualquier cosa. Y en cambio, Andrea no. Yo veo cómo tratan a las viejitas y es una maravilla. Bueno, pues es que Dios es el que elige. Ahí sí que es vocación. Si no tienes vocación ni te metas. Pero, si tienes vocación... Pues es lo que Dios quiere de ti. Vas a ser feliz.

Medito nuevamente sobre esta idea. Profesiones que no son tan comunes. Como padres soñamos con ingenieros, médicos y abogados, pero no con músicos, artistas o religiosos. Hay menos deserciones religiosas que divorcios. ¿Será que entre menos común sea seguir una vocación, más seguro y decidido de tu decisión estás cuando la tomas?

—Hace unos momentos mencionaste: "Hicimos el equipo" y "En ese momento yo le dije: 'Ahora necesito que me apoyes'". ¿A qué le atribuyes o a qué características más atribuyes que haya sido un matrimonio tan exitoso?

—Pues Agustín decía que gracias a mí. Pero yo creo que gracias a los dos, porque él también daba de su parte. Lo que yo le pedía: "Sí". Es muy triste decirlo, pero el apoyo económico es muy importante. Y nunca me faltó nada; tampoco me sobró, porque ahí entra lo regiomontano. —Soltando una estruendosa y contagiosa carcajada continúa—: Nunca me faltó nada, ni a mis hijos, entonces, pues eso es una tranquilidad. Y luego, permisos y todo. Si yo quería salir de viaje, me dejaba salir y me pagaba todo. Nomás me pedía que no lo jalara a él. Si él no tenía ganas, no iba. Lo que él planeaba: encantado. Entonces, por ejemplo, cuando canonizaron a San José María, yo lo invité, pero me respondió: "No, gracias, no. Ve con tus hijas". Y fui, y ese tipo de cosas. O no sé... No, pues cuando hubo que llevar a Francia a Andrea, a Diana, a estudiar, pues yo me la eché sola, porque él no tenía ganas de ir. Y así, pero siempre me dejaba ir. Donde yo tenía ganas de ir: "Vete".

—¿Podrías decir que él respetó que cada quien tuviera su vida?

—Sí. No era nada celoso. Y, además, con tal de que yo le diera su libertad, él podía hacer también sus cosas. Se iba a esquiar, por ejemplo. Solo, porque yo no siempre podía, ni quería; no me gustaba. Pero pues, por el contrario, por ir con él iba. Él sí iba dos o tres veces cada invierno. Después empezaron a ir los hijos con él. Estaban encantados; a ellos les fascinaba. Pero si no, se iba solo. Así, pues tienes que negociar, ¿verdad?

Reconozco en estas frases lecciones magistrales de negociación y vida. Cómo siendo, al parecer, tan diferentes en gustos y hábitos, se convirtieron en una pareja tan exitosa. Respeto e independencia con tu pareja, y al mismo tiempo, el deseo de acompañarse eventualmente aun en actividades que no son totalmente deseables para alguno de los dos. Así como complementarse con las fortalezas individuales en su relación y con la educación de los hijos.

Le expreso mi admiración y le pregunto por la razón inversa: En su experiencia o lo que ha visto en sus amigas a través de la vida, ¿qué considera que mate al amor?

—Bueno, mira, la infidelidad —responde rápidamente—. Eso es muy importante. Todos los hombres son medio tatatún tatatún tururuturú —dice entre silbando y tarareando rítmicamente, sin que sea una canción específica—. Cuando menos lo son de ojos. Pero ya con una cosa así, en serio... Eso sí mata rápido. Pero gracias a Dios, eso no lo tuve. Y aparte de eso, hay hombres que tienen muy mal carácter y que son muy obsesivos y que... y mujeres también —dice reconociendo que ese mal carácter puede darse en ambos sexos—, pues tienes que darle su lugar y aguantarte muchas cosas. Y lo mismo: él tiene que... ceder... los dos. Si no ceden, va a haber problema. De todas maneras, siempre hay problemillas. Nadie es perfecto, ¿verdad?, pero más o menos.

—Y en esos problemillas, ¿cuál era tu clave para negociarlos o que fueran menos?

Riéndose discretamente, responde:

—Nunca pude mangonear al desgraciado ese. Nunca. Y soy medio mandona. No, no se dejaba —añade con una risa más sonora—. ¡Qué risa me da!, porque no se dejaba nunca. Y luego digo: “Bendito Dios que no se dejaba, porque... le hubiera perdido yo el respeto”. Las mujeres repelamos, pero nos gusta que sea el señor el que domine.

Siento no haber profundizado más sobre estas lecciones: ¿Ceder siempre? ¿Ceder estratégicamente?, incluso, ¿no ceder, en ocasiones de manera deliberada? Por otro lado, al igual que ella, creo que cuando alguien en la pareja pierde la admiración de la otra, con independencia si es hombre o mujer, perderá el respeto de la otra parte tarde o temprano.

—Supongo que en tanto tiempo y con tantas amigas, alguna de ellas se haya separado. ¿Qué crees que haya sucedido?

Hay un breve silencio, un compás de espera. Respira profundo antes de contestar. Percibo un malestar y un dolor en esos recuerdos.

—Muy pocas. La que recuerdo fue porque él traía a otra. Pero también, él traía a otra porque ella era muy así, mandoncilla y todo. O sea, es siempre culpa de ambos. Está muy difícil. Pero él traía a otra y ella se enojó mucho y lo dejó. Y se separaron. Se divorciaron. Pero fíjate que mis amigas muy pocas, ¿eh?, casi nomás ella y nomás otras dos.

—¿Crees que el que no se hayan separado se deba a las costumbres de antaño? Porque anteriormente, así como no había carreras para ustedes que estudiar, estaba la costumbre de que la mujer tenía que aguantar.

—Parte sí, porque como no tenías cómo mantenerte, debías estar manteniéndote del hombre, y a lo mejor a él no le pegaba la gana y tenías que estarte peleando cada vez... Eso cuenta. Parte eso y parte a que todavía éramos educadas a la antigua, diciéndonos que el matrimonio es para siempre, ¿verdad? No que ahora ves, ¡ay!, nunca se casan. Nomás se juntan y se separan, se juntan y se separan. ¿Pues qué es eso? Pero, en fin... Ya está una muy vieja.

—Consideras que esa infidelidad de ayer, de hoy, de toda la vida y que en todos los tiempos ha existido, ¿será porque no se encontró esa negociación para que en la casa hubiera respeto e independencia, como la que tú viviste, y eso te obliga a buscar otra relación? Tanto hombre como mujer.

—Muchas veces... ¿Cómo te diré? A los hombres hay que perdonarles un poquito, porque son hombres. Y a las mujeres como que no se les antoja acostarse con otros y a los hombres sí. Somos diferentes. Eso es diferente. Digo, tampoco hay que hacer un grandísimo drama, pero ya si es una cosa seria o muy seguido, pues sí, ya —matizando el tema, me hace esa confesión.

No estoy tan seguro de que las mujeres de hoy estén de acuerdo con ese planteamiento, pero al menos valdría la pena reflexionarlo. Cuenta de ejemplos cercanos, sin mencionar nombres. E incluso, cuando escuchó rumores de alguno de sus nietos, intervino.

—Me llegaron noticias. Y me lo pesqué —se ríe al recordarlo—: "¡Oye, Fulano!, a ver, a ver, ¿de qué se trata?", y que esto y lo otro. "Nomás te quiero decir una cosa: Piénsalo bien antes. Porque, mira, vas a hacer sufrir mucho a tus papás, a tus suegros, a tus hijos, y luego a tus hijos no los vas a poder controlar. Y vas a dar mal ejemplo a toda la familia. ¿Eso es lo que quieres? Si eso es lo que quieres, está bien. Pero piénsalo antes." A veces me los agarro, porque con los papás les da coraje y no les hacen caso, y a los abuelos es diferente. A veces me contestan: "Abuela, tú dime lo que quieras, al cabo no te hago caso".

Me lo dice provocando la risa de los dos; ambos estamos seguros de que le hacen caso. Me cuenta que sigue invitando a los treinta y dos nietos más los casados, al menos una vez a la semana. A veces, algún nieto la invita a ella. Ella los sigue procurando a todos, aunque reconoce que cada vez se cansa más.

—Con todos me llevo bien. Nunca he tenido problemas. ¿Pues qué problemas puedo tener? Abuelos con nietos es una delicia. ¡Qué barbaridad! "No hay borlo", como dicen. Con los hijos todavía, pues... les tienes que apretar, y "que no te doy dinero", "que no te doy permiso", ¿verdad?, pero aquí ¿qué? Nada; puro amor. No, pues yo no tengo problemas. Primero que nada, no soy peleonera, no soy. Y segundo, pues ¿qué va uno a pelear?

Una manera extraordinaria de sintetizar la relación entre abuelos y nietos.

—Puro amor —le contesto, llevándome esa hermosa reflexión.

Me cuenta que se cambió de casa hace ocho años para tener una más pequeña y estar más cerca de sus hijos. Ya no puede hacer las comidas para todos al mismo tiempo, pero se siente más tranquila y a gusto. Y me señala un cuadro que está atrás de mí, que ella pintó con la ayuda de una maestra de pintura particular.

—Es mi hobby, digamos, mi afición; me gusta. Tengo ya quince años con esta maestra y me ayuda mucho, porque ya no lo puedo subir —levanta el brazo derecho—. Entonces, ella me sube y me baja el brazo. Me gusta pintar, como dicen: "99% *perspiration*, 1% *inspiration*". Es puro jalar al principio. Que digo: "¡Ay! ¿Por qué me metí en este lío?". Sí sé dibujar, porque tomé clases con Luis Elosúa. Entonces sí he estudiado, le doy con ganas, pero poquito. Ahorita ya soy floja. Antes me emocionaba y en las noches me ponía a pintar. ¡N'hombre! Ahora una vez al... cuando viene la maestra y nomás. Pero ya les he regalado como sesenta cuadros a mis nietos.

Me describe entusiasmada varios de los cuadros que adornan elegantemente su sala y una de las ventanas y, sin cambiar de tema, pues es uno de sus *hobbies*, me confiesa que, desde hace tiempo, observa aves. Se considera una *bird watcher*. Comparte su afición con sus hijas, a quienes ha llevado a varios sitios a observarlas: Costa Rica, Panamá y el sureste mexicano. Reconoce que ya no puede caminar tanto, pero no deja de observar las aves desde su ventana.

—En toda esta vida tan plena que seguramente has tenido, ¿hay algo que todavía te falte por hacer? —le pregunto.

—Morirme, nada más —dice soltando una estruendosa carcajada, y prosigue—: Sí. Ya me estoy preparando. De repente digo: "Ya voy a empezar a romper mis papeles, porque tampoco quiero que sepan toda mi vida" —ríe otra vez—. No, pues mira, estoy en las manos de Dios, pero noventa y dos años, pues ¿qué quieres? No, no estoy satisfecha, pero ya no es que pueda hacer mucho, ¿verdad?

—¿Pero por qué dices que no estás satisfecha? —intento que no se me escape ese comentario, que reconozco que habla desde su interior y no desde los lugares comunes a los que la gente incurre.

—No, pues porque siempre puede uno hacer algo mejor o bueno. Pero, de que me hayan faltado de mis planes, no.

—¿Todos palomeados?

—Pues sí, ya. Ya estoy en la edad tranquila. Lo que venga es bueno.

—Y mencionaste ahorita: "Ya me estoy preparando", y bromeando dijiste: "Rompo mis papeles". ¿Pero hay algo que de verdad estés haciendo como para prepararte para ese momento, o es algo para lo que ya te preparaste? O sea, ¿ya lo hiciste o está en gerundio, en proceso? —tal vez demasiado incisivo le pregunto, pero prefiero no perder la oportunidad.

—Medio, medio. De repente me da flojera romper papel. Yo llevo todos mis dineros y cosas, entonces, ahí se va a quedar. Tengo muy buena secretaria, gracias a Dios. Mira, tengo regalos de Dios, que son muy buenos. Que, claro, los hemos cultivado. Tengo una muy buena asistente, que era de mi marido y me la heredó, se puede decir, ¿verdad? Yo le pagué después su carrera y ahora es abogada. Entonces, ella es buenísima. Apenas le escribo una cosa y ya me la está contestando. "Elva, te la escribo para que no se me olvide, pero no necesitas hacerlo ahorita". "Sí, señora, ya sé". Pero ya la hizo. Nos vemos una vez a la semana y vemos todos los asuntos que tenemos. Ella lleva todo eso. Asuntos económicos. Tengo tres nietos trabajándome.

Riéndose sutilmente, me aclara que cada uno de ellos tiene su propio negocio y la ayudan con asuntos técnicos, legales y comerciales de algunas de sus propiedades. Le comento que me sorprende que una mujer de su edad esté tan activa en temas económicos.

—Pues no está tan difícil, porque mi marido dejó todo muy ordenado, muy ordenado. Porque hay señores que dejan una cosa desesperante. En cambio, a mí, ni deudas ni nada. Y una asistente que sabe todo y que lo hace muy bien, y que es muy honrada. Y, mientras pueda, voy a seguir, porque yo gasto mi dinero en lo que quiero y nadie me dice qué hacer con él. Mira, toda la vida estuve pidiendo, primero a mi papá y luego a mi marido. Ya no quiero ahorita pedírselo a nadie. Justo y necesario que unos añitos pueda hacer una lo que quiera con su dinero. Así que ya. Después que ya se me vaya más la onda, pero ahorita todavía puedo. Le digo: "Oye, Elva, ¿le daremos a esto?", porque sigo siendo activa en hacer donativos, ¿verdad? "Sí, señora". Siempre me dice que sí. ¡Ah!, porque le dije: "Mira, Elva, nunca vamos a ser ricas tú y yo, ¿eh?". "Ya sé, señora. Ya sé". Porque mi marido, pues se dedicó a hacer dinero y yo me estoy dedicando a gastarlo. ¿Pues para qué lo quiero guardar? Yo lo reparto donde me pega la gana y no le tengo que dar cuentas a nadie. Eso es... —silbando de emoción y con un movimiento de manos, señala tranquilidad—. ¡Bruto! ¿Para una mujer? Sí. Una mujer mexicana que nunca ha trabajado para ganar dinero, porque sí he trabajado, pero no me pagaban —ríe nuevamente, pero ahora con un gesto de satisfacción.

—A eso es justamente a lo que voy, o sea, creciste en un ambiente en el que la mujer no trabajaba, ni siquiera la dejaban estudiar, y ahora ser la dueña y la que maneja los dineros, pues no es lo común. ¿Y desde cuándo lo aprendiste?

—Pues desde que tuve que hacerlo.

—¿Cómo te gustaría que te recordara el resto de la gente?

Después de un silencio prolongado, en el que se toma su tiempo para responder, con un gesto tierno me responde:

—Pues con cariño, nomás.

Estoy convencido que así será. Una mujer siempre fina, cariñosa y amable. Distinguiendo las necesidades individuales de cada quien y procurando siempre apoyar a los miembros de su familia y también a otras causas sociales. Pero al mismo tiempo, enérgica y clara; características muy difíciles de encontrar juntas en una persona. Esto provoca que la gente le tenga mucho cariño, pero a la vez un enorme respeto. Por lo que su deseo, de hecho, ya es una realidad.

Me despido feliz de haber podido conversar con ella. Una señora feliz, alegre, siempre sonriendo y contagiando esa sonrisa. Cercana con Dios, que se manifiesta en todos los aspectos de su vida y en el trato a los demás.

Reconozco en ella un poquísimo apego a los bienes materiales, compartiendo lo que tiene y siempre consciente de los problemas que la desigualdad ha provocado en nuestro país. Es posible que sus vivencias y la pérdida de patrimonio en los tiempos del Cardenismo marcaran en su persona el considerar que los bienes materiales pueden desaparecer en cualquier momento y nada es para siempre.

Una mujer con gran sentido común y equilibrio emocional para analizar los problemas. Por algo tantas personas le solicitan su opinión y su gran capacidad para emitir un juicio imparcial, no obstante, la relación que puedan tener con él o ella.

Una auténtica dama siempre al pendiente de su esposo y sus hijos. Para ella, su vida fue don Agustín: sus gustos, sus aficiones, su trabajo, sus pasiones. Marcando su independencia y sus espacios para realizarse cada uno en diferentes aspectos profesionales, deportivos y religiosos. Y seguramente, cuando hubo diferencia de opiniones, encontró la manera amable de interponer su manera de pensar. Ella respetó las directrices que él consideró importantes en los temas profesionales, logrando que todos sus hijos cumplieran sus carreras profesionales. Y, por otro lado, ella llevó la orientación religiosa y moral, logrando una familia muy solidaria, unida y devota. Aprovechó todas las ocasiones para reunir a su familia. Y como resultado, es una mujer con una familia ejemplar en muchos sentidos.

Una ojeada a doña Yvonne Margarita

"Entonces es el tiempo de los recuerdos. Y pues es bonito y al mismo tiempo dices: 'Como que estoy repasando toda mi vida'".
He descubierto y aprendido que la vida, al igual que las estaciones del año, tiene diferentes y muy marcadas etapas. Y el final de ésta se parece al invierno. No se tiene ya la energía inicial, ni la necesidad de reconocimiento o la audacia de emprender. Es más bien un tiempo justamente para reflexionar, para ordenar, para repasar qué fue lo que hiciste. Un tiempo para agradecer todas estas gracias y bendiciones.

"Yo me tengo que forzar, pero lo hago porque yo sé que es bueno".
Soy un convencido y testigo de que la voluntad es mayor al talento. Durante treinta años he practicado yoga y apenas me puedo tocar la punta de los pies. Pero hoy estoy menos encorvado que cuando decidí empezar a hacerlo. No lo hago porque lo disfrute en sí mismo, sino porque sé que lo necesito. Vivimos en una época en que la palabra "renuncia" es desconocida. Es necesario renunciar a algo para obtener otro beneficio mayor.

"Cuando uno hace lo que cree que debe hacer, eso te da felicidad".
La felicidad ha sido definida de muchas maneras. Todos los sabios desde la antigüedad han intentado dar una receta para obtenerla. Entre todas las potenciales definiciones, no he encontrado una que sea más cierta que hacer aquello que consideres que es lo que debes hacer. La satisfacción de una tarea cumplida, de ayudar a otros, de un reto logrado, de estar con los seres con los que prefieres estar ha sido comprobada como una de las principales fuentes de felicidad. Cuando elijo lo que resuena en mí, es que gozo cada momento.

"No lo puedes querer de la misma manera ni por la misma razón. Mis hijos son muy diferentes y a cada quien lo debe uno querer como es".
Desde que somos concebidos somos seres irrepetibles, cada ser humano que existe y ha existido ha sido y será completamente único.

Por lo que, a cada uno en nuestro entorno lo podemos admirar, querer y amar por distintas razones; eso debería ser algo completamente entendible. Esto considero que aplica no sólo para los hijos, sino también en todas nuestras relaciones de amistad y de negocio, porque cada cliente, proveedor y empleado es único, al igual que cada amigo que se recoge en la vida.

"'Yo siempre te he apoyado en todo, ¿sí o no?' [...]. En ese momento yo le dije: 'Ahora necesito que me apoyes'".
¿Qué mejor compañero que alguien que te apoya, promueve y disfruta tus aficiones y gustos? ¿Y qué mejor relación que en la que cuando requieres apoyo en lo que es trascendental para ti, lo recibes? No es fácil encontrar ese constante y continuo apoyo, y mucho menos que sea recíproco. La búsqueda de ese equilibrio parece ser la clave para una relación exitosa.

"Él tiene que... ceder... los dos". "Con tal de que yo le diera su libertad, él podía hacer también sus cosas".
Ni Vito Corleone podría dar una mejor lección de negociación. Reconocer, entender y aceptar que cada parte de una relación tiene necesidades particulares y que es posible que sean distintas a las nuestras, considero, es la primera parte de una buena relación de largo plazo. Pero más importante aún, ceder para que, de verdad, esos sueños individuales sean realizados. Esa es la coronación de un maestro de la cesión, de la negociación. Y, al final del camino, la obtención de lo que inicialmente buscamos. Esto aplica tanto para una relación comercial, como para una relación de pareja, donde los espacios y los tiempos, suelen ser mucho más reducidos.

"Las mujeres repelamos, pero nos gusta que sea el señor el que domine".
Parecería un consejo añejo, pero considero que, al contrario, es uno sumamente actual. Descubrir y aceptar las diferencias entre ambos sexos y lo que cada uno aporta y colabora en una relación de

manera única es algo que seguramente fortalecerá la relación, más que empobrecerla.

"Pues porque siempre puede uno hacer algo mejor o bueno".
El invierno, efectivamente, es un tiempo de reflexión. Es encontrarte en paz contigo mismo, es voltear hacía una mirada interior. Sirve para aportar toda nuestra experiencia en beneficio de los que nos rodean. Es tiempo de revisar el balance de tu vida y descubrir que aún tienes toda la vida por delante, pues cada instante es el presente. Por lo que también es reinventarse y buscar nuevos proyectos, nuevas actividades y deseos que nos mantengan vivos. Es decir, nuevas primaveras.

Don Octavio Hinojosa Alanís

El desarrollador de carne y hueso
El golfista que reconoce el valor de los birdies y los bogeys

29 de marzo de 2022

Recién casado y una vez aceptado en el Club Campestre, solicité un *locker*, que casualmente era el único disponible y estaba frente al de Octavio. Al igual que yo, él llegaba diariamente entre las seis y las siete de la mañana a cambiarse, él para jugar racquet y yo para ir al gimnasio, y luego coincidíamos para el vapor. Ambos salíamos ya bañados a las ocho treinta de la mañana para comenzar nuestras labores.

El "buenos días" cotidiano se fue convirtiendo poco a poco en una plática más viva, interesante y personal. Conversar con alguien en toalla me genera automáticamente más confianza, como se muestra en la película *Unfinished Business*, donde alemanes y suizos están acostumbrados incluso a cerrar tratos comerciales sin ropa y en el SPA, sin ningún tipo de "maquillaje".

Ocho años de pláticas diarias permitieron que me atreviera a pedirle a Octavio invertir en una idea revolucionaria en Diram. Me citó en su oficina de la Chepe Vera que se encuentra en el segundo piso de la que era en ese entonces la casa de sus papás y donde él había crecido. Era un despacho simple, sin ostentación, solamente práctico. "Así mato dos pájaros de un tiro: vengo a trabajar y aprovecho para saludar a mis papás", me dijo con una sonrisa amplia. Le presenté mi idea y le dije que requería cien mil dólares para arrancarla.

—Siempre tengo un "cajoncito" con dinero para este tipo de inversiones —me alentó al principio en señal de que la idea le había gustado de inicio. Me explicó de forma concisa los mecanismos que utilizaba para cuando alguien se acercaba con él a pedir prestado dinero—: Es necesario que tú estés más preocupado por pagarme que yo por cobrarte —me señaló—. Por eso, te voy a pedir una garantía hipotecaria de una propiedad que yo valide y que no sea la casa donde vives. Soy difícil, pero no sería capaz de sacarte de tu casa —fue el primer requisito que impuso. Me dijo que los pagos tendrían que ser en dólares y en una cuenta en Texas. Agendamos el día que iríamos a visitar Las Armónicas, que era el predio que podía dar en garantía.

En el transcurso de los cincuenta minutos de ida al rancho, platicamos de temas más familiares. Le fascinó el rancho, como a todas las personas que han ido, y aceptó prestar el dinero. Lecciones claras y duras de cómo atender las solicitudes de apoyo, sin lugar a duda, pueden parecer extremas, pero estoy seguro de que dan la pauta a un mejor trato. Octavio se convirtió en el primero de varios que posteriormente aceptaron invertir conmigo. Pero él fue el primero.

A punto de cumplir cuarenta años, que era la edad máxima en ese entonces para seguir siendo socio del club, bajó la acción de su familia. Le pregunté si me recomendaba comprar la acción o solo rentarla. No solo me dio su recomendación, sino que se aseguró de que lo hiciera. Todos los días me daba un argumento distinto para explicar por qué en su opinión comprarla era un *must*, por lo que debía hacerlo. Como hice con muchas otras cosas que me ha recomendado, seguí su sugerencia, misma de la que no me he arrepentido ni un solo día desde entonces. La acción del Club Campestre ha resultado ser una magnifica inversión, no solo económicamente, sino también en los aspectos familiares y de amistad.

Me acompañó junto con Lupina, su esposa, a mi fiesta de cuarenta años y a la presentación de mi primer libro. Lo invité como consejero de Diram, labor que ejerció por poco tiempo, pero de manera muy eficaz. En varias ocasiones hemos tenido interesantes y constructivas charlas de vida y ha estado siempre pendiente de mi relación familiar. Jugamos golf con cierta frecuencia y hemos intercambiado nuestros horarios de *tee time*. Con la remodelación de la casa club, nuestros *lockers* quedaron separados; el suyo quedó en el pasillo, por lo que no se ha perdido la costumbre del saludo diario o al menos semanal.

Así que no fue difícil pedirle participar en este proyecto, comentándole que para mí sería muy halagador que lo hiciera. Me citó en el restaurant del Club a las cuatro de la tarde y llega puntual como siempre. Usa para nuestra reunión una camisa blanca de manga corta, *jeans* y calza unos cómodos mocasines.

Inicia la plática comentándome que viene llegando de un viaje para ver uno de sus proyectos. Prácticamente sale todas las semanas a visitar a sus desarrollos.

—Ya ahorita andamos arriba de las mil gentes en las obras. Un *staff* directo, contadores, arquitectos, sistemas, abogados, vendedores. Y los que traemos en obra: más de mil gentes. ¿Y sabes qué es lo más interesante (que eso sí lo presumo mucho)? Que nuestra empresa tiene cero deuda. No me gusta deber.

—¿Y qué te dicen tus amigos banqueros sobre que no les pides prestado? —le pregunto.

—Pues, obvio que nos les gusta porque no les pido dinero prestado. Me han ofrecido de todo. Yo nomás les sirvo para ahorrar e invertir en más proyectos.

—¿Y a qué le atribuyes esa disciplina para mantenerte así?

—Bueno, yo creo que estar en el lugar correcto con los proyectos correctos, dar productos de buena calidad a buenos precios, con buenos planes de financiamiento. Una empresa humana no nada más con nuestro personal, sino también con nuestros clientes. No somos una máquina. ¿Que no me puedes pagar, te empino y te aplico todos los *fees*? Ayudamos al cliente y eso se va...

—Haciendo pelotita —intento completar la frase.

—Exacto. Se va haciendo una pelotita, pelotita, pelotita, pelotita. Y ya está la pelotota, wey. Y luego se hace pelotona. Ya no nos alcanza a dar la vuelta una vez al mes a todos los proyectos. Ya no me da tiempo. Digo, porque también tengo que estar en Monterrey para jugar golf, chinguesu —dice provocando la risa de ambos— y obvio estar con Lupina, nunca paso un fin de semana trabajando —vuelve a intervenir.

—¡Pues sí, ¿verdad?! —concuerdo completamente con él.

—¿Si no, pa' qué trabajo? O sea, primero es el golf, que para mí es algo serio —dice y nos reímos ambos.

—Primero para qué se hace el dinero, se usa y luego cómo se hace —intervengo.

—Pues sí. El viejo chiste, que lo has oído mil veces, que está pescando. Yo digo lo mismo: "Me voy a retirar para seguir pescando", si es lo que estaba haciendo ahorita.

Se acerca un mesero y le pedimos un par de vasos de agua. Octavio le pide cortésmente que le retiren el hielo. Continúa comentando que viene de Hermosillo de visitar un nuevo fraccionamiento que arrancará en noviembre del 2023.

—Otro filete, supongo... —le pregunto usando el término con el que él busca asociar a los mejores terrenos: con el mejor corte de carne.

—Puro filete. Setenta y dos punto siete hectáreas. Van a salir más de dos mil terrenos.

Llega el joven con el vaso solicitado y don Octavio le agradece. Continúa diciéndome que el chiste del negocio son los inventarios y que su negocio se enfoca en terrenos aportados en fideicomiso, otros son aportaciones de sus socios y tiene ya en la "panza" inventario para veinte años; con terrenos en Hermosillo, Mazatlán, Coatzacoalcos, Veracruz y recientemente en las afueras de Monterrey.

—Recuerdo que me habías dicho que nunca ibas a hacer nada aquí, que todo estaba afuera —le cuestiono asombrado.

—Lo que pasa es que... Para entretenerme aquí ya arrancamos el primer proyecto. Está por la Carretera Nacional, se llama Almaterra.

Son cincuenta y dos hectáreas en Lazarillos de Abajo antes de llegar, ahí ves las máquinas. Ya estamos haciendo un *boulevard* de treinta metros de ancho para allá.

—Oye, ¿pero todos esos terrenos en las diferentes ciudades los encuentra Octavio o ya tu gente lo hace? ¿Cómo les enseñaste a eso que es tan arte? No es ciencia —le asesto dos preguntas sin dar tiempo a que me responda la primera.

—Es arte. Lo vas adquiriendo con el tiempo. Lo vas adquiriendo, el saber qué vale la pena y qué no vale la pena. Pues, bueno, es una combinación de ubicación, topografía del terreno, vialidades, *amenities* alrededor, competencia... empujanza de la plaza, facilidad de servicios como agua, drenaje... Principalmente nos enfocamos en ciudades medianas.

—Pero esas son variables que las puedes poner en un *checklist*. ¿Qué le enseñas a tu gente para decir: "¿Bueno, ya checaste esto..."?

—Bueno, es que, al final de cuentas, checamos el *checklist*. Digo ... palomeamos todo eso y algunas... Si lo tenemos en el *checklist* y vemos que cumple al cien, está el noventa, está el ochenta y todo... Entonces, ya cuando una llega, me lo traen digerido. Y yo ya voy al último: "Sí me gusta, no me gusta".

—O sea, que al final sigue siendo tu *feeling*.

—Es de prueba y error. Y el chiste de este negocio es el *timing*, llegar a tiempo. Es llegar en el momento... Por ejemplo, hubo un proyecto en el que me equivoqué en Coatzacoalcos, Veracruz. Llegamos en un *boom* en el 2016 y de pronto el mercado se puso muy negativo y con alta inseguridad.

—Ah, justamente te iba a hacer la otra pregunta: Cuando tienes un proyecto fracasado, ¿cómo lo digieres? ¿Lo recuperas?

—Bueno, es que yo valúo todo el proyecto. No le puedo pegar el cien por ciento a todo. Y una ronda de golf se compone de *bogeys*, pájaros y de todo —Ambos soltamos una carcajada por pensar en esa semejanza entre una ronda de golf y los negocios.

—Dobles y todo. Esta ronda es igual. Esto es lo mismo. No puedo pegar puros pájaros. No puedes pegar puros pájaros —me repitió.

—Fíjate: qué buena semejanza, ¿no? Una ronda de golf no es de puros pájaros. Hay que aceptar dobles *bogeys* también.

—Exacto y más cuando tengas un negocio como el que tengo en Coatzacoalcos. Es el proyecto al que más le invierto dinero y sobre todo cariño. Acabo de hacer oficinas nuevas, ¡preciosas las oficinas!, cuando no las necesitaba. Y en el negocio cosas como las cuotas de mantenimiento no dan para cubrir todos los gastos fijos. Me duele cero para que estén las áreas verdes, casa club, iluminación, todo como si fuera nuevo. Porque yo les digo: "Un día va a llegar la bonanza y tenemos que estar preparados". Y al equipo de ventas, que no vende, yo les completo para que vivan bien... No, no. Imagínate, no es el "me va mal", es el niño... es el hijo feo. A ese no le voy a dar educación ni le voy a comprar ropa nueva. Al contrario: le dedicas más tiempo.

—¿Cuándo dices: "Bueno, pues éste ya. Fracasé y hasta aquí se quedó"? —intentando conocer la diferencia entre tenacidad y aceptación de la realidad, le pregunto.

—Es que para mí ninguno es fracaso, simplemente unos llevan más tiempo que otros.

—¿Cómo le haces cuando empiezas una plaza nueva donde nadie te conoce?

—Ah, no, nos tienen que conocer. Hay una etapa de aprendizaje. ¿Y sabes cómo te conocen? Además de la publicidad en redes, cuando estés vendiendo que vean que tienes veinte máquinas, no dos o tres maquinitas, no. Tenemos dos de ocho, tres retroexcavadoras, cuatro motoconformadoras, diez pipas, quince camiones y veinte gentes de a pie. Y dices: "¡Ay, wey! Estos weyes de Ivertra sí son de adeveras...". No, si nada más quiero vender y de puro bla, bla, bla, no. No. No jala. Tienes que responder y demostrar fuerza, *power* —ríe.

—Bueno, hay gente que lo hace así —le recuerdo.

—La mayoría, y por eso no les va tan bien e incluso algunos quiebran. Y mi competencia hace algo que yo no hago: procura ahorrarse en todo. Yo no procuro ahorrarme en nada, preferimos invertir en calidad y *amenities* que no ofrece la competencia.

—¿En nada? ¿Y el mercado lo reconoce? —asombrado le pregunto.

—Claro, porque el mercado lo paga. Por ejemplo, un detalle pequeñito: los pies de agua. El pie se llama entre la red y lo que vas a conectar. La gran mayoría de los desarrolladores lo ponen de plástico o lo ponen de fierro. Nosotros metemos de cobre. Dices tú: "¿Cuál es la diferencia por cada lote?". Mil quinientos me cuesta el cobre; a ellos les cuesta doscientos pesos. Dices tú: "Bueno, mil trescientos pesos de diferencia por novecientos lotos es un millón y medio de pesos". Pero no importa —con tranquilidad menciona las cifras, como si fueran algo del diario—. Otro ejemplo, ahorita hay dos cosas muy importantes, las básicas: el agua y la luz. Claro, viene el drenaje. Pero hay una tercera básica, que es el internet. Sin internet, se vuelve loca la gente. Entonces yo tengo arreglos con la compañía, de que no nomás les doy una opción, sino dos. Entonces al cliente le doy dos opciones. "¡Ay!", dicen. Y la otra cosa es que muchos de los desarrolladores, a base de compadrazos o algo, no completan el expediente y a la hora que quieres escriturar un terreno, a la autoridad le falta un papel o algo. Nosotros tenemos a prueba de balas todos los expedientes. Entonces, le vas sumando y le vas sumando, tanto que los notarios y la prensa hablan bien de nosotros.

Asiento a cada una de sus afirmaciones que continúan. Las autoridades hablan bien de ellos, sus clientes hablan bien de ellos y la principal publicidad es de boca en boca. Le recuerdo que me ha comentado que continuamente lleva de viaje a su equipo de gente a torneos de tenis internacionales, a partidos de futbol americano, al rodeo, al béisbol, por mencionar algunos.

—Este mayo nos llevamos a treinta y seis gentes doce días a Italia, todo pagado; a nuestros colaboradores cercanos. También invitamos socios, los que me aportan terrenos y a contratistas. El cupo es de treinta y seis, porque al camión le caben cuarenta y dos y quiero que haya ciertos lugares. Bueno, pero aparte los cuarenta y dos... Aparte del camión, rento una camioneta, una avanzada que normalmente maneja mi hijo Daniel o alguien con otros dos que van por delante para que cuando lleguen al hotel, el hotel esté listo con las llaves listas, la reservación del restaurante lista, los boletos del teatro listos. Siempre vamos en avanzada.

—¿Y eso quién lo organiza? ¿Tú?

—Yo. Y patrocinado por Invertra.

—¿Pero tú decides a dónde quieres ir y te llevas a tus amigos?

—Ah, sí. Claro. Bueno, no a mis amigos; a los empleados, socios y contratistas.

—A esas personas que han estado tanto tiempo contigo, ¿tú los consideras amigos? —Doy un giro a la plática, pero, aunque parece marginal, es de extrema importancia y esa diferencia imagino que será crucial. Tanto, que, por primera vez, toma aire y respira antes de contestarme.

—No. Yo pinto una raya muy fuerte. Los trato muy bien, pero no son mis amigos. No, porque se pierde luego un poquito el respeto, la confianza.

Considero que su respuesta a la pregunta fundamental fue tajante y concisa. Y me comenta que cuando viaja en avión prefiere ir a mero adelante e intenta siempre viajar en dos asientos. Desde hace ocho años, compra dos lugares.

—Pero no te dejan —lo interrumpo para conocer cómo logra ese truco.

—Sí. ¿Cómo le hago? Por ejemplo, compro el asiento número tal cosa y el de al lado lo compro al nombre de mi esposa. Imprimo los dos pases de abordar, porque si no te lo pueden vender. Y a la hora de la hora: "Señora Lupina". "No, pues la señora Lupina se quedó en casa, pero aquí está su lugar". Me funciona veintinueve de cada treinta veces. De repente, como yo siempre agarro filas de emergencia... El otro día me llegó un pelado: "Oiga, ¿está el lugar vacío?". El pelado medía dos metros. "Oye, wey, no nomás te cedo el lugar; yo me voy al tuyo y tú quédate en estos dos", porque ves el ropero —y suelta una carcajada.

—¿Y Lupina no te dice nada de que se gaste tanto dinero en esos viajes con tu gente?

—A ver, pero es que ese no es un gasto. Para mí, es una inversión. No me va a regañar porque hago muros de contención o porque hago un arco de entrada o porque pongo sistemas electrónicos para entrar... Es una inversión. Es como si estuviera poniendo una banqueta bonita. Es lo mismo.

—Pero a lo que voy... Olvídate de Lupina. El resto de los empresarios no tienen esa visión tuya de educar...

—Mira, Luis, cuando estuve en HYLSA y me gradué en los años setenta, por ahí conocí a tu papá. —Yo asiento y el continúa—. La moda en aquellos años era trabajar hasta las doce de la noche porque entonces el comentario era, así como cuando en la Isla del Padre cerraron la frontera: "¿Y en qué avión te fuiste?". Sí, sí, sí. Ahí la moda era: "¿A qué hora saliste de trabajar?". Entonces, yo tenía veintidós años y había firmado un contrato que decía que mi entrada era a las ocho treinta de la mañana y salía a las cinco treinta. Y sonaba el reloj las cinco treinta de la tarde y ni un minuto me quedaba extra. Entonces, a los cuatro meses el de Recursos Humanos me manda llamar y me dice: "Oye, Octavio, quiero que me platiques por qué te vas a las cinco treinta". "A ver. No entiendo su pregunta. ¿Cómo que por qué me voy a las cinco treinta? Porque es mi hora de salida". "Es que todo mundo se va a las once o doce". "A ver, a ver, a ver. Tráigame el contrato. Vamos a volver a leer el contrato", le decía yo: "Aquí el contrato dice de ocho treinta a cinco treinta. Entonces, yo les pido que, si quieren que trabaje hasta las doce, pónganme en el contrato que es hasta las doce y yo ya veré si quiero trabajar o no". "¿Es que no te estás dando cuenta aquí de la competencia?". "Es que esa gente que ustedes están promoviendo, ustedes como jefes están equivocados". Le digo yo: "Una persona requiere esparcimiento, atención a la familia, deporte. Y las horas de trabajo que sean horas de trabajo. Están equivocados". "¿Pues sabes qué? Tú no encajas aquí". "Señores, yo no soy el dueño de Alfa". Y no me corrieron. Como a los tres o cuatro meses, yo trabajaba en HYLSA. ¿Te acuerdas de que antes se llamaba Hojalata y Lámina?

—Sí, claro. Ahí hice una de mis prácticas profesionales en el ochenta y seis.

—Yo compartía una oficina con Fernando González Sada. Y me acuerdo, en aquellos años, que teníamos una secretaria, Silvia, pero para todo el piso. Y le decía: “Oiga, Silvia, comuníqueme con el ingeniero Luis Ramón”. Yo me sentía soñado, porque iba con trajes último modelo, zapatos caros y pañuelito. “Comuníqueme con el ingeniero Luis Ramón”. “Ingeniero Luis Ramón, le habla Octavio Hinojosa, de Hojalata y Lámina”. ¡Y yo me sentía soñado! Pero al paso del tiempo...

—¿Tú estás en el área Comercial? —lo interrumpo para imaginarme claramente el escenario.

—Yo estaba en el área de Mercadotecnia y mi jefe era Luis Garza T. Te estoy hablando del año setenta y seis. Y cada vez que decían: “De Octavio Hinojosa, de Hojalata y Lámina” y “Octavio Hinojosa, de Hojalata y Lámina”, llegó un momento en que no me hizo *click*. Entonces le digo: “Oiga, Silvia, venga para acá. Comuníqueme con el ingeniero Luis Ramón y le va a decir usted ahora, y de ahora en adelante a todos, que le va a hablar Octavio Hinojosa, de carne y hueso”. —Aunque ya había escuchado esa anécdota, eso no impide que me ataque de la risa. Es más, por ella es que agrego el subtítulo del capítulo—. Y llegó a oídos de Recursos Humanos. “Oye, wey, que andas diciendo que Octavio Hinojosa de carne y hueso”. Todos se reían de mí. “Oye, si estoy echando una mentira, dime. Soy de carne y de hueso, ¿o no?”. —La forma en que lo dice hace que vuelva a reír. Él seguramente la ha contado innumerables veces.

—Total, que ahí quedó la broma, digo. Yo seguía yéndome a las cinco treinta. Sonaba el reloj y no me quedaba ni un... ni un minuto más. Al año y medio de trabajar ahí, me mandan hablar de Recursos Humanos: “Hoy hay cita a las cuatro de la tarde con el señor Juan Ruiz”. Se llamaba Juan, un señor buena gente, pero malencarado, director de Recursos Humanos. Le hablo a mi papá: “Oye, papá, se me hace que a partir de las cuatro voy a estar desempleado hoy”. Entonces añadí: “Ni creas que me preocupo, papá. Tengo veintitrés años, veinticuatro”. Total, llego a Recursos Humanos y me encuentro a don Lorenzo Garza Sepúlveda, a Pancho Maldonado y a Juan Ruiz. Y me dice el ingeniero Juan Ruiz: “Oye, Octavio, ¿sigues con tu broma de carne y hueso?”. Le dije: “No. Esa ya la bajé un poquito, porque sé que les hace... Ahora ya nada más dice Octavio Hinojosa. Ni de Hojalata y Lámina ni de carne y hueso. Ya nada más digo mi nombre".

—Alanís, cuando mucho —lo interrumpo.

—¡No! Ni el Alanís. Dijo: "Oye, ¿pero quieres salir...? ¿Pero sigues saliendo a las cinco treinta?". Le dije: "Eso sí. Y no voy a cambiar". Y de repente se empiezan a reír éstos. Entonces yo ya no sabía lo que estaba pasando. Y cuando vi a los tres, dije: "¿Soy tan importante pa' que los tres...?". Y me dice don Lorenzo: "Oye, Octavio, estamos muy contentos contigo". ¿Y contentos por qué? ¿Porque me voy temprano o qué? "Estamos muy contentos contigo y acabamos de sesionar la Junta de Consejo de Alfa. Cada año otorgamos una beca. Te vamos a dar una beca para un MBA, cien por ciento pagado. Nada más que tienes que ser aprobado, de aquí a seis meses, en una de las mejores universidades americanas". Y mi inglés no era así que tú dijeras muy bueno, y tenía que presentar el GMAT, el TOFEL... pues los exámenes que tú conoces. Me puse a estudiar muy duro y los pasé de panzazo los dos. Los pasé y apliqué, me aceptaron en la Universidad de Texas, en la Escuela de *Business*, de Negocios —me dice dando unos golpecitos en la mesa con una señal que indica que de raspada y con un gesto facial que me hace saber que fue apenas.

—¿Y qué fue lo que les gustó en ese trabajo? ¿Qué consideras o qué crees que haya sido?

—Yo lo que considero es que en la vida hay que ser diferente a todos los demás. Yo creo que hay que ser diferente, tener tus propias ideas. La gente se quedaba a las diez de la noche, aunque ellos sabían que estaban mal.

Evoco esta idea que yo he intentado promover y provocar también con mi gente. Incluso tengo un cuadro del gran Troy Polamalu para recordárselos. Troy en los emparrillados era diferente, no solo con su estrafalaria cabellera, sino con las jugadas que intentaba. Estoy seguro de que Octavio lograba esa misma sensación aun en sus años de juventud.

—Haciendo lo mismo.

—Haciendo lo mismo todos. Yo estoy de acuerdo en que un día te puedas quedar a trabajar tarde, pero no todos los días. No hay... Como jugar golf todos los días también está muy mal. Yo vengo el sábado y el domingo a jugar golf y vengo con un gusto, ¡bárbaro! Porque después de toda mi semana de trabajo, voy muy a gusto a jugar. Pero si fuera todos los días, ya no vendría a gusto. —Asiento ante sus aseveraciones.

—Sería lo mismo. Entonces, en el trabajo hay que ser diferente. ¿Por qué hago los viajes que hago con mis colaboradores a Indian Wells, a Los Vaqueros de Dallas, al rodeo...? Cada viaje me llevo a diferentes compañeros y colaboradores de Invertra.

—Y el empleado... ¿Tú qué crees que observa de esa atención?

—Tengo que ser muy parejo con todos. Y no puedo llevar a todos a Estados Unidos, porque no todos tienen visa. Entonces lo que hago: organizo viajes en México también para otro nivel. Los hemos llevado a Mérida, a conocer todas las ruinas por allá. Los he invitado a Cancún, Mazatán, San Miguel, donde les pagamos el hotel, el avión y todo. Entonces depende. O sea, aparte, el mensaje que yo les digo: "Nunca se comparen uno con otro". Si uno va a dos viajes seguidos, por algo yo lo hice. Y cuando... Y como de ellos nadie paga, pues nadie dice nada.

—Y a esa "inversión", entre comillas, ¿cómo te das cuenta de que la estás recuperando?

—Pues, me da mucha libertad para manejar mis tiempos. Aquí estoy platicando contigo ahorita y la empresa está funcionando al cien por ciento —provoca que ambos riamos profusamente.

—¿Hay alguna vez que alguno de ellos te haya decepcionado?

—Sí. Muchas veces. Y yo tengo una frase, que no es mía: "Me equivoco al contratarlos. Pero nunca me equivoco al despedirlos". Y jamás los despido con violencia. Me acuerdo de que a mi último gerente administrativo, amigo mío, le dije: "Mira, aquí la entrada es a las ocho de la mañana y la salida es a las cinco treinta...".

—Igual que en HYLSA —le recuerdo sarcásticamente y mi comentario provoca la risa de ambos.

—¡Igual! En mi oficina, a las cinco treinta se apagan las luces. Entiéndeme. O sea, sea invierno, verano, se apagan las luces. Le dije: "Y soy muy respetuoso de los horarios". Le digo: "Y tú, como jefe, tienes que ser muy respetuoso. Entiende que yo viajo mucho y tú eres mi segundo aquí", le digo al gerente administrativo. "No te preocupes, Octavio". El primer día, llega a las diez de la mañana con su Starbucks, con las almohadas casi pegadas. El segundo día llega a las diez de la mañana. Le digo: "A ver. Acuérdate lo que te dije, hombre. Aquí tú tienes que ser el primero en llegar", pero suavecito. "¡Sí, hombre, Octavio! Es que mira que...". Está bien. El tercer día llega a las diez de la mañana. El viernes... Duró una semana. El viernes ya llegó como a las nueve, ya se mejoró. Le dije: "A ver, ven. Oye, te agradezco mucho tu cooperación. Pasa aquí a la oficina de Recursos Humanos para que ya firmes tu...". "¡No, te prometo que a partir del lunes...!". "A ver, a ver. Tú y yo amigos como siempre. No, no, no. La amistad esa no se ha perdido. Simplemente, tú no estás preparado para trabajar con nosotros". Yo espero que la gente, dentro de su horario, trabaje el cien por ciento; el ciento diez. Dentro un horario. El cien es muy poco para mí. Pero el ciento diez es con su productividad. No que estés ahí, arrastrando el lápiz. Porque en todos los trabajos se aplica la creatividad. Hasta el chofer aplica la creatividad.

Le platico que para mí la creatividad es de suma importancia, uno de los valores y pilares de mi empresa. Un punto de acuerdo más entre ambos y él continúa platicando de su experiencia con sus choferes.

—Yo tengo dos choferes. Uno de mis choferes habla bien inglés. No perfecto, pero habla inglés suficiente. Porque yo de repente tengo gringos que vienen y los atiende mi chofer. "Oye, yo ando de viaje, pero llévalos a La Cola de Caballo y llévalos acá". Y los lleva el chofer y me dicen: "Oye, wey, ¿cómo que el chofer?". "Pues es chofer. Nada más que le pago muy bien como chofer". Mira, yo me baso mucho en tener contenta a la gente y lo más importante en una empresa claro que es que la empresa funcione y si no funciona... es el por recurso humano. La otra cosa es pagarle bien a la gente porque los tomates y las cebollas y todo aumentaron. Y las tortillas. Y a veces: "Oye, pues fíjate que la ley dice que el cuatro por ciento". Yo ahora... Mi aumento este año, promedio, fue del doce por ciento.

—¿De doce? —pregunto asombrado nuevamente ante esas grandes diferencias con el resto del empresariado local.

—De doce —de manera muy calmada me responde—. Promedio. Promedié doce este año. Es que si la empresa tiene éxito... les tengo que compartir el éxito. Son mis minisocios ellos.

Comenta cómo en trabajos previos observó a jefes perder piso y que despedían a su personal de manera muy humillante. "Simplemente, si no te funciona, pues córrelo, pero no lo humilles", resume. Le recuerdo que me estaba platicando su experiencia en la maestría y le pregunto si fue solo o si ya se había casado, como lo hacen muchas de las nuevas parejas de hoy en día.

—No, solo. Aún no la conocía yo. Bueno, después de la maestría fue mi papá y mi mamá y mi abuelita, que vivía, y tíos y mis hermanos y... Fue una gran fiesta, porque es un gran logro. Yo, para mí, lo sentí un gran logro.

—¿Y eras el primer Hinojosa que lo hacía?

—Sí. Ya ahorita mis tres hijos son graduados y tienen maestría dos de los tres —con una gran satisfacción y un orgullo que se transpira me lo hace saber—. Octavio es de Boston University, Caty es de Harvard y Daniel de la Universidad de Texas. Nada más. Y yo no les dije nada. Simplemente vieron el ejemplo del papá. Yo les dije: "Acuérdense de una cosa: todo lo que quieran arriba de mí, sí; debajo de mí, nada". Entonces ustedes apúntenle para grandes universidades. Nada más". Y se graduaron con excelentes notas los tres. Impresionante, ¿eh?

Pienso que es una aspiración muy loable y tal vez deseable, pero no sé si siempre estaré de acuerdo con ella. Una carga emocional de esa naturaleza sobre los hijos puede traer infelicidad a través de la frustración de querer siempre estar por encima de un padre y no siempre querer o incluso poder hacerlo. Entiendo que como motivación puede ser un aliciente para aspirar a una mejor posición o futuro. Celebro que sus hijos lo lograron y se lo hago saber.

—¿Lupina era la lista? —interrumpo con esa broma, una vez que él me confesó que obtuvo su pase a UT apenas raspando.

—Lupina fue una excelente... muy buena estudiante, pero aparte una excelente mamá, porque estuvo al pendiente de que a ellos nunca les faltara nada. Nunca le dimos más, porque aparte no había... de sobra. Entonces, Lupina era... Lupina era la que los controlaba a ellos.

Regresa al tema de negocios, sin dejar de comentar que les fascina ir a visitar a sus nietos y comenta que al principio aun a sus socios a veces les parece difícil de aceptar que se gaste, según ellos, o se invierta, tanto dinero en viajes para los empleados. Coincide conmigo en que al resto de la gente le cuesta mucho desprenderse de eso, aun cuando no les haga falta.

—Yo nada más te digo una cosa —con un tono emocionado me lo hace saber—. Para mí es un intangible, pero yo te puedo decir una cosa: el ser así, para mí, si lo pudiera cuantificar, me ha representado un gran beneficio económico. No lo estoy viendo yo así. Ni lo he cuantificado. Pero... Me quedo corto.

—Bueno, en ese sentido somos muy parecidos tú y yo, porque a mí también me dicen: "No puede ser que...". Yo me he llevado, y también porque me gusta y también lo he copiado de ti: "Oye, vamos a ir a la Champions. Ustedes dos este año se llevaron un premio. Vamos a ir a Europa y vamos a ir a ver un partido que en su vida van a poder volver a ver".

—¡Claro! —afirma categóricamente.

—Y si te doy los cincuenta mil pesos de premio, vas a llegar con tu señora y te va a decir que estás loco si vas a ir al partido. Y de esa manera no podrías llegar a decirle a tu señora: "Pues es que voy con el patrón a ver el partido que soñé toda mi vida hacerlo".

—El dinero se les va como el agua y esas cosas se les quedan grabadas. Se les quedan muy, muy grabadas.

Me platica emocionado del viaje a Italia que está organizando para este verano con su equipo. Menciona ciudades, eventos y métodos de transporte que utiliza. Transmite esa emoción que siente por organizar estos viajes. Comenta que su hijo Daniel hace lo mismo, todavía no con la misma pasión, pero va en ese camino.

—Daniel es muy parecido a mí. Es una calca el wey. Desde chiquito es una calca. Y Octavio está muy enfocada a la parte artística, que no es mi fuerte. Lo admiro y respeto.

—¿Octavio es el que está en el negocio del cine? —le pregunto para diferenciar a los dos.

—Sí. Ha trabajado para TV Azteca, con Amazon Prime y también como independiente. Ahorita él trae... Él dirige, escribe y actúa en sus proyectos.

Me cuenta emocionado de los proyectos donde ha actuado su hijo Octavio. Son contratos eventuales y de corta duración, pero bien pagados. Se ha venido dando a conocer y ya tiene mucho trabajo. En una profesión poco común. Muchas veces, como padres, esperamos de nuestros hijos que sean ingenieros, abogados, médicos, pero pocas veces sacerdotes, deportistas o artistas, como es el caso. Y de lo que he escuchado de amigos cuyos hijos han decidido estas actividades, generalmente se sienten más satisfechos y plenos al estar cumpliendo su vocación.

—Yo sé que cada hijo es como un dedo distinto de la mano, ¿no?

—Nunca los compares. Nunca compares un hijo con otro.

Comenta que él tiene a sus dos hijos como consejeros de su negocio y les paga como a un consejero profesional. Prefiere hacerlo así. Reitera que no le duele gastar dinero y menos en ellos. Un consejo que he decidido aplicar también con los míos. Ambos están ya en el consejo de la mía, recibiendo un decoroso sueldo.

—No me duele gastar en escuelas. No me duele gastar en viajes. No me duele gastar en nada —reafirma.

—No te llevas nada de este mundo más que experiencias, ¿no crees? —le pregunto.

—Es lo que te llevas. Pero aplica lo que puedas en tu empresa, porque el resultado es tremendo. Mi esposa, al principio, me decía: "Oye, te estás gastando mucho dinero en todos los viajes con los empleados". Y le dije: "¡Y la pasamos con madre!" —dice provocando la risa de ambos—. "¡Puro tornillo! Nos la pasamos bruto allá y la madre". Siempre procuro viajar con Daniel y siempre viajamos en un plan muy sano. Son muy limpios. Entonces, eso ayuda mucho. No hay alcohol, no hay desvelos.

—Y ahorita que dices que no tomas. Tienes razón. ¿Una cerveza, cuando mucho? —pregunto extrañado.

—No. Nunca. Nada. Cero. No. Nunca.

—¿Y eso a qué crees que se deba? —pregunto evocando que es más fácil no tomar nada, que tomar algo.

—El día que las probé no me gustaron, cuando yo tenía catorce años, y se me quedó tan grabado... Café, no tomo café, no me gusta. En cambio, mis hijos toman, pero son tomadores sociales.

—A mí me pasó igual, pero con el cigarro. Yo me fumé un Del Prado a los once años. Y nunca más le he dado un toque a un cigarro.

Cambia de tema para comentar que sus hijos le han sugerido hacer un libro de su vida. Y platicamos un poco de mi experiencia y las personas que me han ayudado en los míos. Le comento que espero que cuando quede esta entrevista sea cuando menos un esbozo de su libro. Él quisiera incorporar datos que eventualmente puedan ser útiles para su familia y de esa recopilación surge su experiencia de cuando estudió su maestría en UT Dallas.

—Y no te platiqué que, cuando estuve en UT, la condición cuando entré era que debía de tener B de promedio. Ya ves que ahí es A, B, C, D. Tenía B de promedio. Entonces es una tensión, porque, imagínate, vas becado por Alfa. Entonces, a la hora en que voy a ver mis calificaciones... diciembre de 1977. Veo una calificación B —suspira aliviado—. Veo otra A —vuelve a suspirar—. Veo otra B. ¡Uf! —reaparece el alivio—. Dije: "Ya fregué". En la última me saco una C. Dije: "Bueno, una A, una C y dos B es promedio B". A la hora que veo yo, que voy a ver las listas: Octavio Hinojosa: *disqualified*. Fuera de la universidad.

—¿Por? —le pregunto.

—Porque la condición era que no sacara ninguna C y yo no sabía eso. Entonces... Te estoy hablando de un 17, 18 de diciembre. Le hablo a mi papá: "Oye, papá, me pasó esto acá. Y yo no voy a regresar hasta que me vuelvan a aceptar en esta u otra universidad". Y allá terminan los exámenes. Todo mundo pa' fuera. Entonces cada quien a su casa; los maestros se van. Texas, diciembre 1977. El campus vacío totalmente. Es un monstruo gigante. Y no encuentro a nadie. Yo le dije a mi papá: "No me esperen a pasar Navidad, porque yo aquí no sé qué voy a hacer". Total, iba todos los días a ver si veía a algún maestro o a alguien. Y a los dos días me encuentro a un pelado de esos del jardín y que estaba ahí. "Oiga, ando buscando a un maestro de la escuela de graduados". "No, no hay nadie". Y yo haciendo guardia por si alguien llegaba por un libro... Nadie. Total, para no alargarte el cuento: a los dos o tres días llega, finalmente, allá por el 21 de diciembre, veo un maestro, que no era mío, pero era de la escuela. Y le platico mi caso. Dijo: "No, pues está muy difícil ahorita". Le dije: "Le pido de favor que me dé la dirección o el teléfono del *dean*". "¡No, no puedo hacer...!". "Por favor, entiéndame. No puedo regresar a México". Yo no sé, pero lo convencí.

—Estoy seguro de que sí —cabeceando le confirmo.

—Me dio la dirección. 23 de diciembre, 1977. Voy y timbro. Un señor... Imagínatelo: yo de veintisiete años, veintiséis años, y él, un señor de esos de setenta y cinco años, cabecita de algodón.

—De tu vuelo ahorita, haz de cuenta.

—De mi... ¡no, más que mi vuelo ahorita! Por lo menos... Bueno, es que yo lo veía muy grande. Y toco. En aquellos años no había los problemas de inseguridad de ahora. Antes era... La gente andaba libre. El mundo ha cambiado mucho en eso. Y me recibe y me dice: "¿En qué lo puedo atender?". Dije: "Usted a mí no me conoce. Yo vengo de México. Yo estuve en el Tec de Monterrey y trabajé en la empresa Alfa, la que estoy seguro que usted conoce. Ellos me dieron una beca. Y aquí están mis calificaciones y aquí están mis calificaciones del Tec. No soy una lumbrera, pero no estoy mal". "Bueno, ¿y en qué te puedo servir?". "Pues traigo la lista donde vi que estaba yo... descalificado". Yo no sé, pero le caí bien al señor o... porque llegué con humildad y con preocupación. Y le habla a su señora y me invitan a sentarme en su sala. Una casa modesta. La tengo mucho en mi mente, su casa. De la típica clase media. No creas que era un palacio. Cerca del campus la casa. Y total: "Oye,

Octavio, ¿qué te traigo? ¿Un refresquito o algo?”. “Oiga, pues muchas gracias. Sí”. “Y bueno, ¿cuál es tu petición?”. “Lo que quiero es que usted me dé la oportunidad de continuar en la universidad. Eso es todo lo que le pido”. Después de estar platicando con él un poquito, me contestó estas palabras: “Tu fe te ha salvado”. Y le digo: “Señor *dean*, gracias. Nada más fírmeme un papel o algo”. —Nos reímos ambos.

Es seguramente una historia que ha contado muchas veces y que el final le trae recuerdos gratos. Continúa:

—“No”, dijo: “Yo soy el que decido”. “Por eso, pero si se me petatea usted mañana...”. “Pues tienes que jugártela. Vente el día 6 de enero. Vente a mi oficina. El día 7 son las inscripciones. Yo el 6 de enero... Vente. Vente desde un día antes para que vengas a mi oficina y ya girar la instrucción de que estás dentro de la universidad”. Llegué un día antes, me recibió, me inscribió y me gradúe. Y el día de la graduación hizo la mención este señor del detalle. Nombre, la gente me aplaudió como un minuto. Es que, en la vida, dime: ¿qué es fácil, wey? —con un tono entre orgullo, satisfacción y duda me lo pregunta.

—Por eso, ¿pero a qué le atribuyes...? ¿Qué crees que haya llegado Octavio Hinojosa a decirle a este señor para que lo convencieras? —le hago esa pregunta que para mí resulta clave.

—Yo creo que vio en mí...Vio la seguridad y vio... mi deseo de que yo lo necesitaba y lo quería. Y muchas veces eso vale más que un pelado que es muy cuerda. No, llega siempre con humildad y con...

—Sin agachar la cabeza —le interrumpo.

—Exacto. Sin agachar la cabeza, pero sin arrogancia. Digo, han pasado muchos años de eso. Yo me decía, “si luchas puedes perder, pero si no luchas, estás perdido”.

—¿Alfa no supo?

—Alfa no se enteró, porque yo era el encargado. Acuérdate que las comunicaciones de aquellos años no son las de ahora. Antes yo les mandaba las calificaciones por medio de un fax o se las dictaba. Fíjate que después de que me gradué, me sucedió un fenómeno ahí medio... Tuve pesadillas como un año, con los exámenes, wey. Dije: “No vuelvo yo a meterme a una maestría”. Fue una prueba tremenda para mí, porque UT, como las *top universities* de allá, tienen mucha demanda.

—Hay mucha competencia también.

—Hay mucha... y competías con genios chinos y europeos, alemanes y franceses y la chingada. Entonces, llegaba aquí el mexicanito... Y la política era muy sencilla. Había corte, como en el golf. Entrabamos doscientos y el corte era cien. Entonces tú tenías que estar entre los mejores cien. Cien o empates. Por eso te ponían el B de calificación. Eso era presión, wey

—¿Pero eso te ayudó a mantener tu carrera en Alfa? —sin dejar de reírme le pregunto.

—Sí, pero en Alfa yo duré muy poco porque no me gustó mucho trabajar ahí. Porque cuando trabajé en Alfa... Fíjate que cuando trabajé en Alfa no me gustó, porque era una empresa muy burocrática y yo no encajaba. Muy *by the book*. Y yo no encajaba. Y de largo plazo me sirvió mucho. Y mi mamá me felicita y todo. "Qué bueno que vas a regresar a Monterrey a trabajar. Qué bueno". Le dije: "Mamá, me falta la última prueba". "¿Y cuál es esa última prueba?". "La de sobrevivencia". "¿Y cuál es esa?". "Setenta días a Europa con un boleto de ida, otro de regreso y con quinientos dólares en la bolsa. Y *no way back*. Tengo que ir y venir con doscientos dólares. ¿Qué significa? Que tengo que trabajar". Pero quinientos dólares era una lana. Ponle que eran mil dólares de ahorita. "¿Y dónde vas a hacerle?". "Pues voy a vivir en hoteles de un dólar la noche, en los *youth hostels*. Y comer en los Oxxos, equivalentes de los Oxxos. Una torta y le pongo jamón y eso como. Yo tengo que sobrevivir, porque eso es parte del carácter", le decía a mi mamá. La sobrevivencia.

Una coincidencia más. Le platico que yo hice exactamente lo mismo. Al graduarme en el 88, me fui seis meses solo con boleto de ida y vuelta. El medio estaría por descubrirse. Le conté de mi experiencia vendiendo enciclopedias de casa en casa en el puerto de Algeciras en España, de vender cervezas en las playas de Niza y de ser mucamo de un *youth hostel* en Bruselas. Historias que he contado cientos de veces y me marcaron por siempre. El continúa su historia.

—Yo volé de Dallas. Dallas-Londres, recuerdo en Braniff International. Y volé al aeropuerto barato. Y cuando llegué a la gran ciudad, dije: "¡Su reputa madre! ¿Qué voy a hacer yo solo aquí?". Y Londres... Imagínate, un junio de 1979. Me acuerdo de que estaba de moda la obra de *Anita, la huerfanita*. —El recuerdo le hace reír—. La fui a ver. Y estaba lluvioso, como son esos días de Londres, allá. Y a los dos días dije: "Quiero a mi mamá y quiero a mi papá". Dije: "¡Pero no, no! Tienes que poder y tienes que poder". Al tercer día, cuando ya me quería regresar a Monterrey, wey, dije: "Me mamé. No voy a... aguantar" —riéndose nervioso lo recuerda—. "No lo voy a lograr, wey. Y lo voy a reconocer". Pero dije: "Pero si no lo logro, esto es una derrota para mí". Me voy de Londres, me voy a Dover, al puerto y ahí me embarco, que por una libra te cruzaban a Calais, Francia. Entonces me crucé en uno de esos... pinches ferris.

Recordamos juntos aventuras juveniles muy similares a las de todos los que en esa edad tuvimos la fortuna de recorrer Europa solos y sin compromiso. Todavía no conocía a Lupina su esposa. Le pregunto cómo la conoció.

—Cuando regresé a Monterrey, a la semana fui al Centrito de la colonia Del Valle, a un barecito que se llama el Baby Blue. Yo iba con Fernando González Sada, que es mi compadre, el de mi edad. Le digo: "Oye, wey, ¿y esa güerita quién es?". "No la conozco, wey". Iba acompañada con un bato, pero se veía que no eran novios porque estaban a distancia. Cuando este bato se para para ir al baño, le llego yo y que me lanzo. "Oye" —da unos golpecitos a la mesa, simulando que toca la puerta—. "Dame tu teléfono para hablarte. Me gustaste. Dame tu teléfono". "N'hombre, ¡¿qué te lo voy a dar?!". —Obviamente eso no fue lo que dijo Lupina, sino que es la regiomontana forma de hablar de Octavio—. La seguí a su casa esa noche. Atrás de este bato, porque el wey iba en un carro de... Y al día siguiente fui y le toqué la puerta. Un año y medio después nos estábamos casando.

—Ah, ¿sí? —riéndome le pregunto—. O sea, simplemente no se habían visto y de entrada te atreviste.

Y evoco una coincidencia más, pues de alguna manera similar yo me atreví a llamar a Karla.

—No. Ella vivía en Leones. Yo vivía acá en La Chepevera. No. Simplemente grupos diferentes. Y la conocí, hicimos *click*...

—Y cuando le tocaste la puerta y te abrió, ¿qué te dijo? Pues no sabías ni cómo se llamaba, ¿no?

—Me abrió la señora. "Oiga, señora... ¿Aquí vive una güerita de unos veintiún años, veintidós? No sé cómo se llama. La vi ayer en una fiesta". "¡Lupina! ¡Te habla Octavio!".

—¿Tú te presentaste? —Y evoco la canción de los Claxons que tiene una historia parecida.

—Yo con la señora me presenté en la puerta. Y le dije: "Oye, sé que no me quisiste...". "¡¿Cómo diste conmigo?!". "Te seguí". Le dije: "Quiero que me des la oportunidad, nada más una hora de que me conozcas. Y después no te vuelvo a molestar más". Es más, cerquita de su casa había unos helados. "Ahí vámonos caminando". Oye, pues muy bien el helado, regresamos caminando. Le dije: "Te invito a cenar hoy en la noche". "Tengo compromiso con otro galán". "Cancela el compromiso". "No, no lo puedo cancelar". "¿El lunes?". "No, los lunes no porque estoy estudiando" y la chingada. "¿El martes?". "No, el martes no". "Es más: dime qué día y ese día yo me acoplo". "No, pues el próximo viernes". "Sale".

Ambos reímos de la insistencia que dio resultados y ha dado excelentes frutos.

—"Pues sí, ya ponte tú el día. Ya. Si no puedes ni el domingo ni el lunes, dime cuál día".

—Pero no te rendiste.

—Es que el chiste es nunca rendirse en la vida en nada, wey. Y eso es lo que le pasa a mucha gente, porque creen que todo es fácil. "¡Ay! Mira qué bien te va" y "Mira qué bien la hace". "Mira tu familia. Qué bonito". Todo cuesta en la vida.

—¿Cuánto llevan de casados?

—Cuarenta y dos, a partir de ese Baby Blue. Bueno, más año y medio. *Forty two years* y contando. Pero fue muy simpática la historia,

¿eh? —Yo imagino que estaba cerca del famoso bar Sargent Peppers del Centrito, pero él lo niega y asegura que estaba en el Centrito, pero en Grijalva.

—Sí, sí, sí. ¿Y los papás qué dijeron?

—Pues los papás... Yo creo que le han de haber dicho: "Mijita, conócelo, tómate el riesgo". Me imagino. "Conócelo".

Pasa por mi mente cuántas veces decidimos evitar, o al menos posponer, algo por no correr el riesgo de al menos intentarlo. En este caso, la lección la dieron los padres de Lupina al darle el consejo de primero conocer a Octavio.

—¿Y a qué le atribuyes que todavía estén en esos cuarenta y un y medio cuando tanta gente ya...?

—Lo que yo un día te platiqué, ¿sí? Tú tienes que tener la... Déjame poner la palabra. La sabiduría para entender a tu contraparte. Tenemos que partir de que la lógica de una mujer es diferente a la lógica de un hombre. Nosotros somos más estructurados, más ordenados. Aquí tenemos cajitas en el cerebro donde funciona la cajita de los negocios, del deporte, de los amigos... del viaje. Y todo son puras cajitas. Ellas no. Ellas tienen puros cables cruzados y andan todas al mismo tiempo, y se entienden, wey. Entonces, yo siempre les digo de broma lo que un día te platiqué aquí.

—¿Cuál de todas?

—El noventa y cinco por ciento de los pleitos los gana mi vieja, y el otro cinco por ciento es empate —dice provocando la risa de los dos.

—Ah, sí, ya recuerdo. Solo empate.

—Yo no gano ninguno. Si llegas a esa madurez de no ganar ni uno, misión cumplida.

Soltamos las carcajadas, a pesar de que la anécdota ya me la había contado.

—Ajá. Bueno, créeme.... Porque creo que vale la pena que te lo comente: a partir de esa plática que tuvimos, ahorita ya llevamos cinco meses juntos en la misma casa —con alegría le comento que ese desayuno en que me comentó esa historia hizo que yo reflexionara y pusiera otra perspectiva en mi relación.

—Tú deja que tu señora... —no termina la frase, pero supongo que quiso decir "que gane"—. Fíjate: acabo de leer, y no me acuerdo dónde, un artículo donde dice que los hombres, y lo pongo entre comillas, "mandilones" son más felices, más exitosos en los negocios, más exitosos en su vida social y tienen una vida más plena. Los mandilones. Los machos y los que allá y la chingada... Digo, no... tú no tienes la imagen de macho, pero me refiero a los que "yo puedo más que mi vieja, yo...". "Yo soy superior a ella" y la chingada. No funcionan esas cosas. Tenemos que tener la habilidad, siempre, para hacer sentir a nuestra mujer que es la mejor, la más guapa. Y como decía un padrecito: "Tú tienes que decirle a tu mujer todos los días, mínimo dos o tres veces, que la quieres y que la adoras y que la amas. Si quieres, a final de mes ya te confiesas..." —yo río profusamente— "...de la mentira, pero, por lo pronto", dice, "ya vas y te confiesas la mentirita, pero díceselo [sic]. Díceselo".

Me avisa que tiene que retirarse, pues justamente tiene un compromiso con Lupina, pero me asegura que las pláticas continuarán. Y así ha sido.

Un gran empresario, líder y una persona que hace mucha conexión con la gente y sobre todo con su gente.

Deportista incansable, se reconoce como un mejor jugador de raqueta que de golf y durante treinta años lo he visto recorrer el camino entre los *lockers* y las canchas de *racquet*. Tenista y bueno en su juventud. Y como golfista también extraordinario, no solo en los *fairways*, sino fuera de ellos. Tres *hole in one*, varios campeonatos de diferentes categorías y creador y organizador del Torneo Crisis Open, que ha reunido a los clubes locales a jugar en Semana Santa; un torneo excelsamente organizado mientras estaba a su cargo.

Muy amiguero, mantiene a sus grupos de golf y *racquet* desde hace más de cuarenta años. Mantiene su *foursome* con sus amigos y compadres Juan Martínez, Pedro Kalifa, Ricardo López, Humberto Lozano y Ricardo Vega. Organiza torneos fuera de la ciudad y éstos llenan el cupo inmediatamente para convivir con él, pues todos sabemos que serán maravillosos.

A diferencia de otros entrevistados, a Octavio lo sigo viendo con frecuencia. Seguimos jugando golf ocasionalmente, nos vemos en la terraza del bar del 19 y acudo a él para consejos de empresa y vida.

De la mano siempre de Lupina su esposa, a la que ha respetado y dado su lugar, han formado una familia unida y orgullosa de cada uno de ellos. Sigue aún sin ganarle "una batalla" y ha empatado, cuando mucho, cinco de ellas. Son viajeros frecuentes por México y el mundo.

Dejo para el final la opinión expresa de su hijo Daniel, que con mucho gusto quiso compartir conmigo algunas notas de Octavio como padre. "*Él está siempre en posición de ayudarnos, es un* fixer, *siempre buscando soluciones y apoyos. Disponible para una llamada y aprovecha cada momento para enseñarnos y darnos sus mejores consejos. Para mí, es mi amigo, mi maestro y la persona que más admiro*".

Una ojeada a don Octavio

"Una empresa humana no nada más con nuestro personal, sino también con nuestros clientes".
"Lo más importante en una empresa claro que es que la empresa funcione, si no funciona... es por el recurso humano".
Las empresas son entidades que funcionan bien o mal, dependiendo del equipo de personas que laboran en ellas. Las personas son las que hacen las empresas. En el trabajo es que se genera una realización personal. Una persona que no es feliz en su trabajo no es feliz. Es nuestra responsabilidad propiciar un ambiente donde se logre el desarrollo del potencial humano. Si logramos cambiar el paradigma de que "formo parte de una empresa" por "la empresa forma parte de mi vida" logramos ese compromiso con nuestros colaboradores. Y si lo trasladamos a nuestros clientes, el ciclo se convierte en uno virtuoso.

"Me equivoco al contratarlos. Nunca me equivoco al despedirlos".
"Simplemente, si no te funciona, pues córrelo, pero no lo humilles".
Una de las acciones más difíciles como jefe es despedir a alguien. Solo quien ha estado en esa posición lo entiende. Incluso en la película de George Clooney, *Up in the Air*, en la que él es un ejecutivo dedicado únicamente a despedir personas, lo hace con empatía e intentando ponerse en los zapatos de la persona que se queda sin trabajo. Si la relación laboral no está generando el valor que esperas, aun con el "trago amargo" hay que despedirla y entre antes mejor, tanto para la empresa como para el empleado.

"Digo, porque también tengo que estar en Monterrey para jugar golf, chinguesu".
"Una persona requiere esparcimiento, atención a la familia, deporte. Y las horas de trabajo que sean horas de trabajo. [...] Como jugar golf todos los días también está muy mal".
Considero que hay cinco esferas en la vida de todos nosotros: mi yo, es decir, mi autoconocimiento, mi salud, mi trabajo, mi familia y mi

vida social. El equilibrio de éstas cinco es lo que genera la mayor armonía y plenitud. Ni puro trabajo, ni pura diversión. Este equilibrio se debe dar entre yo y las otras esferas y entre todas las esferas.

"No le puedo pegar el cien por ciento a todo. Y una ronda de golf se compone de bogeys, pájaros y de todo".
"Es que para mí ninguno es fracaso, simplemente llevan más tiempo que otros".
"De todo hay en la viña del Señor" dice Isaías en el Antiguo Testamento para indicar que hay personas de todas las naturalezas. De igual manera, puedo entender que la vida está compuesta de éxitos y decepciones. No puedo esperar que todo salga perfecto y, es más, justamente cuando algo no sale como lo esperado (tirar un doble *bogey*), es que debo concentrarme en analizar qué salió distinto para buscar en la siguiente oportunidad algo mejor. Si considero que de un supuesto fracasó, puedo aprender una lección importante y deja de ser un fracaso para convertirse en una experiencia positiva.

"Yo creo que hay que ser diferente, tener tus propias ideas".
"Y mi competencia hace algo que yo no hago: procuran ahorrarse en todo. Yo no procuro ahorrarme en nada".
Un comentario muy interesante. Una manera por demás interesante de diferenciarte. El costo tiene un límite, la creatividad no, es ilimitada. Es claro que la tendencia mundial es dar el mejor servicio posible e incluso caro (LVMH y Tesla son ejemplos de esto) y queda atrás la tendencia anterior de ganar por costo (como Walmart).

"Es que el chiste es nunca rendirse en la vida en nada, wey".
"Todo cuesta en la vida".
Recuerdo un comercial antiquísimo de el brandy Viejo Vergel, ya desaparecido, en el que salía Antony Quin anunciándolo y decía "Si las cosas fueran fáciles, cualquiera las hacía". La vida se compone en un montón de obstáculos, que seguramente están ahí para ser brincados a base de talento o de tenacidad, de aprender de cómo los brincaron

otros o de decidir creativamente cómo los brincaré yo por primera vez. Y haberlos pasado es lo que nos da la satisfacción de vivir.

"El noventa y cinco por ciento de los pleitos los gana mi vieja, y el otro cinco por ciento es empate".

"Tenemos que tener la habilidad, siempre, para hacer sentir a nuestra mujer que es la más chingona, la más guapa. Y como decía un padrecito: 'Tú tienes que decirle a tu mujer todos los días, mínimo dos o tres veces, que la quieres y que la adoras y que la amas. Si quieres, a final de mes ya te confiesas".

¡Uf! Qué consejos tan oportunos y difíciles de llevar a cabo. Y más para alguien como yo, que me gusta ganar la mayor parte de las veces. ¿Cómo hacer para, cuando mucho, empatar? Supongo que con práctica y pensando en el bien a largo plazo: ¿Un árbol o el bosque completo? ¿Una batalla o la guerra? ¿Un pleito o la vida en paz?

Don Enrique Emilio Marcos Giacoman

El comerciante innovador
El didacta cariñoso

24 de noviembre de 2021
*14 de agosto de 2023**

Fue el juez de Registro Civil que me casó ese 21 de noviembre del 92, con un texto escrito por él y que superaba por mucho al mensaje tradicional de Melchor Ocampo. Había tenido la oportunidad de viajar con él y su familia a Puerto Vallarta un año antes. Fui testigo de una emotiva oración y brindis por el año que terminaba y que iniciaba y también de que le exigió a Magaly, su hija, que incrementara el largo de la minifalda que vestía. Supongo yo que por energías y vibras que se transmiten en el ambiente, de alguna manera sentía que él me trataba de una manera diferente cuando inicié mi noviazgo con Karla, con una conexión y empatía especiales, mismas que yo correspondo.

---

* Nota: tuve la oportunidad de entrevistar a Enrique en dos ocasiones, con casi dos años de diferencia, con el objetivo de ver qué tan diferentes eran las respuestas, como ejercicio. Resultó que fueron prácticamente idénticas, así que dejo la entrevista como si fuera una sola.

Sin que yo supiera que lo conocería en persona posteriormente, él me dio una de las clases más memorables de mi carrera. En el curso de Desarrollo Empresarial dio una cátedra magistral que quedó en mi memoria y que fue y ha sido inspiración desde entonces.

El "judío", como le llamaba mi suegro por su manera siempre prudente de usar su fortuna, era tema de plática constante en reuniones en casa de mi suegro. Karla lo mencionó desde el día que la conocí como el hombre más interesante e inteligente que había conocido. Un padre siempre presente y que incluso llamaba a sus sobrinas a platicar, a conocer sobre sus vidas y a intentar orientarlas con base en su experiencia.

Jugador de póquer audaz; empresario y comerciante visionario; innovador y materializador de sueños; negociador tenaz; formador de equipos ganadores; austero, pero nunca en él; gran consejero. Alguien quien, yo sabía, debía formar parte de este proyecto.

Cuando le marqué al tío Enrique para pedirle la reunión, me preguntó cuánto tardaría la entrevista. Al comentarle que no más de dos horas, con esa costumbre negociadora, innata en él, hasta el tiempo quiso negociar:

—¿Cómo ves si la hacemos en cuarenta y cinco minutos? —me preguntó.

—El tiempo que tú me des será valiosísimo y suficiente —le contesté. Y de verdad así lo pensaba. Cualquier minuto con él, estaba seguro, valdría sus segundos en oro. Al final, la entrevista duró más de tres horas, pero para él negociar todo es parte intrínseca de su ser.

Quedamos en vernos en su casa, un martes al mediodía, que luego me cambió para vernos a la una.

Llego puntual a la hora pactada y la muchacha de servicio me dirige a la sala. Es un espacio en el que cuelgan obras magistrales, principalmente de artistas latinoamericanos, cuidadosamente colgadas y quirúrgicamente escogidas. Amablemente me ofrecen de tomar y en unos instantes aparece el tío Enrique.

Viste de forma casual, con un suéter gris de cuello redondo que hace juego con unos modernos pantalones y calza unos cómodos tenis negros, sin usar calcetines. Su caminar todavía es aprisa y aún mantiene su bigote muy bien delineado.

No se ha sentado aún, cuando la tía Lizett, su esposa, sale a saludarme y a preguntarle a qué horas quiere que sirvan la comida. "A la hora que gustes, mi vida" le responde e inicia la conversación. Me cuenta que acaba de inventar y está fabricando un aparato que él denomina como el secreto de la felicidad del matrimonio.

—Tú has de recordar que los ositos de felpa que tenían un botoncito y al aplanarlo te decían "mamá" o "papá" o lo que el fabricante del juguete decidió que dijera —comienza su relato—. Si es un perro, pues ladra. De ahí surge la idea. A ese botoncito te lo pones en la bolsa de la camisa, que salga hacía afuera, pero sin que se vea, y dice solo una frase y muy pequeña. Le aplanas y contesta: "Sí, mi vida". —Ambos soltamos una estruendosa carcajada—. Cuando te reclaman: "Oye, que fíjate que no hiciste esto y aquello", le aplanas y "Sí, mi vida". Y bueno, esto me ha mantenido cincuenta y no sé cuántos años de tranquilidad. Independientemente de un pensamiento de un amigo que decía: "Sus caprichos son órdenes, aunque sus órdenes sean caprichos" —y volvemos a reír, no sin que antes concluya—: Y así vivo muy feliz.

—Es un gran consejo. Estoy seguro de que venderías muy bien el aparatito.

—Sí, ya lo tengo registrado. Ya lo mandé a hacer. Les platiqué a mis amigos y todos lo quieren, hasta para sus hijos casados. Bueno, don Luis, ¿qué pasó? —con esa prisa que le caracteriza me pregunta.

Le explico los objetivos del proyecto y un poco la mecánica que he seguido con otros personajes. Le digo que él es libre de contar lo que guste y que la entrevista será luego revisada y aceptada por él mismo. Con esa tranquilidad, comienza a relatar sus orígenes.

—Bueno, me decían que... Yo viví muchas cosas. Y en el tiempo en que viví hubo muchos cambios radicales. Por alguna suerte, el rumbo de la historia cambió. Desde luego que no existía el teléfono celular;

no existían muchas cosas. Después, aparece el teletipo. No sé si tú recuerdes el teletipo. Era una máquina de escribir.

Le hago saber que todavía me tocó, aun cuando nunca lo usé.

—Después aparece el fax. Ya ninguno de esos está en el escenario. Entonces, estar presente en esos cambios, por alguna suerte, pues, forma mi personalidad. Yo vengo de una familia enteramente comerciante. Desde el inicio del día hasta el final, estoy metido en el comercio. Lo que importaba era salir adelante para que no faltara nada en casa. Entonces, yo siento que todo eso es lo que inspira o motiva a mis hijos a decirme: "Papá, ¿por qué no cuentas...?". No en plan de decir: "El señor Fulano de Tal fue una persona innovadora...". No, no. Simplemente decir en qué fui testigo de ese... de esos cambios. En qué fui simplemente un pasajero de ese camión de cambios. Y que quede una especie de testimonio.

Le comento que lo que intento plasmar en mi libro seguramente sería solo una pincelada de lo que considero será una historia interesantísima. Y él es el que continúa con una serie de preguntas:

—¿Qué sabes tú de tus abuelos? No me contestes. ¿Sabes de dónde vienen? ¿Sabes tú qué hacían tus abuelos maternos, tus abuelos paternos? Cosas de esas, ¿no? Y dices tú: "Oye, ¿pues cómo se llamó mi abuelo o mi bisabuelo?". En el caso de mis hijos, no los conocieron. Yo... ¿Qué te puedo decir? Yo tendría diez años cuando murió mi abuelo.

—¿Ellos se quedaron siempre en Palestina? —le pregunto.

—No, no. De ellos sí sé, te lo relato rápido. ¿Quieres?

—Claro. A eso vengo, a escuchar tu historia.

—Bueno. Mi abuelo llega a Tampico en 1921. Mi cuñado me cuenta que salieron de Haifa en un barco entre carguero y tal vez algunos camarotes. ¿Qué sé yo? "¿A dónde va?". "A América". Voy a hacer un paréntesis. —Se sienta un poco más cómodo—. En mi luna de miel, llegamos a la casa de mi bisabuela, allá en Belén. Y se corrió el rumor en el pueblo, que es un pueblo tipo Villa de Santiago, se corrió la voz de que estaba un Marcos aquí, que venía de América. Total, van parientes a saludar. Y una de esas mujeres mayores dice: "Oye, Enrique,

¿tú no conoces a mi primo Selim Cavande?". "Pues, la verdad no". "¡Pero si está en América!". "Bueno, pues, ¿dónde en América?". "¡En Brasil!". O sea, con la idea de América era todo.

Los dos reímos de esa anécdota, que hoy todavía sucede. Con toda tranquilidad las parejas sanpetrinas dicen que van de luna de miel a África o a Asia, sin ni siquiera mencionar a qué país de esos enormes continentes.

—El barco atraca en Tampico —continúa su relato—. Y en el curso del viaje había mucha gente que hablaba árabe: "¿Y tú a dónde vas?", le preguntaban a mi abuelo. "Yo tengo un primo allá en Tampico y que tiene una tienda y que me va a dar trabajo". Entonces, mi abuelo no hablaba bien el español, solo lo indispensable para darse a entender. Llega a Tampico y se bajan muchos de ellos. No sé si otros siguieron o ahí llegó el final del viaje del barco; era un viaje largo en aquellos tiempos. Ya llega mi abuelo y dice: "¿Qué hago?". "Mira, ve con Fulano de Tal. Él te va a dar algo para que tú vendas de casa en casa". Como se le llama, "cambaceo". Y así lo hizo. Mi abuelo zarpó dejando en Belén, Palestina, a su familia. Mi padre tendría dos años y era el más chico de los cuatro hijos de mi abuelo. Mi abuelo tardó ocho años para juntar el dinero suficiente para traerse a Tampico a su esposa, es decir, a mi abuela, a su hermana y a sus cuatro hijos. ¿Te imaginas? Ocho años después.

—O sea, ¿él vino solo? —le pregunto un tanto asombrado de una travesía tan larga, solitaria y totalmente a la deriva y para aclarar que el abuelo emprendió el viaje, dejando al resto de su familia en el medio oriente.

—Él viajó solo, pues parece que en aquellos tiempos estaban reclutando para el ejército del Imperio Otomano, y que si la guerra o el hambre... o la desesperación. Lo que tú quieras. Hay tantos motivos por los que uno deja su país, ya que su país no le dan lo que quiere o necesita. Toda la familia se instaló en un departamento. Y como te repito, vivieron juntos mi abuelo, mi abuela, la hermana de mi abuelo y sus cuatro hijos.

No deja de asombrarme la idea de dejar a tu país y a tu familia entera para enfrentar una travesía sin un destino conocido y sin saber qué hacer. De igual forma, quedarte solo, trabajando y ahorrando dinero hasta conseguir el suficiente para traer a tu familia contigo. Una situación muy similar a la que a la fecha viven muchos de los migrantes latinoamericanos.

—Total, ya llega aquí mi abuelo, coloca a sus hijos en trabajos. Eran tres hombres y una mujer. A mi papá, que tenía diez años, lo manda a la escuela; entonces, mi padre fue el único que estudió primaria. Como él llegó de diez años, asistió a la escuela simplemente para aprender el español y a escribirlo. Mi abuelo y sus dos hijos mayores se distinguieron un poquito en la venta de telas. Don Jerónimo Arango, que era de Tampico y que fue el fundador de Aurrera, le fio a mi abuelo muchas telas y le dio crédito para que comprara mucha tela. Para ese entonces, ya tenían un puesto en el mercado, así se les llaman a los locales de ahí. Y comenzaron a vender telas y se distinguieron por ser buenos teleros. Uno de los dos hermanos de mi papá, por alguna razón se enamora y se casa con una chica y... Como que ya no cabía ahí en la familia y se va a Ciudad Victoria. Se quedan mi papá, su hermano y su hermana. La hermana, como los viejos tiempos: "Tú te quedas en la casa. Tú no puedes salir a... trabajar. No puedes estar a que te vea tanta gente". Era una familia muy cerrada y muy tradicionalista. Mi papá comienza a liderar. Destaca entre sus hermanos y es el que desde entonces se dedica a comprar las telas para el negocio. Tendría unos veinte años.

—¿También se llamaba Enrique?

—Él se llamó Emilio. Te platico abriendo otro paréntesis: entre la comunidad palestina... No sé si en todas las de países de habla árabe, pero entre la comunidad palestina sí lo sé, se acostumbraba a poner como segundo nombre el nombre del padre al hijo. Mi abuelo se llamó Jorge David Marcos. Jorge David, hijo de David. Mi padre se llamó Emilio Jorge, hijo de Jorge. Yo me llamo Enrique Emilio, hijo de Emilio.

Reflexiono en que es lo mismo que sucede en muchas culturas. La terminación "son" de apellidos nórdicos, como Johanson o Erickson, significa hijo de Johan o de Erick. Los judíos se ponen el Ben, como en la película de Ben-Hur, que en realidad se llamaba Juda, hijo de Hur. Originalmente la terminación española de "ez" significaba "hijo de".

—Mi padre se casa joven. Veintidós años. Se trae a una muchacha que vivía en Monterrey. ¿Y en dónde la instala? Pues ahí en el departamento. Entonces estaban mi abuelo, mi abuela, la hermana de mi abuelo, un hermano soltero de mi papá, la hermana soltera, mi papá, mi mamá y yo nací ahí. Mi hermana Lupita también nació ahí. Ahí estábamos, hacinados, en ese departamento. Era un departamento con un solo baño para todos, ¿verdad?

Me cuenta riéndose que tiene una foto vieja donde sale debajo de su catre una bacinica, tal vez acordándose de las veces que hizo en aquella palangana, pues el único baño estaría ocupado. Yo asiento y comparto sus risas. Él continúa:

—Bueno, así transcurrió mi vida. Llegó el momento en que, al pasar los años, por alguna razón discreparon mi papá y mi abuelo y mi papá decide irse a la Ciudad de México. En la Ciudad de México se asocia con Antonio Din. Era un fabricante de telas. Y, bueno, como mi papá, era comprador de telas. Tuvo una relación muy cercana con él.

—¿Pero tú te quedaste en Tampico?

—No, nos llevó a todos. Yo tendría seis o siete años. No sé. Y después de ahí no sé qué hubo y nos regresamos a Tampico. Mi abuelo y su hermana perdieron la vista por diabetes, entonces había dos ciegos en la casa. Yo escuchaba cómo hablaban el idioma árabe entre ellos. Yo vivía en el regazo de mi abuelo. Aprendí a rezar en árabe. Me contaban historias, cuentos de tipo Pepito, pero en árabe y yo los entendía. Medio hablaba —dice un tanto orgulloso de saberlo hablar, melancólico de recordarlo.

—Un tiempo después, mi papá tiene un altercado con su hermana o con su papá y otra vez para México. Se asocia con alguien que fabrica ropa interior de mujer. Y ahí vivimos, tal vez unos dos años. Le avisan a mi papá que está muy mal mi abuelo, que tenía cáncer terminal, y dijo: "Bueno, pues vamos a ver a mi papá". Y le habla a su hermano, el que se quedó en Tampico y quien le insistía que volviera para quedarse. "Pues ya vente para acá, Emilio. ¿Para qué estás en México?". Dice mi padre: "Bueno. Consígueme un local para poner una tienda y vivir de eso". Y le consiguieron un local al lado del local de mi tío.

—Lo entiendo. —Para mis adentros, imagino esos tiempos en que a esas noticias las aceptabas con simple resignación, sabiendo que la vida continuará.

—Regresamos a Tampico, esperamos a que terminara de sufrir mi abuelo. Ya estaba una nueva tienda lista para ser ocupada. Volviendo a platicar: mi papá era muy buen comprador de telas. Era un negociador audaz, obstinado. Sabía lo que quería. Entonces, él se dedicó a comprar la tela para las dos tiendas. Una tienda se llamaba La Ciudad de Monterrey, que era la de mi tío; la de nosotros se llamaba La Casa Blanca. Eran ya nombres que estaban establecidos. Vendían telas y fabricaban vestidos de novia a la medida.

—¿Las dos tiendas vendían lo mismo? —le pregunto.

—Las dos. Eran una copia. Y, bueno, así transcurrió algo de tiempo hasta que... Déjame ver si fue... Sí, fue así. —Se detiene a pensar un poco, antes de continuar—. Sí. Pues mi tío, el hermano de mi papá, se sintió un poquito... pues... no vejado, simplemente... sintió que era la sombra de mi papá. Entonces en algún momento le dijo a mi padre: "Oye, Emilio, pues te vendo la tienda. Yo me voy a San Luis Potosí. Hay un amigo que me ofrece que sea socio de él en una fábrica de ropa". "Bueno, pues yo te compro la tienda". Ya se arreglaron como se arreglaban antes: "Oye, pues te doy tanto y ahí te vas". ¿Qué sé yo? Entonces, ya nos quedamos con las dos tiendas.

Me cuenta que, en ese tiempo, su escuela estaba a dos cuadras de la tienda. En la casa no había nadie porque su mamá trabajaba en la caja registradora y su papá atendía la tienda o cada semana se iba a México a comprar las telas y la mercancía.

—¿Y la tienda era muy diferente al puesto original? ¿O era una tienda del tamaño de un Oxxo actual? ¿O era una tienda de un...? —intento dimensionar el tamaño para tener alguna referencia.

—Medía siete por quince metros —contesta rápidamente—. Ahora, te decía yo que estaba en la escuela. De la escuela a la tienda, de la tienda a la escuela y ahí, en el escritorio de la tienda, hacía mi tarea. No hice ningún deporte porque la escuela estaba en un segundo piso. El recreo lo pasábamos en una terracita del colegio. No había campo deportivo, como ahora, que hay muchas escuelas con campos para jugar cualquier deporte. —Toma un poco de aire, tal vez recordando aquellos tiempos y yo prefiero no interrumpirlo para que continúe—. Curso yo mi primaria ahí. Ya había cursado en México un par de años. Cuando terminé la primaria, le pregunté a mi papá: "Oye, papá, pues fíjate que mis amigos van a ir al Colegio Cervantes", que era un colegio privado, para cursar la secundaria. Dice: "No, no. Yo quiero que te hagas hombre", porque yo era medio timidón. "No, tú te vas a ir a la secundaria de Gobierno". "¡Oye, papá...!". "Te vas a la secundaria de Gobierno". Se llamaba Prevocacional número 12. Por primera vez veo que cada materia tenía un profesor diferente; antes era un profesor multitareas, ¿no? Y te enseñaban, ya sabes: Historia, Civismo, Geografía. ¿Qué sé yo? Y como esta secundaria era técnica, el año que estuve ahí tuve, además de las clases normales, talleres de Carpintería, Herrería y otras. En el taller de Carpintería hice un banco y luego hice un cajón para bolero. En el taller de Herrería hice una ventana. Hice una alcayata. No sé si sepas lo que es una alcayata.

—No.

—Es una clavo que está así —hace con las manos una especie de ele— como para... Lo clavas y queda así, como para colgar algo.

—Ah, *okay*.

—¿Sí? Así. Se llaman alcayatas. Y después Hojalatería. Hice una cubeta. Antes las cubetas no eran de plástico, eran de lámina galvanizada. Pues yo hice una cubeta. Fondo redondo y la forma con que se cortaba la cubeta. Me enseñé a engargolar el cierre y luego a soldar el fondo con un cautín. Y esa soldadura que era como un palillo de plomo, no sé de qué era. ¿Qué otra tomé? Electricidad. Tomé Electricidad, Herrería, Carpintería...

—Oficios que ocupan tus manos. Estabas listo para cualquier cosa, ya tenías oficio —le confirmo.

—Sí —contesta resuelto y continúa—. Al terminar ese primero de secundaria, de alguna manera, gracias a Dios, mi me papá me sorprendió diciéndome: “Te voy a mandar a Estados Unidos a estudiar, te vas a ir a San Antonio”.

—¿Inglés? —le pregunto.

—Pues sí, a estudiar Inglés. Sí, claro. Y me ponen en octavo, que allá es el último año de la primaria.

—Sí. El último año de *elementary* —intervengo.

—*Grammar school* se llamaba antes; ahora se llama *elementary*. Por primera vez hago deporte, porque la escuela contaba con un campo abierto. Era un internado de monjas. Me gustó mucho.

Me cuenta que un yerno del cuñado de su tío que se fue a San Luis Potosí fue su tutor ese año en San Antonio. Un hombre sumamente ocupado, administrador de una estación, tanto así que, si salía de vacaciones, se hospedaba en un Holiday Inn para quedarse en la misma ciudad. Recuerda con precisión las siglas del canal y las deletrea claramente KCOR TV Canal 41.

—Cuando se acabó el año, me gustó tanto que yo quería más. Me atreví a decirle a mi papá: “Oye, papá, pues yo quiero...”.

—Seguirle —completo la frase.

—Sí. “Yo quiero seguirle”. Porque yo sentía esa libertad que no tenía en Tampico. Por ejemplo, yo me acuerdo de que le dije a mi papá: “Oye, papá, fíjate que este sábado mis amigos van a jugar guerritas con pistolas de agua”. “¿Y?”. “Pues quiero que me dejes”. “No. Tú tienes que venir a trabajar”. Yo no conocí un sábado fuera de la tienda. No me quejo, porque soy producto de mi papá y de mi mamá. Ellos me criaron así.

Se detiene un poco sin terminar la frase. Me da tiempo para que yo reflexione sobre cómo las aparentes decisiones duras de los padres impactan tanto en los hijos. Y él solo continúa después de esa breve, y al mismo tiempo larguísima, pausa. El tiempo, como casi todas las cosas, es relativo.

—Al año siguiente, le digo a papá: “Papá, quiero estudiar más”. “Bueno, pues. Déjame ver”. Y no sé de dónde sale la información de que St. Edward’s University en Austin tenía *high school*, que creo que hoy ya no tiene. Y pues vamos allá. Y entonces ya allá... otra libertad diferente. Allá todos los fines de semana uno podía salir en el camioncito urbano y todo lo que tú quieras. En San Antonio no tuve esa oportunidad; si no te sacaba tu tutor, no salías. Y ya ahí había otros deportes. Allá el deporte se practica de acuerdo con la... —se detiene a pensar en la palabra correcta.

—Estación —le hago saber que a mí me fascinan los deportes.

—Exacto, a la estación. Ajá. A la estación del deporte profesional. Entonces jugué de banca futbol americano. Creo que jugué, en todo el tiempo, unos veinte minutos entre el "métete" y "ahora salte", "métete" y "salte". Lo único que me acuerdo que hice bien fue que agarré un *fumble* —con una mezcla de pena y orgullo lo comenta—. Y después de ahí, carreras. *Track and field*. Ahí me desmadró el entrenador. Íbamos contra otra secundaria, y me dice: "Ese corredor es el bueno. Tú trata de ir a su lado para presionarlo". Pero era muy bueno —se ríe penosamente—. Entonces yo me bofé. A medio camino quedé. Jugué béisbol. Jugué basquetbol. Y en basquetbol me... identifiqué mucho. Yo siento que me distinguí. Vaya, pude desarrollarme bien.

Aún transpira la emoción de haber jugado basquetbol. Me dice que siente agradecimiento de que pudo estar esos dos años en Estados Unidos, donde, además de aprender el idioma, tuvo un poco más de libertad.

Continúa su relato, que da las primeras luces de la formación de su negocio.

—Algunos fines de semana visitaba el centro de la ciudad de Austin. Visité varias tiendas. Me asombraba ver que en las tiendas de ropa la mercancía estaba muy a la mano. Semi-autoservicio. Por ejemplo, había unos muebles circulares donde colgaban las camisas, que ya venían en ganchos y no dobladas en su envoltura, como se acostumbraba entonces. Lo mismo sucedía con los pantalones: seleccionabas el que te gustaba y lo llevabas a la caja para pagar. Estaban a la vista y al tacto del público, ¿no? Porque antes las tiendas de ropa eran como las joyerías: una vitrina.

—¿Como un mostrador? —le pregunto.

—Un mostrador al frente. Llegaba el cliente y el empleado preguntaba: "¿Qué quiere usted, oiga?". "No, pues la camisa del aparador". "¿Qué talla?". "Pues talla dieciséis". "¿Qué color?". "Azul". "Aquí está". Y ya. ¿Quiere o no quiere?, vaya, en otros términos. Y, bueno, eso me llamó mucho la atención. Lo menciono porque luego viene el otro pedazo de historia. Me quedo muy contento, muy contento de haber practicado deportes. No me distinguí en todos. Pero me gustó mucho el básquet. Ya llego a Tampico y digo: "Pues quiero jugar básquet". Me entero de que el electricista, el que nos daba servicio de mantenimiento, había formado un equipo de básquet. Le pregunté si podría formar parte del equipo. "Bueno, pues vente para ver qué tan bueno eres". Y nos fuimos a una cancha municipal. Y me dijo: "Sí, estás en el equipo, Enrique". *Okay*. Entonces, un día le digo a mi papá... yo de unos catorce años. Le digo: "Oye, papá, la tienda se cierra a las siete treinta de la noche. ¿Podría salir a las siete, siete diez?". "¿Para qué?". "Es que fíjate que voy a jugar básquet con el equipo del Toques.

—Obvio que "El Toques" era el apodo del electricista —intervengo.

—Así le decían al electricista, "El Toques". "Voy a jugar en el equipo del Toques y me dijo que si a las siete treinta no desfilaba, el primer partido no lo iba a jugar". Entonces mi padre me dijo enfático: "Si la pelota te da de tragar, ve". "Oye, papá...", le digo, "...si me das permiso...". "No, no. Si la pelota te da de tragar, puedes ir". Bueno. Me apachurró y no me quedó otra que esperar el cierre de la tienda.

Qué difícil debió haber sido recibir esa respuesta. No me quiero imaginar la sensación que debió haber sentido, más bien no quiero recordar. Si bien, a mí no me negaron ir a practicar deporte, al contrario, lo intentaban siempre, mi papá me dijo a mis siete años que yo era el peor jugador de futbol que él había conocido. Sin lugar a dudas, tenía razón, pero duele. Hoy, cincuenta años después, ese recuerdo es una página del pasado y que me sirvió para hacer deporte posteriormente. Seguramente, para Enrique esa experiencia fue una de tantas que forjó su carácter.

Continúa con la historia del desfile previo a la inauguración de la liga de básquet.

—Mi mamá había oído todo, pues estaba ahí. Agarramos el carro familiar y teníamos que pasar por la cancha Pedro José Méndez, donde sería el desfile. Y mi madre le decía: "Emilio, que se baje. Déjalo". "Bueno. Bájate". "No, no, papá, ya no". Ahora, ¿qué pensé en ese momento? Ya no me acuerdo, pero eso me forjó. Eso me hizo lo que soy.

—¿Y te bajaste o no?

—No. Ese día no. Ya días después fui y me integré al equipo, bueno, ¿qué te puedo decir? Me sentí muy a gusto. Bueno, esa fue la parte de estudiar. O sea, mi educación oficial, formal, fue en México hasta primero de secundaria y en Estados Unidos hasta primero de *high school*, o sea, el *freshman*. Yo dominaba casi todas las materias porque tenía muy buena retentiva. Aprendí muchas cosas, claro. Pero me gustó mucho ese desarrollo y esa libertad que no tenía en Tampico. Y, bueno, ya cuando regresé, tendría yo unos quince años. —Hace cuentas para reafirmar que tenía entre catorce y quince años—. A partir de mi regreso dejé de estudiar y me quedé trabajando y despachando, un poco de todo lo de la tienda, que lo que más vendíamos era telas por metro. En una de esas, mi papá, que nunca había salido de vacaciones, me dice: "Oye, hijo, pues fíjate que me invita un amigo a darle la vuelta al mundo".

—¿Al mundo? —le pregunto asombrado.

—Al mundo —me responde tranquilamente, pero dudo que con esta tranquilidad le haya respondido a su papá en ese momento—. "Ah, qué bueno, papá. Pues adelante". Entonces yo tendría unos, no sé, unos dieciocho años.

Me cuenta que, mientras su padre está de viaje, un día que iba pasando su futuro cuñado frente a su tienda ven que está en huelga una tienda de ultramarinos que se encontraba en una de las esquinas del centro de la ciudad.

—Se llamaba Las Tres Naciones. En huelga. Un local maravilloso. Y le digo a mi cuñado yo, a los diecinueve años: "Oye, chingado, qué esquinón". Ciento cincuenta metros que medía nuestra tienda contra aquello, casi mil metros. "Oye, ¿cómo ves? ¿Le entramos?".

Dice: "No". Él era zapatero, como sigue siéndolo. Me dice: "No. Yo, si acaso, le entro con una cortina". Antes los locales se medían por cortinas de acero. Le digo "Bueno, yo me quedo con las otras". Eran seis o siete, no me acuerdo. El local era una L. Bueno, pues hablamos. "¿Quién es el dueño?". "El administrador es Fulano de Tal". "Bueno, vamos a ver". Ya nos conocíamos. Le digo al señor: "Oiga, don Pepe Casanova, ¿usted es el...?". "Sí, yo soy". "Oiga, pues fíjese que nos interesa...". "Ah, bueno, pero ahora que se acabe la huelga". "Bueno, sí. ¿Pero es nuestro?" Y el administrador asintió. Y nosotros estábamos felices. Llega mi papá de su viaje o qué sé yo. Yo, con un entusiasmo desbordante, le platico y me dice: "Deshaz del trato". "¿Pero por qué, papá?". "Pues ya sabes cómo son los sindicatos aquí. Esa tienda cerró y está en huelga por el sindicato. Y tú sabes que el líder del sindicato que le toca a Tampico cada semana viene por su...".

—Por su tajada —completo la frase.

—"...por su tajada. Vamos a tener un pinche pedo. Deshaz...". "Por favor, papá, deja que lo intente". Total, lo convenzo de quedarnos con el local. Pasan unos ocho, diez meses. Nos liberan el local. El local... muy maltratado. La marquesina era de lámina con tirantes a la pared. ¿Sí? Ya te imaginas, ¿no?

—Sí.

—El piso era de mosaico estampado con florecitas. Ya sabes cómo eran antes. Le digo: "Oye, papá, nada más que lo quiero arreglar". "Bueno, te autorizo cincuenta mil pesos". Me gasté trescientos cincuenta mil pesos. Pero antes me sentenció. Me dice: "Si tú no me entregas una venta diaria de diez mil pesos, te cierro la tienda". "Bueno, está bien". Ya cuando nos arreglamos con el dueño que eran diez mil pesos la renta, todos los comerciantes del centro dijeron: "Estos quiebran en tres meses con esa renta". Por fortuna, no fue así. Comenzamos a arreglar el local. Le puse piso de granzón, ya sabes cuáles son... los mosaicos blancos con pedazos negros, de mármol.

—Ajá. Sí —le respondo y noto su emoción y orgullo por cómo cuenta esos inicios que siempre quedan marcados. Yo recuerdo a la perfección la primera factura de Diram por pocos pesos y no tengo idea de la última, tal vez por cientos.

—Mi padre me dice: "Háblale al carpintero". "Ya le hablé, papá". "Háblale para que haga los mostradores". Le digo: "Ya le hablé, pero no vamos a tener mostradores, vamos a hacer góndolas de madera". O sea, una mesa de madera y dos plataformas. ¿Te la imaginas?

—Sí, sí, sí.

—"¡No! ¿Pero cómo...?". "Sí, papá. Así le vamos a hacer. Va a ser autoservicio. Mira que yo lo vi en San Antonio y luego en Austin. Va a ser autoservicio".

Hace cuentas nuevamente para poner la referencia de que su padre debería tener en ese momento unos cuarenta y tres años y él se le estaba enfrentado a los veinte años para modificar toda una tradición comercial.

—Lo convenzo. Y se inician los trabajos de carpintería con muebles para autoservicio.

—¿Y qué crees que haya sentido para que lo hayas convencido?

—Ahora te platico, pero, creo que confió en mí. Antes se estilaba mucho el regateo. Entonces, llegaba un cliente a la tienda y siendo muy conocido mi papá, el compadre de todos, "¡Emilio!". "¿Qué pasó, comadre?". "¿A cómo me dejas la popelina?". "¿A cómo te dijeron?". "Diez cincuenta". "A ti al costo. Nueve cincuenta". "Oiga, don Emilio". "¿Qué pasó, muñeca?". "¿La tafeta en cuánto me la deja?". "¿Pues cuánto te dijeron?". "Cuatro cincuenta". "A ti al costo. Cuatro". Entonces le digo: "Papá, perdón, pero van a ser precios fijos". "¿Cómo, hijo?". "Papá, vamos a marcar tan barato que no vamos a necesitar hacer rebajas". "No, ¿pero qué va a decir la gente cuando 'Oye, Emilio, ¿qué me descuentas?'". Le dije: "Papá, para que ya no te pidan rebajas, y tú no quedes mal, a partir de ahora va a ser precio fijo". Abrimos y nunca llegamos a vender tan poquito como diez mil pesos. O sea, fue un éxito desde el principio.

Me cuenta emocionado y con satisfacción que sus ideas fueron aceptadas por su padre y bien recibidas por la clientela y continúa con anécdotas de esos primeros años.

—Recuerdo un contratiempo que creo que lo solucioné muy bien, cuando una vecina de la tienda anterior llegó con su mercancía a la caja y me dijo: "¡Enrique!". "¿Qué pasó, Angélica?". "Pues a ver qué descuento me das". "¿Te parece bien el diez? Te puedo dar el diez". "Sí, sí". Y le digo a la cajera: "A ver, señorita, ¿cuánto es la cuenta de la señora?" "Quinientos pesos". "Aquí hay cincuenta pesos...". —Y mueve su mano para simular que saca su cartera y pone un billete sobre la mesa—. "...y cóbrele a mi amiga cuatrocientos cincuenta". "No. ¿Cómo, Enrique?", dice. "Es que no puedo hacer descuento, pero yo a ti te voy a dar diez por ciento de descuento. Aquí están cincuenta pesos. Tú pagas cuatrocientos cincuenta". "¡No, Enrique!". "Por favor, acéptamelo, Angélica". Fue la última vez que me pidió descuento. ¿Cómo lo manejas de otra manera? Si le decía: "Hágale el diez", cada vez que fuera a la tienda...

—Iba a pedir el diez.

—Fue un inmediato éxito. La abrimos en mayo del 63. Yo soy de agosto del 42. Bueno, afortunadamente en el 63 fue un año muy bueno. Una tienda sensacional. Me caso en el 65 con una regiomontana. Teníamos una sola tienda. Ya me traigo a mi señora a Tampico. Y, ya ella embarazada, abrimos la segunda tienda. Entonces, ella fue madrina de esa tienda y ahorita, ya, gracias a Dios, son ciento treinta.

Reflexiono sobre el éxito comercial de ese negocio. Ha durado casi sesenta años, pasando de dos a ciento treinta tiendas, de una ciudad en un puerto de Tamaulipas a cincuenta ciudades en todo el país. Seguramente, el éxito no solo lo dan las innovaciones comerciales que incorporó Enrique a la tradición milenaria de un mercado, sino también el cómo trasladarlas para que estas operaciones se institucionalicen. Y con estudios truncados en secundaria. ¡*Wow*! Él continúa su plática.

—Pues así fue. Ahora, ¿cómo platico eso en un libro? Y cosas anecdotarias como, por ejemplo, cuando me ofrecieron... ¿Te acuerdas tú dónde estaba Woolworth en Padre Mier?

—Sí —le contesto para que continúe, pero estoy seguro, y más con lo que he escuchado de él y de otros, que valdría la pena intentar armar ese libro.

—Ahora es Del Sol. Es una de las tres tiendas Del Sol en el centro de Monterrey. Viene un cuate y me dice: "Oye, Enrique, quiero hablar contigo del negocio". Ya como a las siete de la noche. Y le digo: "No, yo en la casa no hablo de negocios, la verdad".

Al igual que otros entrevistados y como Vito Corleone en *El Padrino*, los temas de negocio no los habla en la mesa familiar. Ahora que mis hijos trabajan conmigo, he intentado poner también una línea, aunque sea delgada, para que los temas de trabajo se hablen en la oficina, y en la mesa solo los temas familiares.

Me narra cómo adquirió ese local que ocupaba Woolworth en el que, indagando quién era el dueño, logró pagar menos de la mitad del precio inicial que le habían ofertado los corredores y me comenta que, como esas anécdotas, tiene muchísimas. "Es una buena oferta y considero que la debes aceptar", fue la frase que usó para lograr su objetivo. Le pregunto cómo convenció a su papá de cambiar su estilo de hacer negocio, completamente arraigado, por la manera de Enrique, completamente innovadora para esa época.

—No quiero pecar de arrogancia y se detiene pensativo—. No lo sé, supongo que confió en mí. Entonces él desbordó su confianza en mí. Él aceptaba que lo que yo hacía estaba bien hecho, que, si me equivocaba, bueno, a lo mejor el riesgo era pequeño. Mi primera tienda de Monterrey la abrimos en el 72, siete años de casado. Y un fracaso. La tienda de Juan Ignacio Ramón y Juárez. Y, bueno, pues...

—¿Por qué un fracaso?

—Porque contratamos a un tipo bastante malo para hacer la publicidad para la inauguración. En vez de vender cien pesos, vendimos veinte pesos. Y, bueno, pues en chinga para mejorar las ventas. Y venir de Tampico para acá. En carro la mayor parte de las veces, porque no había la frecuencia suficiente de los aviones. Alquilamos un departamento a media cuadra de la tienda para que los que veníamos a trabajar de Tampico no pagáramos hotel, porque costaba mucho. Teníamos un departamentillo ahí. Pedorro. —Se queda pensando un poco, tal vez recordando nuevamente esos inicios, y continúa.

—Un día, viendo que las ventas no aumentaban suficiente, me dijo: "Oye, Enrique, hijo, me voy a Monterrey". "Sí, papá, ¿y cuándo vienes?". "No. Me voy a quedar en la tienda". "¿Hasta cuándo, papá?". "Hasta que haga que venda el doble". Y le dije una cosa que nunca se me va a olvidar: "Papá, si tú quieres que venda la tienda el doble, lo vas a lograr. Nada más una cosa: Yo estoy tratando de enseñarme a manejar a larga distancia un negocio porque, si no, vamos a terminar teniendo una tienda tú, una tienda yo, una tienda mi hermano Alfredo y una tienda mi hermano Raúl. ¿Por qué? Porque tenemos que estar ahí". "No, es que...". No me hizo caso. Se viene para acá, agarra el pinche departamento a media cuadra de la tienda, en la Calle Colegio Civil, instala a mi mamá, a mi hermana y a mis hermanos, y ahí van, todos los días a la tienda. Vaya, hubo un cambio importante. Luego me habla y me dice: "Oye, Enrique, fíjate...". Me hablaba muy seguido. Me dice: "Fíjate que toda la familia de mis primos me invita a sus casas y yo no puedo invitarlos a la pocilga. ¿Qué hago?". "Papá, alquila una casa amueblada". "Tienes razón". Y al mes, quince días, no sé: "Oye, Enrique, quiero que vengas a ver la casa que ya encontré". "Pues alquílala, papá. ¿Para qué irla a ver hasta allá?". "No, es que no la rentan. La venden. Y la quiero comprar". "Papá, tienes cincuenta y tres años viviendo en Tampico, ¿quieres cambiar de residencia solo porque te gustó una casa?". "Sí, está muy bonita". "Está bien, papá. Voy a ir a verla". Ya vine a verla. Es en la que todavía vivió mi mamá hasta su muerte, aquí en Río Rin. Esto le dio un poquitito de tristeza a mi señora porque dijo: "Si toda mi familia está en Monterrey, los más viables de irse a vivir a Monterrey debimos haber sido nosotros". Pero no. Se adelanta mi papá en el 72. Se asientan aquí en Monterrey. Y, bueno, ¿qué otras cosas te puedo platicar?

Ya que sacó a colación a la tía Lizett, le preguntó cómo fue que la conoció.

—Es una historia curiosa y tal vez simpática. Lo que pasa es que yo venía aquí a Monterrey a hacer compras. Y vestía de traje y corbata, ¿eh? Con el pinche calor de aquí de Monterrey, traje y corbata, que así es como se usaba antes. En uno de esos viajes, me dicen mis amigos, unos paisanos con los que yo me juntaba por las noches para jugar dominó: “Oye, ¿qué vas a hacer este fin de semana, Enrique?”. “Me voy a Tampico”. “Quédate, hombre. Vamos a una boda”. “¿A dónde?”. “A Torreón”. “¿Quién se casa?”. “Fulano y Mengana”. “No los conozco”. “¿Pues qué importa? Ahí entras con nosotros”. Bueno. Le hablo a mi papá y le digo el plan. “Sí, hijo, no te apures. Adelante”.

Relata cómo unos meses antes de ese evento su papá había venido a Monterrey e hizo un pedido de ropa interior a la Teycon, con don Jacobo Zablah. Uno de los hijos de don Jacobo decidió no enviar el pedido, pues pensó que perderían a mucha clientela de la zona al venderle a la tienda de los Marcos porque vendían muy barato. Don Emilio, al enterarse de esto, les marcó diciendo: “¿Sabes lo que es mierda? Es lo que voy a hacer con tu marca en Tampico si no me vendes y surtes el pedido”.

Enrique, sin saber quién se casaba en Torreón, decidió acompañar a sus amigos a la boda que resultó ser de su futuro cuñado Juan Zablah con Lidia Murra. El hijo de don Jacobo que decidió cancelar el pedido fue mi suegro don Ramón Zablah. Así las cosas y pequeño el mundo.

—No vi a Lizett en la boda. Uno de mis amigos me pregunta: “¡Primo! ¿Qué vas a hacer en la noche?”, porque la boda fue al mediodía. “Vengan a la tornaboda”. Mi amigo era yerno del Señor Murra, papá de la novia. “No los conozco”. “Pero me conoces a mí”. Bueno, pues ya dejo a mis amigos, voy ahí, abro la puerta. Y cerca de la puerta estaba sentada Lizett, se escuchaba una música en disco de los de acetato, y había dos o tres parejas bailando. Me gusta la muchacha a primera vista. Le digo: “¿Bailamos?”. Me dice: “Sí”. Se levanta. En chanclas, me llega aquí —señala con el brazo la altura de su hombro—. “Oye, ¿no tienes zapatos de tacón alto?”. “Sí, en el segundo piso”. “Pues ve por ellos”. —Y ambos sacamos una estruendosa carcajada. Aclara que las chanclas las usaba por tener los pies cansados, como ahora reparten pantuflas en las bodas.

—Desde entonces no la mangoneo, pero bueno —riéndose lo aclara—. Y así fue. Yo ese lunes fui a Tampico. Le platico a mi papá: “Acabo de conocer a la mujer con la que me voy a casar”.

Ahí fue cuando me pregunté: "¿Cómo le hago para volverla a ver después de la boda?". Recurrí a mis amigos, quienes me dieron señales de ella y una idea de cómo volverla a ver. "Sí, mira, que vive en tal lugar. Este es su teléfono. Los domingos en la noche van a estar dando vueltas en la plaza de La Purísima". Di como cien vueltas, pero no la vi, porque no le había dejado salir su papá. Bueno. Le hablo a la mañana siguiente: "Oye...". "Ah, sí. ¿Qué tal?". "Pues se me olvidó dejar el regalo allá en Torreón". A buscar y dejar un regalo. Tarjeta manuscrita: Enrique Marcos de Tampico. Al leer la tarjeta, don Jacobo seguramente mencionó: "¿Quién es este? ¿No es el hijo del que quiere hacer mierda a la Teycon?".

La anécdota provoca la risa de ambos, pero principalmente la mía. Imagino cómo se cruzan los destinos. Ambos padres se habían jurado mandarse a la mierda por un acuerdo de negocio y los hijos por una casualidad resultaron enamorados.

—Cuando sabe que estoy cortejando a su hija, me manda a investigar. Afortunadamente, ya después me dijeron que todos los comentarios fueron buenos, que yo era muy trabajador. Y, bueno, así comenzó el cortejo. Y, afortunadamente, pues muy bien. Cincuenta y ocho años de casados. Cincuenta y ocho —lo repite ufano y orgulloso—. Acabamos de cumplir cincuenta y ocho años de casados. Muy felices. Veintidós nietos. Tres bisnietos. Gracias a Dios.

Cada vez que los veo o escucho de ellos como pareja, soy testigo de que esa aseveración es cierta. Enrique regresa al tema de sus abuelos y cuenta cómo hablaba con ellos árabe.

—Mi papá hablaba muy buen árabe. No escribía ni leía. Yo hablé más árabe que mi mamá. Yo hablaba en árabe con mis suegros, con don Jacobo y doña Emilia. Digo, no una plática tan profunda como ahorita, tú y yo. Detalles. Que si el barco, que si llegó a Haifa y no sé qué madres.

Ya que él cambió el tema, decido hacerlo yo también y le pregunto cómo es que cambió el trato con su padre de no dejarle jugar basquetbol a que eventualmente le consultara todo. ¿Cómo se ganó esa confianza?

—Después de los aciertos que llegó a ver, pues fue depositando... Mira, la confianza se gana, el respeto se gana y el cariño y el amor se ganan. No son imposiciones. Eso fue lo que pasó.

Le comento que yo encuentro en su negocio de aquel entonces cuando menos tres innovaciones comerciales importantes, sin que yo conozca el sector de telas: el poner la ropa al frente, en lugar de atrás del mostrador; el poner un precio fijo; y el que decidiera manejar el negocio a distancia. Y por lo que entiendo, eso significaba decirle a su papá: "Necesitamos trabajar de tal manera que no dependa de ti el negocio".

—Esos cambios los imaginaste. Los visionaste tú. ¿A qué se lo atribuyes? —le pregunto.

—Mira, te voy a platicar... Yo creo que teníamos ocho tiendas, o no sé. Le digo: "Oye, papá, fíjate que voy a comprar esta tienda o voy a abrir esta", qué se yo. Dice: "Hijo, ¿hasta cuándo vas a dejar de crecer el número de tiendas?". Le digo: "Mientras que cada tienda que abra, yo no trabaje un minuto más". "¿Cómo que abres una nueva tienda y no vas a trabajar más?". "No, papá. Si esa nueva tienda me va a hacer trabajar una hora más al día, no la abro". "¿Pero por qué, hijo?". Le digo: "A ver. ¿Tú crees que Mr. Sears trabaja más que yo?". Y así se quedó la frase. "El señor tiene mil tiendas. ¿Tú crees que trabaja más que yo?". Ya no dije nada más.

Enrique se levanta y se dirige a la cocina y me ofrece una limonada que acepto con gusto. Mientras reflexiono otra vez en esas grandes lecciones de negocios, regresa con un anuario. Lo trata con cariño, como acariciando cada una de sus páginas. Se percibe en él una emoción a flor de piel.

—Tenía quince años cuando terminé en St. Edward's... Ahora, estos dibujos... —Y poco a poco me muestra cada página.

—Aquí está. *Artwork*: Enrique Marcos. ¿Tú los hiciste? —le pregunto y me muestra la sección donde viene su nombre.

—Todos esos yo los hice.

—¿Tú crees que este gusto que tienes por los cuadros y el arte empezó desde ahí?

—Pues, mira, yo no sé... Yo dibujo. No sé si sabes que yo dibujo.

—No, no sabía.

—No sabías. Yo tengo mucha facilidad para dibujar y me gusta mucho. Estoy buscando mi foto. Aquí estoy.

Muy orgulloso me hace saber que él fue el responsable del diseño gráfico y artístico del anuario. Posterior a la entrevista, me enteré por su hija Lizett de que él sigue dibujando y lo sigue haciendo muy bien. Ahora principalmente dibujos para sus nietos. Cada vez que les cuenta un cuento, éste va siendo ilustrado al momento.

Recuerda que, a pesar de haber estado en la época de segregación racial y de que fue testigo de esa segregación con los de raza negra, él no sufrió lo que hoy conocemos como *bullying*, a pesar de ser mexicano y moreno. Llega la empleada doméstica, que se nota lleva mucho tiempo trabajando con ellos, con las limonadas y Enrique cambia de tema nuevamente. Me cuenta por qué se llaman así las tiendas Del Sol y que originalmente se llamaban Del Centro.

Había unas zapaterías en Monterrey que ya tenían el nombre Del Centro y que copiaron su logotipo con los concéntricos y la flecha. Al no llegar a un acuerdo con el dueño, que le cediera el nombre a cambio de que la empresa de Enrique repusiera los anuncios de su fachada, le pidió a su publicista que ideara otro nombre, pero que mantuviera la palabra Del. Éste presentó la idea de Del Sol, que inmediatamente fue aceptada.

Evoco cómo gran parte de los acontecimientos se van dando por casualidades que sin querer se van aprovechando. Él continúa con el relato:

—Y a partir de ahí fueron puros Del Sol. Y luego vino... ¿qué estrategia? Porque duplicábamos el costo al hacer folletos para Del Centro y para Del Sol. Y, bueno, pues se me ocurrió una idea, yo creo que muy buena. Les dije: "Ya no vamos a hacer bolsas de Del Centro. La bolsa de Del Sol es la que va a usar Del Centro. Y las etiquetas de la mercancía van a decir Del Sol, en vez de Del Centro". Y a los tres meses dije: "Vamos a hacer una encuesta y revisar la aceptación de la marca". La idea era preguntar a las señoras que salen de la tienda Del Centro con la bolsa de Del Sol si notaron la diferencia. "Perdone. Dos preguntas. Estoy haciendo una encuesta. ¿Compró usted en Del Centro?". "Sí, señor". "Oiga, pero ahí dice Del Sol". "Ah, son los mismos". "Oiga...". "Ah, son los mismos". Recibimos respuestas similares a con toda la clientela. Ya chingamos. Hicimos una promoción: "Del Centro se va para darle paso a Del Sol". Hicimos una liquidación de mercancías. Aprovechamos ese evento para cambiar muebles y cambiar piso, o sea, una remodelación total. "Del Centro se va". Un éxito la liquidación y un éxito la reinauguración.

—¿Pero ahí todavía era el negocio de tu papá y tuyo?

—Ahí voy. Era un negocio antiguo, entonces era natural que no tuviera papeles. "Oye, papá, ¿de quién es?". "De todos". Pero llegó un momento en que le digo: "Papá, pues es de todos, pero quisiera ver: ¿cuánto de todo es mío? Simplemente para saber. No somos eternos". Me dice: "Bueno, déjame ver, hijo. Déjame ver qué hago, pero tú no te preocupes". "Está bien, papá. Yo no me preocupo". Entonces me entero de que mi papá va a hablar con mi mamá y mis hermanos, y yo llego a la reunión. Entonces agarra mi papá y dice: "De todo lo que tenemos aquí, acá y acullá, la mitad es de Enrique". Y, bueno, hubo un silencio.

—¿Y cómo se quedaron tus hermanos? —rompo el silencio que él mismo marcó. Es una pregunta obvia.

—Desde luego no estaban contentos. En esa junta, yo les dije: "Yo, todo lo que sé, se lo aprendí a mi papá. Él no me lo enseñó. Hago la aclaración, porque mi papá sabía mucho, pero no sabía enseñar. Con el deseo de aprender fue como me forjé. Yo tenía hambre de aprender. Y le aprendí. Todo lo que le pude aprender, se lo aprendí a él".

Supongo que don Emilio era mejor comprador, pero Enrique es un mejor empresario y maestro, pero no lo interrumpo, y él continúa.

—"Mira, mi papá no es tonto. Si yo no estuviera, tampoco hubiera pasado nada. Pero, tal vez tendríamos tres tiendas y las tres en Tampico. Él es muy listo y todo, pero iba a ser el rey de las tres tiendas de Tampico. Mi papá fue un "todólogo" y jamás le hubiera pagado lo que yo les pago actualmente a los ejecutivos de la empresa".

Asiento y reconozco que esas innovaciones fueron la clave para que su empresa se transformara de unas tiendas locales exitosas a una cadena comercial institucional y en todo el país.

—"Entonces yo soy el que he sido el promotor, el motor de esta compañía, el que ha detonado todo esto", les dije. Después, mi papá ya estaba en silla de ruedas por su azúcar, por su diabetes, cercano a su muerte. Me llamó mi mamá y me dijo: "Oye, Enrique, quiero hablar contigo". Y me pidió una especie de balance de las propiedades y activos. Nada más de los inmuebles y edificios —aclara la división entre los activos patrimoniales y aquellos que son capital de trabajo y me pregunta si puede continuar.

—Sí. Continua —le respondo.

—Continúo. Pues mira... "No hay problema, mamá". "Aquí están los edificios de departamentos, el dinero en bancos y aquí están las diez tiendas". En el 81 había diez tiendas. Y ahí fue donde mi papá dijo: "Cincuenta, cincuenta". "Aquí están las diez tiendas, lo que valen. Escoge". "Oye...". "Escoge". "Cincuenta, cincuenta". "Aquí está. Cincuenta, cincuenta".

—Sí.

—Le presenté dos paquetes. Como dijo el rey Salomón, ¿no? "Uno parte y que el otro escoja". "Yo partí, escoge tú".

Me comenta que su mamá dudó en escoger e intentó repartir las tiendas entre sus hijos. Enrique le respondió: "Es un cuerpo, mamá. No puedo mutilarlo. ¿Quieres las tiendas? Ahí están las tiendas". Y finalmente aceptaron quedarse con las propiedades y el dinero y Enrique se quedó con las tiendas.

Le cuento cómo los hermanos que me vendieron la primera parte del rancho lo hicieron para que no se pensara mal de aquel que estaba bien económicamente, pero coincidimos en que estas diferencias económicas sucederán siempre y con mucha frecuencia. Cada hermano, y posteriormente con su familia, tendrá una manera diferente de relacionarse con el dinero.

—Y ahorita con tus hermanos, ¿cómo te llevas con ellos?

—Yo creo que tenemos más comunión como hermanos. Acabo de hacer una comida entre los hermanos de Lizett y los míos. Creo que nos llevamos mucho mejor. Hace como un año antes de morir mi mamá, me habló y me dijo: "Oye, hijo, yo no estoy de acuerdo con el reparto". Le digo: "A ver, mamá, ¿después de veinticinco años me estás diciendo eso?". Le digo: "Tienes razón. Yo tampoco. Yo merecía más del cincuenta.". Ahí quedó la cosa. Un silencio. Y ya. Bueno, lo que pasa, pues es que a veces no puedes tapar el sol con un dedo. Quiero decirte... El resultado de esto no fue por casualidad ni por azar ni por cosas del destino. Esto es resultado de un trabajo... —Se queda pensativo por unos momentos.

—Trabajo arduo —completo la frase, intentando poner la palabra que está buscando.

—...arduo, ¿verdad? Y bien encaminado —reitera orgulloso.

—Aun cuando comentas que trabajar lo aprendiste de tu papá, eventualmente tú pasaste de una tienda a ciento treinta. Es una manera de trabajar completamente distinta. ¿Cómo trasladaste esta cultura para que pueda hacerse, sin que tú le dediques un minuto más?

—Bueno, yo siempre pensé en estructurar con personas y con sistemas y procedimientos. Inventé algunas cosas. Vaya, digo "inventé" porque no las había habido antes. Y todo lo que me propuse lo traté de llevar a buen fin. Por ejemplo, te puedo platicar que no recuerdo haberme robado, o "pirateado" como dicen, a nadie para que trabajara conmigo. Y entonces me decía alguien: "Oye, pues si vamos a abrir otra tienda, ¿cómo le hacemos para buscar un gerente nuevo? O si se nos va un comprador, ¿cómo le hacemos?". Entonces dije: "Bueno, vamos a hacer un programa que se llame 'Gerente por treinta días'".

Explica el mecanismo o procedimiento que ha ideado en el que el nuevo gerente estará por treinta días a cargo de la posición y el gerente actual irá calificando sus decisiones y dando una especie de mentoría. Posteriormente, tomará otros treinta días en otra tienda, a repetir el curso para validar su resultado y terminar su entrenamiento. Supongo que esta acción no es la única que ha implementado para instaurar una cultura de trabajo tan arraigada y con un crecimiento exponencial. Me lamento no haber profundizado más en el tema.

—Por lo que entendí, la parte fundamental de tu negocio son las compras y te la fue enseñando tu papá. ¿Cuáles son las características más importantes que consideras de un comprador?

—El carácter. ¡Ah!, de un comprador. Un comprador tiene que dominar varias virtudes. Las dos primeras, y más importantes, son: apreciación del costo. Y la otra es el gusto. Gusto. Ahora, yo aquí hice un... inventé... (perdón que diga "inventé") un papel de autodiagnóstico —Revisa en su iPad e intenta enseñarme un archivo— donde digo: "Por favor, cada quien que se autocalifique". Estratega, administrador, mentor, gusto y otras características. A ver: excelente, bueno, regular o malo. Entonces había un comprador que dijo: "Estratega: excelente". "Dígame qué estrategias ha implementado. Una cosa es que usted diga 'Voy a comprar más barata esta camisa', pero esa no es una estrategia. Decir: 'Oye, voy a hacer una promoción para cambiar el rumbo de algo', eso es estrategia, lo otro es solo hacer su trabajo". En algún momento voy a encontrar el papel con todas esas virtudes y te lo voy a mandar.

—Oye, cambiando de tema, quiero hacerte una pregunta para mí súper, súper importante... Supongo que hay gente que ha venido a solicitarte ayuda económica. ¿Cómo le haces para decirles un "hasta aquí"?

Suspira profundamente y se toma tiempo antes de contestar.

—Mira. Cuando tienes que ayudar, ayudas. Pero, cuando en vez de tomarte la mano te toman todo... yo sí se los digo. Ahorita te platico casos puntuales.

Comenta casos en los que ayuda con un límite bien marcado y avisado desde antes. Cuando han sido casos de salud, ni siquiera son préstamos. "No hay problema, no me los pagues. Tú los necesitas más". Busca la manera de decirles que "No maten a la vaca" y me cuenta ese cuento.

—Va por el camino el maestro ciego con su alumno al que apodaba el "pequeño saltamontes". Iban de pueblo en pueblo a enseñar honestidad, ética, responsabilidad, respeto, ¿qué sé yo? Era muy querido en todos los pueblos que iba a dar pláticas, ¿verdad? Y, bueno, caminando dice el maestro: "Oye, saltamontes, debe ser ya de noche". "Sí, maestro. Ya es de noche". "¿Ves alguna luz prendida por ahí?". "Sí, como a unos doscientos metros, en una casa". "Bueno, *okay*, vamos. Ahí vamos a pasar la noche". Toca a la puerta. "¡Ah, maestro!

¿Cómo no? Pase". "Oiga, queremos pasar la noche, nada más". "Sí, ¿cómo no? Y, por favor, quédense a cenar, ¿sí?". "Gracias". Cenan. "Muy rica cena, gracias. ¿Y ustedes de qué viven?". "Pues de la vaca". "¿Cómo de la vaca?". "Sí, de la vaca. La vaca nos da leche, de la leche hacemos queso y de los quesos que sacamos, de ahí vivimos". "¿Qué otra cosa?". "No, nada más". "Ah, qué bueno. ¿Nada más?". "Nada más". "Bueno, nos vamos a dormir y nos despedimos, porque nos tenemos que ir muy temprano. Adiós". "Adiós". "Gracias, gracias". A las tres, cuatro de la mañana que van de salida, le dice al pequeño saltamontes: "Mata a la vaca". "¡Maestro!". "Mata a la vaca". Y sabiendo que el maestro era muy sabio, pues mató a la vaca y se fueron. Se muere el maestro en menos de un año y aquel sigue la misión del maestro y tiene que pasar por el pueblo y dice: "Traigo una estaca clavada, porque maté a la vaca. Pero ni modo, voy a ir. Tengo que... Ah, caray. Oiga, ¿la choza de aquí de los Martínez?". "No, ya no viven aquí. Ellos están en aquella casona". "Ah, caray. ¿Ahora?". "Sí, sí. Ahí viven". "¡Ah! ¿Qué tal?". Se presenta el alumno y le preguntan: "Oye, ¿y el maestro?". "No, ya se murió. ¿Y, qué les pasó a ustedes?". "¿Qué cree? Yéndose ustedes, se nos muere la vaca". "¿Y?". "Pues nos desesperamos. Entonces, en esa desesperación de no saber qué hacer, descubrimos algunos dones que teníamos que no habíamos descubierto. Y entonces comenzamos a hacer cosas que no pensábamos que podíamos hacer y nos fue mejor. Fíjese cómo estamos".

Le he escuchado historias como esta o similares en cada evento social al que hemos coincidido, y es su forma particular de enseñar algún tema, con un cuento o como una parábola del Evangelio.

Interrumpe la empleada para avisar que han llegado por mí, pues tengo el pie roto y necesito que Omar, mi chofer, me traslade y él fue el que me llevó a la reunión, pero le informo que él puede esperar y aprovecho la interrupción para concentrarme en la siguiente generación.

—Tú naciste en una cuna diferente que en la que nacieron tus hijos. ¿Qué valores consideras que educaste a tus hijos al vivir en la opulencia y, al mismo tiempo, en la austeridad? Ellos saben qué tienen, pero, sin lugar a dudas, no son los individuos que están despilfarrando al estilo de otros.

—Claro. Yo nací con partera y en el departamento que te dije, hacinado con mi abuelo y mis familiares. Olvídate de despilfarrar, porque hay gente que no despilfarra, pero los sobrepasa la arrogancia. ¿Tú sientes a alguno de mis hijos arrogante?

—No. Por eso te lo pregunto.

—Hay cosas que se maman. ¿Sí me explico? Yo todavía tengo un carro que tiene ocho años, que es un Camry. Vaya, no lo hago por austeridad. No salgo mucho. No tengo ningún problema. Eso se mama en casa. Si tú eres, no codo, austero o pensando en cuanto a decir: "Los cien pesos que voy a gastar los voy a bien gastar", la gente lo asimila.

Recuerda que viajó mucho con sus hijos y de preferencia en camioneta. Ya sea en México o en Europa, en esos viajes les invitaba a jugar a distintas cosas. Él proponía un tema y cada uno de ellos tenía un minuto para hablar del mismo, lo que servía además de unión para aprender a hablar en público y ser un poco más culto.

—Ellos nos vieron cómo nos comportábamos su mamá y yo. Y voy a abrir un paréntesis: Ayer fue *movie night* con puras nietas. Las tradiciones unen a la familia y las tradiciones no tienen que ser cosas espectaculares. Simplemente algo que ellos quieran, que les dé gusto asistir y que después te exijan hacerlo. ¿Tú tienes dos hijos?

—Dos.

—¿Edades?

—Veintisiete tiene Karla y veinticinco tiene Luis.

—¿Casado alguno?

—No. Luis se casa el año que entra, en abril.

—Aquí la cosa es esta: Yo no sé si tienes tradiciones o no con ellos, pero nunca es tarde. Decir: "Oye, bueno, vamos a establecer... Vamos al cine. Los jueves sí y uno no", por ejemplo. "Vamos a desayunar al Casagrande un domingo sí y dos no". Pero que ellos quieran, ¿verdad? No sabes el efecto. Y el efecto será mayor si tú eres amable y no hay una arrogancia del trato hacia las personas. Eso lo van a mamar.

Emocionado, me cuenta cómo escogen las películas que él revisa primero para no tener que explicar ninguna escena. Las nietas las prefieren en inglés, él dobladas. Tiene su chat de WhatsApp llamado "*Movienight*" y se percibe la emoción que siente al ver las fotos que comparten por ese medio.

Me comenta que fue fácil la decisión de dejar a Enrique, su hijo mayor, como su sucesor. Él era el que más experiencia tenía en el manejo de la empresa y más tiempo había estado acompañándolo. Sus otros cuatro hijos tampoco objetaron su decisión e incluso la aceptaron con gusto. Aun así, confiesa que espera que muy pronto no haya ningún Marcos operando el negocio. Ya dividió su patrimonio en una forma un tanto equitativa, pero sin ser exactamente igual. Entiende que todos sus hijos son diferentes y con capacidades y ambiciones distintas.

Le comento que recuerdo que alguna vez me dijo que todos los días intentaba hacer una obra de arte, similar a los cuadros de las paredes de su casa.

—Pero no necesariamente una obra de arte. Una obra maestra —aclara rotundamente.

Me aclara que, para él, su trabajo diario tiene que ser una obra maestra. Pues una obra maestra es algo que difícilmente se puede mejorar. Por lo que él actúa pensando en qué hará en su día y hace todo lo posible para que sea algo inmejorable.

—A mí me pudo mucho un libro que leí de Peter… de Tom Peters, que se llama *En busca de la excelencia*. Seguramente tú lo has leído. Y después de desmenuzar el libro llegamos a la conclusión de que la excelencia, si no la buscas, no la encuentras. O sea, tienes que buscarla. Pero el final fue maravilloso. "La excelencia es el arte de terminar bien las cosas". Porque comenzarlas bien, cualquier pendejo las comienza bien. Pero terminarlas bien está cabrón.

Me propongo leer ese libro. Reconozco que he escuchado de él, pero nunca lo he leído. Seguimos con la entrevista y la emoción de hablar de sus nietas y de sus tradiciones familiares lo regresan a ellas.

—Mira, esta es otra de las tradiciones: Los domingos les hablaba a los nietos chiquitos y me iba a comprar pan dulce con ellos. Y aquí terminábamos, tomando chocolate. O *hotcakes* y hacer caras con ellos. Me encanta hacer *hotcakes* con figuras de Mickey Mouse. Esta es la más chiquita de Fabián —me enseña las fotos de sus nietos nuevamente—. O vendarles los ojos y darles frutas para que adivinen.

Evoco todos los eventos en que me he topado a Enrique y pienso que siempre ha encontrado la ocasión para hacer un truco de magia, preguntar un acertijo, cuestionar algún problema matemático o cultural. No solo a mi generación, sino luego a la de mis hijos y sus nietos. Seguramente es una forma natural de él para conectar contigo y de paso ayudarte a reflexionar sobre algún tema.

En el entendido de que ha viajado por todo el mundo, le pregunto de cuál país tiene los mejores recuerdos.

—¿Recuerdos como del país en particular? La India. A mí no me lleves, por ejemplo, a Australia. "Enrique, te quito treinta años de edad y te regalo un viaje a Australia". "No, no me interesa". Es un país nuevo, no hay nada que ver. Hay más historia en Monterrey que en Australia, no sé si me explico. Oye, llévame a la India, llévame a Perú, llévame... No sé, a... Ya fuimos a Nepal, cuando fuimos a la India. Cuando fuimos a la India, había dos rutas: Dubái-Delhi, Londres-Delhi. "Dubái-Delhi. No conocemos". ¿Qué me encontré? Al *The Strip* de Las Vegas. Ese es Dubái. ¿A qué putas vengo a Dubái?

Me muestra una foto en su celular con sus compradoras y me pregunta si reconozco lo que está atrás de ellas. Le respondo, sin dudar, que es el calendario Azteca.

—A mí me gusta mucho esto. Mucho esto, ¿verdad? La cuestión cultural. La historia me gusta. Y me acabo de dar cuenta de una cosa que me desgarró: Pasó a tercero de secundaria la hija de Cheli, mi cocinera. Y de repente la trae. Ella es viuda. Le digo: "A ver, ¿a qué año entraste?". "A tercero de secundaria". "Te voy a hacer varias preguntas". "Sí, ¿cómo no?". "¿Cuál es la capital de Nuevo León?". Sin respuesta. "Bueno, Tula es el pueblo de ustedes, ¿verdad?". "Sí". "Bueno, ¿en qué estado está?". "Tamaulipas". "¿Cuál es la capital de

Tamaulipas?". Sin respuesta. "¿Cuánto es el diez por ciento de ochenta y cinco pesos?". "Este...". ¡Tercero de secundaria! Me dieron ganas de decir: "A ver, ¿quién es el maestro o cuál es la chingada escuela a donde vas?". ¿Cuál es la misión del maestro, Luis? —exaltado, e incluso molesto, me pregunta.

—Pues, depende en qué nivel. En mi opinión, depende en qué nivel de estudio.

—Maestro —me reta a contestar de manera más concreta.

—Darte las herramientas para que tú tengas manera de aprender —intento dar una respuesta más convincente.

—Hay mil respuestas, ¿sí? —un tanto frustrado me dice—. La primera que se viene a la mente es enseñar. Esa no es misión. Misión no es. Eso es parte de lo que tienes que hacer, es chamba. La misión de un maestro, para mí, es asegurarse de que el alumno aprenda. Porque yo puedo dar una clase maravillosa y me doy la media vuelta, me voy. "Oiga, no... Yo no entendí ni...". No me aseguré de que aprendieras. Y qué tan alejado de esa misión me acabo de dar cuenta con la niña esta. Te lo juro que me dieron ganas de ir al colegio a decir: "A ver, quiero saber qué es lo que le enseñan aquí a la gente".

—No, no, no. Y con estos libros que sacaron ahorita, peor —saco el tema de los actuales libros de texto.

—No los he visto, pero, desde luego, con todas las pendejadas que dicen... —saca una risa de ambos.

—¿Qué más, mi querido Luis? —me apura a otra pregunta.

Le comento que recuerdo que en la boda de su nieta Fernanda lo vi bailar muy bien y con buena coreografía y se veía radiante.

—¿Qué sentiste? —le pregunto.

—Completamente pleno y satisfecho —es su respuesta.

—En este gran recorrido y de todas las experiencias que has vivido, ¿qué consideras que te falta por hacer?

Suspira antes de contestarme.

—Mira, hace rato salió una frase que dice: "Es más tarde de lo que piensas o es demasiado tarde". Yo, cuando comencé a promoverla, que no es mía la frase... "Es más tarde de lo que piensas" se refiere a muchas cosas. Por ejemplo: Es más tarde de lo que piensas para crear un vínculo especial con tus hijos. Es más tarde de lo que piensas para llevarlos a pescar, si es que alguna vez pensaste en llevarlos. Y bueno... entonces es más tarde de lo que piensas porque no le has dicho a tu señora que la quieres mucho. Entonces alguien me dice: "Oye, para nuestra edad...". Qué temprano se me hizo tarde. Entonces me dices: "¿Qué te hace falta por hacer?". Ya se me hizo tarde para muchas cosas. ¿Por qué? Me dio una embolia. Esto lo tengo dormido permanentemente. —Señala uno de sus oídos—. Y la pierna izquierda no me funciona muy bien. No debo de excederme, porque tengo arritmia, que es lo que provoca los coágulos cuando no tienes descoagulada la sangre. ¿Qué me falta? No te voy a decir escalar el Everest, no. Ya. A ti... Dime tú. —Antes de que yo conteste algo, él mismo reacciona—. Ah, bueno, perdón. Terminar el libro.

—Exactamente. En todas estas entrevistas que he realizado, curiosamente, y eso ha sido lo más bonito para mí, es que incluso personas a los noventa y tres años parecía que siguen buscando algo más que hacer.

—Pero, mira, número uno, me llegan todos los días las ventas diarias de todas las tiendas. Lo veo por excepción. O sea, las que están muy bien y las que están muy mal. Entonces, si yo te enseño mi galería de fotos rápidamente... —Me enseña una serie de fotos de playeras que están en su tienda—. ¿Qué es aquí? Es una playera que no me gustó. Pido la ficha técnica, y la ficha técnica ¿qué me dice? De cada prenda, la fecha de entrada, el porcentaje desplazado al momento y el porcentaje desplazado esperado. De ese vestido: vestido social de *teens*. La primera entrada fue en diciembre del 22. Desplazado... cuarenta y dos por ciento. Cuando a los setenta días debió haberse acabado. Lo vi y dije: "¿Quién compró esto?". Entonces, eso es lo que yo hago.

—Y tú ya no operas, pero como quiera opinas.

—No, no, no. Yo le mando al director de Compras todo eso y le digo: "Espero comentarios". —emocionado, casi exaltado, demuestra su pasión por comprar bien.

—Aunque ya no operas —reitero la pregunta, pues parece que sigue al día en el negocio.

—Ah, no, no. Mi título es desempleado —me dice con un tono sarcástico y posiblemente de resignación.

Me comenta que puedo retirarme a la hora que guste.

—Aprovecho entonces para hacerte una última pregunta: ¿A qué le atribuyes, además de al osito que habla, el éxito de estos cincuenta y ocho años con la tía Lizett?

—¡Ah! A propósito, voy a hacer un decálogo. Te lo voy a enseñar, porque le tomé foto para que no se me olvidara. —Busca en su celular la foto—. Ah, chingado, ¿dónde estará? Sí, claro. ¿En dónde está la chingada esta? Aquí está.

Me enseña la foto. Son en realidad nueve máximas escritas con su puño y letra en una servilleta:

» *Sí, mi vida*
» *Lo que quieras*
» *Tú mandas*
» *Sí, cariño, yo me equivoqué*
» *No te preocupes, yo te espero*
» *No importa, yo lo hago*
» *¡Claro! Compra lo que quieras*
» *Sí, mi vida, prefiero ir con tus papás*
» *Tus caprichos son ordenes, aunque tus ordenes sean caprichos*

Le comento que a muchos de los que he entrevistado tienen "estrategias" similares para poder sobrellevar la difícil, y al mismo tiempo fascinante, misión del matrimonio. Ya de pie y listo para despedirme, me comenta que está haciendo cartas para todos sus nietos y para dejarlas en una cápsula del tiempo. Me enseña conmovedoras cartas que ha venido escribiendo para sus hijos, nietos y una que le escribió a su madre.

A pesar de los cuarenta y cinco minutos originales que me dio, éstos se convirtieron en más de tres horas de platica. Me acompaña hasta la calle, ambos con pasos lentos y nos despedimos efusivamente. Me subo al carro, feliz de nuevamente haber tenido la experiencia de charlar con él. Siempre te conquista y te deja con ganas de escuchar más y aprender más de él.

Escuchar los inicios de un imperio comercial que nació prácticamente de la nada y que se ha venido creando con base en el trabajo arduo, austero y sobre todo creativo e innovador; forjado sobre la premisa de hacerlo siempre mejor, permitiendo que sus colaboradores tomen sus propias decisiones, dejándolos que se equivoquen y retándolos a que lo hagan mejor. Seguramente de carácter muy fuerte y exigente, pero con un toque muy humano. Y persiguiendo sus sueños hasta alcanzarlos.

Una persona que siempre ha tratado de superarse y de prepararse, hoy sumamente culto a pesar de haber truncado sus estudios a temprana edad. Curioso y al mismo tiempo gran maestro, buscando siempre cuestionar y que todos aprendan algo nuevo y que esa experiencia sea agradable.

Un padre presente, disponible siempre para jugar, para platicar, para enseñar y para aconsejar. Y que como abuelo se ha renovado, manteniendo muchas de sus prácticas, así como inventando nuevas.

A lado de él, siempre la tía Lizett, ambos enamorados y pendientes uno del otro. Mujer ejemplar que siempre te recibe con una sonrisa. A pesar de padecer esclerosis desde hace tiempo, actúa como si esta enfermedad no existiera en ella. Una pareja admirable que ha formado una gran familia y de la que sus hijos se sienten orgullosos y no solo ellos. Casi todos los que los conocemos la tenemos como un ejemplo a seguir.

Cuando le pedí unas líneas a Lizett para su padre, me envió por WhatsApp tres hojas repletas de elogios, que serían la envidia de cualquier padre y son bien merecidas, mismas que me reservo y tal vez las compartiré con él.

Una ojeada a don Enrique

"Sí, mi vida".

Seguramente no es una frase fácil, pero ciertamente debe ser el secreto de un matrimonio de largo plazo. En los chistes de todas las culturas y seguramente en todos los tiempos, mencionan que la mujer tiene la última palabra. Si esto es así, para qué "pelear". A ponerse el osito de felpa y a apretar el botón de "Sí, mi vida".

"Mientras que cada tienda que yo abra, yo no trabaje un minuto más".

"¿Tú crees que Mr. Sears trabaja más que yo?".

Esto no es un crecimiento por crecer, por aparentar o por simplemente tener más. No es tampoco conformarse con lo que tengo o ya hice. Al contrario, implica la formación de una cultura de trabajo, procesos, procedimientos, selección de personal y confianza en ellos mismos. Qué manera tan magistral de hacer crecer un negocio, sin perder de vista lo más importante de lo que disponemos, que es nuestro tiempo.

"Las tradiciones unen a la familia y las tradiciones no tienen que ser cosas espectaculares [...] pero nunca es tarde".

Una gran lección para unir y mantener unidas a las familias. Cada una con su sello distintivo. En mi caso, aun cuando pocas, cuando menos creo que las idas a Las Armónicas, a la playa y a ver partidos de NFL nos mantienen unidos. Y como lo apunta: "Nunca es tarde para idear otras", ahora que ya todos estamos en otra etapa de vida. ¿A ver qué inventamos?

"Una obra maestra es algo que difícilmente se puede mejorar. Por lo que él actúa pensando en qué hará en su día y hace todo lo posible para que sea algo inmejorable".

Si bien, todo es perfectible, qué mejor manera de imaginar tu día y tus acciones que pensando que éstas se convertirán en algo bello, bueno y seguramente útil. Aun cuando no sean una obra maestra, estarán más cerca de serlo que al tener eso en mente.

"'La excelencia es el arte de terminar bien las cosas'. Porque comenzarlas bien, cualquier pendejo las comienza bien, pero terminarlas bien está cabrón".

Procrastinar es el verbo preferido de muchos, me incluyo muchas veces. No avanzar en los propósitos que nos pusimos, dejar sin terminar las tareas que nos asignan o asignamos. Ahora bien, Enrique nos invita no solo a terminarlas, sino a terminarlas bien y, como lo dice, eso está más cabrón. Creo que, si tengo la intención de cumplir con la "ojeada" anterior, terminar mis acciones será más sencillo.

"La misión de un maestro, para mí, es asegurarse de que el alumno aprenda".

Un gran mensaje de un gran maestro. Simple y sin pontificar. ¿Y qué mejor frase para cerrar el capítulo? ¿Qué hemos aprendido de las generaciones anteriores y cómo lo hemos enseñado y vamos a transmitirlo a las siguientes?

Acerca de *Sabiduría invernal*

Cuando inicié este proyecto, jamás soñé con lo maravilloso que sería para mí escuchar estas extraordinarias historias, menos aún escribirlas y dejar patente este hermoso legado. Aun cuando me propuse terminar y editar el libro a la brevedad, éste tuvo que ser relegado por diversas razones que fueron atravesándose en mi vida. Quería que fuera perfecto, y en algunos momentos la inspiración de escribir me abandonó o, mejor dicho, me puso en mi lugar para que atendiera otras prioridades. Decidí que tenía que partir el libro en dos tomos. Tengo las entrevistas de otros portentosos personajes, pero incluirlas en éste llevaría más tiempo, además haría impráctica la impresión y la lectura del mismo.

Lamento mucho que Alfredo, el hijo de uno de los personajes entrevistados, y mis tíos Rubén, Chata y Francisco, no estén ya para ver esta obra acabada.

Durante el proceso de edición y corrección leí nuevamente, y tal vez con mayor detenimiento, cada uno de los capítulos y fue como revivir cada una de las entrevistas. Al leerlas nuevamente, volví a aprender de cada uno de ellos, pues sus experiencias son en verdad perlas de sabiduría que solo la reflexión del invierno otorga.

Reitero mi esperanza inicial de que este libro traiga para aquellos que lo lean, tantas y tan grandes lecciones como a mí.

La tarde del 28 de marzo del 2023 reuní a los papás de mis amigos de carrera de ingeniería en un evento que resultó fantástico, una especie de "sabiduría invernal", pero en vivo y en convivencia. La mañana amaneció un poco más fría de lo pronosticado e increíblemente cayeron algunas gotas sobre el seco suelo regiomontano; éstas no detuvieron a los octogenarios protagonistas de esa reunión. Llegaron todos, eso sí, más abrigados que nosotros, señal de experiencia.

Como dice el dicho: "Cuando esté soleado, traite el paraguas. Si está lloviendo, tú decide". Cantaron y cantamos juntos. Algunos de ellos no se conocían, pero parecía que se habían visto desde hace muchos ayeres. Reinó la camaradería, la amistad y se respiró un ambiente de homenaje de nosotros, los hijos a nuestros padres. Ellos se mostraron no solo agradecidos, sino orgullosos y con la clara señal de una misión cumplida.

Acerca del autor

LUIS J. RAMÓN nació en la Ciudad de México, cuando tenía ocho años su familia se trasladó a Monterrey. Se graduó de Ingeniero Mecánico Electricista en el ITESM y, posteriormente, obtuvo su Maestría en Administración en la misma institución.

Fundó, a los 26 años, DIRAM, empresa líder en México y con reconocimiento internacional, dedicada a prestar servicios de ingeniería eléctrica, con especialidad en sistemas de potencia y calidad de energía, a numerosas industrias.

En 2011 publicó *Marco Polo 700 años después*, con gran éxito. En 2022 lanzó la segunda parte: *Marco Polo se convierte en Odiseo*. *Sabiduría invernal* es su tercer título y tendrá un segundo tomo con más entrevistas a personajes mayores de 70 años, de todo el mundo, quienes comparten sus experiencias de vida y las reflexiones que solo a esta edad se alcanzan.

Está casado desde hace 30 años con Karla, con quien tiene dos hijos, Karla y Luis. Viajero incansable, buscador de aventuras, asiduo lector y jugador de golf, de postura inflexible, pero practica yoga tenazmente, disfruta de una o dos cervezas en alguna playa, visita con frecuencia al Bernabeú para ver al Real Madrid y es un acérrimo apasionado de los Acereros de Pittsburgh.

www.luisjramon.com

Made in the USA
Columbia, SC
09 January 2024